U0548570

2009年度教育部人文社会科学研究项目
《出土简帛与我国早期图书馆研究》的最终结题成果
项目审批号：09YJA870009
结题证书编号：2013JXZ0846

出土简帛与中国早期藏书研究

⊙ 傅荣贤 著

知识产权出版社
全国百佳图书出版单位

内容提要

　　根据出土简帛实物的时代起讫以及中国古代藏书发生发展的内在逻辑，本书将文题中的所谓"早期"限定在从殷商到魏晋之际。全书以出土简帛与传世文献的彼此对读和相互印证为主要研究方法，初步勾勒了中国早期文献收集、整理、保存和利用等方面（所谓"藏书"）的基本史实及其演进规律。在此基础上，致力于突破"中国"、"早期"本能的时空维度，追问早期藏书的世界意义和现代价值；以及突破"藏书"本能的学科维度，追问早期藏书的文化意味。

责任编辑：许　波　　　　　　　　责任出版：卢运霞

图书在版编目（CIP）数据

　　出土简帛与中国早期藏书研究/傅荣贤著. —北京：知识产权出版社，2013.11
　　ISBN 978-7-5130-2497-6

　　Ⅰ.①出… Ⅱ.①傅… Ⅲ.①简（考古）—藏书—图书史—研究—中国 Ⅳ.①K877.04②G259.29

　　中国版本图书馆CIP数据核字（2013）第291303号

出土简帛与中国早期藏书研究
CHUTU JIANBO YU ZHONGGUO ZAOQI CANGSHU YANJIU

傅荣贤　著

出版发行	知识产权出版社		
社　　址	北京市海淀区马甸南村1号	邮　编	100088
网　　址	http：//www.ipph.cn	邮　箱	bjb@cnipr.com
发行电话	010-82000860 转 8101/8102	传　真	010-82005070/82000893
责编电话	010-82000860 转 8380	责编邮箱	xbsun@163.com
印　　刷	保定市中画美凯印刷有限公司	经　销	新华书店及相关销售网点
开　　本	787mm×1092mm　1/16	印　张	20
版　　次	2014年1月第1版	印　次	2014年1月第1次印刷
字　　数	370千字	定　价	58.00元
ISBN 978-7-5130-2497-6			

出版权专有　侵权必究
如有印装质量问题，本社负责调换。

序

简帛是一个世纪以来的"四大发现"之一,据我们粗略统计,百年以来出土的简帛总共为 24 万枚(件)左右,总字数为 700 万字左右。这一数字是十分惊人的,是原来无法想象的。并且,简帛还将连续不断地出土问世,新发现还往往都是重大发现,例如近些年仅在湖南湖北两省的大宗发现就不少:2002 年,在湖南龙山县里耶古城的始建于战国而废弃于秦末的 J1 号古井中,出土秦代简 2 万多枚。2003 年 11 月,在湖南长沙市五一广场走马楼街的 J8 号古井中,出土汉简万余枚。2003 年底至 2004 年初,在湖南郴州苏仙桥古井群出土吴简 140 枚和晋简 940 枚。2004 年,在湖南长沙市东牌楼 J7 号古井出土汉简 200 多枚。2013 年 6 月开始在湖南益阳兔子山遗址进行的发掘,已在古井中出土简牍 5000 多枚(以汉简为主),此发掘至今仍在进行①。2000 年,在湖北随州孔家坡 M8 号墓出土汉简 785 枚。2002 年至 2003 年,在湖北沙市区关沮乡岳桥村印台墓地出土汉简 2300 余枚,木牍 60 余方。2006 年,在湖北云梦睡虎地 M77 号汉墓发掘出西汉文景时期简牍 2137 枚。2007 年,在湖北荆州市沙市区关沮乡清河村谢家桥 M1 号汉墓出土竹简 208 枚,竹牍 3 枚。

所以说,一个世纪以来简帛文献的问世,简直就是为我们开启了一座美不胜收的"地下图书馆"。

"凡一种学问能扩张他研究的材料便进步,不能的便退步。"这是著名学者傅斯年先生的至理名言②。目前,由于简帛出土问世而产生的新兴学科"简帛学"正以其勃勃生机而迅猛发展,考古、历史、思想史、语言、文字、军事史、法律史等方面的研究成果颇多,但相比之下,简帛学各相关学科发展不太平衡,特别是从图书馆学的角度进行研究的成果寥寥无几。值得欣慰的是,傅荣贤教授新近完成的 2009 年度教育部人文社科项目《出土简帛与我国早期图书馆研究》,今易名为"出土简帛与中国早期藏书研究",即将由知识产权

---

① 这批出土简牍的年代横跨战国晚期至三国吴,其中在 9 号古井发现的一枚木牍,内容是胡亥继位后的文告,该文告是胡亥继位后第一年的第一个月颁布的。文告中"始皇帝"换行顶格书写,这是现今见到的文书中表示尊者(皇帝或当朝名称)换行顶格书写的最早文书实例,极具历史价值。

② 傅斯年《历史语言研究所工作之旨趣》,载中央研究院《历史语言研究所集刊》第一本第一分册,民国 17 年。此文另可见:《中国现代学术经典·傅斯年卷》,河北教育出版社,1996 年版;《傅斯年学术文化随笔》,中国青年出版社,2001 年版。

出版社出版，填补了从图书馆学角度系统研究简帛的空白，实乃可喜可贺！

纵览全书，值得称道者甚多，此仅述其一二：

全书旨在重新梳理中国从殷商至魏晋之际（即本书所谓"早期"）文献收集、整理、保存和利用（即本书所谓"藏书"）的一般理论、方法和原则，作者经过研究认为：迄今有关中国早期藏书的研究成果都是立足于传世文献而得出的，而出土简帛有助于从全面性和准确性的角度补充和订正传世文献的不足，因而能够补充和订正现有成果的缺失和错谬。从这一意义上说，本课题的研究内容和研究方法的创新和突破首先表现在史料的更新和思路的拓展上。例如，根据郭店楚简揭示出战国私人藏书的专题化取向。再如，根据青海上孙家寨出土的西汉晚期军事律令文书木牍，推知西汉张良、韩信《兵法》和杨仆《兵录》在内容性质上都是军事律令的结集。作为结集而成的"一本书"，《兵法》和《兵录》都附有目录，但它们并不是"目录著作"；其所附目录都是勒编成册的一书的篇名目录，而不是"莫之或先"的群书目录，也不是"最早的兵书专科目录"，从而修正了迄今有关《兵法》和《兵录》的若干定论久孚的结论。

在厘清中国早期藏书的基本史实的基础上，作者还致力于对中国早期藏书研究的理论提升，从而将有关中国早期藏书的基本史实纳入到了一个具有内在逻辑统一性的精神领域。作者指出，讨论中国早期文献收集、整理、保存和利用诸方面所表现出来的若干特征，可以发现早期藏书不是以客观、冷静的知性法则见长，而是一种道德价值趋前、知性分析滞后的学术标准与追求。中国先贤以主体人为思考本位，把人类精神视为文献活动的内在原则，更多地从"为我关系"的角度对文献加以理解和思考，它强调主体人在文献收集、整理、保存和利用中如何能动地改造文献、影响文献、控制文献，使之为主体服务并符合人类的主观需要。在这一意义上，中国古代藏书本质上反映了汉民族的价值理想和天人合一、物我相谐的世界观。而强调文献在内容上对于主体人所具有的某种意义和价值，这和以追求形式化、客观化、标准化为己任的现代图书馆学的学理和旨趣大相径庭，从而有助于反省现代图书馆学的学理结构和技术操作的一般模式。作者的这些研究，无疑对中国早期藏书理论的提升具有实实在在的积极意义。

作者的全部研究是在持守"有朴而后施雕，有质而后运斤"的前提下展开的。如上所述，本书的研究以充分利用出土简帛而构成特色，但作者并未夸大简帛在中国早期藏书研究中的价值。考虑到简帛文献的出土有很大的偶然性和不确定性，并且目前出土简帛虽然数量已空前大，但还不足以满足对早期藏书的研究，况目前有关出土简帛的研究还未完全解决文字释读、残简帛片的拼复和简序排列等问题。因此，作者坚信出土简帛本身并不能构成中国早期藏书研究的自足材料。事实上，书中有许多结论往往就是直接援引传世文献而入说的。例如，《汉志·书序》"《古文尚书》者，出孔子壁中"下，唐人颜师古注云："《家语》云：孔腾字子襄，畏秦峻法急，藏《尚书》、《孝经》、《论语》于夫子旧堂壁中。而《汉纪·尹敏传》云孔鲋所藏。二说不同，未知孰是。"这里，颜师古明确指出"夫子旧堂壁中"只有一起藏书。关于这"一起"藏书的藏主，颜师古根据自己的见闻记载了不同的"二说"，一为孔腾、一为孔鲋，他们都是孔子的后裔，"二说不同，未知孰是"。但有关藏书史研究专著却割裂文意，故意略去"而《汉纪·尹敏传》云孔鲋所藏。二说不同，未知孰是"之语，从而误将孔腾、孔鲋两者都视为秦朝的私人藏主，这显然不是科学的态度。总之，作者在研究中能始终坚持以公允的态度对待"纸上材料"和"出土材料"，并致力于对两者的充分占有和彼此对读，从而保证了全书史料的坚实和富赡。同时，作者又不盲信材料，而是在对材料作进一步精选识断和辨惑裁定的基础上作历史的分析和逻辑的归纳，确保研究结论与史料之间具有直接的对应关系。应该说，这种"论从史出"、"言必有据"的学风是十分值得赞赏的。

就藏书研究而言，我们知道，现代图书馆学基本上是根据西方近现代学术规范建立起来的。"西学东渐"以来学界对中国古代文献收集、保存、整理和利用的研究也事实上走上了西方化的、以学科理性为本位的"据外律中"的道路。然而，中国先贤在文献活动中始终将主体人的主观动机和价值理念放在首位，这在出土简帛所见的同书异本、异文、甚至异趣中都有充分反映。就此而言，作者根据中国先贤文献活动本身所具有的特点，而不是根据预先设定的西方标准来梳理材料，并进一步揭示史料背后一以贯之的精神旨趣，也就是作者所说的"从清理材料过渡到清理思想"，从而建构了一部既有史实描述又有规律揭示的藏书史研究著作。此外，作者还在中西和古今的比勘中揭櫫中国早期藏书的个性特征，并指出西方学理规约下的现代图书馆学的一般理论、方法和原则并不具有必然的正当性，对它的反省乃至颠覆应成为我们今人的思考取向。应该说，这一基本认知无疑是具有重要学术价值的。

中国传统文化的重心是记载在浩如烟海的文献中的，而文献收集、保存、整理和利用的整个过程本质上就是传统文化的整序和认读过程。因此，积极介入社会文化是中国古代藏书长期一贯的特点。正是有见于此，作者充分结合古代文化的特点，揭示出文献收集、整理、保存和利用的一揽子过程是如何适应并支持传统文化，从而以特定的"偏向性"文献行为为社会文化提供现实或观念层面上的依据的。例如，作者从档案和图书两类文献的分野，揭示出秦及汉初职掌档案的文法吏和职掌图书的"士"的行政地位的消长；从"诗书、百家语"和数术方技类文献的分野揭示出"士"中的文学士和方术士在社会文化中的地位变迁等等，都为"文化"问题的分析提供了基于"藏书"视角的论证，个中不乏精见。这些从整个文化学角度进行早期藏书研究的新视野新观点，无不使人称道。

泛览全书可知，书中所论都是作者长期研究所得，都是作者从第一手资料中发掘出来的心得体会，这种踏踏实实做学问的态度，在世风日下的当今，值得大力褒扬提倡。

本书的学术价值和应用价值甚多，不再一一赘述。尤其是，全书有关中国早期藏书之现代意义和文化价值方面的研究成果值得充分肯定。不过，不少相关论述和结论只是在行文中直接指呈，而没有用专门的章节予以独立提炼，如能以清晰的序题乃至专门的章节予以提挈，必会收到更好的效果。当然，此"不足"无疑是受制于文题中"中国早期藏书"之限制的结果，这一要求已属有点苛刻了。

荣贤教授曾在我西南大学（当时的西南师范大学）文献所攻读硕士学位，在读期间就显示出非凡的锐敏之气，专业基础扎实，科研能力强，其学位论文得到很高的评价。毕业后一直致力于文献学与图书馆学的研究，成果不少，是文献学界图书馆学界的青年才俊，看到他又出新成果，为之高兴。荣贤这本书稿杀青付梓前，属余为之序，我倒是做一些文献学研究，但不懂现代所谓的"图情"，谨写上一点读书体会，与学界分享，聊以充序。

张显成

2013 年 12 月 6 日于西南大学竭驽斋

前　言

本书是2009年度教育部人文社会科学研究项目《出土简帛与我国早期图书馆研究》的最终结题成果，今易名为《出土简帛与中国早期藏书研究》。全书旨在选择能够客观反映中国早期藏书真实情况的出土简帛作为可靠的文献材料，从全面性和准确性的角度补充与纠偏单纯基于传世文献而得出的有关中国早期藏书在文献收集、整理、保存和利用等方面的现有结论，并在此基础上勾勒出中国早期藏书的原初形态。"勾勒中国早期藏书的原初形态"是本书的最终旨趣，而"运用出土简帛"只是实现旨趣的工具性手段。因此，书中作为"证据"的材料并不局限于出土简帛，而是大量动用到了传世文献。事实上，尽管出土简帛对于中国早期藏书研究的价值是不言而喻的，在材料意义上重视出土简帛也是本课题研究的第一方法选择，但这并不意味着简帛文献本身可以独立地构成相关研究的自足材料。

首先，简帛文献能否顺利"出土"有很大的偶然性，实际出土的简帛文献也是十分有限的。单纯从简帛出发，难免以偏概全，也很难保证业已出土的文献就是最有价值的材料。例如，迄今出土的简帛主要集中在我国西北和中南地区，且主要是私人墓葬中物，官方文献则主要以作为官方办事记录的档案为主，而官府藏书尚无任何发现。又如，从《汉志》等文献记载有关武帝末年鲁恭王坏孔子宅所得《古文尚书》、《礼古经》、《礼记》、《论语》、《孝经》、《春秋左氏传》，以及《论衡·正说》等文献记载河内女子发老屋所得《易》、《礼》、《春秋》的相关论述来看，壁中藏书一度是秦始皇颁布"焚书令"后私人藏书的常见形式，但时至今日已经根本不可能"重见天日"。

其次，简帛的出土有很大的不确定性，已出土的文献也基本上没有经过整理、筛选，往往不是最有价值的材料。并且，由于简帛长期埋于地下或浸在水中，出土时多已残损、散乱、扭曲和变形，有些材料还受到过盗掘的干扰，这些都影响到了简帛文献的学术价值。例如，银雀山1号汉墓出土了5件木牍，其中只有两片可以断定分别是《守法守令等十三篇》的篇名目录和《孙子兵法》中《势》、《九地》、《虚实》、《用间》、《七势》等篇的篇名目录，而其余三片的目录形制已不可缀合还原。

再次，中国古代私人藏书的情况十分复杂，有些涉及到书殉笔葬制度，往往并不是墓主的主动收藏，墓葬所出简帛与墓主生前藏书之间并不能完全划上等号。"在古代墓葬中，竹简帛书是比较特殊的随葬品，它们的种类和数量同墓主的身份地位没有直接关系，不像棺椁、衣衾和铜器、玉器，可以根据其等级对号入座"①。

总之，出土简帛是研究中国早期藏书的重要材料，但并不是唯一材料。从这一意义上说，王国维先生早年倡导的"二重证据法"仍是本课题研究所持守的根本原则。

再就文题中的"早期"而言，迄今为止，出土简帛实物的时间跨度为公元前5世纪后期（约公元前433年）到魏晋结束之际的公元420年。然而，殷商、西周及春秋时期的官府藏书虽然与出土简帛无关，但其时的官府藏书奠定了嗣后中国古代官府藏书的基本形态。因此，文题中所谓"早期"的确切所指，是从殷商到魏晋。

诚然，全书以"勾勒中国早期藏书的原初形态"为最终旨趣。事实上，"勾勒中国早期藏书的原初形态"也构成了全书的主体内容，具体包括：

第一，在史实层面上更加全面和准确地还原中国早期藏书之所"是"。

单纯基于传世文献的中国早期藏书研究，堪称缺失频仍。例如，学者们相信，"从文献记载来看，秦代著名的私人藏书家当有四人，即吕不韦、孔鲋、孔腾、伏生"。而据考古发现，湖北云梦睡虎地、湖北云梦龙冈、湖北沙市周家台、甘肃天水放马滩等地都有秦简出土，它们都是墓主的私人藏书，实际藏书规模并不亚于吕不韦之伦，这就从全面性的角度补充了传世文献的不足。又如，清人卢文弨《钟山札记》所谓"古书目录，往往置于末"的论断长期为学界所信奉，但长沙马王堆《五十二病方》的52种病症方剂之"目"却列在该书前面；学者们相信《易经·序卦》是中国现存最早的书目，"目录之作，莫古于斯"。但上海博物馆购藏的楚简《曲目》，以及山东银雀山汉简的《孙子兵法》、《守法守令等十三篇》目录都要早于《序卦》。这就从准确性的角度订正了传世文献的错讹。这样，充分利用出土简帛，可以补充单纯基于传世文献的相关研究之不足，有助于从材料的角度对现有有关中国早期藏书研究的基本结论进行拾遗补阙。同时，在拾遗补阙和纠谬订正的基础上，相对全面、准确地建构中国早期藏书的基本内容，借用马克思的话说就是，"在批判旧世界中发现新世界"。而这也再次说明，"出土简帛与中国早期藏书研究"并不是要否认传世文献的基础地位以及否认基于传世文献的全部结论，而只是充分利用出土简帛，对其不全有所补充、对其错讹有所订正。

---

① 李零. 简帛古书与学术源流［M］. 北京：生活读书新知三联书店，2004：82

第二，在史实之所"是"的基础上揭示中国早期藏书的发展演变规律。

中国早期藏书研究，虽然研究的是"史"，但并不是"史"的研究，不能满足于相关史料的历时性堆砌，而必须揭示其"变化"、"发展"的历史演化过程和谱系变革的动态特征。例如，从"巫"到"礼"到"法"的观念变革反映了先秦社会政治秩序的演进轨迹。相应地，掌持文献的文化人也完成了由贞人到史官到官吏的转变，文献的类型也经历了由甲骨卜辞到礼乐文献再到律令档案的转型。具体来说，殷商重"神"，馆员为贞人，文献为甲骨卜辞；西周和春秋重"人"，馆员为礼官，文献为礼书；战国亦重"人"，但馆员有官吏化取向，所掌文献主要为律令文书。显然，从重"神"到重"人"对应于殷周"革命"之际，而从重"礼"到重"法"则对应于"礼坏乐崩"、法制初显的春秋向战国过渡之际。

第三，在史实描述和规律揭示的基础上分析中国早期藏书的学术价值和当代意义。

中国早期藏书研究不能停留在"中国"、"早期"的时空范围以及"图书馆"的学科视域内自说自话。局限于"中国"、"早期"的时空范围，只能与古人计短长，而不能释放烛照当代的光芒，更遑论为世界图书馆学研究贡献自己的智慧了。局限于"图书馆"的学科视域，意味着只能在现代西方学术分科的理念下从事纯粹的专业研究。事实上，中国早期藏书是一个广义的文化范畴，其合法性是建立在对皇权运作的适应与支持的维度之上的。这就需要揭示藏书之外的文化、政治价值。例如，里耶秦简、云梦睡虎地秦简、云梦龙岗秦简等大量法律文书的出土，以及江陵王家台秦简、沙市周家台秦简、天水放马滩秦简大量《日书》、历谱等"数术"文献的出土，反映了秦朝的总体文化气象，亦可证秦始皇以"诗书、百家语"为主要对象的焚书举措的社会背景。再就当代意义而言，中国早期藏书的一个基本特征在于，将大文化语境和藏书理论与实践融为一体，削弱了纯粹技术的研究，但却以重视思想深度和文化关怀而高标独秀，对现代图书馆理论与实践不无启迪。

综上，准确概括中国早期藏书的基本史实、演进规律及其多维价值，是本书的全部肆力之所在。然而，有关"中国早期藏书的学术价值和当代意义"方面的内容在行文中虽有揭橥，却没有独立为专门章节予以阐述，导致其文化价值、当代意义方面的内容往往幽隐不彰。此外，书中"早期"以魏晋为下限却每每"延及南北朝"，等等，固然是特定章节语境下的某种"情非得已"，但也说明全书仍存在一定的提升空间，而这无疑也是笔者未来学术努力的方向之一。

目 录

第一章　绪论 ……………………………………………………………… 1
　第一节　出土简帛在中国早期藏书研究中的价值 …………………… 1
　　一、中国早期作为藏书对象的"图书"主要是以简帛为载体的 …… 2
　　二、作为载体的书写材料携带着丰富的信息内容 ………………… 4
　　三、以简帛为载体的"书"可分为图书和档案两大类别 ………… 7
　　四、有助于从宏观上认识当时的文献概况和知识体系 …………… 9
　　五、有助于认识当时的某些具体知识结构和学术分类 ………… 12
　　六、真实地反映了文献包裹、装帧、庋藏诸方面的具体情况 … 14
　　七、真实地反映了文献的流传范围 ……………………………… 18
　　八、真实地反映了古书目录、篇题等附件的形制 ……………… 20
　　九、辩证理解出土简帛在早期藏书研究中的价值 ……………… 22
　第二节　利用出土简帛研究中国早期藏书的现状 …………………… 23
　　一、取得的主要成就 ……………………………………………… 24
　　二、存在的主要不足 ……………………………………………… 29
　　三、图书馆学对于简帛文献学研究的价值 ……………………… 36
　第三节　本课题研究的内容、方法和目标 …………………………… 40
　　一、研究内容 ……………………………………………………… 41
　　二、研究方法 ……………………………………………………… 44
　　三、研究目标 ……………………………………………………… 47
第二章　先秦时期的官府文书 …………………………………………… 49
　第一节　先秦时期的政治思想概说 …………………………………… 49
　　一、由殷商之际的重"神"向西周之际的重"人"转变 ……… 50
　　二、由殷商时期之重"神"到西周、春秋时期之重"礼" …… 51
　　三、由西周、春秋时期之重"礼"到战国时期之重"法" …… 51
　第二节　殷商时期的官府文书 ………………………………………… 54
　　一、殷墟窖藏甲骨中的"馆员" ………………………………… 55
　　二、甲骨文献的功能 ……………………………………………… 57
　第三节　西周时期的官府文书 ………………………………………… 60
　　一、西周史职的分化 ……………………………………………… 61

二、西周宗庙藏书内容的变化 ································· 65
三、西周藏书所处的增设 ····································· 67
第四节 东周时期的官府文书 ··· 70
一、东周史职的分化 ··· 70
二、专职文书吏员：从内史到御史到尚书的历史嬗变 ··········· 75
三、吏的主要特征 ··· 76
第五节 两周时期官府文书的行政功能 ······························· 77
一、礼书的行政施政功能 ······································· 78
二、法律文书的行政施政功能 ··································· 80

第三章 战国时期的藏书 ··· 83
第一节 图书的产生 ··· 83
一、图书的起源 ··· 84
二、从档案到图书 ··· 86
三、从档案到图书的具体路径：以孔子整理六经为例 ············ 88
四、六经为什么是图书：再论档案和图书的本质区别 ············ 91
五、先秦文献的三大类型 ··· 92
第二节 战国时期的官私图书 ··· 96
一、官藏图书 ··· 96
二、传世文献所见私家藏书 ······································· 96
三、出土简帛所见私家藏书 ······································· 98
第三节 出土简帛所见战国时期私家藏书的基本特征 ··············· 115
一、传抄是出土简帛文献的本质 ································· 115
二、从"传抄什么"看战国文献的集藏方式 ····················· 116
三、从"怎么传抄"看战国文献的整理方式 ····················· 121

第四章 秦朝的藏书 ·· 126
第一节 秦朝官府文书的庋藏机构 ··································· 126
一、秦朝中央政府文书的"三副" ······························· 126
二、丞相府 ··· 127
三、御史府 ··· 129
四、尚书台 ··· 131
五、内史 ·· 132
第二节 秦朝官府文书及其整理 ······································ 133
一、秦朝行政大军中的文法吏 ···································· 134
二、秦朝上至丞相御史下及普通官吏皆掌有法律文书 ··········· 136
三、秦朝海量文书的形成及其保管 ······························· 137

四、秦朝官府文献整理的对象主要是法律文书 …………………… 141
　　五、秦朝律令文书的摘抄 …………………………………………… 142
第三节　秦朝的官府图书 ………………………………………………… 143
　　一、秦朝官府图书的研究现状 ……………………………………… 144
　　二、秦朝官藏图书的概貌 …………………………………………… 145
　　三、秦朝官府藏书中的博士藏书 …………………………………… 147
第四节　出土简帛所见秦朝的私家藏书 ………………………………… 150
　　一、关于墓葬所属时间 ……………………………………………… 152
　　二、关于墓葬所属地点 ……………………………………………… 153
　　三、墓主（藏书家）分析 …………………………………………… 153
　　四、秦朝私家藏书的内容及其文献分类 …………………………… 158

第五章　西汉时期的藏书 …………………………………………………… 163
　第一节　西汉时期的官府文书 …………………………………………… 163
　　一、丞相和御史 ……………………………………………………… 163
　　二、尚书 ……………………………………………………………… 165
　第二节　西汉时期法律文献的整理 ……………………………………… 171
　　一、萧何次律令的校雠学义例 ……………………………………… 172
　　二、韩信、张苍、叔孙通文献整理的法律内涵 …………………… 175
　　三、《汉律》六十篇、《汉令》三百余篇以及法律专科目录的编制 … 178
　第三节　西汉时期的官府图书 …………………………………………… 183
　　一、西汉时期的博士及其藏书 ……………………………………… 183
　　二、西汉时期的其他官府藏书系统 ………………………………… 190
　　三、关于刘向"校中秘书" ………………………………………… 194
　第四节　刘向刘歆文献整理的对象及其校雠学思想的渊源 …………… 202
　　一、图书是刘氏父子文献整理的唯一对象 ………………………… 202
　　二、刘氏父子校雠学思想的渊源 …………………………………… 206
　第五节　西汉时期的私家藏书 …………………………………………… 213
　　一、传世文献中的西汉私家藏书 …………………………………… 213
　　二、出土简帛中的西汉私家藏书 …………………………………… 215

第六章　东汉时期的藏书 …………………………………………………… 224
　第一节　东汉时期的官府文书 …………………………………………… 224
　　一、东汉的尚书 ……………………………………………………… 224
　　二、兰台及兰台令史的出现 ………………………………………… 229
　　三、兰台和尚书作为文献庋藏机构的分殊 ………………………… 230
　第二节　东汉时期的官府图书 …………………………………………… 232

  一、博士与文吏的合流 ………………………………………… 232
  二、兰台令史及其职掌 ………………………………………… 236
  三、专职馆员（校书郎）的出现 ……………………………… 239
  四、专门藏书管理机构（秘书监）的出现 …………………… 241
  五、专门藏书机构（东观）的出现 …………………………… 241
  六、藏书格局的变迁 …………………………………………… 244
  七、东观的主要职掌 …………………………………………… 246
 第三节 东汉时期的私家藏书 ………………………………… 248
  一、传世文献所见东汉私家藏书 ……………………………… 248
  二、传世文献所见东汉私家藏书的特点 ……………………… 250
  三、出土文献所见东汉私家藏书 ……………………………… 251
  四、出土文献所见东汉私家藏书的特点 ……………………… 253

第七章 魏晋时期的藏书 ……………………………………… 255
 第一节 魏晋时期的官府文书 ………………………………… 255
  一、中书省 ……………………………………………………… 256
  二、门下省 ……………………………………………………… 257
  三、三省的形成 ………………………………………………… 258
 第二节 魏晋时期的秘书监和官府图书 ……………………… 258
  一、秘书监及其沿革 …………………………………………… 258
  二、著作郎 ……………………………………………………… 263
 第三节 魏晋时期的私家藏书 ………………………………… 265
  一、私家藏书的概貌 …………………………………………… 265
  二、私家藏书的特点 …………………………………………… 269

第八章 简帛文献的传抄 ……………………………………… 273
 第一节 作为传抄本的简帛文献 ……………………………… 273
  一、传抄是简帛文献最根本的特征 …………………………… 273
  二、古代抄手 …………………………………………………… 274
  三、抄写即创造 ………………………………………………… 276
 第二节 简帛文献的传抄内容和传抄方式 …………………… 280
  一、传抄什么 …………………………………………………… 280
  二、怎么传抄 …………………………………………………… 282
 第三节 传抄中的简帛文献整理：兼与孔子、刘向文献整理之比较 …… 296
  一、定本意识和"自用抄本" ………………………………… 296
  二、主体意识和客观原则 ……………………………………… 299
  三、文献整理由分到合的大致走向 …………………………… 300

后记 ……………………………………………………………………… 302

第一章 绪 论

自1901年英籍匈牙利人斯坦因在新疆尼雅故城发现第一批汉晋木简以来，尤其是二十世纪八九十年代以来随着郭店楚简、上博楚简等重要简帛材料的发现，简帛研究不仅引起了人文社会科学界（如历史学、语言文字学、哲学、文学、民俗学）的重视，也成为自然科学界（如中医药学、数学、天文学、地理学）的关注重点，著名学者李学勤甚至提出了根据出土简帛重写中国学术史的命题。可以肯定，出土简帛对于中国早期藏书的研究也具有同样重要的学术价值。

第一节 出土简帛在中国早期藏书研究中的价值

"棰轮不成，何来大辂？"任何学术研究都必须建立在坚实的材料基础之上。相应地，学术研究的精进亦往往直接取决于学术材料的更新。正是在这一意义上，王国维指出："古来新学问起，大都由于新发现。"① 傅斯年指出："凡一种学问能扩张他研究的材料便进步，不能的便退步。"② 陈寅恪亦云："一时代之学术，必有其新材料与新问题。取用此材料，以研求问题，则为此时代学术之新潮流。治学之士得预于此潮流者，谓之预流（借用佛教初果之名）。其未得预者，谓之未入流。此古今学术史之通义，非彼闭门造车之徒，所能同喻者也。"③

从"材料"的角度来说，百年来，出土简帛被赋予的最大学术使命就是寄望于利用新出简帛，"重写中国学术史"④。学者们不懈陈辞："我曾再三说

---

① 王国维. 最近二三十年中中国新发见之学问 [A]. 傅杰, 编校. 王国维论学集 [C]. 北京：中国社会科学出版社，1997：207
② 桑兵. 近代学术转承：从国学到东方学——傅斯年《历史语言研究所工作之旨趣》解析 [J]. 历史研究，2001 (3)：29-44
③ 陈寅恪. 陈垣敦煌劫余录序 [A]. 金明馆丛稿二编 [C]. 上海：上海古籍出版社，1980：236
④ 李学勤. 重写学术史 [M]. 石家庄：河北教育出版社，2002

过，由于简帛的出现，古代学术思想史必须重写"①；"简帛书籍的发现，对学术史的研究意义尤为巨大，使得古代学术史必须重写"②。我们知道，所谓"学术史"主要是记载在文献上的学术演化历程，相应地，"重写中国学术史"的底气主要来自于出土简帛的文献学价值。

和传世文献相比，出土简帛要么是失传有年的古籍佚书，可以从"全面性"的角度补充传世文献的不足，因而能够解决许多传统学术研究中"文献不足征"的困难；要么虽有传世文献相对照，但由于出土简帛长期埋藏于地下，没有经过因反复传抄、翻印甚至"校勘"而导致的内容"失真"，因而可以从"准确性"的角度订正传世文献的讹误。这样，当作为"依据"的文献在"全面性"和"准确性"上获得突破，研究内容和研究结论在"全面性"和"准确性"上的相应性的精进也就显现为水到渠成之势。

正是基于简帛在文献学意义上的重大学术价值，"出土简牍和帛书的研究，一百年来，经过学者的不懈努力，已经成为海内外学界所关注的一门'显学'"③。

同样，迄今为止的有关中国早期藏书的研究结论主要是通过传世文献材料而获得的。出土简帛也完全能够从材料之"全面性"和"准确性"的角度弥补单纯基于传世文献研究的不足。总体而言，出土简帛在中国早期藏书研究中的价值，其荦荦大者盖有如下数端：

一、中国早期作为藏书对象的"图书"主要是以简帛为载体的

简帛是中国早期图书的主要载体。作为和传世文献相对的文献学概念——出土文献——主要是指从地下发掘的甲骨、金石、陶泥、简帛乃至敦煌写本等古代文献材料。其中，"古代文字之刻于甲骨、金石，印于陶泥者，皆不能称之为'书'。书籍的起源，当追溯至竹简木牍，编以书绳，聚简成编，如同今日的书籍册叶一般。在纸发明以前，竹木不仅是普遍的书写材料，且在中国历史上，其被采用的时间，亦较诸其他材料为长久。甚至在纸发明以后数百年间，竹简木牍仍继续用作书写"④。当然，与简牍并行的书写材料还有帛书。例如，"刘向为孝成皇帝典校书籍二十余年，皆先书竹，改易刊定，可缮写者以上素也"⑤，说明西汉刘向典校中秘所得"新书"皆先书之于竹简，定本则

---

① 刘乐贤. 简帛数术文献探论 [M]. 武汉：湖北教育出版社，2003：李学勤总序
② 沈颂金. 二十世纪简帛学研究 [M]. 北京：学苑出版社，2003：15
③ 沈颂金. 二十世纪简帛学研究 [M]. 北京：学苑出版社，2003：陈其泰序
④ 钱存训. 印刷发明前的中国书和文字记录 [M]. 北京：印刷工业出版社，1988：55
⑤ 吴树平. 《风俗通义》校释 [M]. 天津：天津人民出版社，1980：409

书之于缣帛（即所谓"上素"）。扬雄《答刘歆书》忆及《方言》的编撰过程曰："天下上计孝廉及内郡卫卒会者，雄常把三寸弱翰，赍油素四尺，以问其异语，归即以铅摘次之于椠，二十七岁于今矣。"显见，扬雄《方言》的原始语料也是记录在"油素四尺"上的。

总之，简帛是中国图书的最初载体，从出土简帛出发，有助于勾勒中国早期藏书的真实面貌。李零指出："中国的记录文字主要是简帛类的文字，纪念性文字主要是金石类的文字。"① 放眼世界，各国古文献多可分为纪念性的（monumental）和记录性的（record）两种，它们在书写材料、内容和目的上区别甚严。例如，两河流域的"楔形文字分两种，一般记录商务和政务的文字，是用削尖的木棍和芦苇书于泥版；而纪念性的文字，则是用刀凿刻于石头、象牙、金属和玻璃等坚硬材料上。古埃及，它的圣书体是宗教礼仪性的文字，主要用于庙堂或陵墓，也是刻在石头上（或刻在陶器上），字体比较规整（或译'碑铭体'）；而僧侣体和人民体，多用于政务、商务或私人通信，以及科学讨论、文学创作，则主要是用毛笔或芦苇做成的笔，蘸黑墨或红墨钞在纸草上，字体比较潦草。玛雅文字，也是分为两类，一类是碑铭，一类是用毛笔写在树皮纸上"②。

相应地，迄今已知最早的国外图书馆也是以收藏记录性的"软"材料文献为主的。例如，公元前三千年前的埃及图书馆所藏多为写在纸草（Papyrus）上的文本；公元前七世纪巴比伦尼尼微图书馆的资料则是刻在泥片（Clay Tablet）上的记录；公元前四世纪印度图书馆所藏乃是书写在贝叶（Pattra）上的文献。

从这一意义上说，简帛（尤其是竹简木牍）是中国古代图书的主要载体，中国早期作为"图书的馆"的图书馆应该是"简帛的馆"。因此，至少就目前的考古成就而言，可能见到的中国最早藏书只能追溯到有简帛出土的最早年代：战国早期。当然，正如王国维指出："书契之用自刻画始，金石也，甲骨也，竹木也，三者不知孰为后先，而以竹木之用为最广。"③ 由于简帛不像金石、甲骨等"硬材料"那样易于保存，因此，我们"业已"见到的最早藏书并不一定是历史上"真正"最早的藏书。

不管怎样，从简帛文献出发有助于认识中国早期藏书的原初形态。古谚曰："山川而能语，葬师食无所。肺腑而能语，医师色如土。"④ 它深刻地指

---

① 李零. 简帛古书与学术源流［M］. 北京：生活读书新知三联书店，2004：42-43
② 李零. 简帛古书与学术源流［M］. 北京：生活读书新知三联书店，2004：43
③ 王国维. 简牍检署考［M］. 胡平生，马月华，校注. 上海：上海古籍出版社，1998：1
④ 方回《山经》引《相冢书》，见明杨慎《古今谚》，清《函海》本

出，山川的本来面目也许并不如葬师所云，肺腑的真实情况可能与医师的认识相去甚远。同样，关于中国古代早期藏书的基本面貌，也是由类似"葬师"和"医师"的学者们代言的，他们的研究成果往往并不完全符合实际。

二、作为载体的书写材料携带着丰富的信息内容

我们知道，"20世纪70年代以后，缩微胶卷、磁带、光盘等资料的大量出现并进入图书馆，迫使图书馆学界开始使用'文献'这样一个超级词汇以代替'图书'。文献的概念含有强化馆藏内容实质、弱化载体类型的意味"[①]。事实上，与现代图书馆学一样，有关中国古代藏书的研究也主要以文献的内容为重点，载体形态基本逸出了人们的关注范围。

然而，载体作为文献的一项重要形式，与内容是密切相关的。一个现实中的显例是，一位女士往往会刻意避免用精致的粉红色便笺给一位与她关系普通的男士留言——尽管，她的留言内容也许只是一个通知或假条。这个极端的例证表明，载体与内容并不能截然二分。

先秦时期的墨子，即注意到了载体的重要，并重点区分了金石与简帛作为两种载体所携带的内容信息的不同。《墨子·天志下》曰："则夫好攻伐之君，有（又）重不知此为不仁义也，有（又）书之竹帛，藏之府库。为人后子者必且欲顺其先君之行，曰：何不发吾府库，视吾先君之法美，必曰文武之为正者如此矣。"《墨子·明鬼下》曰："又恐后世子孙不能知也，故书之竹帛，传遗子孙。咸恐其腐蠹绝灭，后世子孙不得而记，故琢之盘盂，镂之金石以重之。"《墨子·贵义》曰："古之圣王，欲传其道于后世，是故书之竹帛，镂之金石，传遗后世子孙，欲后世子孙法之也。"《墨子·兼爱下》曰："吾非与之并世同时，亲闻其声，见其色也，以其所书于竹帛，镂于金石，琢于盘盂，传遗后世子孙者知之。"

这里，墨子重点强调两点：首先，竹帛与金石是两种不同的载体，从材料质地上看，金石比简帛坚硬。因此，简帛上面的文字主要是用毛笔"书写"上去的，而金石上面的文字主要是通过琢镂"铭刻"上去的。其次，相比而言，简帛易于"腐蠹绝灭"，金石则相对耐久。因此，简帛因其"腐蠹绝灭"而倾向于记录性；金石则以其坚硬耐久而倾向于纪念性，成为"以重之"即宣示重要性的绝佳材料。

正如李零指出："'纪念性'和'记录性'还不太一样。'纪念性'是为了'永垂不朽'，常常是用硬材料，或刻铭于丰碑，或垂言于鼎彝，有开放的

---

① 王子舟. 图书馆学是什么[M]. 北京：北京大学出版社，2008：40

空间，强烈的视觉效果，让你看见了就忘不了了；而'记录性'则不一样，它记下来是为了藏起来（'藏之府库'）。不但材料往往是'软材料'，要靠誊抄翻印，才能传之后世，而且有些还'秘不示人'，只是需要了才查一查，不需要了，该销毁就销毁。中国的记录文字主要是简帛类的文字，纪念性文字主要是金石类的文字。"李先生又说："中国古代用以书写和记录的材料种类很多，包括动物、矿物和植物。有的是自然产品，有的是人工制品，有些是坚硬耐久的，有的是柔软易损的。刻在甲骨、金属、玉石等坚硬物质上面的文字，通常称为铭文；而文字记录于竹、木、帛、纸等易损的材料，便通常称为书籍。竹木虽然质地坚硬，但不及金石能永久保存。"①

总之，书写材料和书写工具都是重要的物质性因素，而材料和工具的不同，则意味着内容和旨趣的相应性区别。刻辞和铭文的书写工具主要用坚硬的玉石或金属刀刃，书写材料主要有龟甲、兽骨、玉石和金属器物，是典型的"硬材料"，其内容为纪念性的。而图书的书写工具主要是墨笔，书写的材料主要是简牍和缣帛，是典型的"软材料"，其内容为记录性的。

再就作为典型的"软材料"的出土简帛来说，又可根据其材料的进一步区分而显示内容旨趣上的差异。

张显成指出："书写材料与所书的文献内容往往有关，例如敦煌悬泉置汉简绝大部分是木简，其材质有油松、红松、白杨、柽柳等，其中油松和红松为较高级别的官府的各种文书、诏书、律令、科品、重要簿籍等的书写材料，这是因为油松和红松质细而平，又不易变形的原故；而白杨和柽柳，则多为一般文书的书写材料，这是因为白杨和柽柳质粗而易变形的原故。并且，书写内容不光与木材品种有关，还与木材曲直有关。例如尹湾汉简的木牍，书写需要长期保存的重要作品者，多为桐木，且牍片木纹端直，也就是说，是用端直的桐木正经切出的板材制作的，如那些吏员总簿木牍即是用这类材料写成的。这是因为桐木抗腐耐久，正经切者板面平整见不到年轮纹，洁白而松软一致，便于书写，并能双面书写而效果相同。而书写内容相对次要者所用木材：一是多为松木。因松木的材质不如桐木，易变形开裂，故这类木牍厚度相对要大些。二是制作正经桐木板材剩余下来的材料。这些剩余材料所制作的木牍往往木纹明显，纹路相间不匀，纤维不顺直，一看就知是用不太直的木材制作的。三是非正经切材，甚至有的木牍是在节疤旁取材制作的，如那些名谒、衣物疏、礼钱簿等。"② 此外，"若要书写合同契约之类，则必须选用便于破菊的木材，长沙走马楼三国吴井所出土的2000多枚大木简'嘉禾吏民田家莂'，就是以杉木

---

① 李零. 简帛古书与学术源流 [M]. 北京：生活读书新知三联书店，2004：43 - 44
② 张显成. 简帛文献学通论 [M]. 北京：中华书局，2004：110 - 111

制作的，因为杉木是一种既不易变形又便于剖析的质材"①。

不仅如此，书写材料的制作方式、长短形制等的不同，也可以反映内容旨趣的相应性差别。"由出土实物可知，在简牍的制作上，书籍简往往加工精细些，而文书简，特别是那些记载日常事务的简，则制作得相对粗糙些，甚至相当粗糙，这一现象在西北出土的简牍中表现得非常突出。这显然是由书籍的长期使用性和文书（特别是记载日常事务的文书）使用的短暂性以及用简数量要大些决定的"②。例如，"长沙走马楼吴简牍大致分为木牍、木简、竹简等三大类。如记载户籍类的竹简和木牍，其中木牍所记均为经官吏调查核实后某户家庭成员的概况，而竹简所记则为家庭中一个或几个成员的具体情况"③。又如，包山楚墓中，"记载的文字内容可分为卜筮祭祷记录、司法文书、遣策等几类。竹简均经刮削修制、杀青等处理，竹节大多已削平。书写卜筮祭祷记录和司法文书的竹简制作精细，遣策则相对粗糙"④。

再就简牍长度而言，王国维《简牍检署考》一书曾揭橥"以策之大小为书之尊卑"的总体性原则。张显成认为："简牍的长短形制从周秦到隋唐并无固定不变的尺寸常规，但其中也有一定的规律：表示内容意义较重大者用长简，表示内容意义较轻者用短简，表示意义一般者用中等长度简，中等长度简为常规简。"⑤例如，"荆门包山楚简的记事性文书简的长度多为64.5厘米左右，而同墓出土的卜筮祭祷简的长度多为68.5厘米左右，可能是在墓主的心目中这些记事性文书的重要性不如卜筮祭祷简"⑥。

此外，再就文献放置方式来说。河南信阳长台关1号楚墓"共出土两组竹简，分别放置于前室和左后室：前室所出是一部古书，左后室则是记载随葬品的遣册"⑦。湖南长沙五里牌楚墓M406遣册的特点是，"在竹简的上半记录器物的名称和数目，下半记录器物所在的位置"⑧。又如，湖北荆门包山2号楚墓"遣册大略是按照司职墓主后勤事务官府或职官名称记录随葬物品的；从出土实物来看，墓葬的七个椁室各有专用，随葬物品在椁室并不是随意放置的。而且，遣册的记录方式与随葬物品在墓室的陈放位置之间似乎存在一定的关系。比如201号简记'乐人之器'，出土的乐器就主要发现于前室；204号

---

① 张显成. 简帛文献学通论 [M]. 北京：中华书局，2004：113
② 张显成. 简帛文献学通论 [M]. 北京：中华书局，2004：123 – 124
③ 孙东波. 浅说长沙走马楼吴简牍的文献价值 [J]. 新西部，2007（10）：172 – 173
④ 包山墓地竹简整理小组. 包山2号墓竹简概述 [J]. 文物，1988（5）：25 – 29
⑤ 张显成. 简帛文献学通论 [M]. 北京：中华书局，2004：141
⑥ 张显成. 简帛文献学通论 [M]. 北京：中华书局，2004：143
⑦ 胡平生，李天虹. 长江流域出土简牍与研究 [M]. 武汉：湖北教育出版社，2004：188 – 189
⑧ 胡平生，李天虹. 长江流域出土简牍与研究 [M]. 武汉：湖北教育出版社，2004：216

简主记车马器,车马器主要随葬于左侧室……不同的墓室,与遗册记载中的官府或职官是相对应的"①。

综上,区别载体材料应该是文献学乃至古代藏书研究的重要内容之一,具有不可忽视的学术价值。例如,田昌五指出,马王堆汉墓帛书《老子》的"甲、乙本抄写的年代有先后,自系两个不同的来源"。"乙本的价值却远在甲本之上。从发掘报告看,甲本卷在木片上,乙本放在漆盒里,可见乙本是更受重视的"②。这里,放在漆盒里的乙本的价值到底是不是远在甲本之上仍需作进一步分析,但藏主视乙本远比甲本重要应该是可以肯定的。这个例证虽是就收藏方式而言的,但它确实能够启发我们,材料载体也是认识古代藏书的一个重要视角。

三、以简帛为载体的"书"可分为图书和档案两大类别

迄今为止的出土简帛,给人最直接的印象是以书檄、律令、案录、符券、簿籍、检楬等档案文书为主,古人称之为"艺文"或"经籍"的典籍图书并非出土简帛的主流。例如,尹湾汉简、走马楼三国时期吴简、里耶秦简等所出文献全部是文书档案,不包括图书。其中,"1996 年 10 月在长沙走马楼发现的三国吴简,数量达 15 万枚之多,超过了以往所发现简牍的总和"③,而这批简牍的内容全部是档案文书。"文书,即公私往来的信函、公文、案卷、契约、簿籍等等",其中的簿籍类文书,即"专门记录人、物、钱的簿册","是简帛文书中最常见、所占比例最大的一类"④。而"'籍'是名册类文书的专称,故往往'名籍'连称,这种文书也可以省去'籍'字而单称'某某名'";"广义的'簿'泛指各类文书",狭义则指"账簿和统计表册性质的文书"⑤。日人中村直胜认为,非书档案约分两大类,一是文书,一是记录。他说:"发出者与接受者互不一致的,称记录。记录写在某一事发生以后,以事为本。文书写在事物发生之前,以事居多,很多是引起事件发生的动力。这是文书与记录的最大不同。虽然古文书学所要研究的对象,主要是这种文书,然而对记录也不是完全漠然无视。"⑥ 这里,记录即簿籍、账册,有流水账的性质;文书可分为公文书与私文书,公文书,在古代又称公文、公牍、文牍,是

---

① 胡平生,李天虹. 长江流域出土简牍与研究[M]. 武汉:湖北教育出版社,2004:204
② 田昌五. 再谈黄老思想和法家路线:读长沙马王堆三号汉墓出土帛书札记之二[J]. 文物,1976(4):78-83
③ 周立耘. 专家聚首读"吴简"[N]. 人民日报,2001-8-22
④ 张显成. 简帛文献学通论[M]. 北京:中华书局,2004:234-235
⑤ 李天虹. 居延汉简簿籍分类研究[J]. 北京:科学出版社,2003:前言 VIII
⑥ 大庭修. 汉简研究[M]. 徐世虹,译. 桂林:广西师范大学出版社,2001:5

出土简帛的主流。

正是看到了文书档案类文献的大量出土,学者们才认识到:"过去研究简帛,大家是把档案和典籍放在一起研究,学界只有笼统的'简牍研究'或'简帛研究'。现在,由于材料山积,已经到了不得不分开的地步……文书档案,数量很大,特别是走马楼三国简和里耶秦简,数量动以万计,现在必须辟为专门领域。"①

这一区别,改变了长期以来图书、档案不分,从而图书馆与档案馆混同的认识现状,意义十分重大。例如,结合睡虎地秦简、青川木牍、龙岗秦墓竹简、周家台秦简的出土发现,我们认为秦朝的官府藏书有两大系统。一是博士官出于"通古今"之需而以"诗书、百家语"为主体的图书;二是文法吏出于具体行政公干之需而掌有大量文书档案,此为秦朝官府藏书的重点。相应地,秦朝官方文献整理也主要聚焦于文书档案。由此可以进一步证知,秦王朝的行政运作是建立在对官府藏书的收藏和利用上的,通过秦人对图书和档案的不同态度可以折射出博士官和文法吏政治地位的消长,并可考见秦王朝"以法治国"的行政本质②。

与此相反,西汉刘向典校中秘,则完全以图书为对象,不包括文书档案。正如余嘉锡指出:"国家法制,专官典守,不入校雠也。《礼乐志》曰:'今叔孙通所撰礼仪,与律令同录,藏于理官,法家又复不传,汉典寝而不著,民臣莫有言者。'夫礼仪律令,既藏于理官,则不与他书'外则有太常、太史、博士之藏;内则有延阁、广内、祕室之府'者同。"③ 也就是说,档案性质的法、律、令,以及同样具有档案性质的礼法一体背景下的礼典,并不在刘氏的文献整理范围之内。刘勰《文心雕龙·章表》曰:"按《七略》、《艺文》,谣咏必录,章表奏议,经国之枢机,然阙而不纂者,乃各有故事而在职司也。""职司"所庋藏的公文("故事"),"虽艺文之末品,而政事之先务也"(《文心雕龙·书记》),是行政公干的记录。宋儒王应麟《汉书艺文志考证》亦云:"愚按:律令藏于理官,故《志》不著录。"(卷6)这反映了汉朝与秦朝"以吏为师"迥不相侔的、以"独尊儒术"为取向的另一种政制气象。

总体而言,"文书是研究早期社会史的史料,古书是研究早期学术史的史料"④。基于图书与档案的分野,还可以进一步证明:《汉志·兵书略·权谋》

---

① 李零. 简帛古书与学术源流 [M]. 北京:生活读书新知三联书店,2004:46-47
② 傅荣贤. 论秦朝图书与档案的分野及其"以法治国"的行政取向 [J]. 图书情报工作,2009 (8):142-145,97
③ 余嘉锡. 古书通例 [M]. 上海:上海古籍出版社,1985:4
④ 李零. 简帛古书与学术源流 [M]. 北京:生活读书新知三联书店,2004:6

虽著录"《韩信》三篇",但它是讲军事谋略的图书,与韩信参与汉初定制形成的"三十五家"军事律令档案文献《兵法》不是一回事;杨仆《兵录》承绪韩信《兵法》,也是军事律令的汇编或结集,不是"中国最早的军事专科目录";先秦古籍中的盟府、故府、周室、府库、大府等应该是兼收图书但以档案为主的档案馆。"当时只有档案馆,没有图书馆,典籍、档案和地图是收于一处"①;"尚书有青丝编目录"中的"尚书"不是儒家经典之一的《尚书》,而是司职文书收发或上传下达的官署机构"尚书台",因此,"尚书有青丝编目录"不是中国一书目录(和群书目录相对)称名之所由②;中国一书文献目录有档案目录和图书目录两大体系,档案乃原始办事记录,图书具有思想上"盘根究底"或文采上"踵事增华"的超越内涵。因而档案目录只有"条其篇目"的"目",而图书目录往往有"撮其旨意"的"录",等等。又如,《辞源》对"图书"一词的释义分列了三个义项。第一个义项是"地图与书籍",并引《史记·萧相国世家》"沛公至咸阳,……(萧)何独先入,收秦丞相御史律令图书藏之"为证。事实上,萧何所收"秦丞相御史律令图书"是文书档案,与今天的"图书"概念无涉。

四、有助于从宏观上认识当时的文献概况和知识体系

典籍分类,古已有之。清人章学诚在《校雠通义·自序》中认为,从三代到战国以前"官守之分职,即群书之部次,不复别有著录之法",由此形成了一个以职官为部类的自然分类表。西汉刘向、刘歆的《别录》和《七略》则为我们贡献了一个中国最早、最完备的古书分类和知识结构的框架。而大量简帛文献的出土,"对图书分类,与之有关的知识体系和知识结构,改变尤大"③。

出土简帛首先有助我们从宏观上认识当时文献的总体状况。我们知道,中国古代图书散佚严重,古人所谓"五厄"、"十厄",今人所谓"典籍聚散",都是研究这类问题的著述。而迄今出土的简帛图书,多为失传有年的文献。例如,"今从简帛方知,先秦文献比我们原来所知的要多得多,此仅以上海博物馆藏楚简(1994年从香港购买回来)为例即可说明:该批楚简含近100种先秦文献,而有传世文献可对照者不到10种。也就是说,若以此为计,先秦流传至今的文献实不到十分之一。由此可知中国先秦时期的文献是十分丰富的,

---

① 李零. 简帛古书与学术源流 [M]. 北京:生活读书新知三联书店,2004:46
② 傅荣贤. "尚书有青丝编目录"正诂 [J]. 图书情报工作,2009 (21):139-141,145
③ 李零. 简帛古书与学术源流 [M]. 北京:生活读书新知三联书店,2004:7

绝非我们原来所知的那些"①。作为传世文献的重要补充，出土简帛让我们看到了更多的古籍品种和数量，因而也有助于我们从宏观上认识当时的知识体系、知识结构和知识分类。

总体上，诚如上文所述，当时以简帛为载体的文献包括图书和文书两大类。文书是档案学史研究的对象，它又可粗分为官文书和私文书两大类。

再就图书分类及其知识体系而言，《七略》、《汉书·艺文志》将当时的主要图书区别为六略（大类）、三十八种（小类），反映了秦汉之际的总体学术面貌。然而，"过去我们把关注的重点放在精英阶层文化，即《汉书·艺文志》中前三类——六艺、诸子、诗赋，而忽略了后三类——兵书、术数、方技。出土的简牍、帛书文献却有相当大的部分恰恰是'兵书'、'术数'、'方技'，天象星占、择日龟卜、医方养生、兵家阴阳的知识在古代随葬文献中的数量，表明它在实际生活中占了很大的分量，也常常是古代思想的背景"②。李零的《中国方术考》和《中国方术续考》（东方出版社2000年版和2001年版）、刘乐贤的《简帛数术文献探论》（湖北教育出版社2003年版）等，都是针对后三类文献的大量出土而撰写的著作，这无疑也从一个侧面反映了后三类文献在秦汉社会文化生活中的重要地位。

对照《汉书·艺文志》，我们可以发现，古书亡佚最多的是讲实用技术的后三略，即兵书、数术、方技（当然，亡佚的诗赋类文献也比较多）——尽管，它们基本不在秦火的范围之内。而出土简帛对古书补充最多的地方恰恰就在这几方面。例如，银雀山汉简以兵书居多，马王堆帛书以数术、方技居多。方旭东指出，这些出土古书提示我们：中国文化其实还存在另外一条线索，即以数术方技为代表，上承原始思维，下启阴阳家和道家以及道教文化的线索。方术的思想内容相当丰富。其中，数术涉及天文、历术、算术、地学和物候学；方技涉及医学、药剂学、房中术（性学、优生学等）、养生术以及与药剂学有关的植物学、动物学、矿物学和化学知识，它们不仅囊括了中国古代自然科学的所有"基础学科"，而且还影响到农艺学、工艺学和军事技术的发展。因此，方术是中国古代科技文明的重要组成部分。以著名的"四大发明"为例，指南针是源于式占，火药是源于炼丹，造纸是派生于漂絮（与纺织有关），活字印刷是受冶金范铸法、玺印和拓印技术的启发，这些都与古代的实用文化有关，特别是前两种，指南针本是数术家的工具，而炼丹则是方家家所为，更是直接来源于数术方技之学。总之，对方术的研究可以弥补现存古代思想史研究在"知识体系"上的不足，并纠正由此而造成的一些误解。例如，

---

① 张显成. 论简帛的文献学研究价值 [J]. 古籍整理研究学刊, 2005 (1): 34-40.
② 沈颂金. 二十世纪简帛学研究 [M]. 北京: 学苑出版社, 2003: 11.

过去学术界在讨论"道"、"德"这类范畴时,往往用现代哲学概念生搬硬套,不管学术流派和古人自身的理解。其实,先秦道家是个什么样的派别,这点和它的知识背景有关。道家和阴阳家不同,阴阳家是讲"天道",即天地四时、阴阳五行,而道家是讲"人道",即养生延命、通于神明。前者主要与数术有关,后者主要与方技有关。《老子》论"道",重点不是讲天道运行,而是讲天地万物的生化。它所说的"天道"虽然是人以外的东西,但却不是天地万物本身,而是一种万有的本源,一种以无为用的原始创造力①。

因此,我们有理由相信,当时的图书在六略、三十八种的基础上还区别为两大部类——我们称之为"学"部和"术"部。众所周知,章学诚《校雠通义》的内容百分之九十以上是讨论《汉书·艺文志》的"②。余嘉锡指出:"章氏著《校雠通义》,……仅就《汉书·艺文志》参互钩稽而为之说。"③ 而章氏在《校雠通义》中提出的"辨章学术,考镜源流"中的"学术",正是从这一意义上立说的④。事实上,秦始皇焚书也是在首先区别文书与图书的基础上,再进一步将图书区别为学和术两大部类的。基本上,秦汉之际的文书主要由"吏"掌管,图书则主要由"士"所职掌。而"士"又分为文学士和方术士,简称学士和术士,《史记》、《汉书》中多有之。如,《史记·秦始皇本纪》:"悉召文学、方术士甚众,欲以兴太平。"这两类"士"分别掌管学部图书和术部图书。

魏晋以降,尤其是《隋书·经籍志》以后,古代图书以经史子集四部分类为主,作为"术"的兵书、数术、方技皆入之"子"部,反映了中国古代总体知识结构由秦汉之际的"学"和"术"并重,向重"学"轻"术"甚至有"学"无"术"的转向。这是后话。

总之,"出土简帛古籍在一定程度上反映了《汉书·艺文志》的收书标准"。进一步说,"出土简牍帛书中大量的《日书》说明当时盛行诹日方术,这类书在当时也一定极为流行,而且形式和内容都相差不多,已经在民间演变成一种流于形式的供翻检查证用的实用手册。出土简牍帛书中还有大量的法律文书,其中有许多法律条文和案例。这些条文和案例都是为吏者需要掌握的基本知识。这类书也就成了供为吏者学习参考的条例手册。《日书》按《汉书·艺文志》分类虽然可以归入'数术'部分,但从《汉书·艺文志》'数术'部分的书名看,类似的书不多,也没有同《日书》内容非常接近者。这与

---

① 方旭东. 影响思想史的 20 世纪出土古书(下)[J]. 哲学动态, 2000 (10): 40-44
② 王重民. 《校雠通义》通解 [M]. 上海: 上海古籍出版社, 1987: 13
③ 余嘉锡. 目录学发微 [M]. 成都: 巴蜀书社, 1991. 8
④ 傅荣贤. "辨章学术考镜源流"正诂 [J]. 图书馆理论与实践. 2008 (4): 53-56

《日书》在出土简牍帛书中出现的频率不太相称。而出土很多的法律类书籍在《汉书·艺文志》中更是不被胪列。这些都说明《汉书·艺文志》的收书标准是更倾向于带有思想内涵的个性著作，那些已成为社会普遍流行的实用手册则不被重视"①。

五、有助于认识当时的某些具体知识结构和学术分类

图书分类长期以来一直是古代藏书研究的重要内容之一。然而，图书分类不仅是一种部次群书、区别类例的藏书整理技术，更是对众多图书所记录的学术谱系的总体结构以及具体学术之间此分彼合"关系"的深刻考察。遗憾的是，今人往往以近现代的学术眼光来审度前人，甚至从西方形式逻辑的角度来分析古代图书分类的现象与本质，从而导致方法与对象之间的凿枘。而利用出土简帛，往往能够更为真切地揭示古人的分类原则，取得意想不到的效果。

例如，《汉志·兵书略序》"省十家二百七十一篇重"，所省"十家"之中，包括兵技巧类的《墨子》和兵权谋类的《管子》两种。换言之，《汉志》只将《墨子》、《管子》等十家文献分入诸子略；而刘歆《七略》则将这十种文献同时"互著"在诸子略和兵书略，借以强调《墨子》、《管子》等文献兼有兵书的性质。有趣的是，1973年山东临沂银雀山1号西汉前期墓葬出土了《孙子（孙武）兵法》、《孙膑兵法》、《尉缭子》、《六韬》、《墨子》、《管子》、《晏子春秋》等典籍②。这批文献的前四种都是兵书无疑，而《墨子》和《管子》同时随葬，亦可证其具有兵书性质。可以肯定，兵书类文献是银雀山汉墓墓主的主要收藏，而《墨子》和《管子》两种文献的随葬，正反映了刘歆《七略》将《墨子》、《管子》同时"互著"在诸子略和兵书略的基本依据和学术动机。相比之下，《汉书·艺文志》"省十家二百七十一篇重"，固然凝炼了篇幅，但却导致《墨子》、《管子》等十家文献的兵书属性不明。据研究，银雀山汉简"《管子》只有关于谈兵的《七法》一篇，可能未录全书，但十枚简都很完整。《墨子》第五十二篇以下皆兵家言，文字古奥，不易通读，与全书不一致。可能由于其第五十一篇谈公输盘九攻、墨子九拒之事，其弟子采撷其术附记于后。这次发现的汉人手书竹简中，虽然只有一枚残简与《墨子·号令篇》相合，但其他尚有四十余简文辞多与墨子谈攻守者相似，只是上下文不一致，这可能是《墨子》的佚文，或者是与《墨子》文辞相近的其他古书"③。可见，《墨子》、《管子》确有兵书内涵。不仅如此，《七略》将《墨

---

① 刘钊. 出土简帛的分类及其在历史文献学上的意义 [J]. 厦门大学学报，2003（6）：67-72
② 许荻. 略谈临沂银雀山汉墓出土的古代兵书残简 [J]. 文物，1974（2）：27-31
③ 罗福颐. 临沂汉简概述 [J]. 文物，1974（2）：32-35

子》入之"兵技巧"类目,与该书"公输盘九攻、墨子九拒之事"的内涵正相吻合;而《管子》入之"兵权谋"类目,也可考见其《七法》篇应具有"以正守国,以奇用兵,先计而后战,兼形势,包阴阳,用技巧者也"(《汉志·权谋序》)的内容。

又如,秦汉时期的阴阳家可分为两大类别:一是以邹衍为代表、强调"五德始终"的一派;二是专营星占、堪舆、卜筮等活动的"数术"之学。大致来说,前者入之诸子,借用刘勰的话说,是"入道见志"之书,属于"学"的范畴。后者是具体的数术技艺,属于"术"的范畴。例如,"长沙子弹库战国楚帛书就属于阴阳学家著作,应归《汉书·艺文志》中的数术略"①。事实上,出土简帛中属于《诸子略·阴阳》的文献只有长沙子弹库楚帛书、银雀山汉简《阴阳散》和《曹氏阴阳》等有限的几种。相反,属于《数术略》的文献则十分繁富,由此可见时人对"学"与"术"的不同偏好。

再如,马王堆帛书《战国策》二十七章中保存有大量已经散佚的苏秦游说资料。由此可见,《七略》、《汉志》著录于《六艺略·春秋》的《战国策》与《诸子略·纵横家》类目之间的关系十分密切。刘向《战国策书录》云:"中书本号,或曰《国策》,或曰《国事》,或曰《短长》,或曰《事语》,或曰《长书》,或曰《修书》。臣向以为战国时,游士辅所用之国,为之策谋,宜为《战国策》。"杨宽指出,"所谓《国策》、《国事》,该是以国别分类编辑的;所谓《事语》,该是按事实分类编排的;所谓《短长》、《长书》、《修书》,就是记载纵横家言的。短长,就是'权变'的意思,司马迁所谓'谋诈用而从(纵)衡(横)短长之说起'(《六国年表序》)。刘向以这类书中'有国别者八篇'为基础,把其他各种册子的资料按国别、年代加以补充,删去重复,编辑成了《战国策》三十三篇"②。不仅如此,马王堆帛书二十七章《战国策》中有十六章内容事关苏秦,参之《史记·苏秦列传赞》"世言苏秦多异,异时事有类之者皆附之苏秦",正可彼此参证。而这也是《汉志·纵横家》所著录的"十二家"中,《苏子》篇数最多(达三十一篇),且位列十二家之首的根本原因。

不妨再以《诗》为例。胡平生、韩自强认为,《汉志·诗序》语涉齐、鲁、韩、毛"四家诗",但《汉志》著录"《诗》凡六家,四百一十六卷"。四家《诗》而云"六家",是因为《齐诗》又有"后氏"、"孙氏"两家,可见当时之分"家"并不特别严格。而如果按照这一标准,那么仅仅从《汉书》来看,可以独立成"家"的就有很多。例如,《汉书·儒林传》载:"韦贤治

---

① 骈宇骞. 出土简帛书籍分类述略(数术略)[J]. 中国典籍与文化, 2006 (2): 7-18
② 杨宽. 马王堆帛书《战国策》的史料价值[J]. 文物, 1975 (2): 26-34, 68

《诗》，事博士大江公及许生，由是《鲁诗》有韦氏学。"《隶释·汉武荣碑》云："荣，字含和，治《鲁诗经》韦君章句。"这是《汉志》所没有著录的《鲁诗》韦氏学。而据《汉书·儒林传》，类似韦氏这样没有被《汉志》所著录或提及的还有《鲁诗》张、唐、褚氏之学以及许氏学；《齐诗》翼匡、师伏之学；《韩诗》王食、长孙之学等。然而，传世文献中的上述记载，并没有引起人们对所谓"四家诗"的质疑。直到1977年安徽阜阳汉简《诗经》的出土才改变了这一局面。人们发现，阜阳汉简《诗经》"既与《毛诗》有如此之多的异文，可以断定其绝非《毛诗》系统"，同时也"不会属于鲁、齐、韩三家中的任何一家"，从而认定"《汉志》并没有将汉初治《诗经》各家囊括"①。

六、真实地反映了文献包裹、装帧、庋藏诸方面的具体情况

我们今天固然可以见到《论语》的内容，但却见不到《论语》当时的书写载体、书写方式、庋藏方式等"实物"。而大量简帛古籍的发现，"等于给我们打开了一座丰富的地下图书馆"②，有助我们从"实物"的角度复原早期文献和藏书的真实面貌。

例如，墓葬中的简册一般是与随葬物品一起放在边箱和棺内的。睡虎地秦简的放置位置较为特别，简册的放置也许是有一定意义的。《云梦睡虎地秦墓》编写组指出："睡虎地秦简中的《编年纪》53枚简，发现于墓主的头下；《语书》14枚简，《效律》61枚简，《秦律杂抄》42枚简，《为吏之道》51枚简，发现于墓主的腹部；《秦律十八种》202枚简，发现于墓主右侧；《法律答问》217枚简，发现于墓主颈部右侧；《封诊式》98枚简，它与《日书》甲种166枚一起放置于墓主头部右侧；《日书》乙种共257枚简，发现于墓主的足部。"③ 又曰："睡虎地秦简的这种放置方式，其含义待考。睡虎地秦简中还有一种函套简，可能是编简时作为最外的篇边：(《日书》乙本) 第261号无字简，两端突起，与其他不同，可能是编简时作为最外一支的篇边。这支简出土时未编号，简长27.5厘米，与《秦律十八种》、《秦律杂抄》、《为吏之道》近似，不知原属何书，今附印于全书之末。"④ 这里，编写组特别提到了不同文献的放置位置以及一枚"两端突起，与其他不同"的无字简，虽然没有明确的结论，但推测它们另有"含义"当属可信。

幸运的是，下述出土材料有助于我们"确切"地推测古代文献的捆扎方

---

① 胡平生，韩自强. 阜阳汉简《诗经》简论 [J]. 文物，1984 (8)：13-21
② 李学勤. 简帛佚籍与学术史 [M]. 南昌：江西教育出版社，2001：15
③ 睡虎地秦墓竹简整理小组. 睡虎地秦墓竹简 [M]. 北京：文物出版社，1978：14-22
④ 睡虎地秦墓竹简整理小组. 睡虎地秦墓竹简 [M]. 北京：文物出版社，1978：255

式、文献装帧等具体情况。

首先，文献往往集中捆扎在一起。

从文献保存的角度来看，编册卷起后，有时会用绳索之类的物品将其捆束，以免松散。例如，武威《仪礼》汉简即是卷好后用竹圈捆扎的。陈梦家指出："武威简本，因清理前已经移动，因此附属之物已无所遗存。我们在整理残碎简中，曾见有数个薄狭竹条，外缠以丝绸物，似是竹圈的残余。此物可能套在每卷之外，用以束缚木简卷子。敦煌莫高窟所出写经，其完整者尚保存卷外题签和缠扎绳子一道。"① 又如，天水放马滩秦墓竹简出土时被卷成一捆，经过清理，共有竹简 460 枚。而睡虎地秦简"《司空》中，还有对文书书写材料和文书捆扎的规定，目的也是为了文书档案的长久保存"②。

其次，秦汉时期的书籍装帧。

出土简帛还反映了古代书籍的装帧情况。例如，"甘肃天水放马滩一号秦墓出土的 460 枚竹简，……大部分简的天地头两面还粘有深蓝色布片，推断编册后曾用布包裹粘托以示装帧"③。整理者推测竹简编册后两头曾用纺织品装裱，而这也是迄今为止简本装帧的最早实例。银雀山汉简中，"清洗竹简时，发现简中夹有几枚铜钱，有的钱上似有丝绳痕迹。这几枚钱应是系在简册篇首的细丝绳上的，细丝绳绕住卷好的简册，铜钱插入两简之间，卷起的简册就不易散开了"④。无疑，使用铜钱既有实用价值，也有装饰功能。又如，山东银雀山汉简"在竹简之上，有两枚'半两钱'和一枚'三铢钱'，可能当时是缀在竹简的绳上作装饰用的"⑤。

再次，文献往往用布帛包裹。

古书卷成简册之后，每有书衣包裹，所包之物称为"帙"。《说文》曰："帙，书衣也。"帙或从衣作袠、褱。传世文献中多有文献用帙的记载。例如，《后汉书·杨厚传》曰："吾绨帙中有先祖所传秘记。"《太平御览》卷 606 引《中经簿》曰："盛书有缥帙，青缣帙，布帙，绢帙。"而据《西京杂记》，"（刘）歆欲撰《汉书》，编录汉事"，结果只成杂记，"为十帙，帙十卷，合为百卷"。《隋书·经籍志》著录有"《周易》一帙十卷卢氏注"。陈梦家曰："此本于阮孝绪《七录》，《七录·叙目》曰：'四部三百五帙三千一十四卷'。

---

① 陈梦家. 汉简缀述 [M]. 北京：中华书局，1980：298
② 睡虎地秦墓竹简整理小组. 睡虎地秦墓竹简 [M]. 北京：文物出版社，1978：83
③ 何双全. 天水放马滩秦简综述 [J]. 文物，1989（2）：23-31
④ 吴九龙. 银雀山汉简释文 [M]. 北京：文物出版社，1985：11-12
⑤ 山东省博物馆，临沂文物组. 山东临沂西汉墓发现《孙子兵法》和《孙膑兵法》等竹简的简报 [J]. 文物，1974（2）：15-20

大率汉至六朝,一帙十卷,武威九篇约当一帙之数。"①

出土简帛为我们提供了大量用布帛包裹文献的实例。例如,长沙杨家湾战国竹简即存有绸包的残迹。"(杨家湾)竹简放在大漆盒内,全部以丝帛包裹,两端用丝带穿织成册"②。又如,武威旱滩坡汉墓所出"尸体头顶有麻质囊袋一个,内包木质简牍一束,……经整理现存简牍共九十二枚(片)。初步释认,内容全是有关医学的记载"③。

出土简帛中的文书也有用帙的实例。例如,"张家山 M136 竹简绝大部分放置在位于头箱南端的一个长方形竹笥中,这些竹简用麻织品包裹"④。又如,罗布淖尔汉简"东郡戍卒东阿灵里袁鲁衣橐"、"岁里皂布襦淳于休枭服当韦衣橐犬抹"也是用书衣包裹的实例,所谓"橐"即袋子。《东观汉记》曰:"旧制:上书青布囊素里封书,不中式,不得上。"说明汉代臣民所上文书,需要盛之以青布囊。许同莘曰:"素里者,盖谓其里用白布,则囊有表里两层,内用白布,外用青布。后世之称夹袋,亦其类矣。"⑤据《汉书·丙吉传》记载,吉驭吏"习知边塞发奔命替备事。尝出,适见驿骑持赤白囊,边郡发奔命书驰来至。因随驿骑至公车刺取,知虏入云中、代郡"。说明汉代边郡言急事用赤白囊,这里,醒目的赤白囊显然旨在区别事之缓急。据研究,"书囊为方底、四角底,天子诏书入青色或绿色丝囊,臣下密奏入黑色丝囊,边境异变之讯入红色或白色之囊"⑥。由此看来,一般诏书与青色或绿色有缘,亦可旁证"尚书有青丝编目录"中的"青丝编"与诏书有关,"青丝编目录"应该是西汉诏书目录,而不是"《尚书》"的一书目录⑦。而颜色除了与内容有关之外,也往往与时尚有关,例如,"王莽时期的简册多用红色绳子编联,凡简上染有红色痕迹的,多属于王莽时期"⑧。

最后,用笥箧盛书。

书衣以外,又每以笥箧盛书。笥和箧都是竹木制的小箱子,用以盛放文献。据《战国策》记甘茂之言:"乐羊反(返)而语功,文侯示之谤书一箧。"又曰:"去秦而归,……乃夜发书,陈箧数十。"《韩非子·喻老篇》也曰:

---

① 陈梦家. 汉简缀述 [M]. 北京:中华书局,1980:297
② 湖南省文物管理委员会. 长沙出土的三座大型木椁墓 [J]. 考古学报,1957(1):99
③ 甘肃省博物馆,甘肃省武威县文化馆. 武威旱滩坡汉墓发掘简报:出土大批医药简牍 [J]. 文物,1973(12):18-21
④ 荆州地区博物馆. 江陵张家山两座汉墓出土大批竹简 [J]. 文物,1992(9):1-11
⑤ 许同莘. 公牍学史 [M]. 北京:档案出版社,1989:47
⑥ 大庭修. 汉简研究 [M]. 徐世虹,译. 桂林:广西师范大学出版社,2001:178
⑦ 傅荣贤. "尚书有青丝编目录"正诂 [J]. 图书情报工作,2009(21):139-141,145
⑧ 徐苹芳. 居延考古发掘的新收获 [J]. 文物,1978(1):26-29,34

"知（智）者不以言谈教，慧者不以藏书箧。"战国如此，汉代亦然。《汉书·张安世传》曰："上行幸河东，尝亡书三箧。"《汉书·贾谊传》"俗吏之所务在于刀笔筐箧"，师古注云："刀所以削书札，筐箧所以盛书。"《后汉书·刘盆子传》曰："有以两空札置笥中"，注云："札、简也，笥、箧也。"

出土简帛中有许多用笥箧盛书的实例。例如，阜阳双古堆"竹简出土于M1东边箱内，原放在木笥里。木笥被砸坏，又经长年挤压，竹简散乱"①。而江陵天星观竹简"置于西室。一部分夹在漆皮中，压在兵器杆下，被盗墓者踩断。一部分放在竹笥内，保存较好"②。又如，尹湾M6汉墓中，"君兄缯方缇中物疏"木牍载"《记》一卷、《六甲阴阳书》一卷、《列女传》一卷、《恩泽诏书》、《楚相内史对》、《乌傅》、《弟子职》"③。显见，这些书籍都是放在"缯方缇"中的。再如，"1983年底到84年初，湖北江陵张家山M247、M249、M258三座西汉前期墓葬里，又发现了大量竹简……M247出简最多，达一千多支，大部分原贮竹笥内，保存尚好，字迹清晰可辨"④。"M136出土竹简绝大部分放置在位于头箱南端的一个长方形竹笥中，这些竹简用麻织品包裹。竹简出土时保存基本完好，色泽淡黄，竹黄面墨书，隶体，字迹清晰。《遣册》出土于边箱西端底部，简已散乱，外无包裹"⑤。随州孔家坡出土汉简"日书，放置于头箱（M8：58），伴出残竹笥及丝织品残片，推测竹简用丝织品包裹放入竹笥内下葬"⑥。长沙马王堆战国楚墓中，在出土竹简的地方出土了许多竹箧的残片，推想竹简也曾放在竹箧里面。李零指出，长沙"子弹库帛书是放在一个约20×11×5厘米的竹盒子中，马王堆帛书是放在一个约60×37×21厘米的漆盒子中。两次发现都有盛具"⑦。

此外，汉人还以柹盛书。《居延汉简甲编》18简曰："札五通，凡九通以箧封。"这里，以竹箧盛九通书札而封缄之，其作用等于书函，所以《说文》曰："椷，箧也。"竹编者为箧，以木板为之者为柹，《说文》曰："柹，简押也。"又曰："检，书署也。"箧以盛书，故居延汉简（89.13）器物簿中有"书箧一"之类的记载。据此，管先海推测："这种对囊、箧、柹盛装简牍档案的夹袋制度，可能就是后世档案装具（如：档案袋、档案盒、档案夹等）

---

① 安徽省文物工作队，阜阳地区博物馆，阜阳县文化局. 阜阳双古堆西汉汝阴侯墓发掘简报[M]. 文物，1978（8）：15
② 湖北省荆州地区博物馆. 江陵天星观1号楚墓[M]. 考古学报，1982（1）：109
③ 连云港市博物馆，等. 尹湾汉墓简牍[M]. 北京：中华书局，1997：24
④ 张家山汉墓竹简整理小组. 江陵张家山汉墓概述[J]. 文物，1985（1）：9-15
⑤ 荆州地区博物馆. 江陵张家山两座汉墓出土大批竹简[J]. 文物，1992（9）：1-11
⑥ 湖北省文物研究所，随州市文物局. 随州市孔家坡墓地M8发掘简报[M]. 文物，2001：28
⑦ 李零. 简帛古书与学术源流[M]. 北京：生活读书新知三联书店，2004：130

制度的滥觞。"①

综上，出土文献不仅从内容本体的角度再现了古代文献的原貌，而且从形式载体、保管庋藏的角度反映了古代文献的最初样态。我们知道，传世文献都是通过历代传抄、刻印而传流至今的。在传抄、刻印的过程中，变化最大的是文献的形式载体、保管方式等外在形态。文献的外在形态之所以变化很大，是因为人们相信内容才是文献的本质，仿佛只要抓住了内容也就抓住了文献的全部。但是事实上，正如上文所云，外部形态也是文献的重要信息特征。例如，针对敦煌马圈湾汉代烽燧遗址简牍"绝大多数出土于灰层中，与杂草、畜粪、草灰、残破铁木器具、丝织残片等混杂堆积"② 这一特殊的堆放形式，学者们推测汉代档案是有保存期限的，过了期限则集中予以销毁。李零指出："西北地区的简牍，主要都是遗址出土。它们有些是从要塞的房屋里发现，推测是正在使用的文件；有些出于要塞外的垃圾堆，则是废弃不用的文件。如70年代，汉居延塞的甲渠候官遗址（在今内蒙古额济纳旗西南的破城子），其出土汉简有7000余枚，障坞（要塞的小城堡，T1－49、T61）内所出是一半，多是年代连续、保存完整的简册（如F22，推测是个档案室，出土木简900枚，是保存完整的40册），就是属于前者；而障坞东门外的灰堆（T50－59）所出是另一半，则是混杂在柴草、粪便、废弃物、烧灰和沙砾中，就是属于后者。"③ 这个例子表明，文献的外部形态，甚至它的出土场所，都是值得重视的信息。

七、真实地反映了文献的流传范围

文献流传是知识传播的重要形式。战国以降，"贵族大夫没落流散，他们所拥有的文化知识和图书典籍也随之散入民间，导致学术文化的下移，统一的官学变为诸子百家的私学"，"他们的社会地位使他们成为知识传授的主体和书籍流通的承担者"。尤其是"孔门弟子的广泛性是当时私学普及的典型象征，也是书籍流通范围扩大的例证。私学的兴起，结束了政教一体、官师不分的现象，使教育从政治中分离出来，成为独立的社会事业，并使教师成为专门的职业"④。孔子"把春秋以前的国史和政治历史文献整理成为教材，就是把原来的官府秘藏之书改变为社会读物，使其适应社会流通的需要，这是孔子的历史功绩"⑤。

---

① 管先海. 试谈简牍档案的管理 [J]. 档案管理，1991（5）：37－38
② 甘肃省博物馆，敦煌县文化馆. 敦煌马圈湾汉代烽燧遗址发掘简报（一）[J]. 文物，1981（10）：1－7
③ 李零. 简帛古书与学术源流 [M]. 北京：生活读书新知三联书店，2004：73
④ 李瑞良. 中国古代图书流通史 [M]. 上海：上海人民出版社，2000：25
⑤ 李瑞良. 中国古代图书流通史 [M]. 上海：上海人民出版社，2000：27

据《史记·儒林列传》记载:"自孔子卒后,七十子之徒散游诸侯,大者为师傅卿相,小者友教士大夫,或隐而不见。……子张居陈,澹台子羽居楚,子夏居西河,子贡终于齐。如田子方、段干木、吴起、禽滑厘之属,皆受业于子夏之伦。"而据《史记·仲尼弟子列传》"孔子传《易》于商瞿,瞿传楚人馯臂子弘",则可考见儒家易学在楚国的传播盛况。与孔子并时而稍后的墨子,"在楚地即已得到流传,至战国中期,更达到相当兴盛的地步。所以,《墨子》佚篇在楚墓中的发现并不是偶然的现象,它是墨学在楚地流传、兴盛的产物"①。《孟子·滕文公上》则曰:"陈良,楚产也,悦周公仲尼之道,北学于中国,北方之学者,未能或之先也。"

图书流通与学术传播相得益彰。"战国时代,不仅道家引《老子》,而且墨家、法家也引用《老子》,只有儒家未引用(荀子非儒家)"②。同样,尹湾汉简《神乌傅》,"按不完全统计,此赋引用了《诗经》、《论语》、《孝经》、《淮南子》中的文句"③。可见,中国早期图书的流通远未被广泛认识。事实上,出土简帛中反映图书得到充分流通的例证还有很多。例如,张家山汉简中的《引书》与马王堆帛书《导引图》有一定的关系,"简文有些可与《导引图》参看";《日书》原无书题,因其内容与睡虎地秦简《日书》大体相仿,暂如此定题。阜阳双古堆简也有《日书》,可知西汉前期这种书籍颇为通行④。而甘肃天水放马滩一号秦墓出土的 460 枚竹简中有《日书》和纪年文书两类。《日书》"内容与湖北云梦睡虎地出土的基本相同,因此定名为《日书》"⑤。同样,张家山汉简"《脉书》首先叙述人体各种疾病的名称,其他内容基本同于马王堆帛书的《阴阳十一脉灸经》、《脉法》、《阴阳脉死候》三种。由于竹简《脉书》保存情况较好,特别是《脉法》这一部分,帛书残损过多,无法通读,现对照简文,基本可以补足"⑥。

又如,上博简《性情论》和郭店简《性自命出》,这两篇文字基本相同,"凡上博简残损部分,皆可以郭店简补出"⑦。再如,山东临沂金雀山"九号墓帛画与马王堆帛画比较,前者以人物活动为主,更多地描绘了现实生活。特别是帛画中纺绩妇女,短衣左衽,反映了楚国左衽的风俗。大体说来,两幅帛画的风格还是比较相近的。湖南长沙与山东临沂,两地相距数千里,竟有风格如

---

① 胡平生,李天虹. 长江流域出土简牍与研究[M]. 武汉:湖北教育出版社,2004:191-192
② 高亨,池曦朝. 试谈马王堆汉墓中的帛书《老子》[J]. 文物,1974(11):1-7
③ 滕昭宗. 尹湾汉墓简牍概述[J]. 文物,1996(8):32-36
④ 张家山汉墓竹简整理小组. 江陵张家山汉墓概述[J]. 文物,1985(1):9-15
⑤ 何双全. 天水放马滩秦简综述[J]. 文物,1989(2):23-31
⑥ 连劭名. 江陵张家山汉简《脉书》初探[J]. 文物,1989(7):75-81
⑦ 骈宇骞. 出土简帛书籍分类述略(诸子略、诗赋略)[J]. 中国典籍与文化,2005(4):4-15

此相近的帛画出现，说明汉代封建国家统一以后，在经济、文化上已有了广泛交流"①。

我们知道，对于早期儒学传播的状况，学者们存在着不同的认识。有学者认为，儒家的影响所及实不出邹鲁及邻国的范围②；而另外一些学者认为儒学传播的范围比想象的大得多③。从出土简帛所见图书流通情况来看，我们更为采信后者的观点。

八、真实地反映了古书目录、篇题等附件的形制

文献除了内容本体之外，往往还有目录、篇题等附件，出土简帛同样可以反映这些附件的真实情况。

"根据出土的简帛古籍来总结古书体例，是当前学术界十分关注的工作。这个工作可以使我们加深对古书本身及古书在流传过程中所发生的各种状态的了解和认识，修正以往对古书体例上的一些错误观念和看法"，而"历史上对古书体例的研究大都为'纸上谈兵'，缺乏直观的感性认识"④。我们知道，历史上对地下简帛文献的"有意"发掘始自 1901 年。并且，20 世纪的"前 50 年，主要发现是文书；后 50 年，才有大批古书出土"⑤。因此，新中国成立前的学者们讨论古籍的目录、篇题等问题，多为没有见到简帛古籍的推测之辞。幸运的是，我们今天能够从出土简帛中直接见到古籍形制的原生面貌。

例如，"竹简编连成册，自右至左书写，起首的第一支简叫楮，为了翻卷时能够辨别首尾，还把楮字写在简的背面，阜阳双古堆汉简中就有这种实例。有的简册则在背面编写序号，以免编绳断损或简片脱落后搞乱了顺序"⑥。又如，古人所谓"篇题在后"的结论其实是根据宋版书得出的。然而，在张家山 247 号汉墓出土的八种典籍中，《历谱》和遣策无标题。其余六种皆有标题，其具体分布情况是：《二年律令》、《脉书》、《引书》的标题都书写于开篇第一枚简的背面，即篇题在前；《奏谳书》、《盖庐》的题目书写于全书最末一枚简的背面，即篇题在后；而《算数书》的书名写在第六枚简的背面，即篇

---

① 临沂金雀山汉墓发掘组. 山东临沂金雀山九号汉墓发掘简报 [J]. 文物, 1977 (11)：24 - 27
② 萧公权. 圣教与异端：从政治思想论孔子在中国文化中的地位 [A]. 王曰美. 儒家政治思想研究 [C]. 北京：中华书局, 2003：1651
③ 李学勤. 辉煌的中华早期文明 [N]. 光明日报, 2007 - 3 - 8；李大春. 论儒学在先秦两汉时期的传播与发展 [J]. 长春工程学院学报, 2003 (3)：17 - 18, 42
④ 刘钊. 出土简帛的分类及其在历史文献学上的意义 [J]. 厦门大学学报, 2003 (6)：67 - 72
⑤ 李零. 简帛古书与学术源流 [M]. 北京：生活读书新知三联书店, 2004：6
⑥ 胡平生, 李天虹. 长江流域出土简牍与研究 [M]. 武汉：湖北教育出版社, 2004：21

题在中间①。可见，古籍书名位置并无定准，"篇题在后"的结论是值得商榷的。此外，"出土简册上也发现了古书的书名、篇名、章名。书名一般写在简册第一支简或最后一支简的背面，也有人认为不一定是在第一支简，而是在第若干支简背面。总之，是要在简册卷好后能够看得到书名。篇名多写在一篇终结处，篇名之前用墨色的记号'■'标识。章名有时写在一章的简头，有时也写在一章之末，也常有墨色的记号'■'标识。章名、篇名之下，还写出该章、该篇的字数。文书类简牍更大量使用各种记号"②。

与篇题相关的还有封面，银雀山《汉元光元年历谱》诸简中有"'七年觇日'一简，觇字虽不可识，然知是为历日的意义。此'七年觇日'一简，当是此历谱的首行，犹如后世历书的封面"③。武威旱滩坡汉简中，"有二空白简，正背面均未书简文，似为简册制度中所称之'赘简'，亦即是简册开头之第一、二简，或叫首简，和今天的书籍扉页、封面一样。出土的这批医药简中之最后一枚收尾简'右治百病方'，保存得较好而完整，说明收尾时是把它作为中轴，卷在里面的"④。

再就目录的形制来说。清人卢文弨《钟山札记》所谓"古书目录，往往置于末"的论断长期为学界所信奉，但长沙马王堆《五十二病方》的52种病症方剂之"目"却列在该书前面，即出现了置于书首的前置目录。再如，学者们相信《易经·序卦》是中国现存最早的书目，"目录之作，莫古于斯"。但上海博物馆购藏的楚简《曲目》，以及银雀山汉简的《孙子兵法》、《守法守令等十三篇》目录都要早于《序卦》⑤。

此外，"已出土的简帛古籍常常配有图画，真正是'图文并茂'，十分生动。在帛书上画图很好理解，但在竹简上也经常配有图画，这就是我们以往所不知道的。其实从出土简牍帛书可以知道，许多古书最早都是有图的，就像《山海经》所配之图一样。研究这种'图'、'文'的规律和关系，就是一个很好的课题"⑥。

总之，出土简帛以物证的形式，为我们呈现了许多后人意想不到的古籍真实面貌，具有十分重要的学术价值。

---

① 张显成. 简帛文献学通论 [M]. 北京：中华书局，2004：169-170
② 胡平生，李天虹. 长江流域出土简牍与研究 [M]. 武汉：湖北教育出版社，2004：24
③ 罗福颐. 临沂汉简概述 [J]. 文物，1974（2）：32-35
④ 甘肃省博物馆，甘肃省武威县文化馆. 武威旱滩坡汉墓发掘简报：出土大批医药简牍 [J]. 文物，1973（12）：18-21
⑤ 傅荣贤. 中国古代目录五题 [J]. 大学图书馆学报，2007（2）：46-50
⑥ 刘钊. 出土简帛的分类及其在历史文献学上的意义 [J]. 厦门大学学报，2003（6）：67-72

九、辩证理解出土简帛在早期藏书研究中的价值

出土简帛对于中国早期藏书研究的价值是不言而喻的，在材料意义上重视出土简帛也是本课题研究方法的第一选择，但这并不意味着简帛文献本身可以独立地构成相关研究的自足材料。

首先，简帛文献能否顺利"出土"往往有很大的偶然性，实际出土的简帛文献也是十分有限的。单纯从简帛出发，难免以偏概全。例如，1901年以来的出土简帛主要集中在西北和中南地区，且主要是私人所藏，官方文献则主要以作为官方办事记录的档案为主，而官府藏书迄今尚无任何发现。诚然，"现已发现的简牍帛书，有不少是从墓藏中出土。特别是典籍类的古书，无论是写在简牍上，还是写在缣帛上，几乎都是墓葬所出。这给我们造成一个印象，好像墓藏不出，就是当时没有。但我们千万不要忘记，古代墓藏埋什么不埋什么，这要取决于当时的随葬制度和习惯，并不是活着用什么，死了就一定埋什么；或者这一时期埋了什么，下一时期也还埋什么……除去墓葬，遗址也出这些东西。比如西北地区的汉晋简牍，它们就是发现于新疆、内蒙、甘肃等地的古代屯戍遗址、烽燧遗址和邮驿遗址（楼兰、尼雅、敦煌、酒泉、居延）"①。又如，从《汉志》所载有关武帝末年鲁恭王坏孔子宅，得《古文尚书》、《礼古经》、《礼记》、《论语》、《孝经》、《春秋左氏传》，以及《论衡·正说》记载河内女子发老屋得《易》、《礼》、《春秋》等记载来看，壁中藏书一度是秦始皇颁布"焚书令"后私人藏书的常见形式，但时至今日已经根本不可能见存。

其次，由于简帛长期埋于地下或浸在水中，出土时多已残损、散乱、扭曲和变形，有些材料还受到过盗掘的干扰。并且，简帛出土具有很大的不确定性，很难保证业已出土的文献就是最有价值的材料。例如，银雀山1号汉墓出土了5件木牍，其中只有两片可断定分别是《守法守令等十三篇》的篇名目录和《孙子兵法》中《势》、《九地》、《虚实》、《用间》、《七势》等篇的篇名目录，而其余三片的目录形制已不可缀合还原。此外，目前出土文献研究还处于文本复原的早期阶段，"简帛的文字及音韵释读、断句、简序排列等等完全依赖人工，因此从一开始，简帛的整理就充满了人的主观见解"②。再就文本而言，因为出土文献没有经过整理、筛选，所以并非十全十美。随着对简帛研究的不断深入，尤其是对简帛上述特点的进一步认识，学者们的学术态度也日趋冷静，根据出土简帛"改写"或"重写"中国学术史的认识基本得到了

---

① 李零. 简帛古书与学术源流 [M]. 北京：生活读书新知三联书店，2004：72-73
② 曹峰. 出土文献可以改写思想史吗 [J]. 文史哲，2007（5）：38-51

否定。

再次，古代藏书情况十分复杂，有些涉及古代的书殉笔葬风俗，需要具体问题具体分析。杨伯峻指出："古人用书籍随葬，所谓书殉笔葬，可能由来已久，但不是一种制度，西汉以前也不见记载。东汉周磐临死前，令他儿子'编二尺四寸简，写《尧典》一篇，……以置棺前。'（《后汉书·周磐传》）晋朝皇甫谧，遗嘱要把《孝经》一卷随葬（《晋书·皇甫谧传》）。据《晋书·皇甫谧传》，以'生平之物'随葬，是古代的一种风气。随葬品是墓主生前所习用和宝爱的东西，自然和墓主生前的思想倾向有关，甚至在一定程度上可能反映当时阶级或者阶层的风尚。这种反映，在随葬的书籍中尤其敏感。周磐是儒生，《尚书》经师，所以用《尧典》随葬；皇甫谧的思想中混杂儒道两家，所以要用《孝经》随葬；1959年武威磨咀子六号墓主据考古工作者的推测，是一个传授《仪礼》的经师，所以用平素所诵读的半部《仪礼》随葬。马王堆三号墓主是轪侯兼长沙国相的家属，自然有力量雇佣抄手抄书。三号墓出土帛书品类比较杂，然而，其中《老子》一书即有两种不同抄本，同抄的并有具有法家思想的佚书《经法》等，这多少从一个侧面反映了汉初'外黄老而内法术'的政治路线。同时，墓主以这些书籍随葬，表明他在生前是喜好这些书籍的。银雀山汉墓竹简，从书写的字体等方面来推断，大体上是汉初的抄本。墓主人以此随葬，这和秦末以来的兵书的风行是正相吻合的。"①

尽管，"阴界"随葬品迄今仍然是我们考见先秦私家藏书时的最为真实和可靠的材料，然而，墓葬所出简帛与墓主生前藏书之间并不能完全画上等号。"在古代墓葬中，竹简帛书是比较特殊的随葬品，它们的种类和数量同墓主的身份地位没有直接关系，不像棺椁、衣衾和铜器、玉器，可以根据其等级对号入座"②。

综上，出土简帛应该是研究中国早期藏书的重要材料，但并不是唯一材料。从这一意义上说，王国维早年倡导的"二重证据法"仍应是我们从事具体研究时需要持守的重要原则。

第二节 利用出土简帛研究中国早期藏书的现状

总体而言，利用出土简帛研究中国早期藏书既取得了一定的成绩也存在明显的不足。在具体分析这些成绩和不足之前，首先应该指出，从研究者的学术

---

① 杨伯峻. 孙膑和《孙膑兵法》杂考[J]. 文物，1975（3）：9-13，8
② 李零. 简帛古书与学术源流[M]. 北京：生活读书新知三联书店，2004：82

背景来看，从事出土简帛与早期藏书研究的人员主要是由文史背景的学者和图书馆背景的学者这两大类人物承担的。一方面，图书馆界的学者虽然掌握了藏书的一般理论、方法和原则，但很少有人真正认识与了解出土简帛材料，而具有文字、音韵、训诂等传统"小学"学养从而能够独立阅读简帛材料的学者更是阒而无闻；另一方面，文史背景的学者虽然能够直接接触、识读简帛材料，但似无兼具图书馆学的学养与志趣。可以认为，对简帛学与图书馆学两擅其长者，堪称代不一二。就此而言，出土简帛尚未与藏书研究之间取得学科视野的融合，两者之间的游离状态有待进一步弥合。

一、取得的主要成就

无疑，简帛学研究起步于文史学者，在他们希冀借助于出土简帛"重写中国学术史"的宏伟诉求中，作为学术材料的简帛"文献"始终是所有研究的核心与基础。正如李学勤指出："从地下发掘出大量战国秦汉的简帛书籍，使人们亲眼见到未经后世改动的古书原貌，是前人所未曾见过的。在这种条件下，我们将能进一步了解古籍信息本身，知道如何去看待和解释它们。这可以说是对古书的新的、第二次的反思。"① 换言之，出土简帛能够从"全面性"或"准确性"（或两者兼而有之）的角度纠偏单纯基于传世文献的学术研究之不足，因而也是"重写中国学术史"的全部底气所在。因此，源自"学术史"动机的简帛研究，始终绕不开文献学视角的研究。而文献是藏书的直接对象，文史学者有关文献学意义上的简帛研究成就，有不少是与中国早期藏书有关的，其荦荦大者概有三端：

（一）关于简帛古书的形制

关于简帛文献的形制，历代学者几乎都有零星讨论，但多为没有见到简帛实物的推测之辞，因而结论往往有失平实可靠。

20世纪以来，随着简帛文献的大量出土，相关讨论有了实物依据，从而也开启了一个关于简帛文献形制问题研究的"信史"时代。这方面的成果首推王国维写于1912年的《简牍检署考》②。尽管王先生当时只是（也只能）利用敦煌汉简一类实物，但他结合自己深厚的学术功力和过人的学术素养，还是为我们奉献了一部经典。在《简牍检署考》一书中，他探讨了简帛的名称、品类、长短、尺寸、编联、容字、书体、款缝（用于编绳的契口）、书囊、题署等问题，许多结论至今仍为学界引为定谳。此外，王先生收入《流沙坠

---

① 李学勤. 简帛佚籍与学术史［M］. 南昌：江西教育出版社，2001：29
② 王国维. 简牍检署考［M］. 胡平生，马月华，校注. 上海：上海古籍出版社，1998

简》① 的文章《屯戍丛残考释》还结合碑刻材料与传世文献，分析汉代文书的程式，内容广泛涉及文书的造作、用语、诏书的下行、邮传记录等问题。

陈梦家写于 1962 年的《由实物所见汉代简册制度》一文收入《汉简缀述》②，该文充分利用了 1959 年甘肃武威磨咀子六号墓出土的《仪礼》等简帛古书实物，补充并修正了王国维的一些观点，堪称关于简帛古书形制研究的又一部经典。例如，陈先生根据"出土木简表面有光亮，似涂胶质者"推测，用于书写的竹简除了"杀青"的工序之外，"似经过一道用特殊液体涂染的手续"，并认为该"手续"当类似于纸书的"染黄"③。而这一结论得到了 1993 年出土的尹湾汉简的证实④，令我们后学不得不佩服陈先生的睿智。而陈梦家《西汉施行诏书目录》（亦收入《汉简缀述》）则通过对居延简中的一支诏书目录简的详细考证，探讨了有关汉代官文书在立卷、编目等方面的问题。

王国维、陈梦家两位大家的成果都是在有限实物的基础上得出的，但却直接影响了后人关于简帛古书形制问题的研究。总体上，于兹而还的有关简帛著述几乎都会在"简帛制度"的标题下，转述他们的成果，承绪他们的结论。例如，列入国学基础丛书的郑有国《简牍学综论》⑤、李零《简帛古书与学术源流》⑥ 等著作都辟有专门章节转述相关内容。另外，"李均明、刘军合著《简牍文书学》（广西教育出版社，1999 年）对简牍文书的质材、文字、符号、版面及文体、稿本、分类均作了较详尽的考述，着重对书檄、簿籍、律令、案录、符券、检等六类文书中的具体文种举例说明，揭示文书行政的内在联系，系统全面地阐述了简牍文书的一般规律，是进行简牍研究乃至相应时代历史研究的基础和必读著作"⑦。特别值得一提还有张显成《简帛文献学通论》⑧ 一书。该书第三章《简帛制度》包括"材料与书写"、"形制与名称"、"题记与符号"、"简帛制度对后世古籍制度的影响"等四小节，作者在前人研究成果的基础上结合新近出土的简帛实物，系统分析了简帛所见古籍的题记、编次、目录、尾题、护叶、帙囊、天头、地脚、收卷等形制问题，代表了简帛古书形制研究的最新成果。

---

① 罗振玉，王国维. 流沙坠简 [M]. 北京：中华书局，1993
② 陈梦家. 汉简缀述 [M]. 北京：中华书局，1980
③ 陈梦家. 汉简缀述 [M]. 北京：中华书局，1980：295
④ 石雪万. 尹湾竹木简缀述 [A]. 连云港市博物馆，中国文物研究所. 尹湾汉墓简牍综述 [C]. 北京：科学出版社，1980：169－174
⑤ 郑有国. 简牍学综论 [M]. 上海：华东师范大学出版社，2008
⑥ 李零. 简帛古书与学术源流 [M]. 北京：生活读书新知三联书店，2004
⑦ 谢桂华，沈颂金，邬文玲. 二十世纪简帛的发现与研究 [J]. 历史研究，2003（6）：144－169
⑧ 张显成. 简帛文献学通论 [M]. 北京：中华书局，2004

(二) 关于简帛古书的体例和辨伪学成绩

正如余嘉锡指出, "不知古人著述之体例, 而欲论古书之真伪", 就像"执曹公之律令以案肃慎氏之不贡楛矢, 先零之盗苏武牛羊"① 一样可笑。所以, 有关简帛古书体例的研究, 某种程度上是由古籍辨伪直接推动的。自宋代以来, 尤其是 20 世纪前期的"疑古"思潮以来, 大量古代文献被判为伪书。但是, 一度被判为"伪书无疑"的《尉缭》、《文子》、《孙膑兵法》、《晏子》、《六韬》、《归藏》等文献的出土, 以"自身出场"的物证形式, 证明了它们并不是伪书。由此引发了学术界对古书的作者、古书的年代、古书的书名、古书的创作、古书的构成、古书的选取和淘汰、古书的传播和保存等"体例"问题的全面反思。

沈颂金总结指出,"出土的竹书帛书对研究古籍体例的作用有以下几个方面":"(1) 证实周秦古籍往往不署作者名, 并且只有篇名而没有总的书名。(2) 证实古代子书大都是某一学派传习的资料汇编, 而不是或不纯粹是某一个人的著作。(3) 证实古籍多单篇或部分别行。(4) 为不同的古书往往编入某些相同内容的现象提供了新的例证。"② 李学勤指出, 如果将新发现的大量简帛书籍, 与现存古书相对比, 不难看到, 在古书的产生和流传过程中, 有下列十种值得注意的情况: 第一, 佚失无存。第二, 名亡实存。第三, 为今本一部。第四, 后人增广。第五, 后人修改。第六, 经过重编。第七, 合编成卷。第八, 篇章单行。第九, 异本并存。第十, 改换文字③。

可以肯定, 古书的形成情况是十分复杂的, 这就需要我们对古书之"真"或"伪"抱持更加审慎的态度。李零认为, "前人讲古书真伪, 主要是看'人'的年代和'书'的年代对得上对不上。这样'人', 貌似简单, 其实却有'作'、'述'、'撰'、'著'之别, 既有共时的合作 (如《吕览》、《淮南》), 也有历时的传承, 书套着书, 人套着人, 谁是真正的作者, 常常讲不清"④。因此, 他强调不能用静止的眼光来看待古书。某"一本书"中, 一部分内容早一部分内容晚, 以及删削、附益、改编、依托, 等等, 都是十分常见的现象。又如, 古书的流传过程也非常复杂。唐宋以来的印刷本的最大特点是能够一次性复制出完全相同的若干副本, 但简帛古书主要靠抄写甚至口耳相传, 而每一次抄写或相传都存在主观介入的可能。所以, 同一本书常常因不同的抄写或口耳相传而导致篇章多寡、篇章次第的不同。而文字、用语的差异,

---

① 余嘉锡. 古书通例 [M]. 上海: 上海古籍出版社, 1985: 26
② 沈颂金. 二十世纪简帛学研究 [M]. 北京: 学苑出版社, 2003: 13
③ 李学勤. 简帛佚籍与学术史 [M]. 南昌: 江西教育出版社, 2001: 29 – 32
④ 李零. 从简帛发现看古书的体例和分类 [J]. 中国典籍与文化, 2001 (1): 25 – 34

更是在所难免。此外，由于"简重缣贵"，古书多分篇单行，因而缺乏统一的结构和固定的格式。当若干单篇结集成"书"时，往往存在多种排列组合的可能。

而随着对古籍资料的来源和成书过程等所谓"体例"的重新认识，又反过来帮助人们更加全面地反思古籍真伪。甚至包括《古文尚书》等在内的一些被疑古学派根据他们的"学术经验"而认定为"伪书"的文献都存在翻案的可能，以至于当代史学界提出了"走出疑古时代"① 的学术命题。裘锡圭亦指出："简帛古籍的出土，为一批被人视为伪书的先秦古籍恢复了名誉。"② 因此，"竹简帛书的出土，无疑将重新鉴定被怀疑及被否定的古籍的真伪，同时，也将考验千多年来辨伪学成绩"③。

综上，"古书成书与流传的真实过程是非常复杂和纠缠的，与现代人所熟知的现代出版物成书、发行与传播的过程有绝大的不同"。出土简帛文献"提供了以前从不为我们所知的古书成书和流传情况的某些真实细节，从而能帮助我们更为准确地判断与古书成书和流传过程有关的史料学问题。也就是说，只有在看到大量古书的早期文本的实物资料之后，我们才能真正逼近了解古书和其他古代文献资料形成的真实过程，从而逼近了解所有已知古代资料之间真正的关系，而这时我们用来处理古史史料问题的方法才可能是真正合理的"④。

（三）关于简帛古书的古籍整理价值

相对于传世文献而言的"全面性"和"准确性"，决定了出土简帛具有重要的文献整理价值。这在文献的校勘、版本、辑佚等方面都有所体现。

首先，关于校勘文字。例如，今本《老子》第三十一章："夫佳兵者，不祥之器。"这里，既是"佳兵"，当含褒义，为何又是含有贬义的"不祥之器"呢？这在逻辑上显然是矛盾的。证以马王堆汉墓出土的帛书《老子》甲、乙本可知，原句当为："夫兵者，不祥之器也。"（甲本行155－156，乙本行245下）显见，传世本《老子》的"佳"实为衍字。又如，今本《战国策·赵策四·赵太后新用事章》曰："太后明谓左右：'有复言令长安君为质者，老妇必唾其面！'左师触龙愿见太后，太后盛气而揖之。"清儒王念孙《读书杂志·战国策杂志》卷二"触詟、揖之"条指出："今本'龙言'二字误合为

---

① 李学勤. 失落的文明 [M]. 上海: 上海文艺出版社, 1997: 437
② 裘锡圭. 中国出土简帛古籍在文献学上的重要意义 [A]. 中国出土古文献十讲 [M]. 上海: 复旦大学出版社, 2004: 86-87
③ 郑良树. 竹简帛书与校雠学、辨伪学 [A]. 中国古文字研究会, 山西省文物局, 中华书局编辑部. 古文字研究: 第十辑 [C]. 北京: 中华书局, 1983
④ 谢维扬. 古书成书和流传情况研究的进展与古史史料学概念: 为纪念《古史辨》第一册出版八十周年而作 [J]. 文史哲, 2007 (2): 47-54

'聾'耳。"王氏又引吴师道《战国策补注》指出:"'揖之',《史(记)》云'胥之',当是。"依王氏之见,今本"聾"字是"龙"与"言"二字误合为一字;"揖之"为"胥之","胥"即须,训等待。贵为"太后"在"盛气"之下等着左师触龙(而不是揖让触龙),于义为通。而马王堆汉墓帛书《战国纵横家书》正有"左师触龙言愿见,大(太)后盛气而胥之"(帛书行188)之语,从而既证明了王氏之说,也为订正今本错误提供了直接证据。

其次,在篇章校勘方面,例如,郭店楚简和上海博物馆藏楚简都有《缁衣》篇,用它们校正今本可知,今本第一章是整章的衍文,今本第七章是两章的误合①。又如,银雀山简本《王兵》,"与《管子》中的《参患》、《七法》、《地图》等篇相合。其中《参患》篇与《王兵》相合的文字将近全篇之半,《地图》和《七法·选阵》的文字则几乎全部包括在《王兵》篇之中";"把《王兵》篇与《管子》相关各篇比较一下,可以看出《王兵》是一篇完整的作品,而《管子》各篇则有许多地方显露出经过割裂拼凑的痕迹";"《地图》大概是从《王兵》或与之类似的作品中截取下来的一段,不是一篇完整的作品";"《参患》等篇大概是根据《王兵》或与《王兵》同类的作品改编而成的,《王兵》篇的成书年代应该比《管子》相关各篇为早"②。这些校勘成果,对重新认识《管子》的篇章结构及其成书过程无疑是有启发意义的。

再次,在文献版本方面。例如,上海博物馆藏楚简《孔子诗论》,称《诗经》的"国风"为"邦风"(显是为避汉高祖刘邦名讳);称"颂"为"讼"。讼,《说文·言部》:"争也,从言,公声。一曰歌讼。"徐锴《系传》曰:"今世间《诗》本'周颂'亦作'讼'。"由上博简称"讼"可知,东周时当已有称"讼"和称"颂"的两种本子,今本称"颂"是其中的一个本子。又如,迄今为止共出土了五个简帛《老子》本子,即郭店楚简的三个本子和马王堆汉墓帛书的两个本子。就"篇"而言,简本无分篇标志,而帛书本则在两篇之末分别有标志:"《德》。三千卌一"和"《道》。二千四百廿六"的尾题。就"章"而言,简本和帛书本都不分章,而是连续行文的。由此可知,《老子》一书的版本源流应该是:最早是简本的不分篇也不分章,然后是帛书本的分篇(先《德经》后《道经》)和不分章,最后是今本的分篇(先《道经》后《德经》)和分章③。

最后,在古佚书的研究上,最引人注目的是马王堆汉墓帛书《老子》乙

---

① 张显成. 论简帛的文献学研究价值 [J]. 古籍整理研究学刊, 2005 (1): 34 - 40
② 银雀山汉墓竹简整理小组. 临沂银雀山汉墓出土《王兵》篇释文 [J]. 文物, 1976 (12): 36 - 43
③ 张显成. 论简帛的文献学研究价值 [J]. 古籍整理研究学刊, 2005 (1): 34 - 40

本卷前四种古佚书(《经法》、《经》、《称》、《道原》)的研究。或以为这4种佚书就是《汉书·艺文志》道家类著录的《黄帝四经》,或以为非。尽管学者们的观点存在很大分歧,但他们都是从《汉书·艺文志》著录的佚书的角度展开研究的。随着研究的不断深入,将会在此基础上逐步取得符合客观实际的结论。另如,马王堆汉墓帛书《老子》甲本卷后古佚书中,有一篇是伊尹论九主,学者们认为此篇就是《汉书·艺文志》道家类著录的《伊尹》51篇的佚文,基本上没有什么分歧①。

二、存在的主要不足

诚然,利用出土简帛研究中国早期文献的形制、体例、分类乃至在文献整理诸方面都取得了明显的成就,纠正了那种单纯以传世文献为据、"以文献证文献"的认识偏差,有助于我们在更为"真实"的水平上认识早期藏书的集藏对象——图书——的形式和内容。然而,毋庸讳言,利用出土简帛研究中国早期藏书(而不是图书)本身的基本面貌,并没有构成学术界的学术自觉,因而相关研究并未取得令人满意的成绩。

(一)文献学研究多局限于"物证"层次

迄今为止的相关成果多为单纯的文献研究,即注意考察由若干简组成的各类简册,进而从事各类简册的研究,以恢复当时文献的原生面貌。因此,出土简帛只是为图书史的研究拓展了新的领域,增添了新的视角,并引发了史料的重新评估和排列;然而,有关简帛材料迄今尚未得到图书馆学意义上的学科认读,更没有达成与图书馆学学科视界的有机融合,因而对中国早期藏书的研究并没有产生实质性的影响。

再就文献学意义上的研究来说,目前,出土简帛在文献学研究中的论证方式主要表现为:出土简帛本身作为"文献",以实物"在场"的方式"实证"了文献的本来面貌。诸如,长期以来,《孙膑兵法》被坐实为伪书,但银雀山汉简《孙膑兵法》以自身出场的"物证"形式证明其不是伪书;长期以来,学界普遍认为帛书是收卷收藏的,但马王堆出土帛书中还出现了整幅帛书折叠成长方形存放于漆奁的另一种收藏形式,于是,"帛书是收卷收藏的"就有问题;包山楚简《受期》、《疋狱》,张家山汉简《算数书》等书名置于正文中间,从而"实证"了古书书名并不都是"置于书后"。诸如此类的结论固然都是正确的,但无疑也是琐碎的,不成体系的。

总之,出土简帛在文献学研究中的贡献,主要源自简帛本身作为"文献"

---

① 张玉春.略论简帛文献对古籍整理研究的重要作用[J].古籍整理研究学刊,1989(5):70-77.

的实物性,因而只是一种"材料决定论"甚至只是"实物决定论"。事实上,王国维著名的"纸上材料"与"地下材料"相结合的"二重证据法"①;郭沫若所谓"材料的真伪","比缺乏材料还要更加危险"②的倡言,本质上都是一种材料至上的学术思路。所不同的是,如果说王先生更为强调材料的全面性,郭先生则更为重视材料的准确性。而出土简帛要么可以补充传世文献的不足;要么可以纠正传世文献的"失真",因而具有针对传世文献在史料客观性上不够纯粹而言的独特"价值"。

因此,至少在文献学意义上,对出土简帛的认读也主要是通过把它们与相应的传世文献作比较,然后看它们是否从"全面性"或"准确性"(或两者兼而有之)的角度补正了传世文献,补正的程度和方式如何,等等。这种让"材料"发言的致思路径长期左右着人们的治学取向,导致简帛文献学研究还处于罗列材料和发掘背景的层面上,历史认知成为学科存在的主要依据。无疑,这种知性描述多于精神建构的材料思维是有问题的,集中表现在:

第一,材料或实物本身是感性的、不确定的。迄今出土的简帛有很大的偶然性,实际出土的简帛文献也是十分有限的。例如,如果没有银雀山汉简《孙膑兵法》的出土,传世的《孙膑兵法》是否仍被定为"伪书"?又如,1901年以来的出土简帛主要集中在西北和中南地区,且主要是私人所藏,官方文献则主要以作为官方办事记录的档案为主,而官府藏书迄今尚无任何发现。这是否说明简帛文献对官府藏书的研究没有任何实质性帮助?并且,正像现有出土简帛文献改变了基于传世文献的一些学术定论一样,未来新出简帛也将有可能对现有结论再行修正。而随着考古学的进一步发展,新出简帛将是必然的。这就意味着,现有结论也将随时面临着被证否、至少被部分证否的宿命。典型的例证是,"1973年马王堆汉墓帛书《老子》的出土,对于道家思想的研究极有帮助,为老子其人其书的年代问题最终解决带来了希望。时过20年,郭店楚墓竹简《老子》的面世,则推翻了根据帛书所得出的结论。简本更接近于《老子》本义,时代更早,对于了解早期儒家思想及其儒家和道家的关系提供了最原始的资料"③。

第二,以认知为取向,缺乏基本的理论自律。物证层次上的简帛文献学常常依附于特定的历史学理想:认知的而非精神的。研究手段主要是文本考据,研究目标主要局限于单纯的"实用"层面。因而,所涉概念和范畴都是就事论事式的,缺乏足够必要的表达深度,更没有在概念和范畴基础上的理论体系

---

① 王国维. 古史新证 [M]. 北京:清华大学出版社,1994:1-4
② 郭沫若. 郭沫若全集:历史编(第2卷)[M]. 北京:人民出版社,1982:3-4
③ 沈颂金. 二十世纪简帛学研究 [M]. 北京:学苑出版社,2003:18

的建构，也缺乏学科价值指向和意义揭示。就此而言，如何突破材料至上的视野狭隘，摆正材料与思想之间的关系，将是简帛学研究（包括利用出土简帛研究中国早期藏书）首先需要思考的课题。

总之，建立在感性材料或实物基础上的研究结论的不稳定，本质上源自于我们所从事的所谓"研究"还停留在亦步亦趋于材料或实物的盲目状态，是一种受材料或实物左右的经验论语境下的研究。固然，任何学术研究都必须以材料为基础，但材料不是理论，实物不是思想。材料或实物只是学术研究的基础，而永远不能代替学术思考本身。我们认为，所有文献学及其各分支的研究，都是一种精神活动，它的真正价值是由意义来界定的，意义创造是精神活动有效性的前提。因此，简帛文献学研究需要由清理材料过渡到清理思想，更多地采用意义揭示的方式从事研究。

（二）文献学研究主要局限于"辨伪"的单一动机

李零指出，中国近代学术史，和我们直接有关的，最重要的是三大思潮，一是罗王之学（以罗振玉和王国维为代表，侧重古器物和古文字的研究），二是疑古运动（以顾颉刚为代表，侧重传世文献的研究），三是田野考古（以李济等人为代表，最大成就是殷墟发掘）。这三大思潮，有内在联系，也有内在矛盾。"三分归一统"是百年梦想，目前还做不到，"走出疑古"还是"继续疑古"，恐怕要争下去。这种世纪性的争论，光在古书里面兜圈子，未必就能解决。但古书体例和类型的研究对消弥分歧会有帮助，对通向这一目标会有推动，我想是没有问题的[①]。李先生的论述，似乎预设了简帛文献学研究，就是出于判定伪书的需要。而简帛学界对余嘉锡完成于二十世纪四十年代的专著《古书通例》的格外重视，也是出于辨伪学的动机。诚然，"余嘉锡先生的《古书通例》对于古书形成中的许多问题，有很好的研究。近年出土的简帛，证实了余先生的许多研究结论。不过余先生写作《古书通例》时，所面对的主要是疑伪书思潮"[②]。徐旭生亦指出，《古书通例》的宗旨是为了纠正读古书之四误（因又名《古书校读法》）："不知家法之口耳相传而概斥为依托，误一；不察传写之简篇讹脱而并疑为赝本，误二；不明古书之体例，而律以后人之科条，误三；不知学术之流派，而绳以老生之常谈，误四"。总之，余先生是针对当时"疑古学派几乎笼罩了全中国的历史界"、"在各大学中的势力几乎全为疑古派所把持"[③]的现实而生发的。

---

① 李零. 从简帛发现看古书的体例和分类 [J]. 中国典籍与文化：2010（1）：25-34
② 李锐. 新出简帛与古书书名研究：《古书通例·古书书名之研究》补 [J]. 文史哲，2010（5）：140-147
③ 徐旭生. 中国古史的传说时代（增订本）[M]. 北京：文物出版社，1985：22

确实，迄今为止对于简帛古书体例的研究主要是为辨伪服务的。例如，李学勤强调："我们不能由于发现了简书《文子》，便认为当时《文子》已具有今本的面貌；同样，发现了《家语》的原型，也不等于今本《家语》未经后人增删。古书的形成大多有相当长的发展过程，定型晚的固然包含一些后加的因素，但不能一概斥为伪书。对于《孔子家语》，也应作如是观。"① 谢维扬认为，古书成书"都是一个经历了很长时间和具有复杂环节的过程"，"不能贸然以对古书著作年代问题的判断来确定真伪"；"古书成书年代与后所题名之作者生卒年代之间同样没有简单或简明的关系"；古书经流传示人的文本中，所谓"本文"或"正文"与在著作顺序上次一级的"传说"或"传解"之间往往或有很大可能混而不清；古书传本之内容以有附益为常；古书内容的取材所自不必早晚、真伪如一，而以驳杂为常；古书实际流传情况繁于传世著录所示，因此不能以引述已知传世著录资料为判断古书实际流传情况之充足证据。由于古书在成书与流传过程中存在的种种复杂情况，对古书成书年代和作者问题的认定都要注意避免简单化，尤其是要充分考虑到古书流传过程中可能出现的后人附益、删选、修动等情况所带来的影响。这方面的经验和教训都很多。比如在银雀山汉墓出土的《孙子》简本《用间》篇内，有"燕之兴也，苏秦在齐"一句。裘先生认为这"显然是后学所增的"，而"如果这一本子一直留传下来"，有人"很可能就会以此来证明《孙子》的编成在苏秦之后"②。张显成认为："把郭店楚简与上博楚竹书《缁衣》与今本《礼记·缁衣》比较就可知道，先秦时期就有不同传本存在；以后有标准本出现，其他版本仍然在流传；后世文献学家在总结各种传本的基础上，对文献进行了补充和阐释，这些都是正常的现象，和伪书没有关系。"③

近年李学勤提出了"重新估价中国古代文明"、"重写学术史"④、"走出疑古时代"⑤ 等口号。裘锡圭也提出了"古典学的重建"的命题⑥。这些口号和命题的提出都是建立在对新出简牍帛书的研究和认识的基础上的。可以说，自20世纪70年代以来出土的简牍帛书正在改变着我们的许多观念和认识，影响着我们的整个古代研究领域。这种影响不会是暂时的，而只会随着对新出简

---

① 李学勤. 新发现简帛与汉初学术史的若干问题［J］. 烟台大学学报，1988（1）：9-14
② 谢维扬. 古书成书和流传情况研究的进展与古史史料学概念：为纪念《古史辨》第一册出版八十周年而作［J］. 文史哲，2007（2）：47-54
③ 张显成. 论简帛的文献学研究价值［J］. 古籍整理研究学刊 2005（1）：34-40
④ 李学勤. 走出疑古时代［M］. 沈阳：辽宁大学出版社，1997
⑤ 李学勤. 古文献丛论［M］. 上海：上海远东出版社，1996
⑥ 裘锡圭. 中国古典学重建中应该注意的问题［A］. 北京大学中国古文献研究中心. 北京大学中国古文献研究中心集刊：第2辑［C］. 北京：燕山出版社，2001

牍帛书的消化和吸收而更加深入和强化。在对新出简牍帛书的消化和吸收的进程中，从历史文献学角度对出土简牍帛书进行的研究无疑是重要的一环。这需要研究传世文献的学者和研究出土文献的学者之间的进一步深入结合和沟通。相信随着地下出土简牍帛书的日益增多，历史文献学的研究将不断丰富其内涵，从而开辟出一个崭新的天地[①]。

然而，局限于辨伪，无疑削弱了简帛文献研究的意义，也无助于对文献收集、整理、保存和利用等与藏书直接相关的问题的理解。例如，在出土简帛中，抄书是中国早期私人藏书的主要来源。"迄今所见战国到汉初简帛古籍，都是传抄本，还没有能证明是原稿本的"[②]。这一结论在对简帛文献的认识中具有前提性，其本质是在预设：所有出土的简帛文献必有作为传抄对象的原本，对简帛文献的认识，往往被归结为和简化为出土文献与原本之间关系的认识。事实上，传抄作为文本获得的重要甚至是唯一形式，本质上也是古代文献"收集"的基本渠道。同时，传抄对"原稿本"的改变过程，也是文本再创作从而也是文本整理、保存和利用的过程。当然，传抄更是图书流传的基本路径。在此意义上，突破辨伪旨趣的单一研究动机，无疑有助于对中国早期藏书的认识。

（三）缺乏图书馆学的学科视野

目前，有关利用出土简帛从事中国早期藏书的研究，主要是从文献学意义上的"图书"，而不是从文献收集、整理、保存和利用意义上的"藏书"立说的。

究其原因，首先是因为简帛学研究主要是由文史背景的学者们担当主角的，他们对古代图书的形式和内容较为重视，并在古书辨伪、古书年代断定、古籍文本的变迁和形成过程等问题上取得了丰硕的成果。但是，文史背景的学者们明显缺乏"图书馆学"视野，因而未能从图书馆学的学科角度说明藏书问题。例如，李零《简帛古书与学术源流》、张显成《简帛文献学》等著作中都有关于简帛与图书形制方面的论述，但都未能将它们纳入到图书馆学的学科视野下加以科学总结。

其次，就图书馆学界而言，学者们还没有利用出土简帛研究早期藏书的主动作为，而只是处于简单化地将其他学科背景的研究成果摘抄、移植到本学科领域中来的初级阶段。因此，业内学者们的摘抄和移植亦多局限于"图书"层次。如，谢灼华主编的《中国图书和图书馆史》[③]是全国高等学校图书馆学核心课教材，它实际上包括图书史和图书馆史两大部分。但该书有关简帛部分

---

① 刘钊. 出土简帛的分类及其在历史文献学上的意义[J]. 厦门大学学报，2003（6）：67-72
② 李学勤. 简帛佚籍与学术史[M]. 南昌：江西教育出版社，2001：5
③ 武汉大学出版社 2005 年修订本

的内容都是放在"图书史"下论述的,从中看不到任何有关"藏书"意义上的文献收集、整理、保存和利用诸方面的内涵。又如,王重民的遗著《中国图书目录学史料(二)第二简牍》① 一文,基本是选录王国维《简牍检署考》的有关内容而推衍成章的。

无疑,就目前的研究现状而言,出土简帛只是为图书史的研究增添了新的视角,拓展了新的领域,并引发了史料的重新评估和排列,但有关简帛材料迄今尚未得到图书馆学意义上的学科认读,对中国早期藏书的研究并没有产生实质性的影响。

我们认为,图书馆学是广义信息学的一个重要分支,相比而言,它更为关注信息的载体、信息的传递过程,而不是信息内容本身。因而,图书馆学研究在简帛文献学研究中具有独特的意义和价值,在图书馆学的学科视野下对有关简帛材料进行专业学科范围内的科学认读,有助于认识简帛文献学的本质,并在完整和准确的层次上勾勒中国早期藏书的真实面貌。例如,从目录学的相关概念与范畴的诠释入手,能够逐步深入到对思想系统的深层把握。我们知道,迄今出土的文献目录实物都是一书目录(contents),还没有发现群书目录(bibliography)。而一书目录又可分为档案一书目录和图书一书目录。总体上,图书具有思想上"盘根究底"或文采上"踵事增华"的超越内涵,而档案乃原始办事记录。由此形成了虽然同为一书目录,却存在档案一书目录和图书一书目录之间的分途:前者常常只有"条其篇目"的"目";而后者往往还包括"撮其旨意"的"录",对这两种目录体制的比较将有助于人们认清档案和图书的分野。这里,不同"目录"概念的变化也意味着意义指向和层次的变化,从而既能有效地推动简帛文献学的发展,也有助于对中国早期藏书的认识。

又如,从文献收集来看,迄今所见简帛古籍都是传抄本。就具体抄本情况而言,主要包括:往往只抄录自己需要的那一部分;抄录者根据需要自行增广或修改;抄录者自行重编或合编成卷,乃至改换文字,等等②。此外,"抄集书"在简帛中是相当普遍的现象。例如,郭店楚简、上博楚简的墓主手中的文本大多是流传有年,相对定型的作品,有些可能只是文章的草稿、讲课或学习的材料,是墓主为了某一目的收集起来的③。综观各种"抄本"可以发现,出土简帛中的同一文献的抄本与原本之间以及同一文献的不同抄本之间尚未发现"全等"的文本。抄者只是从主体需要出发,结合个人认识和爱好,"抄出"一个"主观上"应然的文本。然而,人们对"抄本"之不同的本质却不

---

① 王重民. 中国图书目录学史料(二)第二简牍 [J]. 图书馆学研究,1983(6):101-104
② 李学勤. 简帛佚籍与学术史 [M]. 南昌:江西教育出版社,2001:28-33
③ 曹峰. 出土文献可以改写思想史吗 [J]. 文史哲,2007(5):38-51

甚明了。事实上，出土简帛中的同一文献（如同为《易经》）的抄本与原本之间、不同抄本之间尚未发现"全等"的文本，这既为西汉刘向统一文本提供了文献学前提，也凸显了刘氏文本统一工作堪与秦始皇统一文字相比肩的历史意义。

一千个"抄本"就有一千个文献面貌的事实，有助于我们准确地揭示中国早期藏书的文献收集的方式。我们发现，文献的创作、收集、利用等也和传抄一样，都没有一个"定本"意识。例如，从成书来说，就有附益、增广、删削、依托、改编、成于众手等多种方式，由此导致文献一开始就有不确定性。这种"不确定性"在书名上也有反映。古书书名包括书题（大题）和篇题（小题），这些名目"表面是名号，实际是结构"①。然而，"古书多无大题，后世乃以人名其书"②，这也为出土简帛所证实。而没有确定的名目，本质上是没有完整的结构，因而排列组合的自由度就很高。

显见，"古书"并不是一个对象性的客体，本质上意味着在文献活动中主体人的存在。从作者角度说，道重于言。《韩非子·喻老》："王寿负书而行，见徐冯于周涂，冯曰：'事者，为也，为生于时，知者无常事；书者，言也，言生于知，知者不藏书。今子何独负之而行？'于是王寿因焚其书而舞之。故知者不以言谈教，而慧者不以藏书箧。此世之所过也，而王寿复之，是学不学也。故曰：'学不学，复归众人之所过也。'"《淮南子·泛论》指出："诵先王之书，不若闻其言；闻其言，不若得其所以言。"明儒胡广《性理大全·读书法》认为："观书必总其言，而求作者之意。"这些史料都说明，通过文字表达的道理比作为手段的固化的文字本身更重要。从读者的角度说，只有读者主体结合自我生存境遇的用心参悟，才能理会作者的"所以言"从而完成"交际"。所以，明儒薛瑄《读书录》的《体认》篇指出："读书之久，见得书上之理与自家身上之理一一契合，方始有得处。读书体贴到自己身心上，方有味。"《论学》篇又曰："读圣贤书，于凡切要之言，皆体贴到自己身心上，必欲实得而力践之，乃有益。不然，书自书、我自我，虽尽读圣贤书，终无益也。读书不于身心有得，懵然而已。"可以肯定，作者和读者的双重主体性存在，本质上反映了中国古代不同于西方的图书馆学精神——西方把文献当作"客观"对象，馆员必须"客观地"收集、整理"客观的"文献，读者则努力"客观地"获得"客观的"文献。比如，以DDC为代表的西方分类根据文献的物理特征、学科属性、主题概念的逻辑类项等"客观"信息来分类文献，其实质是认为所有文献都能够进行"客观"处理。而中国古人视文献为主体

---

① 李零. 从简帛发现看古书的体例和分类 [J]. 中国典籍与文化，2001（1）：25-34
② 余嘉锡. 古书通例 [M]. 上海：上海古籍出版社，1985：30

对象和价值存在,因而《七略》以来的古代分类强调文献在主体人的心理现实之上可能形成的分组。这样,主体人在面对文献时有很大的介入空间,从而强调了文化回归主体尺度的必要性及其可能向度。正像分类一样,图书馆的所有技术都有可能根据馆员主体的不同定位而导致大异其趣的设计,那些被我们视为必定和当然的技术也许在发展取向上存在根本性的其他选择。这就需要我们关注不同图书馆所表征的不同的文化内涵,而不是简单地把西方"科学"图书馆的样态不加区别地视为人类图书馆的"普遍现象"。

三、图书馆学对于简帛文献学研究的价值

藏书工作是围绕文献的收集、整理、保存和利用而展开的,文献是藏书理论与实践的直接对象,凝聚着藏书的基本特征。可以说,抓住了文献的本质,也就抓住了藏书的本质。作为"图书的馆",今天图书馆所藏的图书多为正式出版物,涉及版权概念。而古人没有类似今天的版权概念,在书籍传抄中往往并不追求抄本"全等于"原本,从而导致与原本在篇章、文字乃至内容等方面的差异。利用出土简帛研究早期藏书,以及从现代图书馆学的角度观照出土简帛文献,是同一个学术过程中相辅相成的两个侧面。

今以图书馆学的知识论成果为例,分析现代图书馆学对简帛文献学研究的价值。我们知道,现代图书馆学理论已完成了知识论的转向,从知识论的角度考察文本,有助于我们重新认识简帛文献的本质。

(一)文献单元与知识单元

根据国家标准《文献著录总则》(GB/T 3792.1-1983)与《文献类型与文献载体代码》(GB/T 3469-1983)的权威定义,"文献是记录有知识的一切载体"。

据此,文献与知识有关,但文献与知识这两者并不等同。这种不等同集中表现在:第一,知识是文献的内容,而文献除了内容(记录的知识)之外另有形态特征,诸如载体、体裁、作者、题名、编码方式,等等。第二,文献作为一个单元(一章、一篇、一书等)虽然集中记录了某"一"方面的知识内容,但却包括可切分的若干知识点。例如,《论语》作为孔子及其弟子言行的记录,集中体现了孔子"一以贯之"的仁学思想。但同时,《论语》也反映了孔子的政治主张、伦理思想、道德观念、教育原则、经济观点、军事认识等几乎各个方面的内容。并且,在这些所谓"各个方面"中,如"政治主张"中,又可切分为更小的知识单元,诸如,"正名为先"、"为政以德"、"礼重于法"等等。

可以肯定,根据切分标准的不同,文献所记录的知识可以形成不同层次的认知单位。大到一本、一篇、一章,小到一个文献段落或片断、一个句子、一

个概念、乃至单词只字，都可以构成一个意义独立的知识单元。而总体上，这种知识单元又可大致区分为两个基本层次：一是文献层次，二是知识层次。

文献层次的知识切分是以"本"（整部文献）或"篇章"为单位的，例如丛书的编纂主要是以"本"为单元的；刘向典校中秘形成的文献，基本是以"篇章"为单元的文献编纂。如，《汉志》中著录的文献大多经过了刘向条其篇章、确定书名与篇名卷数或篇数的编纂工作。其本质是将先秦"单篇别行"的文献以篇章为单位"聚章成篇，合篇成卷"。基本上，刘氏的聚合原则主要包括：第一，根据知识的内容属性（如按主题汇聚）；第二，根据知识的形式属性（如按体裁汇聚）；第三，根据知识生产者属性（如作者、作者性别、身份、流派、地域等）。

基于文献层次的文本考察，不是面向知识本身，而是以知识的载体——文献为着眼点，即通过文献的外形特征获得对文献的表达与衡量。其本质是通过知识的物化之物——文献——来间接地表达与衡量物化了的知识，导致文献（本、篇、章）形式与知识内容之间的凿枘。

基于知识单元的文本考察，就是要对知识内容本身进行直接的表达与衡量。知识单元是指可切分的、具有独立意义的最小单位，如人名、概念、事物、规律等，往往以单词只字的形式出现。在表象层面上，知识单元是以文献片段或语词（因而小于篇，甚至小于章，更小于本）为组织单元，记录和表达的知识虽不如基于文献单元的知识组织系统那样具有严密的逻辑结构、完整的知识体系，但它指向的都是具有实际意义的具体知识点，因而分散性和独立性更强。在简帛文献之传抄所反映的文本的再创造中，就不仅仅是文献层次的篇章分合或重组才能改变文本。例如，郭店楚简《老子》甲本开头："绝知弃辩，民利百倍；绝巧弃利，盗贼无有；绝为弃作，民复孝慈。"其中的"绝知弃辩"和"绝为弃作"，在今本的19章和马王堆帛书《老子》63章均分别为"绝圣弃知"和"绝仁弃义"。《语丛四》中有"窃钩者诛，窃邦者为诸侯。诸侯之门，义士之所存"之语。其中的"义士之所存"，在今本《庄子》中为"而仁义存焉。"这里，文本的再创造都是通过知识层次（而不是文献层次）来体现的。

可见，知识单元应该是抄本之思想表达和衡量的基本单位，因而也是认识抄本特点的根本前提。换言之，抄本应从知识单元及其关联方式的层次（而不文献单元及其关联方式的层次）来衡量。当然，知识单元是文献单元的进一步深入，两者并不绝对矛盾。但是，文献单元与知识单元又是不对称的，一个文献单元包含无数的知识点，从而形成一多对应。因此，文献层次的文本认知是无论如何也不能取代知识层次的文本认知的。

（二）仅限于文献（篇章）层次的认识现状

如上如述，文献层次的文本考察，本质上是以知识的物理载体为对象的，是对知识内容本身的间接度量，因而并不能揭示文献所记录的知识内容的本质。而知识层次本质上是对逻辑内容的知识切分，也是认识文本的有效路径。然而，迄今为止，对简帛文本的考察仍然是以文献层次为主要模式的。

我们知道，余嘉锡的名著《古书通例》一书对于今人认识简帛古籍具有重要的指导意义。该书分四卷十一个主题，其中只有卷二中的一个主题"古书多造作故事"，深入分析了文献的知识内容。其余十个主题则都是基于文献层次的文本考察，即是从一本、一篇、一章或作者、书名等文献形态的角度分析、总结古书之"通例"的。这十个主题包括，卷一的"诸史经籍志皆有不著录之书"、"古书不题撰人"、"古书书名之研究"、"汉志著录之书名异同及别本单行"，卷二的"秦汉诸子即后世之文集"、"汉魏以后诸子"，卷三的"古书单篇别行之例"、"叙刘向之校雠编次"、"古书之分内外篇"以及卷四的"古书不皆手著"。

当代学者关于简帛文献基本特征的认识以李零和李学勤两先生的总结最为高标独秀，但他们对古书的认知也基本局限于文献层次。

李零归纳了"古书体例"的八大特征为：（一）古书不题撰人；（二）古书多无大题，而以种类名、氏名及篇数、字数称之；（三）古书多以单篇流行，篇题本身就是书题；（四）篇数较多的古书多带有丛编性质；（五）古书往往分合无定；（六）古书多经后人整理；（七）古书多经后人附益和增饰；（八）古人著述之义强调"意"胜于"言"，"言"胜于"笔"①。

这里的八大特征其实是与后世乃至今天版权概念上的文本相对而言的，其实质是以今观古，在古今对比中使古代抄本的性质得以凸显。总体上，这八点的主要内容似可概括为三个方面：

首先，第一条和第八条重点强调原本与作者的关系。与今天的书一般都明确标注责任者不同，古书"不题撰人"。究其原因，主要是古人著述强调"意"胜于"言"，"言"胜于"笔"。亦即，客体文本背后的思想旨趣才是最重要的。唯其如此，传抄者（作为与原作者不同的另一个或多个主体）也具有了文本建构的可能。

其次，第二条和第三条主要强调与作者具有全等关系的原本多为单篇别行，篇章的概念大于"一本书"的概念。因此，古书多无大题（书名）而仅具小题（篇名）。

---

① 李零. 出土发现与古书年代的再认识 [A]. 李零自选集 [M]. 桂林：广西师范大学出版社，1998：27 – 31

第一章 绪 论

再次，第四条、第五条、第六条、第七条主要是强调以篇章为主体的文本在合为"一书"时，即由与作者具有全等关系的原本向由传抄者参与建构的"新书"（抄本）的变化发展过程中，因传抄者的参与而变得"分合无定"，丛编、附益和增饰等都是传抄者参与文本建构的主要方式。

李学勤在《对古书的反思》一文中归纳了对"古书产生和传流过程中"值得注意的十种情况：第一，佚失无存；第二，名亡实存；第三，为今本一部；第四，后人增广；第五，后人修改；第六，经过重编；第七，合编成卷；第八，篇章单行；第九，异本并存；第十，改换文字[①]。这里，李学勤也是从以今观古的角度来概括古书的基本特征的。这十条之中，第一条"佚失无存"主要强调出土简帛有不少是失传有年的"佚籍"，甚至没有为中国现存首部系统目录《汉志》所著录。除该条基本不涉及原书与抄本之间的关系之外，其余九条，似可概括为下面三种情况：

首先，第八条"篇章单行"主要从原本的角度强调文本的最初面貌。

其次，第四条、第五条、第六条、第七条、第十条都是强调传抄者对原本的建构方式，从而从不同的侧重点与角度改变了文本的既有面貌。

再次，第二条、第三条、第九条主要强调原本在经过传抄者以各种方式的传抄式的"再创造"之后，导致了传抄本与原本之间的不相等。可以说，上面"其次"主要强调传抄方式，这里的"再次"则更为强调传抄的结果。

综上，两位李先生的讨论重点聚焦于分析原本与抄本的各自特点，以及两者之间的主要区别，其实质是要强调：第一，抄本与原本相异的主要方式及结果（李零的"再次"、李学勤的"其次"、"再次"）；第二，由传抄本推知原本的可能情况（李零的"其次"、李学勤的"首先"）。

不管怎样，抄本是可以见到的唯一的文本，它是在原稿本基础上"抄"出来的，而传抄的结果与原稿本并不完全等同，具有建构性特征。从这一意义上说，我们今天能够见到的"古书"都具有二重乃至多重主体性，是作者主体与抄传者主体"合作"的产物。并且，在这种"合作"过程中，传抄者具有相当大的独立性，他（们）完全可以根据自己的识见而无视作者的意见，从而最终在传抄式的再创造过程中建构出符合传抄者自身口味的文本。

可见，两位李先生对简帛文献的认识仍然是文献层次上的。事实上，早在西汉成帝时期，刘向典校中秘，也主要是以文献为单位的文本认知。尽管，刘向广罗异本、相互校补，校勘文字篇章、写成定本，提要钩玄、撰写叙录等步骤都深入到了知识内容本身，但作为重要步骤的"条别篇章、确定书名与篇

[①] 李学勤. 对古书的反思 [A]. 简帛佚籍与学术史 [M]. 南昌：江西教育出版社，2001：29-32

名"仍是文献层次的。可以肯定,文献具有明显的外部标识,如作者、题名(包括章名、篇名、书名)乃至目录(今天还有主题词、关键词、分类号、出版社等),便于指称、识别和管理文献,也符合今人以独立出版(书)或独立发表(篇)为认知单元的习惯;同时,知识单位的边界不易确定,因而不易表达和衡量,也没有普适性,这些都是对文献的认识局限于文献单元的根本原因。

然而,文献是形式和内容的统一,文献单元实质上是以外部形态指称或指代内容本质,因而并不能有效地揭示文献的知识内容。此外,人类知识的增长也是以基本知识点为单元的。例如,关于"仁"、"无为"的认识,基本都不是通过专门的文献,而只是在不同的文献中作为重要知识点的面貌出现。换言之,人类文明通过知识单元而获得积累,但知识单元又与文献单元没有直接对应关系。因此,知识单元内涵的深化才是人类文明进步的本质。从出土简帛的角度来看,毕竟,抄者是从具体知识的数量及质量的角度来传抄的。例如,在银雀山汉简和阜阳汉简两大考古发现中,都出现了专门用于记录文献篇题的木质板材——篇题木牍。这些章题木牍,有不少只是章题的结集,而没有相应的内容,其本质是通过对相关知识内容的重组和标引,改变原有知识元素的空间结构,并由此"形成知识客体的检索指南系统"①。借用现代图书馆学的术语来说,是典型的知识因子重组。又如,在郭店楚简《语丛》一、二、三、四4种文献中,杂抄了相关文献的某一相关内容的知识,如《语丛》一杂抄有关人与仁、义、德、礼、乐的知识内容;《语丛》二杂抄有关人的喜、怒、悲、乐、虑、欲等与"性"有关的知识内容,则是图书馆学中"知识关联重组"的典型例证。显见,从文献知识内容而不是外在形式出发,应成为考察简帛文献的主要方式。

总之,目前有关简帛文本的考察长期停留在篇章层次,不能直接、有效地揭示知识内容本身及其分解和组合。这就要求我们深入文献的内容本体,从知识单元的视角提炼古籍的本质。而现代图书馆学的相关学理恰恰可以在这方面一展身手。

第三节 本课题研究的内容、方法和目标

本课题旨在选择能够客观反映中国早期藏书真实情况的出土简帛作为可靠

---

① 蒋永福,李景正. 论知识组织方法 [J]. 中国图书馆学报,2001 (1): 3-7

的文献材料，从全面性和准确性的角度补充和纠偏单纯基于传世文献而得出的有关中国早期藏书在文献收集、整理、保存和利用等方面的现有结论，并在此基础上勾勒出早期藏书的原初形态。

一、研究内容

充分结合出土简帛，认识和分析中国早期藏书理论与实践的基本特征，这是本书研究的主要内容。

（一）关于"早期"的时间界定

从简帛材质的角度来看，所谓出土简帛主要包括竹简、木牍和缣帛三种类型，其具体的时间区间为：

（1）"关于竹简使用的时间，下限是在魏晋"，"年代最早也不过到战国初年，实例是曾侯乙的遣册"①。具体而言，竹简的最早实物在公元前5世纪后期，约公元前433年；

（2）"木牍的发现，目前出土都是战国秦汉和魏晋时期的东西。青川木牍写于秦武王四年，即公元前307年，是比较早的例子"②；

（3）"帛书的发现目前还太少，只有两批，都是出自长沙。一批属于战国中晚期之交，即子弹库帛书；一批属于西汉，即马王堆帛书"③。

综上，出土简帛的实物年代最早的属于战国早期曾侯乙的遣册。

关于简帛材料的下限，需要结合纸张的发明和普及来分析。我们知道，东汉蔡伦（？～121）用"树肤、麻头及敝布、鱼网"等植物纤维为原料"以为纸"（《后汉书·蔡伦传》），是人类文明史上的一个重大事件。但值得一提的是，甘肃天水放马滩"5号汉墓出土的纸质地图残块，是目前所知最早的纸张实物。它有力地证实了中国在西汉初期就已发明了可以用于绘写的纸，对重新认识纸的起源、制造技术、用料及用途有特别重大的价值"④。在蔡伦之后的2~4世纪之间，纸并没有完全取代简帛，而是处于与简帛并存的时代。《后汉书·贾逵传》："令逵自选公羊严颜、诸生高才者二十人，教以《左氏》，与简纸经传各一通。"李贤注"简纸"曰："竹简及纸也。"《三国志·魏志·文帝纪》记载文帝曹丕（187~226）"以素书所著《典论》及诗赋饷孙权，又以纸写一通与张昭"；《太平御览》卷606《文部札》引《晋令》曰："郡国诸户口黄籍，籍皆用一尺二寸札。已在官役者载名。"明确规定"郡国诸户口黄籍"

---

① 李零. 简帛古书与学术源流 [M]. 北京：生活读书新知三联书店，2004：60-61
② 李零. 简帛古书与学术源流 [M]. 北京：生活读书新知三联书店，2004：62
③ 李零. 简帛古书与学术源流 [M]. 北京：生活读书新知三联书店，2004：62
④ 何双全. 甘肃天水放马滩战国秦汉墓群的发掘 [J]. 文物，1989（2）：1-11，31

用木札。此外，整理《穆天子传》的荀勖（？~289）在写序文时，将"长二尺四寸，以墨书，一简四十字"的竹简文字，"谨以二尺黄纸写上，请事平，以本简书及所新写，并付秘书缮写，藏之中经，副在三阁。"上述史料都是纸张与简帛并存的见证。

史籍中，《初学记》卷21《纸》第7和《太平御览》卷605《纸》均引用《桓玄伪事》曰："古无纸，故用简，非主于敬也。今诸用简者，皆以黄纸代之。"桓玄（369~404）所建伪桓楚政权存续时期只有三个月、实际控制的势力范围仅及江陵以东的长江中下游一带，他的这一费简用纸的命令到底产生了多大的实际影响是值得怀疑的。然而，桓玄禁令与中国出土简帛的下限（魏晋）十分吻合。我们知道，魏晋是指东汉政权瓦解后，从三国到两晋的时期，也就是公元220到420年，是通常所说的魏晋南北朝时期（220~589）这段历史的前一阶段。因此，大多数简帛学文献都引及桓玄禁令以作为简帛使用下限的证明。

不管怎样，从出土实物并结合传世文献记载来看，本书题名中所谓"早期"，是指时代在公元前5世纪后期（约公元前433年）到魏晋结束的公元420年，其时间跨度约在850年左右。

此外，殷商、西周及春秋时期的官府藏书虽然与出土简帛无关，但其时的官府藏书奠定了古代官府藏书的基本形态。因此，本书拟首先从殷商时期的官府藏书讲起，而以魏晋时期的藏书为终点。亦即，从殷商到魏晋，是本书"早期"的确切所指。

（二）中国早期藏书研究的基本对象

古代的藏书，今天称之为"图书馆"。"图书馆"是近代出现的、与英文library相当的意译词，也"是现代新进事业之一"[①]。中国古代没有"图书馆"之名，但有图书馆之实。这个"实"是以"藏书"的概念为基本指称的。例如，谢灼华主编的全国高校图书馆学核心课教材《中国图书和图书馆史》[②] 在述及中国古代图书馆时均采用"藏书"术语，傅璇琮，谢灼华的《中国藏书通史》实即中国古代图书馆史。尽管，古代藏书并不完全等同于近现代意义上的图书馆，但古代藏书实践的根本旨趣是文献的收集、整理、保存和利用，而相关的藏书思想则致力于对文献的收集、整理、保存和利用之一般理论、原则和方法的深层反省。从这一意义上说，古代"藏书"的实践与思想，实即中国古代图书馆学的实践与思想，两者之间可谓异中有同。

---

① 杜定友. 图书馆学概论［M］. 上海：商务印书馆，1927：1
② 谢灼华. 中国图书和图书馆史［M］. 武汉：武汉大学出版社，2005

首先，从所涉藏书类型来说。

中国古代藏书主要包括四大类型。从四者产生的先后来排列，即官府藏书、私人藏书、寺观藏书和书院藏书。大致而言，"中国的官方藏书早在夏代便已经出现了"①。大约在春秋战国之际，中国又产生了私人藏书，学界普遍推尊"孔子、老子是中国古代记载最早的藏书家"②。再就寺观藏书来说，"佛教寺院藏书起源于东汉末年，那时的白马寺等寺院已有藏书形态出现，并具备了一定数量的藏书"③。而"道观藏书的起源时间要比寺院藏书稍迟一些，开始于西晋"④。作为中国最后形成的一个藏书系统——书院藏书，则起源于唐代。

考虑到迄今出土的简帛实物最早是战国初期的，最晚则是魏晋时期的遗物；并且，这些出土遗物几乎没有涉及佛教和道教典籍及其收藏情况，因此，本书所涉及的中国"早期"藏书，不包括书院藏书和寺观藏书，而只仅涉及官藏和私藏这两大脉系。再就官府藏书而言，出土简帛所见考古发现多为墓葬所获，基本可以全部归入私人藏书的范畴，相应地，从中难以寻觅官府藏书的蛛丝马迹。但是，中国学术经历过一个"学在官府"到"学术下移"的变迁历程，只有从官府藏书的源头分析，才能抓住中国古代早期藏书的基本面貌。因此，本书拟主要围绕中国"早期"官、私两大藏书类型的实际藏书情况展开，内容包括"馆员"、藏书内容、藏书处所，以及文献的收集、保存、整理和利用等方面。

其次，就所涉文献的品种而言。

众所周知，图书馆有广义和狭义之分。狭义的图书馆是"图书的馆"，专以图书为集藏对象，并不包括文书档案。但是，广义图书馆的集藏对象则不局限于图书，例如，现代图书馆几乎都同时集藏报纸、杂志等各种非图书型文献。当然，期刊、报纸等非图书型文献是晚近才产生的。在古代，与图书相纠葛的是档案，因而古代的图书馆也往往与档案馆此交彼摄、界限模糊。例如，明清时期的内阁大库就是既藏图书也藏档案的。台湾学者卢荷生指出："图书馆的出现，需要两个先决条件：有文字记录的资料和先民保存观念的形成。"⑤这里的"有文字记录的资料"无疑并不局限于图书。事实上，作为名词的"书"在中国古代既可以指文书档案，也可以指作为典籍的"图书"。根据李

---

① 傅璇琮，谢灼华. 中国藏书通史［M］. 宁波：宁波出版社，2001：5
② 傅璇琮，谢灼华. 中国藏书通史［M］. 宁波：宁波出版社，2001：7
③ 傅璇琮，谢灼华. 中国藏书通史［M］. 宁波：宁波出版社，2001：10
④ 傅璇琮，谢灼华. 中国藏书通史［M］. 宁波：宁波出版社，2001：11
⑤ 卢荷生. 中国图书馆事业史［M］. 台北：文史哲出版社，1986：7

零的认识,后者主要是指"历代史志著录的'书',古人叫'艺文'或'经籍'"。其中,"'艺文'的'艺'指'六艺',和'经籍'的'经'含义相似,'文'指'文学',汉代多以'文学'指经艺,泛言则包括诸子、诗赋等学术著作,也和'籍'的概念有关"①。

放眼世界,人类早期的藏书机构往往兼藏档案和图书,档案馆和图书馆长期处于混融状态。例如,著名的尼尼微图书馆是"1849年,英国考古学家在两河流域的尼尼微城的废墟上发掘"而得,"泥板书上刻写着叙事诗、祈祷文、商务记录、贡品清单、行政命令、天文资料等"②。其中的"商务记录、贡品清单、行政命令"虽然都是档案,但却不妨碍我们称之为尼尼微"图书馆"。同样,根据我们的研究,中国历史上完全以图书为集藏对象的狭义图书馆,应当以西汉刘向负责典校文籍的"中秘"(皇家图书馆)为最早③。然而,从历史起源的角度来看,正像图书源自档案、图书整理源自档案整理一样④,图书馆也源自档案馆。"当时只有档案馆,没有图书馆,典籍、档案和地图是收于一处。后世所说的'书'本来是包括在档案之中"⑤。

因此,讨论包括档案在内的墓葬文献的收集、整理、保管和利用,对于我们认识中国早期藏书的基本面貌是有积极意义的。所以,本课题的研究对象既包括档案也包括图书。

二、研究方法

研究方法是由研究对象的性质特征决定的。总体上,本课题的研究方法主要有三:

(一)充分结合中国古代文化的特点

梁启超指出:"泰西之政治,常随学术思想为转移;中国之学术思想,常随政治为转移。"⑥ 同样,中国古代藏书的理论与实践是直接建立在为王朝政治服务的思想基点之上的,因而也"常随政治为转移"。应该说,以积极的姿态介入政治并努力与权力联姻,是中国古代藏书长期一贯的特点。离开政治思想的考察,就不能对中国早期的藏书给出具有解释力的说明。总体上,中国早

---

① 李零. 简帛古书与学术源流 [M]. 北京:生活读书新知三联书店,2004:47
② 世界上最早的图书馆是哪个国家的. 2008 - 7 - 24/2010 - 12 - 6. http://zhidao.baidu.com/question/61266096.html?fr=ala0
③ 傅荣贤. 论刘向文献整理的对象是图书而不是档案 [J]. 档案管理,2007 (6):35 - 37
④ 傅荣贤. 图书整理源自档案整理:论秦汉时期法律档案的整理对刘向刘歆图书整理的影响 [J]. 江西图书馆学刊,2009 (4):1 - 3
⑤ 李零. 简帛古书与学术源流 [M]. 北京:生活读书新知三联书店,2004:46
⑥ 梁启超. 论中国学术思想变迁之大势 [M]. 上海:上海世纪出版集团,2006:41

期的藏书思想集中反映为：以文献这一独特方式，积极应对时代的意识形态和观念结构。这主要表现在：古代的"馆员"是王官体系的重要组成部分；所藏文献（文书和图书）在王权行政运作中占有重要地位。例如，"史之职专以藏书、读书、作书为事，史为掌书之官，自古为要职"①，随着历史的发展，作为古代"馆员"同时又是中国早期唯一文化人的"史"，其内涵与外延也是与时俱进的。相应地，"史"之职份的演进又反过来映射了"一代之学"和"一国政教之本"的不同特质，也决定了其所"持"和所"掌"文献内容的相应性变迁和藏书思想的演化，成为讨论中国早期藏书思想的重要依据。

总之，古代藏书参与政制运作，藏书的一系列建制差不多能够相对完整地呈现出一个与之对应的意识形态的基本架构。这就需要我们在充分结合中国古代政治文化特点的基础上，揭示文献收集、整理、保存和利用的一揽子过程是如何适应并支持政治文化，从而以特定的"偏向性"文献行为为政权提供现实或观念层面上的依据的。同时，也需要努力挖掘权力和知识之间的关系，考证两者已然存在的关系是如何被历史性地建构起来的。这一学术追求，既有助于还原古代官府藏书思想的本质特征，也为政治文化的思考提供了藏书史意义上的学科参照，因而同时具有学科史和广义传统文化上的双重价值。

（二）出土简帛与传世文献相结合

我们知道，学术研究的价值往往首先取决于其研究材料的价值。迄今为止，有关中国早期藏书研究的基本结论大都是根据传世文献而得出的。然而，历代流传下来的传世文献只是当时实存文献的一部分。并且，传世文献经过长期流传、反复传抄、多次校改和刊刻，难免造成文献内容的"失真"。因此，无论是从全面性的角度还是从准确性的角度来说，传世文献都不能构成有关中国早期藏书研究的自足材料。为此，需要充分结合出土简帛从事中国早期藏书的研究。

然而，正如上文指出，虽然出土简帛文献在中国早期藏书研究中具有十分重要的意义，但并不能改变传世文献在相关研究中的坚实地位和历史价值，单纯基于出土简帛也不能充分揭示中国早期藏书的完整图景。相应地，我们不能踵武"出土文献将改写或重写中国学术"②，认为出土文献也将会改写或重写中国早期藏书的研究结论。

总体上，有关中国早期藏书诸多问题的研究，具有明显的"史学"性质，严格考订历史资料乃是一切研究的首要前提。这就需要我们在对文献精选识断和辨惑裁定的基础上进行历史的分析和逻辑的归纳，确保研究结论与史料之间

---

① 王国维. 观堂集林（卷六）[M]. 北京：中华书局，1959：269
② 参：李学勤. 重写学术史[M]. 石家庄：河北教育出版社，2002

具有直接的对应关系。而传世文献和出土简帛各有短长，从这一意义上说，王国维倡导的"纸上材料"与"地下材料"相结合的"二重证据法"①，仍然是我们在从事具体研究时所应恪守的主要原则。即将"纸上之材料"与"地下之新材料"相互印证，合理利用传世文献记载，使断简残牍能够恢复原貌，为研究早期藏书提供大量珍贵的资料。

（三）充分利用现代图书馆学的现有成果

所谓"出土简帛与传世文献相结合"，事实上预设了早期藏书研究的史学模式。史学模式以考证历史上"真实"的藏书为信念，并努力还原藏书赖以生成和发展的具体历史情境。其学理旨趣是重视藏书现象的历史再现，史实的描述重于意义的阐明。例如，任继愈主编的《中国藏书楼》，傅璇琮、谢灼华主编的《中国藏书通史》，台湾学者卢荷生的专著《中国图书馆事业史》，乃至余嘉锡、张舜徽等学者有关文献学、目录学的研究，都是典型的史学范式的研究。这批成果基本上都独立于现代图书馆学的话语之外，在史实的层面上比较充分地揭示了中国古代藏书的特质。史学范式以"真实"地还原历史上的藏书原貌为理想，满足于排列材料和发掘背景，努力"把图书馆史的发展和各个时代的政治、经济、文化密切联系加以分析"，"每章开篇都首先论述时代背景，剖析那个时代的文化氛围、学术流变，再据此考证图书馆工作、图书馆思想的发展变化"。以为这样就构拟了藏书的历史原貌和当初语境。但事实上，历史境遇的多元关系以及藏书本身作为文化载体的复杂性，是简单化的文献考证和史料堆砌难以"清晰"梳理的。基本上，史学范式的所谓"研究"，只是向纸上与古人计短长，揭示的是已经死去的故纸堆中的内在价值。它虽然梳理了藏书史的语境背景和基本史实并提供了关于藏书史的一些确切知识，但不能引导时间维度上的现代化和空间维度上的世界化。由此，古代藏书研究事实上成为局限于史学考据意义上的传统珍玩，甚至表现出没落、腐朽的心态。

我们相信，"出土简帛与中国早期藏书"课题虽然研究的是早期藏书"史"，但并不是"史"的研究。这就需要我们从现代图书馆学学科的角度对中国古代史料予以表达和理解，从而激活被史学范式所遮蔽的意义空间。没有学科意识，相关研究将会成为没有逻辑主线和精神呈现的资料长编，历史时序下的史实和史料的獭祭，也将成为成果的唯一呈现形式。并且，在无限丰富的古代史实中，到底要描述哪些史实也不甚明了。此外，史料本身并不能构成一门学科的坚实基础，这使得以认知为目标的中国古代藏书史研究并没有能够构成自足的学科体系。我们相信，只有从史实描述深化到学科理解的高度，才能

---

① 王国维. 古史新证［M］. 北京：清华大学出版社，1994：1－4

使史实成为条理化、且具有精神内涵的史实。同时,也只有站在今天图书馆学成果的高度,才能为史实的整理和陈述指定范围和层次,并最终有助于从史料的整理走向思想的理解。总体上,学科角度的研究,主要包括两个层次的内容:

第一,从对古代藏书的相关概念与范畴的诠释入手,逐渐深入到对思想系统的深层把握。即从范畴研究向体系研究拓展,由微观渐及于宏观,使现代诠释更具科学性、完整性和系统性。例如,从"抄本"的概念出发,可以揭示古代藏书活动中的主体性特征。

第二,从现代学科的角度,对文献材料进行定性和定量分析,将史实的厘清与民族文献的整理与传播、符号意义的选择和积淀相映照,从中发现古人的文献智慧与文化策略。例如,运用现代图书馆学有关"知识关联重组"和"知识因子重组"的论述,分析简帛文献的本质及其"重组"背后所反映的文化认知。

三、研究目标

本课题虽然以"出土简帛与中国早期藏书研究"为题,但出土简帛只是材料和手段,课题的最终研究目标仍然是要相对完整和准确地揭示中国早期藏书在文献收集、整理、保存和利用上的基本特征。总体而言,利用出土简帛重新探讨中国早期藏书的基本史实、演进规律和现实价值,构成了本书研究的最终目标。

(一)在史实层面上更为全面和准确地还原中国早期藏书之所"是"

单纯基于传世文献的中国早期藏书研究,堪称缺失频仍。例如,学者们相信,"从文献记载来看,秦代著名的私人藏书家当有四人,即吕不韦、孔鲋、孔腾、伏生"。而据考古发现,湖北睡虎地、湖北云梦龙冈、湖北周家台、甘肃放马滩、湖北王家台等地都有秦简出土,它们都是墓主的私人藏书,实际藏书规模并不亚于吕不韦之伦,这就从全面性的角度补充了传世文献的不足。又如,清人卢文弨《钟山札记》所谓"古书目录,往往置于末"的论断长期为学界所信奉,但长沙马王堆《五十二病方》的52种病症方剂之"目"却列在该书前面;学者们相信《易经·序卦》是中国现存最早的书目,"目录之作,莫古于斯"。但上海博物馆购藏的楚简《曲目》,以及山东银雀山汉简的《孙子兵法》、《守法守令等十三篇》目录都要早于《序卦》。这就从准确性的角度订正了传世文献的错讹。这样,充分利用出土简帛,可以补充单纯基于传世文献的相关研究的不足,即从材料的角度对现有有关中国早期藏书的基本结论进行拾遗补阙,并在拾遗补阙和纠谬订正的基础上,相对全面、准确地建构中国早期藏书研究的基本内容框架，借用马克思的话说就是，"在批判旧世界中发现新世界"。而这也再次说明，"出土简帛与中国早期藏书研究"并不是要否认传世文献的基础地位以及否认基于传世文献的全部结论，而只是充分利用出土简帛，对其不全有所补充、对其错讹有所订正。

（二）在史实的基础上揭示中国早期藏书的发展演变规律

中国早期藏书研究，虽然研究的是"史"，但并不是"史"的研究，不能满足于相关史料的历时性堆砌，而必须揭示其"变化"、"发展"的历史演化过程和谱系变革的动态特征。例如，从"巫"到"礼"到"法"的观念变革反映了先秦社会政治秩序的演进轨迹。相应地，掌持文献的文化人也完成了由贞人到史官到官吏的转变，文献的类型也经历了由甲骨卜辞到礼乐文献再到律令档案的转型。亦即，殷商重"神"，馆员为贞人，文献为甲骨卜辞；西周和春秋重"人"，馆员为礼官，文献为礼书；战国亦重"人"，但馆员有官吏化取向，所掌文献主要为律令文书。显然，从重"神"到重"人"对应于殷周"革命"之际，而从重"礼"到重"法"则对应于"礼坏乐崩"、法制初显的春秋向战国过渡之际。

（三）在史实描述和规律揭示的基础上分析中国早期藏书的学术价值和当代意义

中国早期藏书研究不能停留在"中国"、"早期"的时空范围以及"图书馆"的学科视域内自说自话。局限于"中国"、"早期"的时空范围，只能与古人计短长，而不能释放烛照当代的光芒，更遑论为世界图书馆学研究贡献自己的智慧了。局限于"图书馆"的学科视域，意味着只能从现代西方学术分科的理念下从事纯粹的专业研究。事实上，中国早期藏书是一个广义的文化机构，其合法性是建立在对皇权运作的适应与支持的维度之上的。这就需要揭示藏书之外的文化、政治价值。例如，里耶秦简、云梦睡虎地秦简、云梦龙岗秦简等大量法律文书的出土，以及江陵王家台秦简、沙市周家台秦简、天水放马滩秦简大量《日书》、历谱等"数术"文献的出土，反映了秦朝的总体文化气象，亦可证秦始皇以"诗书、百家语"为主要对象的焚书举措的社会背景。

总之，本书的最终研究目标是贡献一部关于中国早期藏书的概括方式准确、概括层次贴切的学术专著。其中，既要有"根到九泉"的材料占有，又要有在材料基础上提炼出来的规律性认识，同时，还要观照社会文化并呈现出当下图书馆学理论与实践的现实关怀。

第二章　先秦时期的官府文书

　　历史学意义上的"先秦",是指公元前221年秦始皇统一中国之前的时期,包括上古时代、夏朝、商朝、周朝都是先秦的一部分。然而,中国有确切文字可考的"信史"是以《史记·殷本纪》和19世纪末以来河南安阳出土的10万多枚甲骨卜辞所记录的殷商时期为最早源头。同样,从藏书史的角度来说,虽然"中国的官方藏书早在夏代便已经出现了"①,但存留于今的最早"藏书"实物是殷墟窖藏甲骨。并且,大致在战国(公元前475~公元前221)之前,中国的总体学术面貌呈现为"学术在官"的景象,所谓藏书主要表现为官府藏书之唯一脉系。同时,此一时期的官府所藏只局限于文书档案,当时的社会尚未出现图书典籍。因此,本章即拟从对先秦时期的官府文书的分析入手。

　　另一方面,中国古代藏书的理论与实践是直接建立在为王朝政治服务的思想基点之上的,以积极的姿态介入政治并努力与权力联姻,是中国古代藏书长期一贯的特点。离开政治思想的考察,就不能对先秦官府藏书给出具有解释力的说明。基于这一考虑,我们拟首先分析先秦时期的政治思想。

第一节　先秦时期的政治思想概说

　　从字源本义来看,作为政府的古代"官府"就是收藏文书、财物之所。官从"宀"、府从"广",皆义属房屋,为贮藏货物之所,而所藏之物是包括文书的。《礼记·曲礼下》"在官言官,在府言府",郑注:"官谓版图文书之处,府谓宝藏货贿之处也。"《说文·府》"文书藏也",段注:"文书所藏之处曰府。"无论是郑玄以"官"为藏书之所,还是许慎、段玉裁以"府"为藏书之所,可以肯定,藏书是古代"官府"的重要特征,也是政府建制的重要内容。

　　古代"官府"与藏书的渊源关系表明,了解先秦时期的官府政治结构和意识形态,是探究先秦官府藏书的重要路径。总体上,先秦时期官府政治结构和意识形态大致经历了下述三次重大的历史变化。

---

① 傅璇琮,谢灼华. 中国藏书通史 [M]. 宁波:宁波出版社,2001:5

一、由殷商之际的重"神"向西周之际的重"人"转变

殷人尚鬼神,祖先神灵是一切价值的终极依据。甲骨文中有大量的"帝"、"神"、"吉"、"不吉"、"祸"、"咎"、"不利"等术语,而鲜见关于人的道德、智慧的术语。事实上,占卜和祭祀构成了甲骨文献的两大重要内容,也是当时文化人(贞人)必须重点掌握的两大主要知识类型。并且,在甲骨文中,占卜是程式化的,祭祀则成为具有普遍意义的习俗。大量甲骨文献的出土表明,殷商时期的政治运作离不开神灵祖先崇拜,具有明显的"神性"取向。而贞人在本质上就是要通过对以占卜和祭祀为核心内容的甲骨文献的生产、整理、保管和利用,参赞政务,在观念层面上为王权合法性提供文本依据的同时,又在实践层面上为王权运作提供基于巫术的文本参照。

在《尚书》中,《舜典》记述舜即位时祭礼"上帝"和其他自然神灵;《甘誓》记载夏启讨伐有扈氏时以"行天之罚"相号召;而据《汤誓》和《大诰》记载,商汤王讨灭夏桀和周公讨伐武庚,无不以"天命"、"上帝"为依据,等等,都反映了在殷商前后,祖灵崇拜对于王权合法性的独特价值。

殷商时期这一独特的社会政治气象,使得作为史官的贞人具有亦巫亦史的特点。《史记·太史公自序》载,重、黎后嗣到了周代,"程伯休甫其后也。当周宣王时,失其守而为司马氏。司马氏世典周史"。可见,史官从重、黎时期的主掌天人,发展为周代的专职史官,预示着由殷商时期的重"神",向周朝重"人"的意识形态的变化。

在殷周易代的"革命"过程中,周人认识到了内在化、道德化的"德"的重要性,从而初步形成了人文自觉。《尚书》中的《康诰》记载周公告诫康叔"明德"、"敬德",《召诰》强调夏殷灭亡的根本原因是"不敬其德",《左传·僖公》五年引《周书》认为:"皇天无亲,唯德是辅。"这些史料都说明,在周人的观念里,主体性的道德是王权合法性以及王权运作的重要依归,"人"必须"以德配天",自觉、主动和理性地配合"天"担当王权合法性和王权运作的应有道义。

因此,西周之"史",虽然仍保留了殷商"巫"的特点,肩负"释异禳灾"、"卜筮占星"、"祭祀通神"、"观象制历"等职事,但宗教色彩业已日益淡薄。诚然,"周人虽然仍然尊'天'敬'神',但更切近人事,更重视人伦道德"①。所以,在周代文献中,往往既有对"天命"的否认,也有对人事的肯认,两者相得益彰。前者如,"天命靡常"(《诗·大雅·文王》)、"惟命不

---

① 祁志祥. 从先秦到清末:中国人文思想史上的四次启蒙[J]. 学术月刊,2007(8):96-102

于常"(《尚书·康诰》)、"天不可信"(《尚书·君奭》)。后者如,"惟人万物之灵"(《尚书·泰誓》)、"天视自我民视,天听自我民听"(《尚书·泰誓》)、"人无于水监,当于民监"(《尚书·酒诰》)、"天畏忱,民情大可见"(《尚书·康诰》)、"天地之性人为贵"(《孝经》)、"夫民,神之主也"(《左传·桓公》六年)、"国将兴,听于民;将亡,听于神"(《左传·庄公》二十三年)、"鬼神非人实亲,惟德是依"(《左传·僖公》五年)。

综上,周人敬天而重人,在重视"天"的意志的同时,更为强调"人"自身价值的合理性。从殷商的神本主义到周代的人本主义,"中国政治与文化之变革,莫剧于殷周之际"①。商周之际的这一"政治转移",本质上是对人文精神及其现实性的弘扬,细析之,又可大致分为西周、春秋时期的重"礼"和战国时期的重"法"两大阶段。

二、由殷商时期之重"神"到西周、春秋时期之重"礼"

《礼记·表记》曰:"周人尊礼尚施,事鬼敬神而远之。"周人一方面提出"德"和"以德配天命"的理论;另一方面,在"德"的基础上又提出了"孝",并制定了一套制礼作乐的规则。礼成了奴隶社会的等级名分制度,乐成了为这种等级名分制度服务的工具。

事实上,西周初期人文主义对神文主义的胜利,集中体现在周公"制礼作乐"之中,礼乐成为纲纪天下的根本大法,具有现实操作性;同时,又成为当时社会的重要意识形态,具有明确的观念价值。孔子重"仁",仁的基本性质和内容就是约束自己的行为使其符合礼的规范。孔子强调:"克己复礼为仁。""人而不仁如礼何?"即通过实践礼而有教养,同时不拘泥于礼的外在形式,而是努力体认礼的内核,达到实践仁德的自愿、自觉、自律,挺立道德的主体。因此,孔子之"仁",旨在维护礼的形式与内涵的创造性紧张,是由礼衍生出来的范畴,集中体现了"周礼"语境下的朴素的人道精神以及对人的价值的高度重视。

与此相应,史官逐步"脱巫",向作为"记事者也"的方向迈出了重要的一步,并演变为具有道德品格和人文精神的文化人。此时,他们主要以"礼"为核心生产、收集、整理、保管和利用文献,襄赞政务,从而也强化了王权合法性及其王权运作过程中的人性担当。

三、由西周、春秋时期之重"礼"到战国时期之重"法"

降及"礼坏乐崩"的春秋战国之际,温情脉脉的"礼乐"愈益丧失社会

---

① 王国维. 观堂集林(卷十)[M]. 北京:中华书局,1959:453-454

约束力,"法"逐步取代"礼乐",成为社会秩序的有效控制力量。据《左传·昭公》六年记载,叔向指责子产作刑书,云:"民知争端矣,将弃礼而征于书。""弃礼而征于书"的社会现实使得掌法官员日见增多,由此形成了一整套相应的官僚机构。《左传·昭公》六年又曰:"昔先王议事以制,不为刑辟。"杜注:"临事制刑,不豫设法也。"据此,童书业指出:"则西周本无固定之刑法,临事以统治者之意志断之而已。至西周后期,乃有所谓'九刑'之制,然似不公布于民,故叔向非郑之'铸刑书'也。"① 可见,子产作刑书是中国法制化的开端,"弃礼而征于书"的本质是"弃礼而征于法",法制逐渐取代了礼制。

于是,生产、收集、整理、保管和利用法律文献成为王权合法性和王权运作的基本诉求,本质上反映了法律在社会政治秩序中的重要地位。与此相应,作为文化官员的"史"进一步与时俱进,转换角色,并最终形成了一整套相应的官僚机构,从而完成了由"史"而"吏"的转向。在《周礼》一书中,"史"以文书档案的记录、整理、保管和利用为职志,更多的是从事"记事册命"、"保管契约"、"典藏档案"等法制化的文本,不仅与"巫"形成分途并骛之势,也与西周初年的"礼"官渐行渐远。

《国语·晋语七》:"无乃不堪君训而陷于大戮,以烦刑史。"王引之《经义述闻》:"刑史谓刑官之史。"(卷21)《礼记·王制》:"成狱辞,史以狱成告于正。"郑注:"史,司寇吏也。"史负责"成狱辞",即制作刑事文书。可见,战国以降,随着法制的加强和官僚体制的兴起,政权运作基本是在严格按照成文法典和充分运用文书档案的基础上发展起来的。从礼制到法制的政治进程,也是对政务书面化、标准化和程式化要求逐步加深的过程,这就意味着行政和施政对官府所藏法律文书的依赖程度必然进一步提高。

基本上,两周文书主要包括礼书和法律文书两大类别。东周以降,在社会结构与意识形态中,随着宗教、礼制的日趋衰弱,法律文书逐渐成为东周文书的主体。相应地,这种由殷商神文向西周人文的发展,也反映在史职地位的演变之上。即,主书之"史"的现实主义取向愈益明显。《说文·史》"记事者也",反映了作为东汉人的许慎(约58—约147)的观念,但西周史官业已开启了向"记事者也"的现实方向转化的进程,并最终发展成为在主书的基础上兼具主法功能的"吏"。"吏"发展至嬴秦而成为"文法吏","依法治国"的行政取向达到极致。

相应地,在中国古代从神治到礼治到法治的社会转型中,《周礼》所载的

---

① 童书业. 春秋左传研究 [M]. 上海:上海人民出版社,1980:306

"五史"也因其与社会政治"与时俱进"的程度不同而沉浮不一。如，西周时期大史（即太史）的地位十分重要，《尚书·顾命》记周康王即位大典，"太保、太史、太宗皆麻冕彤裳"，是参与典礼的重要成员。而大史地位之尊隆，与其作为"天官"所承担的宗教职能有关（卜辞中的贞人就是史），随着宗教、礼制和行政的逐渐分离，大史在"分官设职"行政架构的转型中趋于衰弱。《汉书·艺文志》云："《博学》七章者，太史令胡母敬所作也。"《后汉书·百官志》载太常属官有："太史令一人，六百石。本注曰：掌天时、星历。凡岁将终，奏新年历。凡国祭祀、丧、娶之事，掌奏良日及进节禁忌。凡国有瑞应、灾异，掌记之。丞一人。明堂及灵台承一人，二百石。本注曰：二丞，掌守明堂、灵台。灵台掌候日月星历，皆属太史。"由此可见，大史（太史）发展至秦，已经演变为专掌文字（小学）的官员，而文字正是"吏"的重要职业技能。降及后汉，太史重操"天时、星历"的天官之职，并承担"祭祀、丧、娶之事"的典礼，其行政地位更是一落千丈，作为太史之长的"令"仅有六百石的俸禄。

综上，从巫到礼到法的观念变革反映了先秦社会政治秩序的演进轨迹。相应地，掌持"图书"的文化人也完成了由贞人到史官到吏的转变，而"图书"的类型也经历了由甲骨卜辞到礼乐文献再到律令档案的转型。值得强调的是，这种演进轨迹大致对应于殷周"革命"之际以及西周向东周过渡之际——殷商重神，史为贞人，文献为甲骨卜辞；西周和春秋重人，史为礼官，文献为礼书；战国亦重人，但史有官吏化取向，所谓文献主要为律令文书——但并不是绝对严格的对应。例如，殷商甲骨文中已经产生"德"和"礼"的观念（虽然十分少见）是不争的事实。同样，西周和春秋重德，以礼治天下，但也已经产生了法制观念并产生了刑典。尽管如此，从巫—礼—法的演进及其相应的"图书内容"和掌书之人身份的转型出发，仍不失为考察三代之际官府藏书发展的有效路径。总体上，先秦的官府藏书与当时的文化形态相牵合，尚未从混沌一体的整体文化形态中分离出来，藏书与王权政治和宗教伦理是融为一体的。殷商之际的贞人亦巫亦史，但更为倾向于"巫"，这可以从其所藏甲骨文献主要以占卜、祭祀为基本内容，藏书处所局限于宗庙等方面得到体现。而同样亦巫亦史的周代史官则以其"记事者"的职份而更为接近于"史"，具有强烈的人文色彩。后者同样可以从周代史官的藏书内容和藏书处所等方面得到反映。相应地，"史"之职掌由重神向重人转变，交通神人的"巫"不再是"史"的唯一职份。

第二节　殷商时期的官府文书

中国最先发展起来的藏书系统即官府藏书。殷商、西周及春秋时期的官府藏书虽然与出土简帛无关，但其一时期的官府藏书奠定了中国古代二千年官府藏书的基本形态，因此，我们拟首先从殷商时期的官府藏书讲起。

中国古代的文明史可以上溯到传说中的三皇五帝时代。《吕氏春秋·先识》曰："夏大史令终古出其图法，执而泣之。夏桀迷惑，暴乱愈甚，大史令终古乃出奔如商。"可见，中国最早的官府藏书可以追溯到夏代。但由于记载夏代官府藏书的资料"文不雅训"、"献不足征"，因此，本书也存而不论，庶副"阙如"之旨。目前，中国有确切文字可考的"信史"仍以《史记·殷本纪》和19世纪末以来河南安阳出土的10万多枚甲骨卜辞所记录的殷商时期为最早源头。同样，就中国古代藏书史而言，虽然"中国的官方藏书早在夏代便已经出现了"[1]，但存留于今的最早藏书实物仍以殷墟窖藏甲骨为最早。

我们知道，甲骨卜辞"已具备了文书基本要素，即程式化的成文性"[2]。因此，"发现甲骨的地方，显然是当年储藏卜辞的库房，也就是史官（当时史官兼管占卜）的档案库"[3]。陈梦家也指出："卜用甲骨上的刻辞，固然是王室的文书记录，就是卜辞也应属于王室的文书记录，是殷代的王家档案。我们说卜辞是档案，其理由如下：（1）殷代的社会，王与巫史既操政治的大权，又兼为占卜的主持者，所以这些卜辞也可以视作政事的决定记录；（2）卜辞集中的出土于殷都安阳，而卜辞中所记占卜地往往有在殷都以外的，可见这些在外地占卜了的甲骨仍旧归档于殷都；（3）殷都的甲骨有很多是储积或累积于一处，可能是当时储档之所；（4）非卜辞的卜事刻辞，除了记述甲骨的来历、整治以外，还有经管的卜官的名字，可见当时有人经管这些档案。"[4]

尽管，殷墟窖藏甲骨应是中国目前业已确知的最早的档案馆而不是图书馆，但窖藏甲骨所包含的文献理论与实践，与自兹阙后的官府藏书皆堪称发致不殊，并直接影响到了中国民间的私人藏书，值得深入讨论。

---

[1] 傅璇琮, 谢灼华. 中国藏书通史 [M]. 宁波：宁波出版社，2001：5
[2] 周雪恒. 中国档案事业史 [M]. 北京：中国人民大学出版社，1994：24
[3] 刘国钧. 中国书史简编 [M]. 北京：书目文献出版社，1981：17
[4] 陈梦家. 殷墟卜辞综述 [M]. 北京：中华书局，1988：46

第二章 先秦时期的官府文书

一、殷墟窖藏甲骨中的"馆员"

众所周知,今天的职业馆员是18世纪西方工业革命导致的社会分工与社会重组的产物,在此之前,与文献有关进而与藏书有关的人员多为广义上的文化人。文化人既是文献的生产者也是文献的消费者,甚至也是文献的组织整理者。例如,中国古代的文献分类即与职掌文献的官员密切相关。章学诚《校雠通义·原道》说,西周之际,"私门无著述文字,则官守之分职即群书之部秩,不复别有著录之法也"。民国时期的学者蒋元卿将这一现象概括为"以官秩为部秩"①。就此而言,从古代"馆员"身份之演进的角度,分析古代藏书的基本面貌,不失为一条行之有效的研究路径。

《后汉书·班彪传》曰:"唐、虞、三代,世有史官。"在中国,"史"是文字的创造者。《世本·作》:"黄帝使苍颉作书,大桡作甲子。"宋注:"大桡,黄帝史官。"许慎《说文解字序》也说,苍颉是黄帝的史官。作为文字创造者的"史",既拥有文字的使用权,也是唯一的文化人。而"史"与"书"有关,"专以藏书、读书、作书为事"②,是文献生产、保存、整理和利用的主体。

就殷商时期而言,"商王室藏书的管理官员为史官"③。所以,甲骨卜辞中作为"甲骨档案的形成者"和"专门经管官员"④的"贞人",也被称为"史"、"御史"、"大史"、"乍册"或"作册",王国维认为,"乍册"或"作册"即"内史"⑤。

但"史"有二义,值得仔细分辨。

其一,"史"即我们通常理解的记录历史的史官,《说文》"史,记事者也,从又持中。中,正也",是其集中表述。史官的职掌与文字、文献以及文化的关系十分密切。学者们普遍相信,许慎从字形的角度将"史"解释为"从又持中",以及从字源的角度将"史"解释为"记事者也",皆堪称精见。但是,许慎以"正"释"中"(所谓"中,正也"),则显为失考。盖"正"作为一种价值观念是不能拿在手中("持")的。清儒江永《周礼疑义举要·秋官》曰:"凡官府簿书谓之中,故诸官言治中、受中。《小司寇》'断庶民讼狱之中',皆谓簿书,犹今之案卷也。此'中'字之本义。故掌文书者谓之

---

① 蒋元卿. 中国图书分类之沿革 [M]. 北京:中华书局,1937:17
② 王国维. 观堂集林(卷六)[M]. 北京:中华书局,1959:259
③ 刘渝生. 中国藏书起源史 [M]. 南昌:江西人民出版社,1994:54
④ 周雪恒. 中国档案事业史 [M]. 北京:中国人民大学出版社,1994:30
⑤ 王国维. 观堂集林(卷六)[M]. 北京:中华书局,1959:266-267

史,其字从又持中。又者右手,以手持簿书也。"罗振玉也说:"中象册形,史、事等字从之。"①"史"字为以手持簿书案卷(册),所以,"古者书策皆史掌之"②。

其二,泝溯其源,殷商时期的"史"之职掌首先与天文、数术有关。司马迁《史记·太史公自序》在追述其家世时指出:"昔在颛顼,命南正重以司天,火正黎以司地。唐虞之际,绍重、黎之后,使复典之,至于夏商,故重黎氏世序天地。其在周,程伯休甫其后也。当周宣王时,失其守而为司马氏。司马氏世典周史。"说明世代为史的司马氏在周宣王之前的主要职掌是交通神人,迟至"周宣王时",才"世典周史",成为一般意义上的史官之"史"。安阳出土的大量甲骨表明,殷商贞人作为当时的"史",主要职掌占卜和祭祀,并通过占卜和祭祀为王权行政运作提供智力支持,由此反映了为之服务的王权政治的神性色彩。汉代学者应昭《汉官仪》亦曰:"太史令,秩六百石。望郎三十人,掌故三十人。昔在颛顼,南正重司天,火正黎司地。唐虞之际,分命羲和,历象日月星辰,敬授民时。至于夏后、殷、周,世序其官,皆精研术数,穷神知化。"作为史官之长的太史令有"望郎三十人"观测天象,制定历法以"授民时";同时,又因由天及人的"天人之学"而兼及术数,从而"穷神知化"。

总之,甲骨文中的殷商之"史"亦称贞人,具有"巫"的性质,其主要职守是交通神人。同时,殷商之"史"既是文化官员也是藏书主体,他们通过对甲骨文献的收集、整理、保存和利用这一独特方式而为政权服务。收集、整理、保存和利用过程中的"神"性取向,既是殷商文化的特征,也是政权运作的智力依据。王国维指出,"史"为"持书之人","史官"为"掌书之官","殷商以前,大小官名及职事之名,多由史出。……庶官之称事,即称史也"③。事实上,在甲骨文中,"事"才是"史"的原始含义,从字源学的角度看,史、事古韵同在之部,意义近同,可视为同源。《说文》云:"史,事君者。"由"事"又分化出"史"、"吏"、"使"之义,"史"、"吏"、"使"和"事"是同一个字④。从施事者的角度说,是帝王指"使",从受事者的角度说,是庶官从"事",而庶官"多由史出",作为事君的"史",围绕皇权展开一切政务,担当具体行政公干之官也即"吏"。

而史之所从"事",是由其职掌的文献所决定的,史官以其对文献的典守

---

① 罗振玉. 殷墟忆契考释三种[M]. 北京:中华书局,2006:423
② 王国维. 观堂集林(卷六)[M]. 北京:中华书局,1959:267
③ 王国维. 观堂集林(卷六)[M]. 北京:中华书局,1959:270-271
④ 许兆昌. 先秦史官的制度与文化[M]. 哈尔滨:黑龙江人民出版社,2006:6

而成为商朝外廷官僚政务系统中的重要官员。因此，史以"书"而行事，成为政府官僚系统中的核心和枢纽。

二、甲骨文献的功能

从"史"字的二重内涵来看，殷商之际"史亦巫也"，《礼记·礼运》言及"王前巫而后史"。杨向奎说："史之源流，乃：神、巫、史相传。由神而巫，由巫而史。"① 集中反映了殷商之"史"的"巫"的特点。

巫史作为中国有文字可考的第一批知识分子，也肩负图书馆馆员的职责。《礼记·表记》说："殷人尊神，率民以事神，先鬼而后礼。"殷人尚鬼，遇事好占卜。占卜后形成的记录，就是"卜辞"，迄今发现的殷商甲骨绝大多数是卜辞。贞人"用祭祀仪式沟通神界，用占卜的方法传达神的语言"，具有"巫"的本性；"将人的愿望和人的行为记载下来，映证神的旨意并传之后世"，具有"史"的性质②。总体上，卜辞中的叙辞（前辞）和命辞（问辞）记录日期、人物、地点和事件，是典型的"史"的职份；而占辞和验辞虽然也有史官的"记录性"，但就其内容而言，则是巫的职掌。

亦巫亦史的贞人是甲骨卜辞的制作者和保存者，相应地，甲骨卜辞也主要包括"巫"和"史"两大层面的内涵。

（一）在现实层面上为王权运作提供历史借鉴

"甲骨就其本质来说是档案而不是书籍，甲骨的特殊用途不是为了传播知识总结经验，而是为了日后的稽查考核"③。因此，商王或其代理人经常要在太史或太卜的陪同下"示"（即省视）甲骨卜辞，"太史或太卜还在骨臼处刻上省视者、日期、勺数以作标识，太史或太卜自己也在上面签名"，"因为商王及其代理人以及太史、太卜们要利用甲骨文献治理天下"④。这决定了甲骨卜辞必须具有明确的整理方法，才能对"每事卜"而形成的海量卜辞进行专指性的检索。此外，验辞作为前辞、命辞和占辞的信息反馈，不仅有当日应验情况的追记，也有数天后、数十天后、乃至第179天后应验情况的追记。如果没有严格的整理方式，想要在"每事卜"形成的大量卜辞中找到专指内容的卜辞是不可想象的。

为此，殷商贞人除了将甲与骨、甲骨成品和原料、有字甲骨和无字甲骨分别存放之外，甲骨卜辞还存在以下整理方式：

---

① 杨向奎. 再论老子：神守、史老、道 [J]. 史学史研究，1990（3）：22-25
② 葛兆光. 中国思想史（第一卷）[M]. 上海：复旦大学出版社，2001：29
③ 刘国钧. 中国书史简编 [M]. 北京：书目文献出版社，1981：17
④ 刘渝生. 中国藏书起源史 [M]. 南昌：江西人民出版社，1994：63-64

第一，甲骨卜辞往往集类成册或裹而藏之。陈梦家指出，有些甲骨的"背甲制成石刀的样子，中间穿孔，上面刻辞"，"可知连系若干背甲穿扎起来，可能就是'典册'之'册'的象形"①。李孝定也说："吾人既知商人贞卜所用之龟，其大小长短曾无两甲以上相同者，又知其必有装订成册之事，则此龟版之一长一短，参差不齐，又有孔以贯韦编，似册字之形状，而'册'当然为其象形字也。"② 说明甲骨文中的"典"、"册"是就甲骨（而不是就简牍）而言的。例如，1971年小屯发现的一堆牛胛骨卜共21枚，是以三枚为一组，一律向东存放的。由此形成了所谓"成套甲骨"，实为后世"典册"的雏形。

第二，甲骨卜辞还形成了原始的目录索引。杨剑宇在转引郭沫若《殷契粹编》相关论述的基础上指出，"骨臼刻辞，其性质如后人之署书头、或标牙签"，"盖骨既卜，必集合若干骨一包，裹而藏之，由肩胛骨性质而定，势必平放，平放则骨臼露于外，故恰好其地位以作标识"。有些还有一些简单的编号。"如YH127号坑中的龟甲，其状如刀，中间钻有小孔，有一片还刻有'册六'两字。它们排列整齐，记序之数自一至十有条不紊。这说明甲骨档案已有了简单的编号，被编连成册了"③。

综上，"卜辞可以视作政事的决定记录"④。而对数量超过10万的殷墟窖藏甲骨的集中保存和整理，就是保存对当下行政施政仍有借鉴意义的文本，本质上则是要保存"来自于已逝去了的祖先的智慧"⑤。

（二）在观念意义上为王权的合法性提供文本依据

在观念（而不是现实）层面上为王权的合法性提供文本依据，也是海量甲骨卜辞形成的重要动力源泉。

首先，"巫"内涵的神圣性及其对王权的意义。

卜辞主要是王室通过占卜而形成的与神交通的经验和事实记录，具有毋庸置疑的神圣性。从甲骨庋藏处所来看，现已发现的甲骨卜辞绝大多数出土于殷商自盘庚迁都至纣王末年历时273年的都城所在，即今河南安阳西北的小屯村，这其中又以小屯北村和小屯南村以及侯家庄村南三处最为集中，而这三处是殷统治者宗庙和陵墓所在地。这和后世文献的记载也是一致的。《周礼·龟人》曰："凡取龟用秋时，攻龟用春时。各以其物入于龟室。"刘宝楠《论

---

① 陈梦家. 殷墟卜辞综述 [M]. 北京：中华书局，1988：8
② 李孝定. 甲骨文字集释（第2集）[M]. 台北：中央研究院历史语言研究所，1965：663-664
③ 杨剑宇. 中国秘书史 [M]. 上海：上海人民出版社，2007：27-28
④ 陈梦家. 殷墟卜辞综述 [M]. 北京：中华书局，1988：46
⑤ 张光直. 美术、神话与祭祀 [M]. 沈阳：辽宁出版社，1980：76

语·公冶长》注曰："凡卜皆在庙，故藏龟亦于庙。"《史记·龟策列传》亦曰："高庙中有龟室。"我们认为，先秦及秦汉时期的皇室宗庙里辟有专门的"龟室"收藏卜用甲骨，正是殷商的遗制；甚至宗庙收藏典籍也是殷商卜辞存于宗庙的进一步发展。而甲骨卜辞藏之宗庙，既是对神的笃信，也是对文字记录神圣性的宣示。

不仅如此，甲骨卜辞还具有一整套复杂的程式。完整的卜辞一般都包含前辞、命辞、占辞和验辞四个程式化的内容，甚至作为原料的甲骨也要经过锯削、刮磨、钻凿等整治程序才能成为用于刻写的成品。程式化背后暗示着某种神圣性和秩序化，而这种神圣性和秩序化是为王室所专有的。因此，甲骨卜辞的大量集藏事实上成为王权神圣性的象征性存在。换言之，大量卜辞的集中存放，也是要保存程式化背后的神圣性，从而使王权合法性得到卜辞文本意义上的证明。

只有在这一意义上，我们才能理解《孟子·告子下》所谓"诸侯之地方百里；不百里，不可以守宗庙之典籍"。因为"宗庙之典籍"，实为王权的象征。相应地，"宗庙之典籍"的流散又往往成为政权旁落的标志。1976至1977年周原出土了迄今数量最大的周代甲骨。"这批甲骨绝大部分是殷商末年商王室的遗物"，它们"是在殷商末年商纣王时，掌管占卜的卜人投奔周人时，携带过去的"[①]。所以，《吕氏春秋·先识》曰："夏太史令终古出其图法，执而泣之，夏桀迷惑，暴乱愈甚。太史令终古出奔如商……殷内史向挚，见纣之愈乱迷惑也，于是载其图法出亡之周。"降及后世，几乎每个朝代都有对"胜朝"文献的收集或掠夺。诸如，汉初萧何"收秦丞相御史律令图书"，建安三年（198）曹操破吕布时袁涣取书数百卷，晋武帝太康元年（280）王浚攻入吴都建邺收孙吴图籍，隋开皇九年（589）文帝灭陈尽收其图书，唐高祖武德三年（620）平王世充收东都洛阳观文殿书籍等等，皆是显例。

总之，海量甲骨卜辞集中储藏于殷墟宗庙，不仅具有知识积累的意蕴，更有深层的观念内涵和象征意义。

其次，"史"内涵的秩序化及其对王权的意义。

"甲骨文献当时并不是杂乱无章随便堆存的，而是按干支规律刻写、编排、存放的，是照一定的制度保管的"[②]。事实上，正像"史"这个字向我们传递出来的最为直观的观念是历时性的"时序"一样，海量甲骨卜辞的一条重要整理原则就是时序原则。

时序性本质上是指时间的秩序性。甲骨卜辞整理中的时序性集中反映为：

[①] 王玉哲. 陕西周原所出甲骨文的来源试探 [J]. 社会科学战线, 1982（1）: 101-105
[②] 刘渝生. 中国藏书起源史 [M]. 南昌: 江西人民出版社, 1994: 46

第一,"分时代储藏"。"商王室各代的刻辞甲骨是按时代分开储藏,不是混在一起的";第二,"当代卜辞单独存放"。"当代卜辞先存放在宗庙内的龟室窖穴中;放不下了,再将过时的移存庙外";第三,"同代卜辞放在一块"。"藏于各窖穴中的同期刻辞甲骨,都相对集中,不会间隔很远,四处分散"①。正因为如此,通过刻辞甲骨的收藏时代可以推知其出土地点,从而推测其所属的断代分期。例如,YH127坑被董作宾推断为典型的"上世之卜室旧档"②。

总之,甲骨卜辞所反映的"时序"意识是非常强烈的。而这首先与贞人亦巫亦史的特殊身份有关。上文提及,殷商时期的"史"之职掌首先是天文、数术。因此,"商代历法有较高的水平,已有记日法,记旬法,记月法,记时(春夏秋冬四时)法、记祀(祀即岁、年,一祀即一岁或称一年)法;有大月(三十日)、小月(二十九日)之分;有平年、闰年(十三个月)之别"③。由此产生的时间维度上的秩序性,不仅意味着若干甲骨之间的排列原则,还意味着每一任商王都强调自己是王室血脉中起到承上启下作用的不可或缺的重要一环。甲骨卜辞之间的代际关系,既是生物性的血脉传承,也是文化和智慧的合法延续。换言之,根据代际关系排列,在为海量卜辞提供检索便利的同时,也实现了王室的血脉凝聚和文化认同。因此,这种整理和排列方式不仅具有文献检索的意义,也积淀着深厚的政治动机。

综上,殷墟窖藏甲骨的管理者是贞人,管理的对象主要是甲骨卜辞,藏书处所则主要是宗庙。甲骨档案对于政治的作用十分突出,从贞人"亦史亦巫"的角度来说,主要包括从"史"的现实性和"巫"的观念性两个角度对王权运作提供信息保障和信仰支持。

第三节　西周时期的官府文书

尽管,殷墟窖藏甲骨所反映的殷商官府藏书尚显原始和简约,但却奠定了中国古代"王官之学"时代官府藏书的基本理念与框架。即,"史"是与广义的"书"有关的文化阶层,史以其所掌文化参与社会政治的运作。可以说,三代之际的行政体系就是由司典籍之职的史官参与构建的。当然,随着历史的发展,"史"的内涵、文献的内涵以及所服务的政治内涵也呈现出与时俱进之势,从而反映出与殷商之际既有历史承绪又各有时代特点的藏书样态。

---

① 刘渝生. 中国藏书起源史 [M]. 南昌:江西人民出版社,1994:58-59
② 刘渝生. 中国藏书起源史 [M]. 南昌:江西人民出版社,1994:59
③ 刘渝生. 中国藏书起源史 [M]. 南昌:江西人民出版社,1994:42

一、西周史职的分化

上文提及,殷周易代的实质是人文主义精神相对于神文主义理念的胜利。反映在史官上,则是其由"亦史亦巫"逐渐脱巫从而成为单纯之"史"的方向演进。《史记·老子韩非列传》中的老子为"周守藏室之史",正是太史独立和史官从亦巫亦史的贞人逐步分化的结果。

龚自珍《古史钩沈论二》曰:"夫六经者,周史之宗子也。《易》也者,卜筮之史也。《书》也者,记言之史也。《春秋》也者,记动之史也。《风》也者,史所采于民,而编之竹帛,付之司乐者也。《雅》、《颂》也者,史所采于士大夫也。《礼》也者,一代之律令,史职藏之故府,而时以诏王者也。……故曰,五经者,周史之大宗也。"(《定庵文集续集》卷二)显见,周史的文献工作(也是行政工作)范围远远超出了殷商之史的"贞人"或"巫"的局限。

自西周以来,史官的分工日趋复杂。据《隋志》记载,"古者天子诸侯,必有国史,以纪言行,后世多务,其道弥繁。夏殷已上,左史记言,右史记事,周则太史、小史、内史、外史、御史,分掌其事,而诸侯之国,亦置史官。"《周礼》中的"史"名目繁多,是其自身职能分工的结果。与殷商相比,周代的史不仅有太史、内史、御史、女史,还有左史、右史、小史、外史等各种不同类型的"史"。《周礼·天官·冢宰》"府,治藏,史,掌书者",贾公彦疏曰:"又有府兼有史,以其当职事繁故也,或空有史而无府者,以其当职事少得史即足故也;至于角人、羽人等直有府无史,以其当职文书少而有税物须藏之,故直有府也;腊人、食医之等,府、史俱无者,以其专官,行事更无所须故也。"贾公彦认为,是否设"府"以物为据,是否设"史"以文书为据,并分析了"府"、"史"配置的四种情况。总体上,若不配"史",是因其文书少或无;若不配"府",是因其物少或无,正可见"史"之职掌在文书。

今从《周官》五史的分列,并结合其他文献分析西周之史职业分工的大致情况。

(一)大史

大史亦称太史,是众史之长。

西周初期所设"太史寮",是与"卿事寮"相对的重要的周王辅政机构,太史以其崇高的行政地位而有"公大史"或"太史公"之称。从行政上看,"太史掌建邦之六典,以逆邦国之治",职能所及广涉治典、教典、礼典、政典、刑典和事典等官府行政各个方面之"六典"。而这又是与其所职掌的档案密切相关的。《周礼·大史》曰:"凡邦国、都鄙及万民之有约剂者藏焉,以贰六官;六官之所登。"《周官》大史掌邦国、官府、都鄙的行政法,分别形成典、法、则；同时，"辨法者考之"；收藏邦国、都鄙、万民的"约剂"副本，其正本则在六官；在丧祭朝会等活动中，执书执法以协事。正如张亚初、刘雨所总结："概括讲，大史掌管西周王国的文书起草，策命诸侯卿大夫，记载国家之大事，编著史册，管理天文、历法、祭祀之事，并掌管图书典籍。他是一种兼管神职与人事，观察记载社会动态和自然现象的职官。"① 但事实上，大史的职掌总体上关乎礼、法两个层面。

从礼的角度看，主要是"执书以次位常"、"以书协礼事"、"执书以诏王"，通过所掌"礼"类文献直接从政。例如，《逸周书·尝麦》曰："士师乃命太宗序于天时，祠大暑；乃命少宗祠风雨百享……箴大史乃藏之于盟府，以为岁典。"祭祀风雨等的礼制由大史记录并藏于盟府，由此形成岁岁依以行事的"岁典"，在祭祀典礼上，大史要提供这种文献以执行仪式。这与《周官·大史》"读礼书以协事"的记载是一致的。而据《左传·昭公》二年记载，晋国的韩宣子"观书于大史氏，见《易象》与《鲁春秋》，曰：'周礼尽在鲁矣。吾乃今知周公之德与周之所以王也。'"可见，太史所掌管的《易象》与《鲁春秋》反映了"周礼"的盛况。

从法的角度看，太史主要是通过职掌"法"类文献及其复本以供"辨法者考焉"、"辨事者考焉"。《逸周书·尝麦解》曰："王命大正正刑书，……众臣咸兴，受大正书。太史策刑书九篇，以授大正，乃左还自两柱之间。……太史乃降，大正坐，举书，乃中降，再拜稽首。王命太史、正升拜于上，王则退。"显见，大史典掌法律文书，但却没有执法功能，从事的完全是有关法律的信息或资料工作。《左传·宣公》二年："乙丑，赵穿杀灵公于桃园。大史书曰：'赵盾弑其君。'以示于朝。"这一记载也反映了大史只负责文书工作。《管子·立政》亦曰："五乡之师，五属大夫，皆受宪于太史。……太史既布宪，入籍于太府，宪籍分于君前。……考宪而有不合于太府之籍者，侈曰'专制'，不足曰'亏令'。"太史掌宪籍之副本，一方面供"考宪"之用，类似睡虎地出土秦简"岁雠辟律于御史"的功能；另一方面"分于君前"，为各级官长所领受，用为行政依据。《左传·文公》十八年曰："大史克对曰：'毁则为贼，掩贼为藏，……在《九刑》不忘。'"可见，大史克因掌管法典而对《九刑》十分熟谙，但具体的执法和行政则是由"大正"、"五乡之师"、"五属大夫"等负责的。

（二）小史

小史，是大史的副官。

---

① 张亚初，刘雨. 西周金文官制 [M]. 北京：中华书局，1986：27

《周官·小史》曰："奠系世，辨昭穆。……读礼法，史以书叙昭穆之俎簋。"显见，小史主要掌邦国之志与贵族家谱，并以其所掌之文献从事"礼"事活动。《礼记·杂记上》曰："夫祭有昭穆。昭穆者，所以别父子、远近、长幼、亲疏之序而无乱也。是故有事于大庙，则群昭群穆咸在而不失其伦。……故祭之日，……史由君右执策命之。再拜稽首，受书以归。"结合《周官·小史》之职可以推知，这里的"史由君右执策命之"之"史"，当即小史。《国语·鲁语上》曰："夫宗庙之有昭穆也，以次世之长幼，而等胄之亲疏也。"这里，辨"宗庙之有昭穆"者，也当是小史。

（三）内史

内史，与外史相对，为宫内之史官。

《周礼·春官·内史》曰："掌王之八柄之法，以诏王治，一曰爵，二曰禄，三曰废，四曰置，五曰杀，六曰生，七曰予，八曰夺。"郑注："太宰既以诏王，内史又居中贰之。"所谓"居中"，即主内，是太宰的副手。唯其为"内"，所以是最为接近帝王的"史"，具有很高的行政地位。主要表现在：

首先，起草、记录和发布王命。商周铭文中每有"王命内史某册命某"、"王命某内史曰"的记载。王国维指出："作册、尹氏皆《周礼》内史之职，而尹氏为其长，其职在书王命与制禄命。"[①] 正可见内史实为王命的起草、记录和发布者。《周礼·内史》又曰："掌书王命，遂贰之。"可见内史同时负责保管王命诏书的副本。

其次，执行王命。《周礼·内史》曰："执国法及国令之贰，以考政事，以逆会计。"内史在职掌法律等文书的基础上，兼负官员任命、考核和奖惩的重任。《地官·乡大夫》曰："乡老及乡大夫、群吏献贤能之书于王，王再拜受之，登于天府，内史贰之。"内史掌管册命与贤能之书，参与选官之职，因而也涉及记录官员勋绩的文书。《秦律十八种·厩苑律》即云："内史课县。"朱熹《诗集传》卷五亦曰："（内史）掌爵禄废置、杀生予夺之法者也。"

值得注意的是，内史与作为众史之长的大史往往有混同的倾向。孙诒让《周官正义》卷三十二曰："通言之，内史亦得称大史。"《春秋左传序》孔疏曰："天子则内史主之，外史佐之，诸侯亦不异，但春秋之时，不能依礼，诸侯史官多有废阙，或不置内史，其策命之事多是太史。"也正因为内史、大史并无大别，所以两者往往并称。例如，《大戴记·盛德》曰："德法者御民之衔勒也，吏者辔也，刑者策也，天子御者，内史、大史左右手也。"《周官·秋官·大司寇》曰："凡邦之大盟约，莅其盟书而登之于天府；大史、内史、

---

① 王国维. 观堂集林（卷六）[M]. 北京：中华书局，1959：272

司会及六官,皆受其贰而藏之。"

柳诒徵曰:"周官之制,相权最尊,而太史、内史执典礼以相匡弼,法意之精,后世莫及。"① 事实上,最初的内史与大史区别甚严,大史作为众史之长,地位最高;但内史因其"亲近"天子,有更多拟旨"作册"、参与机要的机会,因而,地位日益提升。提升的极致是达到甚至取代了大史的地位,从而形成了上文所言内史、大史无别,两者每每并称的局面。内史地位的变化,既是皇权加强的反映,也是大史职掌的宗教、礼制之衰弱的表征。

(四)外史

外史,是相对于内史而言的。

《周礼·春官·大宗伯》曰:"外史,掌书外令,掌四方之志,掌三皇五帝之书。"宋陈亮《三国纪年序》曰:"自当时之诸侯,国各有史,一言一动,罔不毕载。故四方之志,外史掌之。"可见,外史掌管宣布京畿以外地区的王令、四方地志等。此外,外史还肩负"达书名于四方",名即字,也就是承担文字整理、改革与推行工作。

(五)御史

御史与众史无别,负责起草和保管法律文书。但因其"御"的身份而接近皇帝,地位日益提升。

《周官·御史》曰:"掌邦国都鄙及万民之治令,以赞冢宰。凡治者受法令焉。掌赞书,数凡从政者。"郑注云:"王有命当以书致之,则赞为辞,若今尚书作诏文……自公卿以下至胥徒在王朝者皆是凡数,又是从政之人。"贾疏云:"言'凡',语广。谓外内官所有治职者,皆御史书王之法令授与受者。"可见,御史与众史一样也是职掌起草和保管法律文书之史。睡虎地秦简《尉杂》:"岁雠辟律于御史。"整理小组注释曰:"辟律,刑律。……本条指廷尉到御史处核对法律条文。"② 说明先秦的"大史布宪"制度,到了秦代已由御史取代。

据《战国策》中的《韩策一》与《赵策二》记载,张仪游说韩赵时都说过"秦王使臣献书大王御史"的话。同样,《史记·廉颇蔺相如列传》也曾言及,渑池之会中,负责记录秦赵两国之君言行的是两个国家的御史。在这一意义上,御史只是记录君王言行的左右之史。《汉书·艺文志》、郑玄《六艺论》都有"左史记言,右史记事"之称。但《周礼·春官》序官郑注:"御犹侍也,进也。""御"是对帝王所作所为及所用之物的敬称,如御膳即皇帝的饮食,御笔即皇帝亲笔书写,御弟即皇上的弟弟,御状即向皇帝告状。御史因其

---

① 柳诒徵. 国史要义 [M]. 北京:中华书局,1948:33-34
② 睡虎地秦墓竹简整理小组. 睡虎地秦墓竹简 [M]. 北京:文物出版社,1978:73

"御"的身份而接近皇帝，负责起草和保管法律文书，并逐步演变为执法官吏。清儒纪昀曰："御史出使，至西汉而渐多。……盖因其给事殿中，职居亲近，故事之重且急者，往往使之衔命耳。"① 杨宽亦指出："（御史）负责接受和保管重要文件，就成为国君的耳目，带有监察性质。魏、韩等国在县令下设有御史，也属于秘书兼监察性质。"②

《史记·秦始皇本纪》曰："使御史悉案问诸生。"《资治通鉴》卷七胡三省注云："秦置御史，掌讨奸滑、治大狱。"这里，御史的权限已扩大到断案治狱，沾断了"刑官之史"的职责。《史记·滑稽列传》亦曰："赐酒大王之前，执法在傍，御史在后。"而据《史记·叔孙通列传》，刘邦施行叔孙通新礼，置酒上寿时，"御史执法，举不如仪者辄引去。竟朝置酒，无敢喧哗"。《汉书·高帝纪》注引文颖曰："秦时御史监郡，若今刺史。"《史记·萧相国世家》曰："秦御史监郡者与从事。"御史监郡显然是针对御史的执行职能而设置的。另外，我们知道，年终上计是联结郡县与朝廷的主要纽带，掌计者在维系中央与地方关系上就地位特殊了。《商君书·禁使》曰："夫吏专制决事于千里之外，十二月而计书以定，事以一岁别计，而主以一听。"由秦之监郡发展出汉之刺史，仍是御史官负有掌地方监察之职的缘故。

值得注意的是，御史又称为柱下史，《史记·张丞相列传》司马贞索隐云："周秦皆有柱下史，谓御史也。"《史记·张丞相列传》云张苍："好书律历，秦时为御史，主柱下方书。"

与西周之"史"从殷商之际亦巫亦史的贞人发展为人文主义取向的"掌书以赞治"的行政官员相一致，西周宗庙藏书的内容也发生了相应性的变化。

二、西周宗庙藏书内容的变化

"夏王室收藏图书有专门的处所，即宗庙"③，殷商宗庙也设有"龟室"以藏甲骨。同样，"1977年秋，在陕西岐山县京当公社凤雏村发现的周原早周宗庙建筑基址西厢房南头第二间房屋内，在窖穴内出土卜甲和卜骨一万七千多片"④，说明周代承袭了殷商宗庙藏甲骨的遗制。事实上，"先秦至西汉宗庙内辟有专门的'龟室'收藏卜用甲骨"⑤，直到西汉武帝时，宗庙仍设有"龟室"以藏甲骨，《史记·龟策列传》即曾曰："高庙中有龟室。"

---

① 纪昀，等. 历代职官表（上册）[M]. 上海：上海古籍出版社，1989：346
② 杨宽. 战国秦汉的监察和视察地方制度[J]. 社会科学战线，1982（2）：111－120
③ 傅璇琮，谢灼华. 中国藏书通史[M]. 宁波：宁波出版社，2001：7
④ 刘渝生. 中国藏书起源史[M]. 南昌：江西人民出版社，1994：80
⑤ 傅璇琮，谢灼华. 中国藏书通史[M]. 宁波：宁波出版社，2001：9

然而，与殷商不同的是，周代宗庙除了设有"龟室"以藏甲骨之外，还设有"图法"等藏书处所以典藏文书档案。

据《无惠鼎》记载："王格于周庙，述于图室。"该室因收藏图籍而以"图"为名。《荀子·荣辱》"循法则、度量、刑辟、图籍"，杨倞注曰："图谓模写土地之形，籍谓书其户口之数。"显见，图室应为行政档案室，所藏内容为土地、人口等记录。而据《周礼·春官·天府》记载："（天府）掌祖庙之守藏与其禁令。凡国之玉镇、大宝器，藏焉。若有大祭、大丧，则出而陈之；既事，藏之。凡官府乡州及都鄙之治中，受而藏之，以诏王察群吏之治。……若迁宝，则奉之。若祭天之司民、司禄而献民数、穀数，则受而藏之。"据此，周代宗庙还藏有禁令，这些禁令与国之大器同等重要，是大祭、大丧时的重要礼器。

不仅如此，宗庙还藏有"官府乡州及都鄙"的文书以及人口、收成（民数、穀数）情况的记录，以作为考察群吏政绩的依据。《孟子·告子下》："诸侯之地方百里。不百里，不足以守宗庙之典籍。"赵歧注曰："典籍，谓先祖常籍法度之文也。"《正义》曰："典籍受之天子，传自先祖，藏诸宗庙。宗庙之典籍，即先祖之典籍也。"说明法令文书是藏于宗庙的。另据《周礼·秋官·司约》："凡大约剂，书于宗彝。"注云："大约剂，邦国约也。书于宗庙之六彝，欲神监焉。"六彝，是六种青铜礼器。显见，盟书约剂类文献也是藏之宗庙的。《汉书·高帝纪下》曰："又与功臣剖符作誓，丹书铁契，金匮石室，藏之宗庙。"说明在宗庙中藏盟约的遗规，一直延续到了西汉高祖之时。《召伯虎簋》"余以邑讯有司，余典勿敢封"，郭沫若据此指出："余指簋之主人召伯虎。召伯虎出征回，告戒于王，受王之册命与赐邑。既告之后，退而以是事讯于天子之有司，并求索所受之册书以封于天府。"郭先生认为王命之册书应交由天府封存，实际就是将册书封存于天府所守宗庙图室中①。《礼记·祭统》说"爵有德而禄有功"者，必于天子太庙命史策命之，也强调列爵赐禄在宗庙举行，并形诸文字藏于宗庙。

值得一提的是，被赏赐者"受书以归，而舍奠于其庙"，"每有册命一类的大事，也必须到宗庙中禀告先祖，举行祭祀仪式，并铸鼎铭文记载其事"；受命者"要舍奠于他自己的宗庙，并铸礼器如钟鼎等以记其事，置放于自己的宗庙中，使后世子孙世代崇敬宝爱"②。说明诸侯、大夫的宗庙里也藏有受册封的文书。据《左传·哀公》三年记载，鲁桓公和鲁僖公之庙着火，"救火者皆曰：'顾府。'"并从"府"中分别抢救出御书、礼书和"旧章"。说明鲁

---

① 刘渝生. 中国藏书起源史［M］. 南昌：江西人民出版社，1994：86
② 葛兆光. 中国思想史（第一卷）［M］. 上海：复旦大学出版社，2001：36－37

公宗庙之"府"藏有御书、礼书和"旧章"。其中，御书是皇帝亲书或经皇帝认可的法律文书，礼书是"礼法一体"背景下具有一定法律功能的文书，旧章是可以提供今日行事案比的旧日章程，它们都是法律文本。

综上，在殷商宗庙收藏甲骨卜辞的基础上，周代宗庙还收藏有土地、人口等记录以及法律文书、盟书约剂、策命文书等典籍，这是殷商时期的宗庙所不具备的。这些文献藏之宗庙，"欲神监焉"，无疑有将它们神圣化的深层用意，因而仍然具有原始巫术的特点。例如，册封、盟誓在宗庙举行并将相关文字记录藏之宗庙，就是要借助于宗庙的神圣性而宣示册封、盟誓等行为之神圣性。然而，这些法律典籍和行政文书就其内容实质而言，远比甲骨卜辞更具现实性，因而也突破了以占卜和祭祀为主要内容的殷商甲骨之"神"性的单一维度。

事实上，商周易代之际，"儒家祭祀观念也发生了很大变化，祭祀礼仪的宗教性只是形式，本质则是人文理性，它决定了后来中国文化发展的方向"[①]。应该说，西周宗庙藏书的变化，正是这种"人文理性"的显示。

三、西周藏书所处的增设

文献在人文主义的现实层面上为王朝政治服务，不仅体现为宗庙藏书内容的变化，而且还反映在藏书处所的变化上。事实上，鉴于律法文书的"现实主义"特征，这些文献也往往被从宗庙中移出，保藏于与之直接相关的具体官府行政机构中。汉初，萧何收"秦丞相御史"的律令图书，都是相关法律文书之集藏地点由宗庙迁移至官府衙门的明证。而这些藏书处所的变化，可以追溯到西周。正如《韩非子·难三》指出："法者，编著之图籍，设之于官府，而布之于百姓者也。"

总之，西周在宗庙藏书内容变化的基础上，还增设太史府、盟府、故府等专门性的藏书机构，这既是文献本身的神圣性下降和现实性增强的结果；也是西周以降史职逐步"祛魅"，由重"巫"向重"史"过渡的必然反映。

首先，增设太史府。

太史亦作大史。殷商时期的大史作为史官之长，同时也是宗庙中生产并保管甲骨档案的馆员。而西周以降，大史所掌文献已不限于甲骨，其官守之所也不再是宗庙。

我们知道，西汉刘歆《七略》佚文所谓"外则有太常、太史、博士之藏"中的"太常"，是由周代的"宗伯"发展而来。根据《周礼》，宗伯是掌建邦

---

① 湛风，斯人. 中国思想史学科建设研讨会综述：中国思想史研究的回顾与展望[J]. 人文杂志，2007（4）：192-193

之天地、神祇、人鬼之礼，吉凶宾军嘉礼以及玉帛钟鼓等文物的官员。"太常之藏"实为宗庙藏书遗制，而与"太常之藏"并列的"太史之藏"显为另有所掌。虑及西周太史拥有专门的藏书处所——太史府，我们相信，"太常"和"太史"在西周之际即已分化。《周礼·太史》曰："若约剂乱则辟法，不信者刑之。"贾疏云："盟誓要辞藏在府库。"若要查阅，则"开府库"。据《左传·昭公》二年记载，晋国的韩宣子"观书于大史氏，见《易象》与《鲁春秋》，曰：'周礼尽在鲁矣。吾乃今知周公之德与周之所以王也。'"孔疏："大史之官职掌书籍，必有藏书之处，若今之秘阁也。观书于大史氏者，氏，犹家也；就其所司之处观其书也。"

综上，贾疏的"府库"、孔疏的"必有藏书之处"，都强调太史已具有独立的藏书处所。《周礼·宰夫》曰：辨其八职，"五曰府，掌官契以治藏；六曰史，掌官书以赞治"。贾疏："云治藏，藏文书及器物者其名曰府。府者，主以藏物，故藏当司文书及当司器物也；云赞治，若今起文书草也者，起文书草，乃后判决是为赞治之法，故称赞治。"总体上，府职重收藏，史职重起草，两者有一定的分工。同样，正如诸侯、大夫也设有宗庙，他们也专设史职以事典籍。《左传·哀公》六年曰："楚子使问诸周太史。"孔疏引服虔曰："诸侯皆有太史，主周所赐典籍。"说明与周王室相仿佛，诸侯、大夫也有各种层次的太史之职。

再从上文所述太史所藏文献的内容来看，应主要包括盟誓要辞等档案文书，以及《易象》与《鲁春秋》等图书典籍。总体上，盟誓要辞具有法律约束力，可以直接为行政运作提供文本依据；而《易象》与《鲁春秋》等图书典籍一方面反映了"周礼"的精髓因而在"礼法一体"的时代背景下具有类似法律的约束力，另一方面还反映了"周公之德与周之所以王"的超越性内涵。

当然，太史所藏文献仍然主要是与政治运作直接相关的法律档案文书，旨在为行政施政提供文本依据。正如金毓黻指出，"史之初职，专掌官书及起文书草，略如后代官府之掾吏"。其所掌之书即为"官府之档案"①。《隋书·经籍志序》曰："古之史官，必广其所记，非独人君之举。《周官》：'外史掌四方之志。'则诸侯史记，兼而有之。《春秋传》曰：'虢仲、虢叔，王季之穆，勋在王室，藏于盟府。'臧纥之叛，季孙命太史召掌恶臣而盟之。《周官·司寇》：'凡大盟约，莅其盟书，登于天府。太史、内史、司会，六官皆受其贰而藏之。'是则王者诛赏，具录其事，昭告神明，百官史臣，皆藏其书。故自

---

① 金毓黻. 中国史学史 [M]. 北京：商务印书馆，1957：3

公卿诸侯，至于群士，善恶之迹，毕集史职。而又间胥之政，凡聚众庶，书其敬敏任恤者，族师每月书其孝悌睦渊有学者，党正岁书其德行道艺者，而入之于乡大夫。乡大夫三年大比，考其德行道艺，举其贤者能者，而献其书。王再拜受之，登于天府，内史贰之。是以穷居侧陋之士，言行必达，皆有史传。"也是要强调，西周史官除了记录"人君之举"之外，还要负责中央政府内部及中央政府与地方政府之间的事务记录，直接为行政公干服务。

其次，增设盟府等其他藏书机构。

大量史料证明，西周之际已设有"盟府"以专门收藏盟约。例如，《左传·僖公》五年曰："虢仲、虢叔，王季之穆也，为文王卿士。勋在王室，藏于盟府。"《左传·僖公》二十六年曰："昔周公大公，股肱周室，夹辅成王，成王劳之，而盟之曰：'世世子孙，无相害也。'载在盟府。"《左传·襄公》十一年曰："夫赏，国之典也，藏在盟府。"可以肯定，在宗庙之外另设盟府，意味着"欲神监焉"的"盟誓"已经具有世俗化的特征。

随着盟府的设立，专事盟约的司盟之官也应运而生。《周礼·司盟》曰："司掌载盟之法。凡邦国有疑会同，则掌其盟约之载，及其礼仪，北面诏神明。既盟则贰之。……凡民之有约剂者，其贰在司盟……有狱讼者，则使之盟诅。"这里，司盟职掌盟约法度，主持盟誓仪式，同时保管盟约副本。整个过程虽然仍保留了"北面诏神明"、"盟诅"等巫术和神秘的成份，但其现实性和世俗化倾向已经十分明显。

值得一提的是，盟府亦称故府。据《左传·定公》元年，晋国主持各国城成周，宋国的仲几认为薛国应替宋国服役。薛宰引"践土之盟"中"凡我同盟，各复旧职"的约定，认为薛国应直接为周王室服役，而不必受到宋国的盘剥。对于宋薛二国的争执，作为主持国的晋国士弥牟曰："晋之从政者新，子姑受功。归，吾视诸故府。"又，据《国语·鲁语下》，"陈有隼集于陈侯之庭而死，楛矢贯之，石砮其长尺有咫"，孔子曰："隼之来也远矣，此肃慎氏之矢也。昔武王克商，通道于九夷百蛮，使各以其方贿来贡，无忘职业。于是肃慎氏贡楛矢石砮，其长尺有咫。先王欲昭其令德之致远也，以示后人，使永监焉。故铭其楛曰：'肃慎氏之贡矢。'（韦注：刻曰铭楛箭羽之间也）……分陈以肃慎氏之贡。君若使有司求诸故府，其可得也。使求，得之金椟如之。"

从上引《左传·定公》元年和《国语·鲁语下》这两个有关"故府"的最早文献记录来看，故府皮藏的对象都是盟书——记载盟誓各方缔约内容的文书材料。其中，《左传·定公》元年所谓"归，吾视诸故府"，是要回去检阅"践土之盟"的文书材料。《国语·鲁语下》所谓"求诸故府，其可得也。使求，得之金牍如之"，其所得对象虽然是"楛矢石砮"的贡品，但当初周武分封诸侯、赐以信物，且于信物上铭刻其辞（韦注：故铭其栝曰肃慎氏之贡矢），旨在达到"使各以其方贿来贡无忘职业"的目的。因此，所获贡品的本质是与贡品有关的盟誓。可作左证的是，《左传·昭公》十五年晋大夫籍谈使周，周景王问晋国为什么没有贡物，籍谈说晋从未受过王室的赏赐，所以没有贡物。于是，周景王列举了王室赐晋器物的旧典，并责难籍谈身为晋国司典的后代，却"数典而忘其祖"。可见，诸侯（包括《国语·鲁语下》所谓"九夷百蛮"）"贡品"和周王朝"赏赐"的物质利益的背后都是有盟誓支撑的。正是在这一意义上，《左传·襄公》十一年曰："夫赏，国之典也，藏在盟府，不可废也。"

西周藏书处所除了在宗庙的基础上增设太史府、盟府之外，史籍中还提到了公室、公府、藏室、周室、策（册）府等称谓。应该说，它们都是泛指，大致相当于今天没有修饰语和定冠词的"图书馆"。但公室、周室、策（册）府等称名的频繁出现，至少可以说明西周藏书处所已不局限于具有"神"性色彩的宗庙。

第四节　东周时期的官府文书

公元前 771 年西周灭亡，次年平王东迁洛阳，史称东周。东周分春秋（前 771～前 476）和战国（前 475～前 221）两个时期。分析东周时期的官府文书，仍需从司职文书的"馆员"——史——入手。

一、东周史职的分化

春秋初期，史职基本沿袭西周体制，到了春秋末年，随着奴隶制走向崩溃，人文精神进一步凌越西周，史也发生了进一步的分化。总体上，作为唯一文化人的"史"分化为两大类型：一是吏，一是士。《荀子·荣辱》区分了"士大夫"和"官人百吏"两类行政角色："志行修，临官治，上则能顺上，下则能保其职，是士大夫之所以取田邑也。循法则、度量、刑辟、图籍，不知其义，谨守其数，慎不敢损益也；父子相传，以持王公，是三代虽亡，治法犹存，是官人百吏之所以取禄秩也。"士大夫拥有深厚文化素养和政教信念；而官人百吏谨守其数，成为具体行政和办事人员。《礼记·学记》亦曰："凡学，官先事，士先志。"郑注："官，居官者也；士，学士也。"孔疏："若学为官，则先教以为官之事；若学为士，则先喻教以学士之志。"也是说，"士"教养深厚、志趣博雅，而"官"则是具体政务执行者。诚如阎步克指出，古代官僚制度下的设官分职，既需要读经书"通大道"的宏观决策人员（士），也需要"知官事，晓簿书"的具体办事者（吏）①。今参考阎先生之说，略作申论。

（一）士

甲骨文中的"士"本指成年男子，与"女"（成年女子）对称。《诗·小雅·甫田》"以穀我士女"、《楚辞·招魂》"士女杂坐，乱而不分些"皆是其证。

《国语·周语上》曰："大夫士日恪位著以儆其官，庶人工商各守其业以供其上。"在"天子—诸侯—卿大夫—士—庶人"这一社会等级序列中，"士"是有爵位的最低一级贵族，并因其就职于国家行政之事，而无须像"庶人工商"那样"各守其业"，从事具体物质生产。因此，《说文》曰："士，事也。"又云："事，职也。"在甲骨文中，史、吏、事、使本身就是一个字②。而"事"每指国家行政之事，例如，《诗经·邶风·北门篇》曰："王事适我，政事一俾益我。"《诗·小雅·北山》曰："偕偕士子，朝夕从事；王事靡盬，忧我父母。"《战国策》有《赵太后新用事》章，所谓"新用事"即初掌国家行政之事。

"事"从主体之"士"的角度言，即是其"职"。士以"职"和"事"为本份，故无须从事物质生产，但须具备基本的品德修养。为此，"士"需要学习礼、乐、射、御、书、数"六艺"（《周礼·地官·大司徒》）。总体上，礼、乐偏向于人文修养；射、御偏向于军事实践；书、数偏向于实际技能。据《国语·楚语上》记载，申叔时教授楚太子时的课程有"春秋"、"世"、"诗"、"礼"、"乐"、"令"、"语"、"故志"、"训典"九门，可视为教学科目的目录。大体上，"春秋"、"世"、"诗"、"礼"、"乐"倾向于人文教养；而"令"、"语"、"故志"、"训典"基本属于居位任事的具体技能，这种技能主要与《国语·周语上》"赋事行刑，必问于遗训而咨于故实"，"然则能训治其民矣"有关，本质上是从事与"礼"、"法"有关的职份。

综上，"士，事也"、"事，职也"，士以贵族身份而就职王事，又以"学"为身份标签。所以，《说文》又曰："仕，学也。"而士、仕相通。由此，完成了宗法血缘、王朝职事以及人文教养的有机统一，表旺政治与行政不分、礼乐教养与职事法规合而为一，宗法等级取代了社会功能的分化。所谓礼乐刑法不分，即文化教养与行政职事不分。事实上，"六艺"中的书、数二艺也与法律有关，详下。

---

① 阎步克. 秦政、汉政与文吏、儒生［J］. 历史研究，1986（3）：143-159
② 许兆昌. 先秦史官的制度与文化［M］. 哈尔滨：黑龙江人民出版社，2006：5

然而，《穀梁传·成公》元年"士民"疏曰，"德能居位曰士"，又曰："学习道艺者。"《国语·齐语》"士也使就闲燕"韦注亦曰："士，学习道艺者。"这里，"士"之所学已经不再包含法律的内容。《礼记·王制》曰："（乐正）顺先王诗书礼乐以造士，春秋教以礼乐，冬夏教以诗书。"这里，"造士"的路径主要是，以"诗书礼乐"为内容，以备临"事"之时，能够征书引诗、辞近旨远，合诗书而博喻、明礼乐而彬彬，充分显现人文教养。《左传·襄公》三十一年曰："侨闻学而后入政，未闻以政学者也。"表明"学"与"政"（王朝职事）是有区别的；《左传·昭公》二十二年曰："夫学，殖也，不学将落。原氏其亡乎。"表明"学"与宗法血缘的身份密切相关。因此，"士"也是"学"的垄断者，庶人及其以下的平民与王朝政事无关，也没有"学"的机会，在这一意义上，"学在官府"。而官府之学的主要内容是礼乐文明。相比而言，秦始皇"以吏为师"，既是对官吏之行政地位的高度肯定，也是对法律（而不是礼乐）作为学习对象的绝对强调。

战国以降，"士"的贵族血统及其"有爵者"的地位受到了前所未有的冲击。与之相应，"学在官府"的体制被打破，私人讲学之风兴起，在此背景下，平民亦可由"学"而成为"士"。《吕氏春秋·尊师》曰："故凡学，非能益也，达天性也。能全天之所生而勿败之，是谓善学。子张，鲁之鄙家也；颜涿聚，梁父之大盗也，学于孔子。段干木，晋国之大驵也，学于子夏。高何、县子石，齐国之暴者也，指于乡曲，学于子墨子。索卢参，东方之巨狡也，学于禽滑黎。此六人者，刑戮死辱之人也，今非徒免于刑戮死辱也，由此为天下名士显人，以终其寿，王公大人从而礼之，此得之于学也。"这里，鄙家、大盗、大驵、暴者、巨狡之"刑戮死辱之人"也可以通过"学"而达于"士"，成为王公大人"从而礼之"的对象。

因此，"士"逐渐演变为具有一德、一才、一学之人的专称，而与贵族血统或爵位无涉，也与居官从"事"无关。唯其有一德一才或一学者皆可称士，"士"的称谓遂达"百余种"之多[①]。例如，《庄子·徐无鬼》即区分了知士、辩士、察士、招世之士、中民之士、筋力之士、勇敢之士、兵革之士、枯槁之士、法律之士、礼教之士、仁义之士等十多种类型。

在"百余种"士中，与"学"因而与文献相关的是博士。所谓博士，即博学多能之士。博士之称，渊源甚久。"六国时往往有博士"（《宋书·百官志》），《史记·循吏列传》"公仪休者，鲁博士也"，《史记·龟策列传》宋有"博士卫平"，《汉书·贾山传》"祖父祛，故魏王时博士弟子"，《战国策·赵

---

① 刘泽华. 士人与社会 [M]. 天津：天津人民出版社，1988：21

策》赵王谓郑同"子，南方之博士也"，皆是例证。但这些博士都是博学之士的泛称，而非官名。诚如赵树贵指出，此时的博士"其称谓既不为某一家所垄断，其知识也不为某一家所框限。它是对有知之士的尊称或泛称，与官府无关联。"①

降及战国，博士逐步演变为职官。明董说《七国考》引许慎《五经异义》云："战国时，齐置博士之官。"明确指出，博士是"官"而不再是博学之士的泛称。刘向《说苑·尊贤》云："（齐王）召其群臣大夫曰：'有智为寡人用之。'于是，博士淳于髡仰天大笑而不应。"这里，身为博士的淳于髡厕为"群臣大夫"之列，也可证博士已演为职官；上引《汉书·贾山传》说贾山祖父祛"故魏王时博士弟子也"，既有博士弟子，当有博士之官。总之，战国之际已设博士之官，但博士之官成为定制则是在秦朝。所以，《汉书·百官公卿表》认为："博士，秦官。"应劭《汉官仪》亦曰："博士，秦官也，博者，通博古今；士者，辩于然否。"

据《史记·秦始皇本纪》，秦有"博士七十人"，包括儒经博士、传说博士、诸子博士、诗赋博士、术数方技博士（如"占梦博士"），但总体上，博士可区分为文学士（简称学士）和方术士（简称术士）两大类型，故《史记·秦始皇本纪》有言："悉召文学、方术之士甚众。"

（二）吏

吏与史同源，是在史之"主书"基础上进一步"主法"的行政官僚群体。

史作为"记事者"（《说文》），其主要行政职掌是"掌官书以赞治"（《周礼·天官·宰夫》）。具体而言，大史"掌建邦之六典"，小史"掌邦国之志"，内史"执国法及国令之贰"，外史"掌书外令"，御史"掌邦国都鄙及万民之治令"。

随着宗法制的瓦解，作为维系社会关系的"礼"日趋式微。相应地，"法"代之而起，成为调节和维持社会关系的普适原则。"法观念伴随着春秋末期成文法的产生而出现，成文法运动又造就了李悝、商鞅为代表的法家学派"②。而法家学派思想的付诸实施，既加速了法从礼中的独立，也导致了吏从史中的分化。出土秦简中常见"令史某往诊"，"令史某爰书"之语；而"金文判例中的司寇下面存在着一个庞大的负责司法文书的史官集团，如眚史、中史、书史、大史"③。由此可见，从史中分化出了一部分专门职掌法律

---

① 赵树贵. 浅谈秦汉时的博士与方士 [J]：江西社会科学，1984（4）：135 – 138，134
② 李力. 从几条未引起人们注意的史料辨析《法经》[J]. 中国法学，1990（2）：115 – 120
③ 胡留元、冯卓慧. 西周金文中的法律资料 [A]. 中国法律史国际学术讨论会论文集 [C]. 西安：陕西人民出版社，1990：107

知识以及与法律有关的技能（如数、小学）的吏员，他们以"法"为其主要职掌，在现实层面上襄赞政权运作和社会事务管理。

《韩非子·外储说左上》曰："（魏）昭王读法十余简而睡卧矣。"而据《韩非子·外储说右下》，齐王欲与会计，"俄而王已睡矣"，都形象地说明了与"法"有关的工作需要由训练有素、掌握专业知识的专门的"吏"去完成。正如卜宪群指出，"不独秦国，战国列国随着官僚制的确立也都建立了相应的公文制度。如已出土的楚简中，就包括了楚地方官员向中央呈报的名籍、案件记录等。三晋和齐国也都建立了上计制度以及官吏考绩任免制度，足证相应的公文制度已经确立"①。

在这一历史语境下，睡虎地出土的秦简《秦律十八种·内史杂》提及"学室"，正是文法之吏的专门培训机构；而《为吏之道》则是一篇供官吏们学习为"吏"之道的读本。"秦代的文档人员，一般通称为文吏，即文史法律之吏，指受过严格文书法律训练的吏员。秦既'以文书御天下'，必'以文吏治天下'。秦代的'文吏'，是从先秦时期'主书以赞治'的史官演变而来的。但是与史官不同的是，在'主书'之外，其'主法'的职能大大加强了"②。

而秦朝的文法之吏，可以上溯到战国时期。章太炎《古官制发源于法吏说》指出："盖太古治民之官，独有士师而已。士任其职，斯之谓事；士听其讼，斯之谓辞。讼辞繁而不杀，不得徒以结绳为断，于是初造书契，百官以治，万民以察，而记录讼辞者谓之史。……由是凡记国事者，皆以史名。……士师者，所谓刀笔吏也，其务在簿书期会，于是分裂，而史职始兴。借观秦世，程邈之造隶书，本为吏事作也，萧何独明习之，以题未央宫前殿。故知书契文史，本法吏所有事，其分而为史官者，用是在也。"③可见，士、吏、史三者渊源甚密。"太古"仅有士师，士的法律取向（听讼）导致吏事的产生。史与法吏相通，事关政务；后世以修史为务者，不过史之一端。

总之，战国之际，随着宗法等级制度的瓦解，社会迫切需要一批"明法"（立法、执法和司法）的专门人才。而正如《汉书·薛宣传》指出，"吏道以法令为师"。这样，吏就从主书主法之史中分化出来，成为在成文法典和文书档案基础上从事行政运作的官僚群体。

---

① 卜宪群. 秦汉公文文书与官僚行政管理 [J]. 历史研究，1997（4）：36-52
② 何庄. 试论法家思想对秦代及后代文书档案立法的影响：以睡虎地秦简为中心 [J]. 档案学研究，2007（4）：46-50
③ 章太炎. 章太炎全集（四）[C]. 上海：上海人民出版社，1985：95

二、专职文书吏员：从内史到御史到尚书的历史嬗变

章学诚《文史通义·史释》曰："五史，则卿大夫为之，所掌图书纪载命令法式之事，今之所谓内阁六科、翰林中书之属是也。"史官因典守文献而成为帝王眷顾的红人，因而也比其他官员具有更多的升迁机会。后世位居权要的"内阁六科"、"翰林中书"都有"馆员"的身份背景。柳诒徵亦指出："夫古之五史，职业孔多，蔽以一语，则曰掌'官书以赞治'。由斯一义，而历代内外官制，虽名实贸迁，沿革繁多，其由史职演变者乃特多。……故虽封建郡县，形式不同，地域广轮，日增于昔，而内外重要职务，恒出于周之史官。"又曰，"周官之制，相权最尊，而太史、内史执典礼以相匡弼，法意之精，后世莫及"，汉之中书、尚书"近在宫禁，典治官书，出纳诏奏，其职实周之内史"，以至唐之三省、宋之中书门下、元及明初之中书省、明清之殿阁大学士、清之军机大臣，"皆内史也"，他们都是由周代内史转变而来的①。

可以肯定，中国古代官僚机构的发展，直接与"馆员"以及他们所职掌之文献在施政上无可替代的作用密切相关。主书之"史"的行政地位之历史跃升，在战国秦汉之际，基本上存在一个从内史到御史再到尚书的变化过程。

秦代内史承袭两周，以主法令和会计之责为主。在商鞅变法后，随着法制的加强，内史地位日益提高。秦武王时，内史与丞相并列，实际上居于副丞相的地位。《史记·秦始皇本纪》载："十七年，内史腾攻韩。"蒙恬亦曾以内史的身份统率重兵。《战国策·秦策三》曰："应侯谓昭王曰，其令邑中，自斗食以上至尉、内史，有非相国之人者乎？"也说明，相国之下即为内史。在出土的云梦秦简中，《仓律》曰："人禾稼、当稿，辄为栓籍，上内史。"《内史杂》曰："上会九月内史。"《厩苑律》曰："内史课县。"所谓上计，即由地方行政官员定期向上级呈报的涉及地方治理状况的计簿（亦名"集簿"）文书，内容包括该地区户口、垦田、钱谷、刑狱状况等。《吕氏春秋·知度》王晓明《通诠》曰："上计，战国、秦、汉时地方官于年终将境内户口、赋税、盗贼、狱讼等项编造计簿，遣吏逐级上报，奏呈朝廷，借资考绩，称为上计。"在秦朝郡县制行政架构下，根据属县的计簿，郡守国相再编制郡的计簿，上报朝廷，朝廷据此评定地方行政官员的政绩。而内史负责上计，这样，内史兼掌官吏的考课也就顺理成章了。

再就御史来说。史官由主书主法而权倾群臣，御史大夫的出现是又一个里程碑。刘师培指出："御史之职在周代之时亦属微官，惟邦国之治，万民之

---

① 柳诒徵. 国史要义 [M]. 北京：中华书局，1948：33-34

令,均为御史所掌,复兼摄赞书之职,以书从政之人,与后世起居注略同。战国时秦、赵皆有御史,亦属末僚。盖御史训为侍御史,犹言侍史,惟居斯职者得以日亲君侧,故至秦代,即为尊官,与丞相并,复改称御史大夫。"① 显见,文书、机要、执法、监察、会计等皆是御史从太史和内史分得的职务。

御史作为君主的近臣,其崛起与官僚政治的演化以及封建专制的强化同步。《周官》中的御史仅仅是"中士",微官。安作璋、熊铁基曰:"战国时的御史属于末官这话是不错的,他们不过是国君身边记事和掌文书的人,甚至是受大臣召唤的人,……在王左右的御史还管接受文书,地位不会很高。"② 然而《周官》中的御史,其下属之"史"多达120人,反映了其职事在扩张中。至秦统一中国后,又在诸多御史之上加设"御史大夫"一职,并赋予其"副丞相"的地位。《史记·萧相国世家》:"沛公至咸阳,诸将皆争走金帛财物之府分之,何独先入收秦丞相御史律令图书藏之。"又,"汉王所以具知天下扼塞,户口多少,民所疾苦者,以何具得秦图书也。"可见,秦之御史确实处于"副丞相"之尊,御史府所藏"律令图书",是重要的行政文书。因此,《周礼·春官·御史》孙诒让《正义》总结说:"王之有御史,盖犹百官府之有史;……彼史掌赞从官府之书,与此御史尊卑殊绝,而所掌略同。"

随着历史的发展与政权架构的变迁,大致在西汉,又在先秦内史、秦御史的基础上,发展出了"尚书"这一专门化的文书部门,这是后话。正如卜宪群指出:"尚书未发展起来之前,诏书由御史大夫起草、下发丞相,章奏由御史大夫转呈皇帝,特别是汉代御史大夫寺设在宫内,说明他与皇帝的关系十分密切。有的学者认为诏书由御史大夫转发是为了牵制相权,可能未必如此,而是与其传统职掌有关。"③

三、吏的主要特征

战国以降,随着宗法世卿世袭制的崩坏,吏既掌文书(与史相同)、又"执事"(与史不同),成为行政官员的通称。《国语·周语》:"百吏庶民。"即将未做官的"庶民"与为官的"百吏"相对而称。《左传·成公》二年"王使委于三吏",注曰:"二三公也。"吏作为"官"而治民事,《说文》"吏,治人者也"、"官,吏事君也"。《汉书·惠帝纪》曰:"吏,所以治民也。"不仅如此,"吏"还以其"治"而操生杀大柄,故《管子·朋法》曰:"吏者,民之所悬命也。"总体上,吏的主要特征有二:

---

① 刘师培. 论历代中央官制之变迁 [J]. 国粹学报,1907 (2)
② 安作璋,熊铁基. 秦汉官制史稿(上册)[M]. 济南:齐鲁书社,1984:48
③ 卜宪群. 周代职官制度与秦汉官僚制度的形成 [J]. 南都学坛,2000 (1):1-6

第一，不再有贵族身份而只有行政身份。

《韩非子·显学篇》曰："故明主之吏，宰相必起于州部，猛将必发于卒伍。"所谓"起于州部、发于卒伍"，即是从家世和"身份"的角度，强调吏的来源与"出生"无关，本质上反映了"法家不别亲疏，不殊贵贱，一断于法，则亲亲尊尊之恩绝矣"（司马谈《论六家要旨》）的治国理念。相应地，吏也取消了世袭制，一般只有官阶而不再有爵位。正如《汉旧仪》云："秦始皇帝灭诸侯为郡县，不世官，守相令长以他姓代，去世卿大夫士。"在这一意义上，吏的崛起反映了政治架构由宗法血缘等级分封制向强调实功的中央集权官僚制的变化。《通典》卷13云："秦孝公纳商鞅策，富国强兵为务，仕进之途唯辟田与胜敌而已，以至始皇遂平天下。"表明以吏治为中心的政权组织模式在当时是符合时代潮流的。

第二，没有人文教养而只有职业化的专门知识。

主书之"史"演变为执法之"吏"，表明吏所执之事诉诸"法"而不是诉诸"礼"。由此，律令档案和典册文书成为吏之行政执事的依据，礼乐诗书等图书的地位被取代了。《韩诗外传》曰："据法守职不敢为非者，人吏也。"吏的职业操守就是严格地"谨守法度"，抱持"工具理性"价值，并由此生成了独特的职业程式和行政技术。《汉志·诸子·法家》序指出："法家者流，盖出于理官，信赏必罚，以辅礼制。《易》曰'先王以明罚饬法'，此其所长也。及刻者为之，则无教化、去仁爱，专任刑法而欲以致治，至于残害至亲，伤恩薄厚。"法家"以辅礼制"、"欲以致治"的价值诉求（与"士"一致），被执事之吏舍弃了，吏只以"法"为取向，导致对"教化"、"仁爱"的割舍（与"士"不一致）。

总体上，"吏"规规于法度，严格按照法律令档案文书执事，是典型的官僚职场科层制运作方式，借用马克斯·韦伯的话说，吏是"没有灵魂的"的专家。

第五节 两周时期官府文书的行政功能

《说文·守》曰："守，官也。从'宀'从'寸'。寺府之事者也；寸，法度。"从字源本意来看，古代所谓"官守"，就是保藏版图文书并以此为法度而施政。因此，藏书是古代"官府"的重要特征，也是政府建制的重要内容。总体上，殷商贞人是根据甲骨文献中的占卜和祭祀，在观念或虚幻的意义上为王权服务的，反映了为之服务的王权政治的神性色彩。而由西周之史生产和保管的文献则突破了占卜和祭祀的神性维度，内容更为广泛，也更加现实。这种现实主义取向大致经历了礼制和法制两个阶段，而先秦的"官府"本质上就是收藏礼书和法律文书，并据以为施政法度。

据《左传·哀公》三年记载，鲁哀公三年（前478）夏五月辛卯，司铎火，"火逾公宫，桓、僖灾。……南宫敬叔至，命周人出御书，俟于宫。……子服景伯至，命宰人出礼书，以待命。……季桓子至，命藏象魏，曰：'旧章不可亡也。'"这段话的大致意思是：司铎官府着火，延及宫内桓公庙和僖公庙。南宫敬叔命人抢出'御书'，子服景伯命人搬出"礼书"，季桓子命人藏好"象魏"——即旧章，简称"象"，法令章程。可见，鲁国宗庙内的藏书至少包括御书、礼书和法令章程三大类别。从分类的角度看，这三大类别实有两个分类标准。其中的礼书和法令章程是根据内容分类的，而"御书"是指与帝王有关的"书"（既包括臣民进呈于帝王的书，也包括帝王的书），是根据属主（人）分类的。"御书"因其与帝王有关而被另立一类，实际上御书的内容也主要是礼书和法令章程两大类文献。

因此，分析两周藏书的政治功能，可从礼书和法令章程两个层次入手。

一、礼书的行政施政功能

尽管，《礼记·礼运》认为禹、汤、文、武历代帝王"未有不谨于礼者也"；《论语·八佾》"殷因于夏礼"、"周因于殷礼"，也认为三代无不以礼治国。但真正将"礼"设定为普世化价值的是周人。侯外庐指出："由于周人的政治宗教化，在思想意识上便产生了'礼'。'礼'是一种特别的政权形式……礼器之文为铭文，《书》谓之诰辞，《诗》谓之颂辞，其中所含的意识都表现出政治、道德、宗教三位一体的思想。"[①]

周礼"构成了中国宗法社会的基本伦理观念、组织结构和行为准则，也确立了中国文化的传统"[②]。可以肯定，西周春秋时期之重"礼"，是由殷商贞人的"神文主义"向战国以降重法的"人文主义"过渡的中间环节。周礼的核心是将"亲亲、尊尊、长长、男女之有别"的"人道"扩大到国家层面，从而将"礼"由"人道之大者"提升为"王道之大者"（《礼记·丧服小记》）。"在这种家、族、邦、国的体制中，确定血缘的来龙去脉就等于确认身份、地位、权力的正当与否"[③]。由此，维系人际关系的"礼"以及礼所强调的"分"——血缘远近和社会等级，成为确立社会秩序的重要依据。

---

① 侯外庐，等. 中国思想通史（第1卷）[M]. 北京：人民出版社，1957：78
② 葛兆光. 中国思想史（第一卷）[M]. 上海：复旦大学出版社，2001：35
③ 葛兆光. 中国思想史（第一卷）[M]. 上海：复旦大学出版社，2001：35

第二章　先秦时期的官府文书

章学诚说："六艺非孔氏之书，乃周官之旧典也。"这里的"六艺"即《易》、《书》、《诗》、《礼》、《乐》、《春秋》，是孔子私门讲学的教材。而《周礼·地官·大司徒》"以乡三物教万民"、"三曰六艺"中的"六艺"是指礼、乐、射、御、书、数。这两种"六艺"，是周代文献的主流，也是教育和学习的主要科目。两个"六艺"中都有礼、乐，两者之所指未必完全相同，但可以肯定，礼、乐是周人的重要社会知识。与殷商时期的重要社会知识祭祀和占卜相比，重视礼乐是周人敬天而重人思想的直接反映。此外，射、御、书、数也都是现实生活中需要掌握的基本技能。

总之，周人之重礼，直接体现为对礼书的重视，而重视礼书又是由礼书自身在政治运作中的重要作用决定的。主要表现在：

首先，礼书具有权力象征意义。

《尚书·顾命》说文王登基时，将《大训》、《河图》与其它镇国之宝同时陈列在太庙中，目的是要增强政权的合法性。唐封演《封氏闻见记·典籍》亦云："周武王平齐，先封书府。""书"在古代政府中十分重要，所以，"书府"与其它藏财物之所往往并称。出土简帛中的秦律《内史杂》仍有"毋敢以火入藏府、书府中"的记载。

不仅中央政权如此，地方政权的合法性也依赖于图书文献。周初大分封时，"命以《康诰》而封于殷虚"、"命以《唐诰》而封于夏虚"。《尚书》的《康诰》和《唐诰》中含有大量规范性内容，是封地未来政权的治国纲领，相当于宪章，这在《左传》的僖公三十二年、昭公二十年；以及《尚书》中的《酒诰》、《梓材》等篇章中都可读见。而据《左传·定公》四年云："分鲁公以……祝、宗、卜、史，备物典策。"所谓"备物典策"，既是鲁国政权的象征，也证明诸侯分封时确实从王室获得了大量典籍，以作为日后行政的依据。

藏书对于古代政权之重要，还表现在一国战胜另一国的重要标志之一，就是获得战败国的官府藏书。《史记·张仪列传》记载张仪向秦惠王献灭周之计，除了要"据九鼎"，还要"案图籍"。《吕氏春秋·先识》云："夏太史令终古出其图法，执而泣之，夏桀迷惑，暴乱愈甚。太史令终古出奔如商……殷内史向挚，见纣之愈乱迷惑也，于是载其图法出亡之周……晋太史屠黍见晋之乱也，见晋公之骄而无德义也，以其图法归周。"渊源于汲冢竹书的《竹书纪年》也有相关材料可资比勘。其中，帝癸（夏桀）二十八年云："太史令终古出奔商"；帝辛（商纣）四十七年云："内史向挚出奔周。"《左传·昭公》二十六年也记载了亡命者王子朝等人"奉周之典籍以奔楚"的史实。

其次，礼书是行政运作的直接依据。

如所周知，昭公六年（前554）郑人铸刑书以及昭公二十九年（前531）

晋人铸刑鼎是中国成文法的开始，而此前成文法的缺失正是通过礼书弥补的。毋宁说，在礼法一体的特定语境下，礼典与法律文书具有同等的社会调节价值。《国语·楚语下》曰："夫子承楚国之政，其刑法在民心，而藏在王府，上之可以比先王，下之可以训后世，虽微楚国，诸侯莫不誉。其《祭典》有之曰……夫子不以其私欲干国之典。"可见，楚之王府藏有刑法、礼典，具有与法律同等的价值。

《周官》中的"大史"，"执书以次位常"、"以书协礼事"、"执书以诏王"，通过所掌文献直接从政。《逸周书·尝麦解》曰："士师乃命太宗序于天时，祠大暑；乃命少宗祠风雨百享……太史乃藏之于盟府，以为岁典。"祭祀风雨等的礼制是由太史记录并藏于盟府，由此形成岁岁依行的"岁典"，作为行政的依据。《礼记·杂记上》云："夫祭有昭穆。昭穆者，所以别父子、远近、长幼、亲疏之序而无乱也。是故有事于大庙，则群昭群穆咸在而不失其伦。……故祭之日，……史由君右执策命之。再拜稽首，受书以归。"在祭祀典礼上，史官要拿着文献（"执策"）以执行仪式。

又如，策书（一作册书）是皇帝命令之一种，多用于封土授爵、任免三公。古代命官受爵，皆用策书为信符。周室和诸侯都收藏有关大臣功勋赏赐的文献。而无论是人事任命还是记其功劳，都是行政中的重要一环。《周礼·内史》曰："凡命诸侯及孤卿大夫，则策命之。"《左传·僖公》二十八年曰："策命晋侯为侯伯。"记功于策叫策勋，《左传·桓公》二年曰："凡公行，告于宗庙，饮至、舍爵、策勋焉，礼也。"

策亦作册；典从册从"丌"，本意为放在案几上的册（一曰双手捧持之册），以其重要故置之案，乃重要典籍。《尚书·五子之歌》孔传曰："典，经籍也。"古人的行政按重要典籍进行，故典有典式、范例、常规之意。《尚书·舜典》"五典克从"，此"典"乃常道、准则。《周礼·大宰》"掌建邦之六典"，此"典"乃制度、法则。《左传·昭公》十五年"数典而忘其祖"，此"典"乃故事、典故，亦后世行政之依据。典刑、典兵、典事、典命、典牧、典客、典要、典郡、典试、典瑞、典乐、典谒、典礼等都是根据重要文献而从事，直接为行政施政服务。《战国策·魏策》曰："吾先君成侯，受诏襄王以守此地也，手受大府之宪。"是说，臣下受命出守，先要领受"大府之宪"作为法式或依凭。

二、法律文书的行政施政功能

与礼书相比，法律文书作为约束和规范社会政治行为的文本依据，具有更加直接的现实效用，成为王权运作和国家行政的重要依据。

首先，与礼典一样，法律文书也是政权合法性的象征性依据。

在礼法一体语境下，礼典与法律文书的区别甚微。《周官》中"大史"的职掌范围甚广，其中包括通过职掌相关礼、法的复本以供各行政单位"辨法者考焉"、"辨事者考焉"，即通过副本参与国家行政。《管子·立政》云："五乡之师，五属大夫，皆受宪于太史。……太史既布宪，入籍于太府，宪籍分于君前。……考宪而有不合于太府之籍者，侈曰'专制'，不足曰'亏令'。"这段文字可与《周官》相参读，正说明了太史（即大史）通过所掌宪籍之副本，既供"考宪"之用、也"分于君前"以为各级官长所领受并作为行政依据的事实。

《孟子·告子下》曰："诸侯之地方百里。不百里，不足以守宗庙之典籍。"如果说，孟子这里所说的"典籍"也是指礼典的话，那么下引文献中的《离次之典》则是典型的法典了。《战国策·楚策》曰："吴与楚战于柏举，三战入郢。君王身出，大夫悉属，百姓离散。蒙谷给斗于宫唐之上，舍斗奔郢，曰：'若有孤，楚国社稷其庶几乎？'遂入大宫，负《鸡次之典》以浮于江，逃于云梦之中。昭王反郢，五官失法，百姓昏乱；蒙谷献典，五官得法，而百姓大治。此蒙谷之功，多与存国相若，封之执圭，田六百畛。"注曰："（鸡次）楚国法也，鸡，亦作'离'。"《鸡次之典》，《后汉书·李通传论》注正引作《离次之典》，乃楚国之法典。可见，官藏法典非常重要，得则"五官得法"、"百姓大治"，亡则"五官失法"、"百姓昏乱"，其保存之功可"与存国相若"。

综上，法典与礼典一样，与行政的关系唇齿相依。中国历史上几乎每个新王朝在立国之初皆有"大收篇籍"之举，其本质并非单纯为"稽古佑文"的学术文化计，而是有深层政治旨趣的。

其次，以所掌文献为据直接施政。

春秋末期，尤其是战国以后，法律日繁，史位越隆。史官之发达在于其主书主法之职以及法刑图籍之典在政治上的作用愈益显现出现实重要性。史之从政与其说和其所掌文献有关，不如说和其所掌文献的法律属性有关。

史官所掌图典不是秘不示人，而是有施政功能的。《周官·秋官·大司寇》曰："凡邦之大盟约，莅其盟书而登之于天府，大史、内史、司会及六官皆受其贰而藏之。"邦国盟书的正本藏在天府，太史、内史等掌有盟书的副本（即所谓"贰之"），以便在具体国家政务活动中提供案比。如，《左传·定公》四年记载诸侯国的践土之盟："藏在周府，可覆视也。"即将盟书同时藏在列国和周府以备考索。盟书之外的人口、狱讼、版图以及反映官员治职政绩的文书也都"贰之"，"贰之者，写副当以授六官"（《周礼注疏》）。据《周礼·大史》曰:"太史掌建邦之六典,以逆邦国之治;掌法,以逆官府之治,掌则,以逆都鄙之治。"又曰:"凡邦国、都鄙及万民之有约剂者藏焉,以贰六官;六官之所登。"说明六官、都鄙皆职掌与"治"直接相关的"典"类和"则"类文书,而所有文书的副本则统一集中存放于太史。《国语·周语下》曰:"若启先王之遗训,省其典图刑法,而观其废兴者,皆可知也。"

史官还以其所掌典籍而通古今,充当君王的顾问。《左传·襄公》三十年"(晋)有史赵、师旷而咨度焉";《左传·哀公》元年"楚子使问诸周大夫";《左传·僖公》十六年"周内史叔兴聘于宋,宋襄公问焉";《国语·周语上》"赋事行刑,必问于遗训而咨于故实";楚左氏倚相"朝夕献善政于寡君",使其"无忘先王之业"(《国语·楚语》),这些史料都反映了史官根据所掌文献提供政事咨询服务的情况。因此,夏曾佑曰:"周制,学术、艺文、朝章、国故,凡寄于语言文字之物,无不掌之于史。故世人之咨异闻、质疑事者,莫不于史。史之学识,于通国为独高。"①

对官员的考课赏罚也皆以官藏文献为据。《周官·地官·乡大夫》曰:"乡老及乡大夫、群吏献贤能之书于王,王再拜受之,登于天府,内史贰之。"内史掌管册命与贤能之书的副本。而正是对相关文献副本的职掌,决定了内史具有参与官吏选拔和考课的权力。《左传·襄公》十一年曰:"夫赏,国之典也,藏在盟府,不可废也。"这是就"赏"而言;《左传·定公》四年曰:"臣展四体,以率旧职,犹惧不给,而烦刑书。"这是就"罚"来说。历史上,内史之有"掌爵禄废置、杀生予夺之法者也"(朱熹《诗集传》卷五)的特权,正是基于其对"藏在盟府"的"国之大典"或"刑书"的职掌。

---

① 夏曾佑. 中国古代史 [M]. 石家庄:河北教育出版社,2003:86

第三章 战国时期的藏书

先秦时期，所有的典籍都与"史"有关。史是一个具有泛称意义的上位概念，西周之际的"史"即已有不同的名称，诸如大史、小史、内史、御史、柱下史、外史、女史、左史、右史、瞽史、工史、啬史、刑史、中史、书史、巫史、祝史、筮史、祭史，等等，大抵根据具体职事的不同而有不同的称谓。然而，他们都是"史"，本质上反映了在宗法等级制下，礼法一体、礼乐教养与职业技能合一，以及政治与行政不分的基本史实。

降及战国，"史"在总体上分化出吏和士两个层次。吏继承了史之"掌官书以赞治"的职能，而士则以其重视"志行"和人文教养而发展出职掌图书的职能。

第一节 图书的产生

如上所述，迄今为止的出土简帛给人们的最直观的印象是，所出文献主要以书檄、律令、案录、符券、簿籍、检楬等档案文书为主，古人称为"艺文"或"经籍"的典籍图书并非出土简帛的主流。正是看到了文书档案类文献的大量出土，学者们才认识到："过去研究简帛，大家是把档案和典籍放在一起研究，学界只有笼统的'简牍研究'或'简帛研究'。现在，由于材料山积，已经到了不得不分开的地步……文书档案，数量很大，特别是走马楼三国简和里耶秦简，数量动以万计，现在必须辟为专门领域。"① 出土简帛，可以根据内容性质"分为'书籍'和'文书'两个大类"②；"简帛的性质，大体上可以区分为书籍和文书两大类"③。

然而，大致在战国之前，中国"只有档案馆，没有图书馆，典籍、档案和地图是收于一处。后世所说的'书'本来是包括在档案之中"④。章学诚

---

① 李零. 简帛古书与学术源流 [M]. 北京：生活读书新知三联书店，2004：46-47
② 张显成. 简帛文献学通论 [M]. 北京：中华书局，2004：226
③ 刘乐贤. 简帛数术文献探论 [M]. 武汉：湖北教育出版社，2003：李学勤总序
④ 李零. 简帛古书与学术源流 [M]. 北京：生活读书新知三联书店，2004：46

《文史通义·文集》曰："古者，朝有典谟，官存法令，诗风采之间里，敷奏登之庙堂，未有人自为书家存一说者也。"典谟、法令、采诗之官所收集的诗、臣民进陈的章奏都是文书档案的范畴；所谓"人自为书家存一说者"既指私学，也指与文书档案相对的图书。

一、图书的起源

李零指出，中国古代的"书"有三种不同的含义。一是作为文字的书，这种含义的书其实是文字，英文叫 writing。二是作为档案的文书，英文叫 documents。三是作为典籍的图书，古人称之为"艺文"或"经籍"。图书从物质形态上讲，英文叫 manuscripts（手抄本的书）或 books（装订成册的书）；从文字形式上讲，英文叫 texts（文本）；从内容上讲，英文叫 literatures（类似于中国古代广泛的"文学"，即用文字写下来的东西，并不局限于诗词、歌赋、小说等狭义的文学）①。

我们说过，作为文字的书直接与"史"有关，"造字"的苍颉就是黄帝之史。同时，作为档案的文书也与"史"有关，史在分化出"士"之前，其主要任务是"掌官书以赞治"。柳诒徵曰："夫古之五史，职业孔多，蔽以一语，则曰掌'官书以赞治'。"②《周礼·宰夫》贾疏曰："云赞治，若今起文书草也者，起文书草，乃后判决，是为赞治之法，故称赞治。"也就是以文书为手段为行政提供服务。

就图书来说，大致是由"史"分化出来的"士"承担的。《墨子·贵义》曰："子墨子曰：昔者周公旦朝读书百篇，夕见漆十士，故周公旦佐相天子，其修至于今。翟上无君上之事，下无耕农之难，吾安敢废此？"墨子（前468～前376）作为一个"士"，没有固定的职责，但也不是普通从事生产者，"读书"正是他的主要特征。《墨子·天志》曰："今天下之士君子之书不可胜载，言语不可胜计；上说诸侯，下说列士。其于仁义，则大相远也。何以知之？曰：我得天下之明法度以度之。"由此可见，墨子所处的春秋末期至战国初期私家藏书的总体情况具有下列几个特点：（1）私家所藏主要是"士君子"的图书，而不是档案；（2）图书都是为了"上说诸侯，下说列士"的政治起见；（3）图书应该以"仁义"为取向，尽管，以他自己信奉的"天志"（天下之明法度）来测度（"度"）这些图书，并未达到"仁义"的要求。

而据《史记·苏秦列传》记载，苏秦出游数年，大困而归，"乃闭室不出，出其书遍观之。曰：'夫士业已屈首受书，而不能以取尊荣，虽多亦奚以

---

① 李零. 简帛古书与学术源流 [M]. 北京：生活读书新知三联书店，2004：39-51
② 柳诒徵. 国史要义 [M]. 北京：中华书局，1948：33

为.'于是得周书《阴符》,伏而读之。"说明苏秦是有私人藏书的。并且,"夫士业已屈首受书,而不能以取尊荣"正说明了"士"所专志之"书",应该是图书。其主要目的是迎合诸侯以"取尊荣",从而也从一个侧面反映了战国之际私人藏书的社会动因。

总之,图书的出现与"士"阶层的兴起和壮大有关,而士阶层的出现又是建立在整个社会由奴隶制瓦解到封建制确立的社会背景上的。正是社会的转型,导致了诸子蜂起、百家争鸣局面的出现。

首先,读者由狭小的群体向广泛的社会群体演进。西周以前,学在官府,文字使用权集中在少数史官手中。因此,作为唯一文化人的"史"既是作者,也是主要的读者。对于前代的档案图籍,他是读者;对于当代的史实记录,他是作者。春秋以后,藏于金匮石室的图书秘籍逐渐流散出去,作者和读者逐渐增多。书籍从此也摆脱了神秘性,具备了社会性,图书逐渐进入到社会流通领域。

其次,教育民间化。《左传·昭公》十七年曰:"天子失官,学在四夷。"章学诚《文史通义·经解上》曰:"三代之衰,治教既分,夫子生于东周……。于是取周公之旧典……独与其徒相与申而明之。此六艺之所以虽失官守而有赖师教也。"教育平民化与以孔子为代表的私人讲学有关。"孔门弟子的广泛性是当时私学普及的典型象征,也是书籍流通范围扩大的例证。私学的兴起,结束了政教一体,官师不分的现象,使教育从政治中分离出来,成为独立的社会事业,并使教师成为专门的职业"①。随着教育制度的推波助澜,导致学术文化下移,统一的官学变成诸子百家的私学。"诸子在讲学游说的同时,纷纷从事著述,形成了书籍编纂事业的大发展,出现了古代史上第一个编纂高潮"②。

从史料价值的角度来说,"文书是研究早期社会史的史料,古书是研究早期学术史的史料"③。而从今天学术分科的角度来看,文书是档案学研究的对象;图书则是图书馆学的研究范畴,两者区别甚严。总体上,档案与图书都属于"文献",它们的共同本质表现在两者都是知识的载体。而就两者的区别来说,"档案与图书的本质区别是它们记录的知识主体属于知识系统中的不同层次,图书记载的知识主体是系统知识,而档案记载的知识主体是前系统知识"④。具体来说,两者还可作以下区别,见表1:

---

① 李瑞良. 中国古代图书流通史 [M]. 上海:上海人民出版社,2000:25
② 李瑞良. 中国古代图书流通史 [M]. 上海:上海人民出版社,2000:35
③ 李零. 简帛古书与学术源流 [M]. 北京:生活读书新知三联书店,2004:6
④ 刘新安,孙钢. 论档案与图书的本质区别 [J]:浙江档案,1987(1):11-13

表1 图书与档案的主要区别

图 书	档 案	图 书	档 案
传播知识,有广普性的社会教育功能	备以考查,解决最基本的资料问题和事实的考证问题	主观意识的表达,自由度更大,是人类思维活动的结晶	纯粹的客观记录
不能反映历史真实面貌,不可作为法律证据	基本能反映历史真实面貌,可作为法律证据	任意性	神圣性和权威性
重视文采	强调准确		

二、从档案到图书

"文字记录积累为档案资料,档案资料整理成为书籍。这就是书籍的起源"①。在中国,图书是在档案的基础上分化出来的一个新的文献品种,是春秋战国时期由"学在官府"到"官学下移"的产物。而这一分化过程,是与"士"从"史"中的分化相同步的。正像"士"来源于史一样,图书来源于档案。

最能说明图书由档案分化而来的是儒家六经。

中国关于"六经皆史"的思想由来甚久。元代的刘因远承隋人王通,提出"古无经史之分,《诗》、《书》、《春秋》皆史也"的论断。明代王阳明说:"以事言谓之史,以道言谓之经,事即道,道即事。《春秋》,亦经;五经,亦史。"明代李贽说:"经史相为表里。"在前人认识成果的基础上,清人章学诚明确提出了"六经皆史"的命题,并从多方面予以具体论证。他指出:

"六经皆史也,古人不著书,古人未尝离事而言理,《六经》皆先王之政典也……夫悬象设教与治宪授时,天道也。礼、乐、诗、书,与刑政教令,人事也。天与人参,王者治世之大权也。韩宣子之聘鲁也,观书于太史氏,得见《易象》、《春秋》,以为周礼在鲁。夫《春秋》乃周公之旧典,谓周礼之在鲁,可也;《易象》亦称周礼,其为政教典章,切于民用,而非一己之空言,自垂昭代,而非相沿旧制,则又明矣"②;

"古之所谓经,乃三代盛时典章法度见于政教行事之实,而非圣人有意作为文字以传后世"(同上 p94);

"故夫子之述《六经》,皆取先王典章,未尝离事而著理"(同上 p102);

"三代以前,《诗》《书》六艺,未尝不以教人,不如后世尊奉《六经》,

---

① 李瑞良. 中国古代图书流通史 [M]. 上海:上海人民出版社,2000:13
② 章学诚. 文史通义校注 [M]. 叶瑛,校注. 北京:中华书局,1985:1

别为儒学一门，而专称为载道之书者"（同上 p132）；

"《六艺》皆周公之旧典，夫子无所事作"（同上 p170）；

"学者崇奉《六经》，以谓圣人立言以垂教；不知三代盛时，各守专官之掌故，而非圣人有意为文章"（同上 p231）；

"三代学术，知有史而不知有经，切人事也"（同上 p523）；

"后世文字，必溯源于《六艺》；《六艺》非孔氏之书，乃周官之旧典也。《易》掌太卜，《书》藏外史，《礼》在宗伯，《乐》隶司乐，《诗》领于太师，《春秋》存乎国史。夫子自谓'述而不作'，明乎官司失守，而师弟子之传业，于是判焉。秦人禁偶语《诗》《书》，而云欲学法令者，以吏为师。其弃《诗》《书》非也。其曰以吏为师，则犹官守学业合一之谓也。由秦人以吏为师之言，想见三代盛时，《礼》以宗伯为师，《乐》以司乐为师，《诗》以太师为师，《书》以外史为师，《三易》《春秋》，亦若是则已矣。又安有私门之著述哉"（同上 p951）。

综上，六经是"史"所职掌的官府典章法度，体现为就事论事的现实价值；事胜于理，六经不是载道之书，即不包含超文本的微言大义；作为行政职守的行政文书，六经不宜有太多的个人任意生发意义的空间。与此适成对照，六经经过孔子的劳作而成为图书，具有下述几个特征：由记事而"著理"，具有个人生发意义的空间，孔子的微言大义是这种发挥的极致；孔子生活的春秋末期是这一转变的关键时期，它直接对应于学术下移和私人讲学之风的兴起；六经的生成是探究中国图书起源的重要依据。

值得注意的是，章氏所谓"六经皆史"，实为激言之辞，意为：就连作为传统文化核心的儒家六经都是"史"，更何况其他典籍！"后世文字，必溯源于《六艺》"，是其明确表述。

正是在这一意义上，近人龚自珍进一步演绎为六经、诸子为周史之大宗、小宗之说。龚氏指出，"六经者，周史之大宗也"、"诸子也者，周史之支孽小宗也"。又曰："史之外无有语言焉，史之外无有文字焉，史存而周存，史亡而周亡。"[①] 而龚氏之论又为刘师培《古学出于史官论》（及《补论》）提供了发挥的空间。刘氏指出，"文艺（贤按：即儒家经典）出于史也"、"九流（贤按：即诸子百学）出于史也"、"术数方技之学出于史也"。显见，龚自珍在章学诚"六经皆史"的基础上提出了"诸子亦史"的观点，而刘师培又在龚自珍的基础上进一步提出了"术数方技之学出于史也"的观点。

应该说，强调先秦图书都有基于"史"的档案渊源是值得采信的。例如，

---

① 龚自珍. 龚自珍全集（第一辑）[C]. 上海：上海人民出版社，1975：21

担任过周"守藏室之史"的老子，是典型的"史"，因此，《汉书·艺文志》说："道家者流，盖出于史官。"金德建认为："老聃学说的来历，大约是因为做周史的缘故。"① 金先生还列举了史籍中属于史官格言形式的话语与《道德经》相对照，以证明《道德经》作为图书的档案背景。例如，《左传·成公》二年："唯器与名，不可以假人。"《左传·昭公》三十二年："慎器与名，不可以假人。"作为编年之"史"的《左传》的这些文句，显然为《道德经》"国之利器，不可以示人"所本。通过对比可见，《老子》的语句，是"史官们向来保存的知识"。当然，《道德经》也已经由史（"事"）向着"理"的方向演进，因而也是典型的图书，而不再是"先王典章"意义上的档案。

三、从档案到图书的具体路径：以孔子整理六经为例

作为图书的六经都是在上古史料（档案）的基础上整理而成的产物，这一结论已成定谳。但是，六经的产生是否都曾假手孔子，这一问题自唐宋以来一直众说纷纭，莫衷一是。但可以肯定，六经都与孔子有一定的关联，至少，他曾用它们作为教材授徒讲学。并且，六经作为典型的图书，都是以档案为原始史料演变而来的。演变的关键是编纂，即在原始档案资料的基础上，根据主体的认识和需要在不同程度上改变了原始资料的客观性。其基本步骤主要包括：

（一）在广泛搜集文献的基础上删存去取

孔子述而不作，他的文献编纂（因而也是图书生成）的工作首先是以原始史料的收集为基础的。《史记·孔子世家》曰："孔子自卫返鲁，然后乐正，雅颂各得其所。古者《诗》三千余篇，及至孔子，去其重，取可施于礼义，上采契、后稷，中述殷周之盛，至幽厉之缺，凡三百五篇。"据此，305篇《诗经》是从收集到的3000篇文献中选编而成的。《汉书·艺文志》曰："《书》之所起远矣，至孔子纂焉，上断于尧，下讫于秦，凡百篇，而为之序。"《尚书正义》引《尚书纬》则曰："孔子求书，得黄帝玄孙帝魁之书，迄于秦穆公，凡三千二百四十篇。断远取近，定可为世法者百二十篇，以百二篇为《尚书》，十八篇为《中候》。"据此，《尚书》是在广泛收集的3000多篇文献的基础上整理而成的。《春秋公羊经传解诂》疏曰："昔孔子受端门之命，制《春秋》之义，使子夏等十四人求周史记，得百二十国宝书。"据此，《春秋》的史料基础是十四人所求而得的"周史记"和"百二十国宝书"。

显见，《尚书》、《诗经》和《春秋》都是在大量史料基础上甄别筛选、删

---

① 金德建. 老聃学说出于史官考 [J]. 求是学刊，1980（3）：73－75

存去取的结果。其中，《尚书》约取其 1/30，《诗经》约取其 1/10。今本《春秋》定本仅一万八千字，与"周史记"和"百二十国宝书"的史料总量相比，估计实际被酌取者恐亦不及 1/10。《公羊传》即多处提及"不修春秋"，当是编者删落之余的篇什。

（二）对甄别存留的史料按一定的原则编排

六经编排的本质是对众多原始的孤立史料作总体规划和内在逻辑结构的处理，主要包括以下几种形式：

一是按时间顺序编排，典型的例子是《春秋》。杜预《春秋序》曰："记事者，以事系日，以日系月，以月系时，以时系年，所以纪远近，别同异也。"确实，我们知道，《春秋》所记各条文字都是独立的。这些独立的文字通过年、月、日的时间记载被编连在一起，从而使《春秋》作为"一本书"被联结为一个整体。以时间为序排列史料，这在甲骨和金文中即已出现。然而，甲骨和金文一般只记月日而不记年。《春秋》在此基础上分年记事，主要是出于把不同年份的记事合为一书的考虑。《春秋》的这一所谓"章法"，后来称为编年体，并作为重要的史书编纂体例为后世所继承。

二是在按时间顺序编排的基础上以帝王和朝代分篇，典型的例子是《尚书》。今存《尚书》58 篇，按朝代编为《虞书》、《夏书》、《商书》和《周书》，内容上自尧舜下至东周，跨度达 1400 多年。即便伪古文《尚书》从《尧典》中分出《舜典》，暴露出了"割裂明显"的"伪"作信息，但也遵守了按帝王朝代排列篇什的模式。

三是按国别和地区编纂，典型的例子是《诗经》中的"国风"。"国风"除《周南》、《召南》外，另分邶、鄘、卫、王、郑、齐、魏等十三"风"，都是按国别组织史料的。另如，《国语》记录春秋时期周、鲁、齐、晋、郑、楚、吴、越八个国家的史料，也具有十分明显的空间地域意识。

四是按内容分类编纂。如，《周礼》"按周代官制分为六部分，按照各官所属编制，记叙官名、爵等，员数，再分叙其职掌，和官制相联系，自成体系"①。此外，《尚书》中的典、谟、训、诰、誓、命，《诗经》中的风、雅、颂，也都是按内容而将独立的卷宗整理在一起的结果。

（三）完善书籍体制

我们知道，图书应该是一个结构严谨、自成系统的统一整体。这种整体性既反映在正文内容之上，也体现在除了正文之外，还应有书名、目录、署名和序言等附属部分。

---

① 李瑞良. 中国古代图书流通史 [M]. 上海：上海人民出版社，2000：32

从书名的角度来说，不管六经到底是不是孔子所删定，但六经的书名是早就出现了的。据《庄子·天运》，孔子谓老聃曰："丘治《诗》《书》《礼》《乐》《易》《春秋》六经。"不仅如此，六经各书中，也出现了篇章名称。例如，《尚书》篇章的命名，或取典、谟、誓、诰诸体裁，或如《无逸》、《立政》、《吕刑》等着眼于思想内容，或如《多方》、《文侯之命》等以诏告对象为名。而《诗经》"三百五篇"的命名基本都是拈诗中首句一二字为名。

再从目录的角度来看，六经的目录已经十分成熟。例如，《易大传》中的《序卦》所列举的从乾、坤到既济、未济的六十四卦卦名，实即六十四个篇章的名目。《序卦》中，既有类似刘向"条其篇目"的"目"的内容，也有类似刘向"撮其旨意"的"录"的内容。《诗经》的《诗序》分大序和小序，前者总论全书，后者分论各篇，但更为重视"录"的内涵。而《尚书》的《书序》还列举《尚书》百篇的篇目，是"目"和"录"并重的典范。

总体而言，书名（大题）和一书目录的出现，表明该"书"是一个独立而完整的整体。尤其是书目的出现，更表明该"书"内部的组织结构是具有内在逻辑统一性的。

（四）对文本的具体内容作修改订正

在篇章结构的"宏观"编排的基础上，编者还对原始材料的具体内容作修改订正。例如，《论语·子罕》谓："吾自卫返鲁，雅颂各得其所。"司马迁《史记·孔子世家》说："三百五篇，孔子皆弦歌之，以求合韶武雅颂之音。"可以想见，孔子曾调整《诗》的篇章和词句，以求符合乐曲的节律。

杜预在《春秋左传序》中说："周德既衰，官失其守，上之人不能使《春秋》昭明，赴告策书，诸所记注，多违旧章。仲尼因鲁史策书成文，考其真伪，而志其典礼。上以遵周公之遗制，下以明将来之法。其教之所存，文之所害，则刊而正之，以示劝戒，其余则皆即用旧史。史有文质，辞有详略，不必改也。故传曰：'其善志。'又曰：'非圣人孰能修之。'盖周公之志，仲尼从而明之。"据此，孔子之编次《春秋》，同时遵守了两个原则：一方面，"即用旧史。史有文质，辞有详略，不必改也"；另一方面，"文之所害，则刊而正之"。皮锡瑞《经学通论》[①]一书专设《论孔子作春秋增损改易之迹可寻非徒因仍旧史》一节，以讨论孔子对原始史料"刊而正之"的具体方式。例如，鲁庄公七年夏四月辛卯夜有流星出现，鲁《春秋》原文记载为"雨星不及地尺而复"，但"君子修之曰，星陨如雨"。这里的君子即孔子，"修之"即增损改易。

---

① 皮锡瑞. 经学通论[M]. 北京：中华书局，1954

事实上，在《春秋》中，孔子更多地"选用褒贬鲜明的用词，以表现自己的政治观点"①。例如，《史记·孔子世家》指出："吴楚之君自称王，而《春秋》贬之曰子。践土之会，实召天子，而《春秋》讳之曰'天王狩河阳'。"又如，《春秋》庄公十年："荆败蔡师于莘，以蔡侯献舞归。"这里，以"荆"代"楚"，旨在贬低楚国；抓走蔡侯称"归"而不称"获"或"俘"，亦表明孔子对此事的反对态度。

四、六经为什么是图书：再论档案和图书的本质区别

图书是在档案整理的基础上发展出来的文献品种，但档案整理包括两大基本类型，并非所有的档案整理都会形成书籍。

第一类，是对一些相对独立的卷宗区而别之地集中收藏。例如，"一卜一事"的甲骨卜辞大多是按时间和帝王年代为序排列的，由此形成了流水账簿。又如，将法律条文按类编排，形成条文的结集，如睡虎地秦简的《秦律十八种》、张家山汉简的《二年律令》等。可以肯定，这种整理也注入了整理者的主观意识和判断。然而，由这些原始资料积累起来的文书档案，虽有一定程度的系统性，但还不是书籍。其主要原因在于：这种整理只是出于集中皮藏和方便检索的动机，因而，其最终指向仍在于作为客观记录的原始文本本身。

第二类，是对这些相对独立的卷宗区而别之地重新编撰。与前者相比，此种整理的最大区别在于，整理的目的不是为了方便皮藏和检索，而是要形成一个独立自治的"新"文本。例如，《诗经》、《春秋》等虽来源于原始档案，但与原始档案已不可同日而语，即最终的目标文本形成了"整体大于部分之和"的效应，获得了原始文本之外的超越价值。例如，《春秋》在系月和系日的基础上系年，虽然有别于甲骨卜辞和金文，但这并不是《春秋》的核心所在。我们认为，《春秋》着眼于时间编排档案史料，目的不在于结集孤立、零散的文书以防止散佚、便利检索，而是在于通过特定的编排，进一步揭示事物发展的来龙去脉和因果关系，从而在认识事物发展之"实然"的基础上，认识到事物发展的"应然"。也就是将基于客观记录的形下文本，上升为具有内在逻辑规律性与系统性的形上图书，借用章学诚的话说就是，"盖学于形下之器，而自达于形上之道也"（《文史通义·原学上》）。

拿六经来说，我们知道，孔子之前的王权政治是建立在礼和法的基础上的。《论语·为政》曰："道之以政，齐之以刑，民免而无耻。道之以德，齐之以礼，有耻且格。"《论语·宪问》曰："上好礼，则民易使也。"相比而言，

---

① 张清稚. 孔子编辑思想与实践初探［J］. 出版发行研究，1992（3）：46-49

孔子更重视道德教化，反对专以政令、刑法治国。而礼的本质在其内容而不在其形式，孔子云："礼云，礼云，玉帛云乎哉！"（《论语·阳货》）。进一步，他又将"仁"设定为礼的内容，"人而不仁如礼何"（《论语·八佾》）。仁的基本性质和内容就是约束自己的行为使其符合礼的规范。因此，他又说："克己复礼为仁。"（《论语·颜渊》）通过实践礼而有教养，同时不拘泥于礼，而是努力体认礼之内核，达到实践仁德的自愿、自觉、自律，挺立道德的主体。所以，仁的作用也就是礼的作用。从这一意义上说，六经之删修，都是为孔子的"仁"的思想服务的。具体来说，《诗》"可施予礼义"；《书》"可为后世法"、"足以垂世立教"；《春秋》"拨乱世反诸正"、"上以遵周公之遗志，下以明将来之法"；《周易》"去机祥而言人事"，等等。《礼记·经解》曰："孔子曰：入其国，其教可知也。其为人也，温柔敦厚，《诗》教也。疏通知远，《书》教也。广博易良，《乐》教也。絜静精微，《易》教也。恭俭庄敬，《礼》教也。属辞比事，《春秋》教也。故《诗》之失，愚。《书》之失，诬。《乐》之失，奢。《易》之失，贼。《礼》之失，烦。《春秋》之失，乱。其为人也，温柔敦厚而不愚，则深于《诗》者也。疏通知远而不诬，则深于《书》者也。广博易良而不奢，则深于《乐》者也。絜静精微而不贼，则深于《易》者也。恭俭庄敬而不烦，则深于《礼》者也。属辞比事而不乱，则深于《春秋》者也。"

综上，六经作为汇编的文献是作者主观意识的介入，介入的结果则是记录的客观性下降，查考功能日废，真实性不再是唯一考虑因素。由此形成的六经，其最终文本具有了超越旨趣，也成为图书的核心标志，正如《孔子家语·本姓解》所总结："孔子生于衰周，先王典籍错乱无纪，而乃论百家之遗记，考正其义，祖述尧舜，宪章文武，删《诗》，述《书》，定《礼》，理《乐》，制作《春秋》，赞明《易》道，垂训后嗣，以为法式。"

五、先秦文献的三大类型

古代文献总体上包括档案和图书二类。正像文书可以划分为公文书与私文书两大类型一样，图书也可以划分为"学"类和"术"类两大领域。

首先，天道和人道及其文献之三分。

天人关系是中国古代最基本的思维对象。中国古代的天人合一理念认为，人与天（自然）不是一种主体与对象的关系，而是一种部分与整体、现实与境界的关系。因此，天人合一可以简单地解读为人道与天道之间的彼此对应、相互联系的必要性及其可能路径问题。总体上，天道是生成原则和本体境界，人道是实现原则和现世状态，二者缺一不可。从天人关系的角度，可以剖析中国古代图书的基本内容。

"天道"类典籍"悬象设教"、"治宪授时",后世演为"术",主要由"术士"承担。我们知道,术士源自史。具体而言,术士一方面来源于"司天之史",包括专司祭祀的巫史、祝史和专司历数的史卜;另一方面也来源于"司人之史"中的专门技艺——兵农医药乐律——的一部分。后者"艺凭于实",包括阴阳五行卜筮以及方技(即医学)。所以,古代每每巫史并称,所谓"家为巫史"、"用史巫纷若"(《易经·巽》);"王前巫而后史"(《礼记·礼运》);"赞而不达于数,则其为之巫;数而不达德,则其为之史。史巫之筮,向之而未也,好之而非也。后世之士疑丘者,或以《易》乎?吾求其德而已,吾与史巫同涂而殊归者也"(《帛书易经·要》);《国语·周语下》则曰:"吾非瞽史,焉知天道?"

"人道"类典籍又包括两大基本类型。其一是以"礼、乐、诗、书"等儒家经典与诸子百学为代表的典籍,后世演为"学",这类图书,主要由"学士"职掌;其二是以"刑政教令"为代表的典籍,后世成为档案,主要由"吏"职掌。

由此形成"学"类图书、"术"图书,以及由"吏"职掌的档案文书三大文献类型。

总体上,学士和术士统一于士,他们职守图书;吏职掌文书,而士吏皆源渊于"史"。同样,图书和文书皆统一于"书",它们既分又合,共同构成古代文献的主体结构。三大类典籍异中有同,在三者的功能上集中表现为:"天与人参",天道服务于人道,并共同归趋于"王者治世之大权"的政治理念。所以,刘师培总结指出:"古代所信神权多属人鬼,尊人鬼故崇先例,崇先例故奉法仪,载之文字,谓之法,谓之书,谓之礼,其事谓之史职,以其法载之文字而宣之士民者,谓之太史,谓之卿大夫。有官斯有法,故法具于官;有法斯有书,故官守其书。是则史也者,掌一代之学者也。"刘氏紧接着分论"文艺(按:六经及小学)出于史"、"九流出于史"以及"术数方技之学出于史"。最后,他得出结论:"要而论之,三代之时,称天而治,天事人事,相为表里。天人之学,史实司之。司天之史,一司祭祀,即古人巫史祝史并称者也,墨家之学本之。一司历数,即古人史卜并称者也,阴阳家术数家本之。司人之史亦析二家,一掌技艺,兵农医药乐律,艺凭于实;阴阳五行卜筮(及诸方技之学),艺凭于虚(此掌天事之史所掌者相混),是为掌技艺之史。一掌道术,明道德者谓之师,子书之祖也,儒、道、名、法之学本之,所谓推理之史也;司旧典者谓之儒,经史之祖也,六艺小学本之,所谓志事之史也。是谓掌道术之史。由是而观，周代之学术即史官之学也，亦即官守师儒合一之学也。"①

总体上，可以认为，术士是远古"与天亲切"、"视天甚近"的遗存；学士"好学修古"，所学为礼乐教化，两者分别从神和礼（仁）的角度提供规范社会的策略。而与士（包括学士和术士）相对的吏"法后王"，司职档案，主要是从法的角度提供规范社会的策略。相比而言，"法后王"的吏不以亲缘为维系，强调管理复杂社会事务的效能，"追求可计算控制的、合乎逻辑的、运用合理技术的手段达到现实目标"，放弃了对某种"绝对的"精神价值的追求②。

其次，"学"与"术"两大类图书的异同。

从学士与术士的二分来看，当时的图书包括两大基本类型：一是学士所职掌之儒家经典、诸子、诗赋类典籍，二是术士所掌之数术、方技类典籍。

《周官·地官·大司徒》："十曰学艺。"所谓"学艺"，是学问和技艺的总称。《后汉书·伏湛传附伏无忌》："永和元年，诏无忌与议郎黄景校定中书五经、诸子百家、艺术。"注云："艺谓书、数、射、御；术谓医方、卜筮。"概言之，艺即术。《礼·乡饮酒义》曰："古之学术道者，将以得身也。是故圣人务焉。"注："术，犹艺也。""术"或"艺"，是除经、史（"史"包含在"经"中）、诸子之外的典籍。秦汉之间有"文学士"（简称学士）和"方术士"（简称术士）之分，《史记》、《汉书》中多有之。例如，《史记·秦始皇本纪》："吾前收天下书，不中用者尽去之，悉召文学方术士甚众，欲以兴太平。"《汉书·武帝本纪》："选豪俊，讲文学。"《后汉书》有《方术传》。

学术连言，始自南朝梁何逊《何水部集·赠族人秣陵兄弟诗》："小子无学术，丁宁困负薪。"是指学问和道术，内涵较模糊。学术一词用于指称有系统而较专门的学问，实始于目录之学。郑樵"类例既分，学术自明"、章学诚"辨章学术，考镜源流"，都是导源于书目分类而产生的范畴。所以，中国古代的学术或学术史的完整概念应该是由分类目录所建构的知识体系和学理结构，以及由此而来的深层文化取向和心理、思想。

《文心雕龙·书记》曰："方者，隅也，医药攻病，各有所立，专精一隅，故药术称方。术者，路也，算历极数，见路乃明，九章积征，故以为术。"所以，方术指"数术略"和"方技略"。章学诚《校雠通义》专就《汉志》倡言立意，其所谓"辨章学术，考镜源流"中的"学"是《汉志》前三略（六艺略、诸子略、诗赋略），大约相当于西方的古典人文科学（humanities），

---

① 参：许兆昌．先秦史官的制度与文化 [M]．哈尔滨：黑龙江人民出版社，2006：347-348
② 阎步克．王莽变法前后知识群体的历史变迁 [J]．社会科学研究，1987（2）：49-57

humanities 一词即由专志研究古希腊和古罗马的文学、历史和哲学等学问引申而来。《汉志》后三略（兵书略、数术略和方技略）是章学诚所说的"术"，多与职业知识有关（《孟子》所谓"术不可不慎"，即是针对择业而言的），是技术或技艺意思上的、关乎自然领域和社会领域里的各种实用性的知识门类。对比于西方，主要对应于 science & technology。隋唐以后的四分法将后三略全部归并到"子"部，既是相关的"术"书减少、同时又是为术式微的表征。而在《汉志》中，"术"的份量很大，且都是由专家校雠的。

再次，"术"类图书与文书档案的异同。

"学"关乎人文教养，具有形而上的特征。"术"和文书档案关乎职事知识，具有形而下的特征。"秦汉时期官吏墓葬中《日书》与法律令（间或还有医药方）共存的这一普遍现象，说明精通《日书》与执法的官吏在秦汉时代往往是两者集于一身，地方官吏要推行'礼乐教化'，化民成俗，必须具备知法令、通日书、悉医方等基本知识，才能顺利处理地方政务，这是秦汉吏治的一大特色。地方官吏利用《日书》捕盗、断狱、决疑、攻伐、征战、出行、入官、疾病等，以了解地方的风俗、习惯和民众的信仰。由此可见，当时的官吏不仅要根据政府的法令，而且还要依据民间风俗信仰处理政务，甚至对当地的禁忌、崇尚也要加以考虑，否则就很难推行政令，有效地管理地方"①。总体上，学士重人文教养；术士重祭天祀神，但并不是宗教，而是以人为本的。弗雷泽比较巫术、宗教和科学三者的异同指出："宗教认定世界是由那些其意志可以被说服的、有意识的行为者加以引导的，就这一点来说，它就基本上是同巫术以及科学相对立的。巫术和科学都当然地认为，自然的进程不取决于个别人物的激情或任性，而是取决于机械进行着的不变的法则。不同的是，这种认识在巫术是暗含的，而在科学却毫不隐讳。尽管巫术也确实经常和神灵打交道，它们正是宗教所假定的具有人格的神灵，但只要它们按其正常的形式进行。它对待神灵的方式实际上是和它对待无生物完全一样，也就是说，是强迫或压制这些神灵，而不是像宗教那样去取悦或讨好它们。"②

简言之，在巫术世界里，虽然也有神灵（这与宗教一致），但其人神关系是以人为本的，神灵鬼怪只是为了满足人的私欲与功利才具有存在价值。因此，神灵不是人虔敬的对象而是人利用的对象（这与宗教不同）。科学与巫术都承认世界存在着法则，它不是由人格神控制的；并且，两者都不承认人"在控制自然的能力方面的局限"③，相信人有能力达到对法则的认识。正如宋

---

① 沈颂金. 二十世纪简帛学研究[M]. 北京：学苑出版社，2003：19
② 弗雷泽. 金枝[M]. 徐育新，等，译. 北京：中国民间文艺出版社，1987：145
③ 弗雷泽. 金枝[M]. 徐育新，等，译. 北京：中国民间文艺出版社，1987：145

镇豪指出:"武丁以后,商代王权相对稳定,先王先妣的致祭大盛,并日趋规范化,而早先带有自然神属性的诸神,几乎汰去的十之八九……淘汰与取留,无不与讲究实际功利有关。"①

综上,档案直接切近政事日用,"吏"以实用性为主,重视数学、小学和法律。而数学、小学直接服务于法律的精确化与实用性。"术"引天以证人,近巫。吏与术士,一重征实,一长于想象,但都是专门知识,都具有职业化的特点,又都缺乏文化性和人文主义的超越旨趣。吏、术所掌握的专门性的职业知识,与其说是认知的不如说是技艺的,更与道德(善)与审美无关。而"无关乎超越性的人文教养",无疑是术士之"术"类典籍以及"吏"之文书档案这两者与学士之"学"类典籍的最大区别所在。

第二节 战国时期的官私图书

周室东迁之后,随着王朝对诸侯国控制力量的削弱,"王官之学"也产生了相应性的变化,主要表现在"天子失官"、"学在四夷"。从文献类型来看,这一变化的重要内容是图书的出现。

一、官藏图书

"周官之籍富矣"(《章氏遗书》卷17《和州志二·原道》)。据章学诚的理解,"周王不仅藏有《易》、《书》、《诗》、《礼》、《乐》、《春秋》六艺之文,而且还有天文、地理、《考工记》、《司马法》等典籍,以及各官府文书等"②。

然而,周官之籍虽堪称繁富,但无论就传世文献抑或就出土简帛来看,都已经难以勾勒其藏书概况的基本面貌。所幸的是,有关东周时期个人藏书的史料则相对丰硕。

二、传世文献所见私家藏书

根据传世文献记载,东周时期的私人藏书家主要包括:春秋晚期的孔子,以及战国时期的墨子、惠施、苏秦、王寿。

《庄子·天道》曾提到"孔子西藏书于周室"。据《史记·孔子世家》:"孔子自卫返鲁,然后乐正,雅颂各得其所。古者诗三千余篇,及至孔子,去

---

① 宋镇豪. 夏商社会生活史[M]. 北京:中国社会科学出版社,1994:457-458

② 参:傅璇琮,谢灼华. 中国藏书通史[M]. 宁波:宁波出版社,2001:12

第三章 战国时期的藏书

其重,取可施予礼义,上采契、后稷,中述殷周之盛,至幽厉之缺,凡三百五篇。"据此,孔子曾在收集到的三千余篇诗中选编而成《诗经》三百五篇。据《尚书正义》引《尚书纬》说:"孔子求书,得黄帝玄孙帝魁之书,迄于秦穆公,凡三千二百四十篇。断远取近,定可为世法者百二十篇,以百二篇为《尚书》,十八篇为《中候》。"说明孔子在他所收集的三千二百四十篇史料的基础上选编而成"百二篇"《尚书》。另据何休《春秋公羊经传解诂》疏:"昔孔子受端门之命,制《春秋》之义,使子夏等十四人求周史记,得百二十国宝书。"上述文献记载都说明孔子是有私人藏书的。

到了战国时期,私人藏书有了进一步发展。《墨子·贵义》曰:"子墨子南游使卫,关中(即扃中)载书甚多。"明确指出墨子拥有个人藏书。这里的"关中"指车上的横阑,中间可以放东西。《墨子》一书中,多有"尚观于先王之书"、"征于先王之书"、"先王之书,自亦见之"、"吾见百国《春秋》"的记载,墨子所"观"、所"征"、所"见"应有不少源自个人的私藏。另据宋海峰统计,《墨子》引《诗》共 11 则,校除重复为 10 则。其中,见于今本《诗经》者 7 则,逸《诗》3 则;引《尚书》多达 35 次 30 篇。此外,《墨子》还征引了 4 则百国《春秋》与 19 则其他不出名的古书和俗语谚语①。墨子能够引及数量如此之多的文献,应该与他的私人藏书之富赡密不可分。

《庄子·天下》曰:"惠施多方,其书五车。"说明惠施有大量的私人藏书。

《战国策·秦策》载苏秦:"陈箧数十,得太公阴符之谋。"说明苏秦的私人藏书达"数十箧"之巨,其中就包括后来为他赢得声名的"太公阴符之谋"。

《韩非子·喻老》曰:"王寿负书而行,见徐冯于周涂,冯曰:'事者,为也,为生于时,知者无常事;书者,言也,言生于知,知者不藏书。今子何独负之而行?'于是,王寿因焚其书而舞之。"说明王寿也是有私人藏书的。

值得辩明的是,《中国藏书通史》一书在罗列春秋时期的著名私人藏书家时,以老子曾任周朝"守藏室之史"为据,将老子罗列其中②。然而,"守藏室之史",是老子担任的掌管国家文物典籍的史官,并不必然地反映老子个人有藏书。这就像今天的图书馆馆长或馆员并不必然拥有私人藏书一样。此外,该书将墨子(约前 468~前 376)视为春秋时期的著名私人藏书家,时代上也值得商榷。众所周知,"战国"之时代概有二说,一说是指公元前 475 年~公

---

① 由《墨子》引书看墨子的文献学思想. http://www.guoxue.com/lwtj/content/songhaifeng_mzysfx.htm

② 傅璇琮,谢灼华. 中国藏书通史[M]. 宁波:宁波出版社,2001:37

元前221年；另一说是从韩赵魏三家分晋开始算起直到秦始皇统一天下为止，即公元前403年~公元前221年。但是显然，前说更为学界所采信。因此，在墨子七岁的时候，即已进入战国时期，因此，他应该算作战国时期的私人藏书家。

我们知道，私人藏书的本质是"学术下移"，即文献信息资源的生产、集藏和利用的平民化，民众参与到了知识的消费过程之中。

"春秋战国时期诸子藏书的来源，除了如苏秦那样保存先人著作之外，主要靠著作"，而著述的方式主要有编辑、记录和撰写①。从这个角度讲，春秋战国时期的百家争鸣，催生了大量从事著书立说的"诸子"，因此，著书立说的诸子基本都可以视为是当时的私人藏书家。而诸子聚徒讲学又导致了"学在四夷"，书籍随之飞入寻常百姓家。《墨子·天志上》篇云："今天下之士君子之书，不可胜载。"《韩非子·五蠹》曰："今境内之民皆言治，藏商（鞅）、管（仲）之法者，家有之……境内皆言兵，藏孙（武）、吴（起）之书者，家有之。"说明商、管之法和孙、吴之书都曾经一度成为普罗大众的收藏对象。《韩非子·显学》认为，"藏书策、习谈论、聚徒役、服文学而议说，世主必从而礼之"是"乱亡之道"，亦可证明"藏书策"是当时社会的普遍现象。《韩非子·六反》曰："今学者皆道书箧之颂语，不察当世之实事。"《史记·吕不韦列传》曰："是时，诸侯多辩士，如荀卿之徒，著书布天下。"到了西汉，司马迁在《史记》的《管晏列传》和《司马穰苴列传》中说，管子、晏子、司马穰苴的书"世多有之"。

可见，东周时期的图书确实随着"学在四夷"而进入了普通百姓之家。当然，就传世文献的记载来看，我们能够据以坐实姓名的私人藏主仍是十分有限的。幸运的是，出土简帛中有不少战国时期私人藏书的例证，不仅有助于从"人数"上弥补此际私人藏书家的数量，还有助于我们进一步分析战国时期私人藏书的基本特征。

三、出土简帛所见私家藏书

自1942年湖南长沙子弹库战国楚墓发现较完整的1件帛书和一些帛书残片以来，迄今共有33起战国简帛文献出土，详见表2第1-33项。此外，传世文献也记载了2起属于战国时期的简帛出土情况，见表2第34-35项。这35起出土简帛，可以弥补基于传世文献的认识不足，有助于我们在相对完整和准确的水平上考见战国之际私人藏书的基本面貌，并进一步丰富对此一时期

---

① 傅璇琮，谢灼华. 中国藏书通史［M］. 宁波：宁波出版社，2001：39

藏书思想的认识。

表2 迄今出土的战国时期简帛文献一览表

序号	发现时间	入藏时间	地点	主人	文献内容	参考文献
1	1942年	战国中晚期之交	湖南长沙子弹库战国楚墓	不详	较完整的帛书1件和一些帛书残片，为数术文献	商承祚《战国楚帛书述略》，文物1964（9）；李零《长沙子弹库战国楚帛书研究》中华书局，1985
2	1951年	战国	湖南长沙五里牌楚墓M406	不详	38支遣策	《战国楚竹简汇编》齐鲁书社，1995
3	1953年	战国	湖南长沙仰天湖楚墓M167	不详	42支遣策	《战国楚竹简汇编》齐鲁书社，1995；《长沙楚墓》文物出版社，2000
4	1953—1954年	战国	湖南长沙杨家湾战国墓M6	不详	72枚，简文多不可识，所识之字也难明所指，其性质待考	湖南省博物馆等《长沙楚墓》（上）文物出版社，2000
5	1957年	战国中期	河南信阳长台关楚墓M1	墓主应是卿大夫级的贵族	遣策及书籍类竹简100多枚。书籍或以为是儒家著作，或以为是《墨子》的佚篇	《信阳楚墓》文物出版社，1986；《战国楚竹简汇编》齐鲁书社，1995
6	1965—1966年	战国中后段，楚怀王前期	湖北江陵望山楚墓M1	悼王曾孙，名"固"	竹简207枚，内容主要是关于悼固本人的卜筮记录以及祷祠神灵之辞	湖北省文物考古研究所、北京大学《望山楚简》中华书局，1995
7	1966年	战国	湖北江陵望山楚墓M2	不详	66枚遣策，即记录随葬物品的清单	《望山楚简》中华书局，1995；《战国楚竹简汇编》齐鲁书社，1995
8	1973年	战国	湖北江陵藤店楚墓M1	不详	24支遣策	《文物》，1973（9）

续表

序号	发现时间	入藏时间	地点	主人	文献内容	参考文献
9	1978年	约公元前433年	湖北随州曾乙侯墓M1	曾乙侯	竹简240多枚，内容主要是记载仪葬之车马兵甲的遣册	《曾侯乙墓》文物出版社，1989
10	1978年	前361年至前340年间	湖北江陵天星观楚墓M1	邸阳君潘胜	整简70余枚，内容是遣策和关于墓主剌邸的卜筮记录	湖北荆州地区博物馆《江陵天星观1号楚墓》考古学报，1982（1）
11	1979—1980年	战国晚期秦	四川青川郝家坪战国秦墓M50	不详	木牍2枚，正面120多字为秦武王二年修订的《为田律》。反面20多字，为"不除道日过千支"，属禁忌类的《日书》	《青川县出土秦更田律木牍：四川青川县战国墓发掘报告》文物，1982（1）
12	1980年	战国	湖南临澧九里楚墓M1	不详	100余支，内容为遣策和占卜	《楚系简帛文字编》湖北教育出版社，1995；《新中国考古五十年》文物出版社，1999
13	1982年	战国	湖北江陵马山砖厂楚墓M1	不详	1支签牌	《江陵马山一号楚墓》文物出版社，1985
14	1983年	战国中晚期	湖南常德夕阳坡战国楚墓M2	赵甬君	2枚竹简，内容为越王族人"赵甬君"争立为王或为君	《常德夕阳坡楚简考释》，载刘彬徽《早期文明与楚文化研究》岳麓书社，2001
15	1986年	战国	湖北江陵秦家嘴楚墓M1	不详	7支，卜筮祭祷之辞	《江汉考古》，1988（2）
16	1986年	战国	湖北江陵秦家嘴楚墓M13	不详	18支，卜筮祭祷之辞	同上
17	1986年	战国	湖北江陵秦家嘴楚墓M99	不详	16支，卜筮祭祷之辞，另有少量遣策	同上

续表

序号	发现时间	入藏时间	地点	主人	文献内容	参考文献
18	1986—1987年	战国	湖北荆门包山楚墓 M2	昭佗	有字简278枚，内容有司法文书、卜筮祭祷之辞和遣策。司法文书主要包括《集箸》、《集箸言》、《受期》、《疋狱》及其他5部分	湖北省荆沙铁路考古队《包山楚墓》和《包山楚简》文物出版社，1991
19	1987年	战国	湖南慈利石板村战国楚墓 M36	不详	约1000枚，21000字。内容以记载吴越二国史事为主，已知内容有《国语·吴语》、《逸周书·大武》（甲乙）、《管子》佚文及《宁越子》	《湖南慈利石板村36号战国墓发掘报告》文物，1990（10）；《新出简帛研究》文物出版社，2004
20	1981—1989年	战国晚期早段	湖北江陵九店楚墓 M56	庶人	有字竹简146枚，记农作物的数量、日书和卜祷	《江陵九店东周墓》科学出版社，1995；《九店楚简》中华书局，2000
21	1981—1989年	战国中期晚段	湖北江陵九店楚墓 M621	士	有字竹简88枚，记烹饪方面的内容	同上
22	1990—1992年	战国	湖北江陵鸡公山楚墓 M48	不详	数量未详，遣策	《江汉考古》，1992（3）
23	1992年	战国	湖北江陵砖瓦厂战国楚墓 M370	不详	4枚有字竹简，记述一件司法案例	《江陵砖瓦厂M370号楚墓竹简》，《简帛研究2001》（上）广西师范大学出版社，2001
24	1992年	战国	湖北老河口战国墓两座	不详	10余枚，遣策	《简帛研究》（第1辑）法律出版社，1993

续表

序号	发现时间	入藏时间	地点	主人	文献内容	参考文献
25	1993年	战国	湖北黄冈曹家冈楚墓M5	不详	7支，遣策	《考古学报》，2000（2）
26	1993年	不晚于公元前300年	湖北荆门郭店楚墓M1	楚怀王太子璜的老师	有字简730枚，内容包括《老子》甲、乙、丙及《太一生水》等道家著作和《缁衣》、《鲁穆公问子思》、《穷达以时》、《五行》、《唐虞之道》、《忠信之道》、《成之闻之》、《尊德义》、《性自命出》、《六德》、《语丛》一、二、三、四等共计14篇儒家著作	荆门市博物馆《郭店楚墓竹简》文物出版社，1998
27	1993年	战国	湖北江陵范家坡楚墓M27	不详	1支	《楚系简帛文字编》湖北教育出版社，1995
28	1994年上海博物馆从香港文物市场购藏	战国晚期	当是楚国迁郢以前贵族墓中的随葬物品	楚国迁郢以前的贵族	共1100多枚，约3.5万字，包括近100种文献，主要有：《孔子诗论》、《缁衣》、《性情论》（《性自命出》）、《民之父母》（《孔子闲居》）、《子羔》、《鲁邦大旱》、《从政》（甲、乙）、《昔者君老》、《容成氏》、《周易》、《仲弓》、《恒先》、《彭祖》、《采风曲目》、《逸诗》、《昭王毁室·昭王与龚之》、《柬大王泊旱》、《内礼》、《相邦之道》、《曹沫之陈》等	《上海博物馆藏战国楚竹书》上海古籍出版社，2001和2002；《上博馆藏战国楚竹书研究》上海书店，2002

续表

序号	发现时间	入藏时间	地点	主人	文献内容	参考文献
29	1989年	战国	湖北江陵九店楚墓M411	不详	2支，字迹无法辨识	《江陵九店东周墓》科学出版社，1995
30	1994年	战国中期	河南新蔡葛陵村坪夜君墓	坪夜君，名"成"	1500余枚竹简，绝大多数是卜筮记录，另有10余枚遣策。卜筮记录多有祷祠之辞	《河南新蔡平夜君成墓的发掘》文物，1979（7）；《新蔡葛陵楚墓》大象出版社，2003
31	2002—2003年	战国时楚国	湖北枣阳九连墩楚墓	不详	1000余枚竹简。是历年来楚墓发掘出土竹简最多的一次。内容为漆图	《中国文物报》2003年1月29日1版和2版；《考古》，2003（7）
32	香港中文大学文物馆历年购藏	战国、秦汉	不详	不详	总计269枚。其中，战国简10枚，内容多属典籍。汉简占大多数	《香港中文大学文物馆藏简牍》香港中文大学文物馆，2001
33	2002年	战国	河南信阳长台关楚墓M7	不详	数量未详，遣策	《文物》，2004（3）
34	晋武帝太康二年（281）	战国	魏襄王（或曰安厘王）墓	魏襄王（或曰安厘王）	"大凡七十五篇"，包括《纪年》13篇、《易经》2篇、《公孙段》2篇、《国语》3篇等	《晋书·武帝纪》、《晋书·束晳传》、《太平御览》卷749
35	南齐高帝建元初（479—482）	战国	襄阳楚王古冢	楚王	10余简，科斗书《考工记》	《南齐书·文惠太子传》、《南齐书·王僧虔传》

（一）时代问题

1. 关于发现或出土的时间

由表2可知，根据传世文献的记载，晋武帝太康二年（281）和南齐高帝建元（479~482）初都曾有盗墓所获战国文献的发现。但是，大规模的战国出土简帛的发掘还是20世纪之后的事。这其中，时代最早的发现是1942年湖南长沙子弹库战国楚墓中的遗物。事实上，这也是新中国成立前发现的唯一属于战国时期的出土简帛。1949年以后，战国简帛（主要是简牍）的发现大约有32起。

2. 出土简帛的时间归属

上表所列35起战国出土简帛中，所属时代最早的文献是湖北省随州曾乙侯墓所得240枚竹简，总共约6696字。根据同墓所出的编钟铭文可知，曾乙侯墓的年代在公元前5世纪晚期（约公元前433），而这也是我们迄今能够见到的年代最早的简牍实物①。就出土缣帛而言，子弹库战国楚墓中所获的较完整的帛书1件和一些帛书残片，其时代属战国中晚期之交②。虽然子弹库帛书是先秦出土简帛中缣帛类文献的唯一见存，但其时代却距离曾乙侯墓所得最早的简牍实物相去不远。

对照传世文献的记载可知，属于春秋战国之际的帛书文献记载主要有：《论语·卫灵公》"子张书诸绅"、《周礼·夏官·小司马》"铭书于王之大常"。按："绅"和"大常"分别指腰带和大旗，它们都是丝织品。由此可见，中国将缣帛用于书写材料的历史起源较早。此外，传世文献中亦每有"竹帛并行"的记载。例如，《墨子》每言"书之竹帛"（《尚贤下》、《天志下》、《明鬼下》、《非命中》、《非命下》、《贵义》、《鲁问》），"书于竹帛"（《兼爱下》、《天志中》）或"书其事于竹帛"（《天志中》）。如《墨子·兼爱下》说："何知先圣六王之亲行也？子墨子曰：'吾非与之并世同时，亲闻其声，见其色也，以其所书于竹帛，镂于金石，琢之盘盂，传遗后世子孙者知之。'"综合出土文献实物和传世文献的相关记载，似乎可以断言，在纸张发明或广泛使用之前，中国文献载体曾经有过一个竹帛并行的时代，正如沈颂金指出："与简牍并行的书写材料还有帛书。"③

总之，35起战国出土简帛中，"最早的是在公元前5世纪的后半叶，即战国早期；而出土的绢帛实物，最早者也在战国，即楚帛书"④。

3. 关于简帛使用最早时代的推测

文献学意义上的文献载体一般从殷商甲骨文、西周金文、东周秦汉简帛讲起。这一历时性序列，仿佛也暗示了载体的实际产生序列，即甲骨早于金石，金石早于简帛。然而，自1901年以来，尤其是20世纪20年代《居延汉简》的发现，不断拓展着人们的认识思路，也逐步改变了人们对文献载体产生先后的认识。王国维指出："书契之用自刻画始。金石也，甲骨也，竹木也，三者不知孰为后先，而以竹木之用为最广。"王先生又说："简牍之用，始于何时，

---

① 张显成. 简帛文献学通论［M］. 北京：中华书局，2004：60
② 张显成. 简帛文献学通论［M］. 北京：中华书局，2004：56
③ 沈颂金. 二十世纪简帛学研究［M］. 北京：学苑出版社，2003：4
④ 张显成. 简帛文献学通论［M］. 北京：中华书局，2004：10

第三章 战国时期的藏书

迄于何代，则无界限可言。"①

细度王先生之语，实为因苦于"文献不足征"而生发的推测之辞。但后世学者们似乎更愿意坐实竹木早于甲骨，至少相信远在甲骨畅行的殷商之际，即已存在简牍的广泛使用。例如，董作宾指出："甲骨文字，不能代表殷代文化……甲骨文字只是殷代应用文字的一种，是一种专记贞卜事项的文字……甲骨卜辞，也因为是在不腐朽的东西上幸运地被保存到现代而已。殷代文字的应用，大部分应该是在典册上，所惜的是典册早已不存在了。可是在甲骨里，还可以看见一些典册的影子。例如'王若曰云云'是当时册命文告的一种习用语，原是写在简册上的文章，有时候史官把它抄入骨版中了。"② 在此基础上，郭沫若进一步认为，甲骨文中出现的"册"字和"典"字，"正是汇集简书的象形文字"。他还推测："但这些竹木简所编纂成的典册，在地下埋藏了三千多年，恐怕不能再见了，帛书也是一样。"③ 李学勤亦认为："早在有关殷商的文献和商代甲骨文中，已经有了典册的踪迹，知道那时人们已经利用竹木制简，用绳编连成册。"④

众所周知，武王克商后，针对商朝旧臣的不满与积怨，曾经说："惟殷先人，有册有典，殷革夏命。"（《尚书·多士》）《说文·册》谓："象其札，一长一短，中有二编之形。"复云："古文册从竹。"《说文·典》云："五帝之书也，从册，在丌上，尊阁之也。庄都说，典，大册也。古文典从竹。"典、册之古文皆从"竹"，似乎说明在甲骨被广泛使用的殷商，竹简同样通行于世。

综上，认为中国殷商时期已经出现简帛载体的依据主要有二：一是《说文》对册和典的解释，二是推测由于简帛易于朽蠹，保存时间没有甲骨长久，因而未能见到简帛实物存留。对此，邢千里⑤有不同的看法：

首先，关于《说文》中的册、典二字，李孝定认为，甲骨文中的"册象参差不齐的龟甲片叠合在一起"，"典象双手捧着册，或者象把册放在几上"⑥，即认为"册"和"典"乃是甲骨的联编之形。我们知道，《说文·等》："齐简也。""等"的本义是将简册整饬为等长。而《说文·册》谓："象其札，一长一短。"因此，《说文》中的"册"以及"典"应是龟甲和兽骨长短不一的遗制。从这一意义上说，甲骨文中的"册"字当指"龟册"，"是将龟甲片或

---

① 王国维. 简牍检署考 [M]. 胡平生，马月华，校注. 上海：上海古籍出版社，1998：1
② 董作宾. 殷墟文字甲编 [M]. 北京：中央研究院历史语言研究所，1948：自序
③ 郭沫若. 奴隶制时代 [M]. 北京：人民出版社，1973：196
④ 李学勤. 简帛佚籍与学术史 [M]. 南昌：江西教育出版社，2001：4
⑤ 邢千里. 论简牍与甲骨文的时代关系：以《论简牍不晚于甲骨出现》一文为例 [J]. 学术论坛，2009（7）：155-158，166
⑥ 李孝定. 甲骨文字集释（第2集）[M]. 台北：中央研究院历史语言研究所，1965：663-664

者兽骨穿编起来便于阅读和保存的样子，类似于后来的竹木简。在出土的甲骨实物中，新石器时代后岗一期文化中就经常发现卜骨和穿孔龟甲。殷虚出土的甲骨，有贯穿的，有套札的，有叠放的，其中有3片、4片、5片的，都长短不齐，与'册'所象之形合。殷墟第一二七坑未经翻扰的整坑的甲骨共一万七千余片。其中完整的龟甲约三百版，全部经过缀合后的总数约为四百五十个整甲。很多龟甲穿孔，可以编串成册"①。

其次，关于对简牍不易保存的推测，郭沫若、陈梦家等人都认为殷商时期已有简牍，之所以不见出土，主要是因为简牍易于朽蠹，保存时间没有甲骨长久，"帛书也是一样"。然而，"中国很早就掌握了木器的制作、髹漆和保护技术。距今五千多年的河姆渡文化时期，大到碗、桶、船桨、矛，小到匕、矢、作为织布工具的卷布棍、经轴和齿状器等，都有发现。而且木碗和木桶上有一层光滑发亮的涂料，可能是生漆。矛、匕前端用火烧法硬化，与竹简的'杀青'相仿。从技术讲，已经完全具备了普遍使用木简能力。同样，迄今为止仍然出土了大量的竹子制品实物，比如1956年3月和1958年3月浙江省文物管理委员会会同浙江省博物馆对浙江新石器晚期钱山漾遗址的发掘中，出土了二百多件竹编器物，有篓、筐、席、竹绳等。这说明，如果商代或者更早时期有竹简的使用，那么其保存至今是完全有可能的"②。

综上，尽管，在殷商之际，竹木十分易得；同样，殷商之际的植桑养蚕和丝织品织造比较发达，甲骨文中也已有"丝"、"蚕"、"帛"、"桑"等字，但我们并没有坚强的理由认定殷商之际已经使用简帛作为书写材料。反过来说，尽管龟甲兽骨等不易获得，且需要经过锯削、刮磨、钻凿等整治程序才能成为刻写材料的成品，但这种程式化背后的"麻烦"也暗示着某种载体及其文本的神圣性，而这种神圣性又是为王室所专有的。因此，甲骨卜辞的大量集藏事实上成为王权神圣性的象征，也是文化垄断在文献载体上的表征。换言之，大量卜辞的集中存放，不仅为了保存"来自于已逝去了的祖先的智慧"③，而且还要保存程式化背后的神圣性，从而使王权合法性得到卜辞文本意义上的证明。从这一角度讲，殷商时期人们放着简单、易得的简帛不用，完全是有可能的。

（二）地点问题

1. 简帛的出土省份

上述35起出土简帛中，香港中文大学文物馆历年收购入藏的10枚战国

---

① 邢千里. 论简牍与甲骨文的时代关系：以《论简牍不晚于甲骨出现》一文为例 [J]. 学术论坛，2009（7）：155-158，166

② 邢千里. 论简牍与甲骨文的时代关系：以《论简牍不晚于甲骨出现》一文为例 [J]. 学术论坛，2009（7）：155-158，166

③ 张光直. 美术、神话与祭祀 [M]. 沈阳：辽宁出版社，1980：76

简，其具体地点不详。其余34起出土简帛的省份归属则主要分布在今湖南、湖北、河南和四川四省。其中，又以湖北、湖南两省最为集中。具体而言：

湖北省有22起。这其中，包括南齐高帝建元初所得科斗书《考工记》以及上海博物馆购藏的楚简。据研究，上博楚简"当是楚国迁郢以前贵族墓中的随葬物品"，"传闻出自湖北，可能与郭店竹简的出土地点相去不远"①。进一步分析可知，这22起简帛的出土地点又相对集中在今江陵市（多达14起）。我们知道，位于江陵市的纪南城是楚国的故都"郢"，历史上曾有不少楚国的王公贵族死后都葬在了纪南城西的八岭山古墓区。

湖南省有7起，其中长沙市有4起。

河南省有4起，其中包括汲冢竹书"大凡七十五篇"。

四川省有1起，即青川郝家坪50号战国秦墓出土的2枚木牍。

2. 出土简帛所属国度

上述35起出土简帛中，香港中文大学文物馆历年收购入藏的10枚战国简，其所属国度不详；汲冢竹书所获"大凡七十五篇"系魏国王室墓藏的遗物；青川郝家坪50号墓所出2枚木牍为战国时的秦墓，其余32起战国出土简帛皆为楚系墓葬的遗物。需要解释的是，上海博物馆购藏的竹简"当是楚国迁郢以前贵族墓中的随葬物品"②，因而应是楚墓中物；而随州擂鼓墩曾侯乙墓M1所出240支遣策当属曾国无疑，但曾国是楚国的附属国，因此也是楚系墓葬。根据研究，曾乙侯墓所出遣策中，"一般称他国之人为'某（国别）客'，或者在其官职前标明国别。该墓简文对楚王、楚太子、楚邑君不称'楚'，而直称王、太子等，反映出曾国已经沦为楚国的附庸"③，因而亦归之楚国。

3. 简帛出土的具体地点

1901年以来出土简帛的具体地点较为复杂，但主要包括长城烽燧遗址、古城遗址、古井、古墓等。就战国时期的35起出土简帛而言，正如上表所列，都无一例外地来自古代墓葬。事实上，迄今出土的秦汉两晋简帛文献（尤其是简帛图书）的出土地点虽然并不完全局限于墓葬，但也是以墓葬以主的。

因此，无论是从出土的省份、所属国度抑或具体地点来看，上列35起考古发现至多只是现实中战国时期实有简帛文献的冰山一角。例如，就出土省份而言，在中国现有34个省市自治区（包括香港、澳门、台湾）中，先秦简帛只出现在湖南、湖北、河南和四川四个省份，其中尤其以湖南、湖北两个中南

---

① 胡平生，李天虹. 长江流域出土简牍与研究 [M]. 武汉：湖北教育出版社，2004：143
② 胡平生，李天虹. 长江流域出土简牍与研究 [M]. 武汉：湖北教育出版社，2004：143
③ 胡平生，李天虹. 长江流域出土简牍与研究 [M]. 武汉：湖北教育出版社，2004：98

地区省份为主。其主要原因是，这些地区终年潮湿且地下水位高，十分有利于简帛的保藏。不用说，我们不能就此认为，战国时期只有这四个省份拥有藏书。

同样，再从国别来说，战国时期公认的"大国"即至少有齐、楚、燕、韩、赵、魏、秦七国——所谓"战国七雄"。这七个大国中，魏国和秦国仅各有一起简帛出土，其余33起皆归诸楚国（包括附属于楚国的曾国）。无疑，我们也不能由此断言，当时地处黄河流域的齐、燕、韩、赵（包括魏、秦）诸国都没有藏书。事实上，当时黄河流域的诸侯国皆堪称经济发达、文化昌明。以齐鲁两地的经学为例，《庄子·天下篇》曰："其在于《诗》、《书》、《礼》、《乐》者，邹鲁之士，搢绅先生多能明之。"《史记·儒林列传》指出："夫齐鲁之间于文学，自古以来，其天性也。故汉兴，然后诸儒始得修其经艺……后陵迟以至于始皇，天下并争于战国，儒术既绌焉，然齐鲁之间，学者独不废也。"可见，汉兴以来齐鲁崇儒之风渊源有自，两地作为孔孟之乡，始终保存着儒学遗风。据《史记·封禅书》记载，始皇准备行封禅大典，"于是征从齐、鲁之儒生博士七十人，至乎泰山下"。秦王朝的文化中心在陕西，但所涉儒学大典，仍须从齐鲁一带延揽专业人才，可见齐鲁之地的学术特色即为儒学。《汉书》在纪传体史书中首列《地理志》，成为中国第一部以疆域政区为主体的地理专著。该《志》亦从地域差异的角度，胪列了不同地方的文化特征。其称齐俗为"好经术"，鲁人则"上礼义"，整个儒学主要集中在齐鲁。而根据笔者的认识，鲁学是以《礼》、《鲁诗》、《穀梁春秋》、《鲁论语》为主要经典，以礼乐为中心，较为重视家法和师承；齐学则是以《齐诗》、《公羊春秋》、《尚书》和《易》学为主要经典，其学罕言礼乐，长于发挥。而其所发挥又多以"天人之学"为旨归①。

此外，在《汉志》中，班固以小注的形式明确指出其所录文献为先秦时期各国人士所著者亦复不少。例如，齐国有：《晏子》八篇、《芊子》十八篇、《公孙固》一篇、《田子》二十五篇、《黔娄子》四篇、《邹子》四十九篇、《邹奭子》、《周伯》十一篇、《尹文子》一篇、《子晚子》三十五篇，等等；魏国有：《李克》七篇、《公子牟》四篇、《闾丘子》十三篇、《李子》三十二篇，等等；郑国有：《冯促》十三篇、《邓析》二篇；赵国有：《孙卿子》三十三篇、《公孙龙子》十四篇、《毛公》九篇，等等；宋国有：《徐子》四十二篇、《庄子》五十二篇、《宋司星子韦》三篇、《墨子》七十一篇，等等；韩国有：《黄帝泰素》二十篇、《申子》六篇、《韩子》五十五篇，等等。

---

① 傅荣贤.《汉书·艺文志》中的齐学和鲁学［J］.图书馆杂志，2003（12）：68-71

还要强调的是，迄今所见战国时期的出土简帛都只有墓葬一种形式。然而，古代藏书情况十分复杂，有些涉及古代的书殉笔葬制度，因而并不都是墓主的主动"收藏"。反之亦然，阳间曾有的现实藏书也不一定以随葬的形式全然埋藏于墓中。退一步讲，即使那些曾经的现实藏书都入藏墓葬之中，这些墓葬能否顺利"出土"仍有很大的偶然性。

综上，可以断言，上述局限于湖南、湖北、河南、四川四省；以当时的楚国为主；以墓葬挖掘为唯一形式而得以重见天日的出土简帛，充其量只是战国时期"溺水三千"之现实藏书的"一瓢"。李学勤曾经指出，大量简帛古籍的出土，"等于给我们打开了一座丰富的地下图书馆"[1]。但是，上述35起出土简帛具有明显的局限，因而并不能够独立地构成研究有关战国藏书基本情况的自足材料，这是我们在藉由出土简帛文献研究中国早期藏书时所当切记的。

（三）墓主（藏书家）身份

将那些有文献出土的墓葬主人直接贴上"藏书家"的标签，似乎并不十分稳妥。尽管如此，这些墓主仍是我们考察战国藏书家的主要线索，适足以弥补囿于传世文献的记载不足。从上述35起考古发现来看，尽管大多数墓主"姓什名何"并未得到确证，但仍有不少"藏书家"的身份是可以考见的，从而也扩大了我们对战国时期藏书家的认识范围。总体上，这35起考古发现中的墓葬主人的身份主要包括三大类型：

第一类是王侯。

典型的代表是传世文献中记载的汲冢竹书的墓主魏襄王（或曰安厘王），以及襄阳古冢竹简的墓葬主人楚王。

第二类是王室成员或高级官僚。

例如，河南信阳长台关1号楚墓"墓主应当属卿大夫级的贵族"；江陵望山1号楚墓的墓主名"固"，固是楚悼王曾孙，与楚王室有密切关系；江陵天星观1号楚墓墓主为邸阳君潘胜；常德夕阳坡2号楚墓墓主是赵甬君。据考，赵甬君是越王族人，越亡国后臣服于楚，为小臣长；荆门包山2号楚墓墓主为昭佗，昭佗任职左尹，为楚王近臣，"主要管理司法方面的事务"[2]；新蔡葛陵村坪夜君墓墓主是坪夜（即平舆，战国时为楚邑）君，名"成"；而荆门郭店1号楚墓墓主，"可能是楚怀王太子璜（即楚顷襄王）的老师"[3]。

---

[1] 李学勤. 简帛佚籍与学术史 [M]. 南昌：江西教育出版社，2001：15
[2] 胡平生，李天虹. 长江流域出土简牍与研究 [M]. 武汉：湖北教育出版社，2004：102
[3] 李学勤. 先秦儒家著作的重大发现 [A]. 姜广辉. 中国哲学（第二十辑）[C]. 沈阳：辽宁教育出版社，1999：13-14

第三类是普通大众。

例如，江陵九店 56 号楚墓墓主人身份为庶人，621 号楚墓墓主人身份为士。

可见，出土简帛所见战国时期的藏书家的范围甚广，上至王侯下到一般知识分子（"士"）乃至普通庶人，皆出现了藏书现象。总体上，墓葬所见藏书的质量和数量，跟藏主的身份关系十分密切。例如，墓主为"庶人"的江陵九店 56 号楚墓和墓主为"士"的江陵九店 621 号楚墓所出文献数量都很少。而身为魏襄王（或曰安厘王）的汲冢墓，新蔡葛陵村坪夜君墓，任职左尹的昭佗包山 2 号楚墓，身为悼王曾孙的江陵望山 1 号楚墓，"墓主应当属卿大夫级的贵族"的信阳长台关 1 号楚墓等，所出文献数量皆相当可观。

尤其值得一提的是，"郭店出土的资料有一个重要特点，就是这次出土的资料可以认为是先秦时期的一个精致的图书馆里的资料。郭店一号楚墓的墓主，现在认为是'东宫之师'，也就是楚国太子的老师，他应该是当时水平很高的知识分子。因此，郭店出土的竹书，与包山的、马王堆的出土材料不同，而是一个知识水平极高的老师对儒家早期图书的最精到的选择……如果说郭店的竹简是一些教材，那么它们一定是经过精选的材料，是当时重要的文献"①。无疑，墓葬所见藏书的质量和数量，其与藏主的身份相对而言的"正比"关系表明，文献在当时既是物质财产也是精神财富，拥有文献的质量和数量本身也相应地折射出藏主的社会、经济和文化地位。

再就第三类普通大众藏主而言，江陵九店 56 号楚墓和 621 号楚墓的墓主一为庶人，一为士，墓葬时间皆在战国晚期早段。前者所出有字竹简 146 枚，内容主要为一些农作物的数量、日书和卜祷。后者所出有字竹简 88 枚，"可能是一部古佚书，其中有烹饪方面的内容。34 号简残存'季子女训'四字，书于简的末尾，整理者怀疑是简册的篇题"②。尽管，作为藏主的"庶人"或"士"似乎都只藏了"一本"文献，但考虑到当时的文献载体是笨重、庞大的竹简，因而我们仍可保守地说：至迟在战国晚期早段，中国的私人藏书已较为普遍。这一点，从传世文献中亦可读见。《论语·先进》曰："何必读书，然后为学？"《孔子集语·劝学》曰："诵诗读书，与古人居；读书诵诗，与古人谋。"这里都出现了"读书"一词，说明在战国之际书籍确实已经在社会上流通，并已成为社会性的读物。进一步说，战国时期中国已经出现了读者群和作者群。诚如李瑞良指出，战国早期，随着"士阶层的崛起，意味着新的读者

---

① 杜维明. 郭店楚简与先秦儒道思想的重新定位 [A]. 姜广辉. 中国哲学（第二十辑）[C]. 沈阳：辽宁教育出版社，1999：2

② 胡平生，李天虹. 长江流域出土简牍与研究 [M]. 武汉：湖北教育出版社，2004：83

群和作者群的兴起，开辟了书籍的生产和流通的新时期"①。

（四）文献的内容范围

在传世文献所记载的三位战国时期的藏书家中，惠施、王寿所藏书籍的内容未详，苏秦所藏"数十箧"文献中以"太公阴符之谋"最为有名，是带有兵阴阳色彩的文献。而据上引《韩非子·五蠹》"今境内之民皆言治，藏商（鞅）、管（仲）之法者，家有之……境内皆言兵，藏孙（武）、吴（起）之书者，家有之"以及《韩非子·显学》"藏书策、习谈论、聚徒役、服文学而议说"可知，法令档案、兵书和"文学"（主要指儒家经典）也都曾随风尚所趋而一度成为战国之际私人藏书的普遍对象。

出土简帛则为我们展示了更为丰富的战国时期的藏书内容，有助于我们还原战国时期私人藏书的基本面貌。总体上，上述35起考古发现的文献内容包括图书与档案两大类别。档案是客观化、程式化的原始记录；图书则不再局限于原始记录，而是具有思想上"盘根究底"和文采上"踵事增华"的超越性内涵。今试从档案和图书这两大类别来分述战国时期私人藏书的主要内容：

1. 文书档案

文书档案总体上可分为公文书和私文书两大类别。

（1）以法律文书为主要内容的官文书

官文书是官方行政公干的客观记录，出土简帛中的先秦官文书主要以法律档案为主体内容。如，荆门包山2号楚墓有字简278枚，内容有司法文书、卜筮祭祷之辞和遗策。司法文书主要包括名籍（即户籍）核查和司法诉讼两个方面的内容，整理者将其分为《集箸》、《集箸言》、《受期》、《疋狱》及其它5部分。江陵砖瓦厂370号战国楚墓出土的4枚有字竹简，记述了一件司法案例，其内容虽不多，但却是"继包山简之后出土的第二批楚国司法文书"②。此外，青川郝家坪50号战国秦墓的2枚木牍，正面120多字内容为秦武王二年（前309）由丞相甘茂等颁布修订的《为田律》。

应该说，先秦出土的公文书虽然主要是以官方法律档案为主，但这些法律档案与墓主个人关系十分密切。例如，荆门包山2号楚墓的墓主是任职左尹的昭佗，"左尹主要管理司法方面的事务"③，而该墓所出《集箸》、《集箸言》、《受期》、《疋狱》等司法文书正与"左尹"的职份相契合。

（2）与墓主个人生平行事直接相关的私文书

私人文书是与个人生活、行事等有关的程式化的客观记录，它又可根据其

---

① 李瑞良. 中国古代图书流通史［M］. 上海：上海人民出版社，2000：26
② 胡平生，李天虹. 长江流域出土简牍与研究［M］. 武汉：湖北教育出版社，2004：85
③ 胡平生，李天虹. 长江流域出土简牍与研究［M］. 武汉：湖北教育出版社，2004：102

现实性或观念性的不同指向而别为两脉。

首先，指向观念层面的遗册和卜筮记录。

战国楚墓中出土的简帛以遗册为最多，其次是卜筮记录。诚然，"卜筮记录是楚墓出土竹简资料中的大宗，数量仅次于遗册"①。

遗册是因墓主之"死"而发生的随葬品记录清单，并不是严格意义上的书籍。上列35起考古发现中，长沙五里牌406号楚墓、长沙仰天湖167号楚墓、江陵望山2号楚墓、江陵藤店1号楚墓、随州曾乙侯1号墓、江陵鸡公山48号楚墓、老河口两座战国墓、黄冈曹家冈5号楚墓、信阳长台关7号楚墓等墓葬中所出简牍全部是遗册。作为随葬品的清单，遗册所记内容基本都能与墓中出土的物品对应。遗册的大量存在表明，墓葬所出简牍与墓主的关系十分密切。值得一提的是，长沙仰天湖楚简中的遗册"有一个显著的特点，即一条简文的末尾，常常注有'已'或'句'字，整理者推测它们可能是下葬时核对随葬品的标记：前者表示简文所记物品已经入葬，后者则表示没有入葬"②。

卜筮记录"往往有祷祠的内容"③，是与墓主"生前"有关的文字记录。例如，江陵望山1号楚墓出土竹简207枚，内容主要是关于墓主（悼固）本人的卜筮记录以及祷祠神灵之辞。同样，临澧九里1号楚墓、江陵秦家嘴1号和13号楚墓等所出简牍基本上也都是与本人生活直接相关的卜筮。另外，新蔡葛陵村坪夜君墓、江陵秦家嘴99号楚墓、江陵天星观1号楚墓等所出简牍既有遗册也有卜筮记录。

总体上，卜筮记录的内容是程式化的，"通常先记录举行卜筮的时间、贞人名字、贞卜工具名称及为何人（都是墓主）贞卜，然后记贞问的事由，接着是根据卜筮结果所作的吉凶判断。这三部分，通常分别称为前辞、命辞和占辞。占辞之后，往往还有关于祷祠的内容。与包山卜筮简相比照，可以发现两地出土卜筮简的格式基本一致"；"祷祠的神灵可以分为神祇和墓主先祖两大类"④。

无疑，如果说遗册与墓主之"死"有关，那么，卜筮则是直接记录墓主"生前"相关活动的内容。

其次，指向现实层面的私文书。

指向观念层面的遗册和卜筮记录，都是以"神学"为指向的。与此不同，

---

① 胡平生，李天虹．长江流域出土简牍与研究［M］．武汉：湖北教育出版社，2004：58
② 胡平生，李天虹．长江流域出土简牍与研究［M］．武汉：湖北教育出版社，2004：177
③ 胡平生，李天虹．长江流域出土简牍与研究［M］．武汉：湖北教育出版社，2004：120
④ 胡平生，李天虹．长江流域出土简牍与研究［M］．武汉：湖北教育出版社，2004：58－60

现实层面上的私文书，其指向是现实的、世俗的。例如，常德夕阳坡 2 号楚墓出土的 2 枚竹简的内容是楚威王于公元前 333 年败越后，越王族人"赵甬君"争立为王或为君的内容，其所记内容是现实的、客观的，没有"神学"的虚幻指向。

2. 图书典籍

从上述 35 起考古发现来看，先秦藏书中的书籍类文献概分二类：一是《日书》等数术类文献，二是儒经诸子等文献。从章学诚"辨章学术，考镜源流"的命题来分析，前者是术，后者是学。章学诚《校雠通义》专就《汉志》倡言立意，其所谓"辨章学术，考镜源流"中的"学"，主要是指《汉志》前三略（六艺略、诸子略、诗赋略）的内容，《汉志》后三略（兵书略、数术略和方技略）是章学诚所说的"术"，其内容多与职业知识有关。兹为表述方便，我们先来讨论战国出土简帛中的"术"类典籍。

（1）"术"类典籍

对比隋唐以后的经史子集四部分类法可知，四分法将《汉志》后三略文献全部归并到"子"部，既是相关的"术"书减少、同时也是为"术"式微的表征。而在《汉志》中，"术"类文献占据六个一级类目中的半壁江山。并且，由《汉志序》"光禄大夫刘向校经传、诸子、诗赋，步兵校尉任宏校兵书，太史令尹咸校数术，侍医李柱国校方技"可知，兵书、数术和方技这三类"术"都是专家校雠，反映了"术"类文献在秦汉文献大家庭中的重要地位以及"术"在秦汉社会生活中的现实影响。

从上表来看，"术"类文献的出土有数起，由此可见秦汉"术"风之炽，实为由来有渐。例如，长沙子弹库战国楚墓出土的较完整的 1 件帛书和一些帛书残片，其内容都是数术文献。江陵九店 56 号楚墓出土《日书》是目前仅见的战国楚数术文献，此前所见《日书》多为秦汉之际的遗物。青川郝家坪 50 号战国秦墓出土的内容为"不除道日过干支"的木牍，属禁忌类的《日书》。此外，江陵九店 621 号楚墓出土有字竹简 88 枚，"可能是一部古佚书，其中有烹饪方面的内容。34 号简残存'季子女训'四字，书于简的末尾，整理者怀疑是简册的篇题"①，"季子女训"究其归属，亦当为"术"类典籍。

（2）"学"类典籍

迄今出土的先秦简帛中的"学"类典籍很多，内容十分丰富。例如，香港中文大学文物馆历年购藏战国简 10 枚，内容多属典籍；南齐高帝建元（479~482）初襄阳楚王古冢出土科斗书《考工记》十余简，是典型的图书；

---

① 胡平生，李天虹. 长江流域出土简牍与研究［M］. 武汉：湖北教育出版社，2004：83

信阳长台关1号楚墓出土遣策及书籍类竹简100多枚，其中的书籍或以为是儒家著作，或以为是《墨子》的佚篇。此外，慈利石板村36号战国楚墓出土竹简约1000枚，计21000字，以记载吴越二国史事为主，已知竹简内容有《国语·吴语》、《逸周书·大武》、《管子》佚文及与《宁越子》内容近同的文字，其中的《逸周书·大武》有两种写本。尤其是荆门郭店1号楚简、上海博物馆购藏战国楚简以及汲冢战国魏王墓所出典籍都是十分惊人的重大发现。

郭店楚简，内容为道家著作和儒家著作，道家类文献包括《老子》甲、乙、丙三种及《太一生水》；儒家类文献包括《缁衣》、《鲁穆公问子思》、《穷达以时》、《五行》、《唐虞之道》、《忠信之道》、《成之闻之》、《尊德义》、《性自命出》、《六德》、《语丛》一、二、三、四等共计14篇。

上海博物馆收购1200多枚战国楚简，共约3.5万字，包括近100种文献，"内容非常丰富，涉及哲学、文学、历史、政论等方面；并以儒家文献为主，兼及道家、兵家、阴阳家等"①。这批典籍主要包括：《孔子诗论》、《缁衣》、《性情论》(《性自命出》)、《民之父母》(《孔子闲居》)、《子羔》、《鲁邦大旱》、《从政》(甲、乙两种)、《昔者君老》、《容成氏》、《周易》、《仲弓》、《恒先》、《彭祖》、《采风曲目》、《逸诗》、《昭王毁室·昭王与龚之》、《柬大王泊旱》、《内礼》、《相邦之道》、《曹沫之陈》；其他尚有《乐礼》、《武王践阼》、《赋》、《子路》、《四帝二王》、《颜渊》、《乐书》等。

汲冢战国魏王墓出土的竹简文献主要包括：《纪年》十三篇、《易经》二篇、《易繇阴阳卦》二篇、《卦下易经》一篇、《公孙段》二篇、《国语》三篇、《名》三篇、《师春》一篇、《琐语》十一篇、《梁丘藏》一篇、《缴书》二篇、《生封》一篇、《穆天子传》五篇、《图诗》一篇。另有杂书十九篇，包括：《周食田法》、《周书》、《论楚事》、《周穆王美人盛姬死事》，"大凡七十五篇"。

显见，出土的上述战国典籍主要是类属于《汉志》六艺略、诸子略、诗赋略的文献。这三类中，尤其以诸子类文献为主，例如，郭店楚简的内容主要是道家著作和儒家著作。其次是六艺略文献，所涉诗赋略文献则相对较少。此外，《汉志》归之"六艺略·春秋"、后世四分法归之史部的文献也有不少。例如，汲冢竹书的《纪年》十三篇、《国语》三篇、《师春》一篇等皆是典型的"史"类文献。

---

① 胡平生，李天虹. 长江流域出土简牍与研究[M]. 武汉：湖北教育出版社，2004：143

第三节　出土简帛所见战国时期私家藏书的基本特征

目前，基于传世文献的有关战国藏书的认识仍局限于宏观层面上的总体勾勒，对有关文献收集、整理、保存和利用的具体方式的讨论则告贫乏。幸运的是，出土简帛为我们弥补了这方面的史料不足。在迄今发现的35起战国出土简帛中，"郭店出土的资料有一个重要特点，就是这次出土的资料可以认为是先秦时期的一个精致的图书馆里的资料。郭店1号楚墓的墓主，现在认为是'东宫之师'，也就是楚国太子的老师，他应该是当时水平很高的知识分子。因此，郭店出土的竹书，与包山的、马王堆的出土材料不同，而是一个知识水平极高的老师对儒家早期最精的图书的选择……如果说郭店的竹简是一些教材，那么它们一定是经过精选的材料，是当时重要的文献"。有鉴于此，我们拟以郭店楚简为重点材料，并适当参酌其他出土简帛讨论战国藏书在文献收集、整理、保存和利用中的基本特征。

总体上，传抄是出土简帛所见文献的主要（甚至是唯一）获得方式。"传抄"凝聚着与文献有关的一切藏书活动——诸如文献的集藏、整理和利用——的全部本质。从文献传抄的角度，可以揭示战国时期私人藏书中的文献工作的基本面貌。而在关于传抄的所有问题中，"传抄什么"集中体现了藏书的文献集藏方式，"怎么传抄"则表征了文献的整理方式，"为什么传抄"则反映了文献的利用方式。

一、传抄是出土简帛文献的本质

从传世文献来看，战国时期文献的生成方式主要包括著作和编撰两大类型。《礼记·乐记》曰："作者之谓圣，述者之谓明。"《汉书·礼乐志》颜师古注云："作谓有所兴造也。"所谓"兴造"，是指作者无所依傍的深造自得，是作者的原创；而编撰则是后人针对作者原创文本的整理或改编。

出土简帛中，尽管不排除可能存在作者原创性的著作，例如，长台关战国墓出土的"一篇属于儒家记述政治道德的文章，可能是墓主人的著作"[①]。但总体来说，"迄今所见战国到汉初简帛古籍，都是传抄本，还没有能证明是原稿本的"[②]。因此，"传抄"是战国墓中所见简帛文献的主要来源。而传抄基本都在一定程度上改变了原稿的面貌，几乎没有对原稿的忠实移录，具有明显的

[①] 郑有国. 中国简牍学综论[M]. 上海：华东师范大学出版社，1989：46
[②] 李学勤. 简帛佚籍与学术史[M]. 南昌：江西教育出版社，2001：5

"整理"或"改编"的性质，实际上是一个从原本走向与原本并不完全一致的抄本的创造性过程。

传抄如此重要，以至于中国古代很早就出现了职业抄手。我们知道，《汉书·艺文志》提及武帝时"建藏书之策，置写书之官，下及诸子传说，皆充秘府"，说明"写书之官"传抄的书籍是当时皇家图书馆（中秘）的主要藏书来源。《汉书·河间献王传》语涉献王刘德"从民得善书，必为好写与之，留其真"，也反映了抄书在当时是十分普遍的现象。而从出土简帛来看，至迟在战国之际即已出现了职业抄手。台湾学者周凤五根据郭店楚简文献中的字体不同，将其区分为四类：一是见于甲、乙、丙三组《老子》与《太一生水》、《五行》、《缁衣》、《鲁穆公问子思》、《穷达以时》、《语丛四》的楚国学者通行的"科斗文"标准字体，该字体笔画特征是头粗尾细，收笔不藏锋，形成锐利的"鼠尾"。这类字体在历年出土的楚简帛中最为常见；二是见于《性自命出》、《成之闻之》、《尊德义》、《六德》的字体，其笔画体势有"丰中首尾利"的特点，部分笔画盘纡周旋，类似"鸟虫书"，装饰性较强；三是见于《语丛一》、《语丛二》、《语丛三》的"小篆"体，字体较长，笔画均匀平滑，与齐、鲁儒家经典文字字体相同；四是见于《忠信之道》、《唐虞之道》的字体，类似于齐国文字结构与风格的篆体字，但笔画较肥厚，"丰中首尾利"的特征更明显①。从不同书体的多元性，也可想见当时抄书的兴盛。

墓主通过传抄的方式收集、整理和利用文献，而"传抄什么"、"怎么传抄"、"为什么传抄"都体现出传抄者的主观意志，本质上反映了在文献活动中主体人的存在。

二、从"传抄什么"看战国文献的集藏方式

理论上讲，购求、赠送和个人著述都应该是文献集藏的合理来源。但郭店楚简等战国时期墓中所出文献都是传抄本，几无购求、赠送和个人著述的迹象。换言之，有选择地传抄是以郭店楚简为代表的出土简帛为我们所展示的战国时期文献的主要集藏方式。

总体上，"传抄什么"与墓主身份之间的关系十分密切，两者之间甚至具有直接的对应关系。"从近年的考古发掘看，楚地墓葬（如云梦睡虎地秦墓、长沙马王堆三号汉墓、临沂银雀山一号汉墓等）随葬的书籍，均为墓主人生前诵习之书。同样，郭店一号楚墓出土的各种书册，不论是多种儒家著作，还是道家的《老子》，也都应是墓主人生前诵习之书。考虑到墓主人的东宫之师

---

① 周凤五. 郭店楚简的形式特征及其分类意义［A］. 武汉大学中国文化研究院. 郭店楚简国际学术研讨会论文集［C］. 武汉：湖北人民出版社，2000：55－56

的身份,这些书既是他生平诵习的典册,同时也是他教育太子的教材"①。

正是墓主"东宫之师"的身份,决定了郭店楚墓中所出文献的个性化倾向。尽管,郭店"竹书原置放在头箱中,一部分被盗取"②,但劫后之余的残膏剩馥仍可显示这批文献具有直接关涉太子教育的针对性。

众所周知,《国语·楚语上》曾引申叔时之语曰:"教之《春秋》,而为之耸善而抑恶焉,以戒劝其心;教之《世》,而为之昭明德而废幽昏焉,以休怯其动;教之《诗》,而为之导广显德,以耀明其志;教之《礼》,使知上下之则;教之《乐》,以疏其秽而镇其浮;教之《令》,使访物官;教之《语》,使明其德,而知先王之务用明德于民也;教之《故志》,使知废兴者而戒惧焉;教之《训典》,使知族类,行比义焉。"据此,楚国教育太子的主要科目与主要目的应当是:教之《春秋》,扬善抑恶、劝诫本心;教之《世》,彰显德行、摒弃昏昧、约束行为;教之《诗》,提升修养、确定志向;教之《礼》,明上下之分;教之《乐》,谨戒轻浮;教之《令》,知百官之事功;教之《语》,明仁德治民;教之《故志》,知兴废警戒;教之《训典》,以知人善任。

申叔时是春秋之际楚庄王(? ~前591)时人,由于历史间距的存在,他提出的具体教学科目在属于战国时期(前475~前221年,或说前403~前221年)的郭店所出楚简中,似并没有得到严格执行。例如,"墓中简文既无世谱和故志,又无经书,皆近世儒道诸子之书,其体裁接近《语》。可见墓主是一位专门教太子'治国之善语'的先生"③。然而,申叔时的教学目标是要全面塑造太子作为未来国君的理想人格,这一目标在郭店所出10余种儒道文献中却得到了较为严格的遵循。

我们知道,整理后的郭店楚简主要包括道家著作和儒家著作两大类。其中,道家有两种四篇,即《老子》三种和《太一生水》一种;儒家有《五行》、《缁衣》、《鲁穆公问子思》、《穷达以时》、《唐虞之道》、《忠信之道》、《性自命出》、《成之闻之》、《尊德义》、《六德》、《语丛》四篇等十一种十五篇。其中,《语丛》四或认为非儒学文献,庞朴曰:"《语丛四》既非儒家思想,亦非道思想,而倒更近乎法家、纵横家,这从它所宣扬的游说之道和南面

---

① 刘宗汉. 有关荆门郭店一号楚墓的两个问题:墓主人的身份与儒道兼习 [A]. 姜广辉. 中国哲学(第二十辑)[C]. 沈阳:辽宁教育出版社1999:391
② 李学勤. 荆门郭店楚简中的《子思子》[A]. 姜广辉. 中国哲学(二十辑)[C]. 沈阳:辽宁教育出版社,1999:75
③ 廖名春. 荆门郭店楚简与先秦儒学 [A]. 姜广辉. 中国哲学(第二十辑)[C]. 沈阳:辽宁教育出版社,1999:70-71

之术中，可以明白感知"①。基本上，这批文献虽分属儒道两家，但反映了"东宫之师"主张"以道家之学授太子以权谋，以儒家之学教太子以纲常人伦"②的内在统一性。

首先，儒家文献所反映的纲常人伦。

"郭店简这些儒书，共同的特点是阐述理论性、哲学性的问题。所谓天道性命等等概念，在这里都得到讨论，体现出早期儒家的哲学倾向"③。而这种"哲学倾向"并不停留在单纯的学理层面，而是要落实为现实的政治智慧。

例如，《缁衣》强调"好贤如缁衣"；《鲁穆公问子思》主张"恒称其君之恶"；《穷达以时》"察天人之分而知所行"，重点强调知"时"而"反己"；《五行》宣扬"仁义礼智信"五种德性；《唐虞之道》通过阐述尧舜"禅让"而宣扬"尚德"、"尊贤"；《忠信之道》力陈"忠"和"信"两种品德的现实意义；《成之闻之》强调君子"求之于己"的重要性；《尊德义》宣扬"德"和"义"两种基本品性；《性自命出》的主要内容是讨论"性"与"心"、"情"；《六德》论证夫妇、父子、君臣之间的相互关系，并最终落实为对"圣智仁义忠信"六大道德要求的回应。

应该说，与孔子重视仁礼、孟子重视仁义不同，在郭店楚简儒家文献中，各种道德范畴普遍得到了重视。而各种不同道德范畴，又都以政治智慧为最终指向。例如，《鲁穆公问子思》主张"恒称其君之恶"，从而指陈太子在未来从政时，如果面对犯颜直谏的具体境遇应具备怎样的应对智慧，这就将哲学问题简化为或归结为未来从政所可能面临的现实的道德问题。同样，《忠信之道》所讲"忠信"，"其旨意不在于教化民众，亦不是讲普遍的道德伦理，而是教导、要求当权者（'有国者'或'长民者'）做到'忠信'"。事实上，郭店儒家作品"其主要旨意是宣扬儒家的政治伦理思想，可以将它们看作对当时楚国的当权者进行政治伦理说教的教科书"④。又如，《尊德义》的核心是要强调和重视"德"和"义"两种品格，但在该篇所分十一个段落中，又都无一不落实为对具体从政智慧的强调。正如廖名春指出：《尊德义》首段提出，只有"尊德义，明乎人伦"，才"可以为君"；第二段认为人君之"赏与罚"，

---

① 庞朴．《语丛》臆说 [A]．姜广辉．中国哲学（第二十辑）[C]．沈阳：辽宁教育出版社，1999：327

② 廖名春．荆门郭店楚简与先秦儒学 [A]．姜广辉．中国哲学（第二十辑）[C]．沈阳：辽宁教育出版社，1999：70—71

③ 李学勤．先秦儒家著作的重大发现 [A]．姜广辉．中国哲学（第二十辑）[C]．沈阳：辽宁教育出版社，1999：17

④ 李存山．读楚简《忠信之道》及其他 [A]．姜广辉．中国哲学（第二十辑）[C]．沈阳：辽宁教育出版社，1999：263

"不由其道，不行"；第三段认为世上诸事"莫不有道"而又以"人道为近"，"是以君子人道之取先"；第四段认为人君当以"善取"为上；第五段认为为政者当以"教导之取先"；第六段认为君子应重视教民和导民；第七段认为"君民者，治民复礼"，即需以礼治国；第八段认为治民以德，而礼为最大的德治；第九、第十段认为德治的核心是"为政者"的身教；第十一段认为"动民必顺民心"，而要使"民有恒心"必须"求其养"，解决民生问题①。再如，综观《缁衣》二十三章可知，第一章至第四章，言好恶之理；第五章至第九章，言上下之理；第十章至第十三章，言教刑之理；第十四章至第十九章，言言行之理；第二十章至二十三章，言交友之理。而所有好与恶、上与下、教与刑、言与行、交友等各种问题，最终都无一不落实为从政者如何做人的根本问题，其实质乃是对孔子"为政以德"思想的发挥。

总之，郭店楚简儒家文献都是从政治伦理和政治道德的高度倡言立意的。再从郭店所出儒家文献之间的内在关系来看，郭店简儒家典籍的主题虽各有侧重，但彼此之间关系密切，往往相互发明。例如，《成之闻之》、《尊德义》和《性自命出》的上半部分的字体皆疏阔、豪放，堪称形制近同。内容上，《尊德义》、《性自命出》皆宣扬以礼乐教民治国，《成之闻之》则强调为君之道要追求自身的内在德性，与《性自命出》之论心性，强调内外兼修彼此契合。又如，李学勤指出："贾谊《新书》的《六术篇》曾引据《五行》，这是马王堆帛书整理者已经指出的。《六术》和与之连接的《道德说》也引据了见于郭店简的《六德》。看来《五行》、《六德》实同出一源。竹简《成之闻之》多引《尚书》，与《缁衣》相同，篇末讲'六位'，又和《六德》内容相通。"而《性自命出》、《尊德义》两篇，"体例和《中庸》也颇相近似。这样我们就可以看出，竹简中有《鲁穆公问子思》，并不是偶然的。这些儒书都与子思有或多或少的关联，可说是代表了由子思到孟子之间儒学发展的链环。"② 可见，简本的《六德》、《成之闻之》、《缁衣》、《性自命出》、《尊德义》和《鲁穆公问子思》诸篇思想相对集中，实为从子思到孟子之间儒学发展的过渡环节。此外，《语丛》4篇"内容体例与《说苑·谈丛》、《淮南·说林》类似，故将简文篇题拟之"③，其中一、二、三皆两端齐平、三道编纶、字体近同，内容上都是与儒学有关的格言短语的汇编，有些语句与《礼记》的《坊记》、

---

① 廖名春. 荆门郭店楚简与先秦儒学［A］. 姜广辉. 中国哲学（第二十辑）［C］. 沈阳：辽宁教育出版社，1999：55
② 李学勤. 先秦儒家著作的重大发现［A］. 姜广辉. 中国哲学（第二十辑）［C］. 沈阳：辽宁教育出版社，1999：16
③ 胡平生，李天虹. 长江流域出土简牍与研究［M］. 武汉：湖北教育出版社，2004：143

《表记》,《荀子》与《大戴礼记》的《劝学》,《论语》的《述而》、《子罕》等篇的相关语句相近。再有,《语丛》三的46简与《性自命出》8号简也有相近的语句,《语丛》二整个思想皆与《性自命出》同调。

综上,可以认为,郭店所出儒家文献虽各自成篇,各具特色,但它们的内容大体趋同,彼此关联,有些简的形制也颇为近同。这批儒家文献实际上共同奔赴一个一致的教育目标:未来从政者如何涵养品性、培养道德、提升境界,从而成为理想之君。

其次,道家文献所反映的从政智慧。

《汉书·艺文志》说:"道家者流,盖出于史官。"扬雄《法言·五百》则曰:"史以天占人,圣人以人占天。"这里,一方面揭示了老子(道)和孔子(儒)的学术差异,另一方面又点明两者皆强调天人相参、相合,因而殊途同归、异中有同的学术旨趣。不仅如此,按照《汉书·艺文志·道家序》的理解,道家以"君人南面之术"为旨归,所有的"秉要执本,清虚以自守,卑弱以自持"等人格规训和培养最终都要落实为"君人"的治世之道和治国之方的合理实现。换言之,《老子》一书的读者对象是"侯王"、"王"、"万乘之君"等当政者(或未来当政者)而不是普通百姓。《老子》要讨论的是上述诸"君",如何达成"圣人处无为之事,行不言之教"和"圣人之治也"的治国境界。并且,这一政治学取向并不局限于对权术的知识论证明或逻辑分析,而是要诉之于诸"君"理想人格的塑造。显见,道家也是将理想社会的达成寄托在诸"君"理想人格的培养之上的,这与竹简所代表的儒家思孟学派强调"自天子以至于庶人,壹是皆以修身为本"(《大学》)的致思路径颇为契合。

大家知道,郭店儒家文献反映了思孟一派的思想,用李学勤的话说,"是代表了由子思到孟子之间儒学发展的链环"。而美国汉学家顾立雅(Herrlee G. Creel)曾经指出,孟子提出的一些问题,都不是儒家的核心问题,而是道家的东西[1]。

尽管,顾立雅此论并不为学界所普遍接受,但他点明了思孟学派(从而也是郭店儒家文献)与道家文献之间的内在一致性,值得引起学界的重视。不仅如此,学者们已经揭示,郭店楚简中的道家文献并不一概反对儒家的"仁"、"义"、"圣"等一系列重要范畴。例如,楚简《老子》甲本开头:"绝知弃辩,民利百倍;绝巧弃利,盗贼无有;绝为弃作,民复孝慈。"其中的"绝知弃辩"和"绝为弃作",在今本的19章和马王堆帛书《老子》的63章

---

[1] 杜维明. 郭店楚简与先秦儒道思想的重新定位[A]. 姜广辉. 中国哲学(第二十辑)[C]. 沈阳:辽宁教育出版社,1999:3

中都分别作"绝圣弃知"和"绝仁弃义"。此外,《语丛四》中有"窃钩者诛,窃邦者为诸侯。诸侯之门,义士之所存"之语。其中的"义士之所存",在今本《庄子》中为"而仁义存焉"。

显见,郭店楚简道家文献的核心也是要帮助"君"提升道德,达到天地之境,完成对圣贤人格的培养,从而最终实现用完善的人格治国施政的"人治"理想。在这一意义上,亦可见郭店楚简中的道家文献与儒家文献在深层思想上的统一性。此外,正如李存山指出:"除《老子》和《太一生水》外,我们从属于儒家著作的楚简其他篇中也可见到'儒道相谋'的迹象。"他举例说,儒家的《忠信之道》宣扬"忠信",而通行本《老子》"夫礼者,忠信之薄而乱之首",可证道家亦主张"厚"忠信,甚至《忠信之道》"大忠不悦,大信不期"的表述方式也受到了《老子》的影响。又如,属于儒家的《语丛一》"为孝,此非孝也;为弟,此非弟也",明显掺入了《老子》的"为"与"无为"或"有以为"与"无以为"的思想。《语丛三》"所不行,益;札(必)行,损",这一表述更是对《老子》"无为之有益"、"物或损之而益,益之而损"思想的承绪①。

总之,郭店楚简中的儒道两家计十余种文献是一个精选文库,它深刻地反映了墓主与文献典藏之间的内在一致性,也反映了墓主从自我主体需要的角度确立传抄对象的基本原则。

三、从"怎么传抄"看战国文献的整理方式

广义的文献整理既包括以单本文献为对象的校雠学,也包括以众多文献为对象的图书馆学。战国出土简帛中,尚缺乏群书整理的直接线索,也没有形成作为整理成果的书目。事实上,直到公元前26年刘向领衔典校中秘撰就《别录》,仍以"每一书"的单本文献整理为对象。所以,《汉书·艺文志》总结刘向的工作说:"每一书已,向则条其篇目,撮其旨意,录而奏之。"嗣后,刘歆在"每一书"的基础上"种别群书"撰就《七略》,才涉及广义上的群书整理并编撰了群书目录。

再就单本文献的整理方式而言,郭店楚简所见,与此前孔子整理六经以及此后刘向典校中秘的单本文献整理方式也不尽相同。在与孔子和刘向的单本文献整理方式的比较中,可以凸显郭店楚简所代表的战国时期文献整理的基本方式。

清儒顾炎武《日知录》卷十三《周末风俗》曾经指出,周贞王二年(公

---

① 李存山. 从郭店楚简看早期道儒关系 [A]. 姜广辉. 中国哲学(第二十辑)[C]. 沈阳:辽宁教育出版社,1999:200-201

元前467）至周显王三十五年（前334）凡一百三十三年间，"史文阙轶，考古者为之茫昧"。顾炎武广义上的"史文"阙佚，也反映在对战国时期文献整理方式的"考古"之中。事实上，有关先秦文献整理方式的研究，《中国编辑史》①、《中国古籍编撰史》②、《中国古文献学史简编》③ 等著作主要是围绕春秋末年的孔子编纂"六经"推演成文的，对战国时期的文献整理方式则基本上都因"文献不足征"而语焉不详。而通过对郭店等所出战国文献的研究可知，春秋末年孔子整理六经的基本认识和操作，并不完全反映战国时期文献的整理模式。

郭店所出楚简中的文献整理基本都是从图书到图书，这一点，与孔子从档案到图书迥不相侔。而这种从图书到图书的文献整理就反映在文献的抄写方式上：

（一）对已有文本的完整誊写

郭店《缁衣》是目前所见《礼记·缁衣》的最早抄本，共23章，每章章末都有一个方块墨钉（■）作为分章标识，篇末有尾题"二十又三"，系全篇的章数统计，表征一章的完成。对比于今本25章可知，郭店《缁衣》共23章，简本没有今本的第1、16、18三章，简本的第14、15、16三章被合并在今本的第7、8两章之中。相较而言，郭店楚简《缁衣》"更接近于故书"，"楚简本的章次较《礼记·缁衣》合理"；"楚简本的分章较《礼记·缁衣》也更合理"；"楚简本的文字与《礼记·缁衣》也有一些出入。楚简本通假字多，其书写不如《礼记·缁衣》规范。但有意义之别的异文，楚简本则往往胜过《礼记·缁衣》"；"楚简本《缁衣》胜过《礼记·缁衣》，应较《礼记·缁衣》更接近故书原貌"④。例如，楚简本无《礼记·缁衣》本首章"子言之曰：为上易事也，为下易知也，则刑不烦矣"。简本首章（今本第二章）为"好贤如缁衣"，而篇名"缁衣"正是拈自于此，是为古书通例。

可见，简本《缁衣》应为对原书相对忠实和完整的移录，少有改变原始资料之原样的再创造。

（二）对已有文本有选择的摘抄

摘抄是对原书断章取义、有所选择的抄录，因而也反映了抄者的认识。郭

---

① 姚福申. 中国编辑史 [M]. 上海：复旦大学出版社, 2004
② 曹之. 中国古籍编撰史 [M]. 武汉：武汉大学出版社, 2006
③ 孙钦善. 中国古文献学史简编 [M]. 北京：北京大学出版社, 2008
④ 廖名春. 荆门郭店楚简与先秦儒学 [A]. 姜广辉. 中国哲学（第二十辑）[C]. 沈阳：辽宁教育出版社, 1999：37 - 41

店楚简有三个《老子》的抄本，它们都是对既成《老子》一书的摘抄。其中，甲本简39枚，两端成梯形，长32.3厘米。乙本简18枚，两端齐平，长30.6厘米。丙组简14枚，两端齐平，长26.5厘米。从内容上看，除甲本和丙本都含有今本第64章的后半部分（但两者文字出入很大）之外，三个版本的内容皆无重复。三者合计文字1741个，其字数总和大约只相当于今本的1/3左右。郭沂认为，今本是在简本的基础上增益而成①。但学界更为取信裘锡圭的观点，即认为郭店甲乙丙三个《老子》是依据不同主题或需要，从全本《老子》中摘抄而得②。

与摘抄同中有异的另一种抄写类型是对已有文本的杂抄。总体上，摘抄是以某"一本"文献为蓝本，杂抄则往往以两种或两种以上的文献为抄写对象。郭店楚简中较典型的杂抄类文献是，"《语丛》四组，杂抄百家之说，大约是教学用书，和汉初贾谊《新书》的《连语》、《修政语》、《礼容语》等有些相像"③。

（三）类聚文献

总体上，郭店楚简的文本生成主要以摘抄为主，即从定型文本中有选择地摘抄（"分"）出一部分为我所需的内容，从而生成新的文本。但郭店楚简中也存在类聚文献的情况，即将两种或两种以上的文献类聚在一起（"合"）。类聚的对象既有内容相近的文献，也有内容无关的文献。

（1）类聚内容相近的文献

类聚内容相近的文献，可以郭店《太一生水》和丙组《老子》为代表。《太一生水》包括14枚简，其形制为两端齐平，长26.5厘米，与丙组《老子》同，两者合抄在一起。将《太一生水》用相同形制的竹简和字体抄附于丙组《老子》，可见抄者有十分明确的将相近文献类聚在一起的意识。整理者采用裘锡圭的意见，将丙组《老子》和《太一生水》视为两种文献，但它们之间的关系是十分密切的。具体地说，"丙组简附有《太一生水》，是对《老子》的解说引申"④。又如，庞朴受清人毕沅有关《墨经》中"读此书旁行"五个字认识的启发，认为：正像"读此书旁行"的有关文字"原非《墨经》

---

① 郭沂. 楚简《老子》与老子公案：兼及先秦哲学若干问题［A］. 姜广辉. 中国哲学（第二十辑）［C］. 沈阳：辽宁教育出版社，1999：135

② 裘锡圭. 郭店《老子》简初探［A］. 道家文化研究（第十七辑）［C］. 北京：生活读书新知三联书店，1999：25–26

③ 李学勤. 先秦儒家著作的重大发现［A］. 姜广辉. 中国哲学（第二十辑）［C］. 沈阳：辽宁教育出版社，1999：14

④ 李学勤. 先秦儒家著作的重大发现［A］. 姜广辉. 中国哲学（第二十辑）［C］. 沈阳：辽宁教育出版社，1999：14

本文，而是某个时候《墨经》读者或抄者注在经文末尾，而后被蹿进经文里去的"一样；郭店楚简中的《语丛》一、二、三有说经的内容，是经传合体，附有相关参考资料和心得体会，因而也具有类聚的性质①。

正是由于类聚现象的大量存在，不少学者认为先秦出土文献中另有一些被学界定谳为单本或单篇的文献，其实也具有类聚的性质。如，姜广辉认为郭店楚简《成之闻之》，"此篇实为两篇；前二十简为一篇，后二十简为一篇。前者可名为'求己'篇，后者可名为'天常'篇"，"《求己》篇（原题《成之闻之》篇之前半部）为子思所作"②。

（2）类聚内容无关的文献

内容无关的文献类聚为卷，濮茅左称之为同卷异篇。例如，上海博物馆所藏《子羔》篇原有篇题，书于简背。与《子羔》同卷的还有《孔子诗论》和《鲁邦大旱》。"这一卷合钞了三篇文章，书写颇工，字距行款基本一致，为同一人所书"。因此，"子羔"二字既是《子羔》的篇题也是包括《孔子诗论》和《鲁邦大旱》在内的卷题。"这三篇文章的内容分别独立，主题明确，无法合一，系同卷异篇"③。

濮先生还举《郭店楚墓竹简》中《鲁穆公问子思》、《穷达以时》合为一卷的例子指出："关于同卷异题的现象竹书习见，古人往往以一书题代卷题，这也就是我们发现竹书多，而出现篇名少的原因，如《郭店楚墓竹简》，《鲁穆公问子思》、《穷达以时》为一卷，原都无篇题，竹简形制相仿，两端都修削成梯形，简长26.4厘米两道编线，上下契口编位间距9.6厘米左右，书体、行款相同，分属两篇文章，同卷异题。"同样，郭店"《性自命出》、《成之闻之》、《尊德义》、《六德》为一卷，原都无篇题，其中前三篇，竹简形制相仿，两端都修削成梯形，简长32.5厘米两道编线，上下契口编位间距17.5厘米左右，书体、行款相同，《六德》篇书体相同，行款略有所异，分属四篇文章，同卷异题"④。

（3）对内容无关的文献类聚为卷的进一步分析

内容无关文献的类聚成卷，似乎有些无厘头，今天的学者更希望查找到这

---

① 庞朴.《语丛》臆说［A］. 姜广辉. 中国哲学（第二十辑）［C］. 沈阳：辽宁教育出版社，1999：328

② 姜广辉. 郭店楚简与《子思子》：兼谈郭店楚简的思想史意义［A］. 姜广辉. 中国哲学（第二十辑）［C］. 沈阳：辽宁教育出版社，1999：86

③ 濮茅左.《孔子诗论》简序解析［A］. 朱渊清，廖名春. 上博馆藏战国楚竹书研究［C］. 上海：上海书店出版社，2002：11

④ 濮茅左.《孔子诗论》简序解析［A］. 朱渊清，廖名春. 上博馆藏战国楚竹书研究［C］. 上海：上海书店出版社，2002：11

第三章 战国时期的藏书

些看似无关的文献类聚成卷的理由。例如，林志鹏"尝试通过将上海博物馆藏楚竹书《子羔》篇重新安排简序，使之大致能够迨读，并透过内容的分析指出：《孔子诗论》、《鲁邦大旱》、《子羔》三篇可视为同卷之《诗传》，《孔子诗论》属于'诂训之传'（发挥《诗》旨）；《鲁邦大旱》、《子羔》属于'载记之传'（记录故事）"①。当然，林先生的意见似并未赢得学界的共识。但不管怎样，由于"缣贵而简重"，先秦文献多为单篇别行，而"'篇'是按内容起讫自为长短，而'卷'则是竹简编联成册的一种长度规格"②。因此，在单篇不足以成卷的情况下，合众篇为一卷即成为必然。问题是，将哪几篇类聚为一卷？揆以常理，将内容相同、相近或相关的文献类聚在一起应为优先选择；将内容无关甚至内容相左的文献类聚成卷应为迫不得已的无奈之选。应该说，这也是我们在出土简帛中既看到内容相关文献类聚，又看到内容无关文献彼此类聚的根本原因。

事实上，直到刘向校书时，仍需面对这种相关或无关的类聚文献。例如，《晏子叙录》云："所校中书《晏子》十一篇，臣向谨与长社尉臣参校雠，太史书五篇、臣向书一篇、臣参书十三篇，凡中外书三十篇，为八百三十八章。除复重二十二篇六百三十八章，定著八篇二百一十五章。外书无有三十六章，中书无有七十一章，中外皆有以相定。……又有颇不合经术，似非晏子言，疑后世辨士所为者，故亦不敢失，复以为一篇，凡八篇。其六篇可常置旁御观。"这里，刘向补缺去重，最终"定著"的《晏子》仅有十一篇。这11篇当中，还包括了"似非晏子言，疑后世辨士所为者"的一篇。可以认定，刘向在合众篇为一书的过程中，其所"去"实为"复重"的篇章，不"复重"的篇章尽管怀疑可能并不是晏子的作品，但还是慎重地保留了下来。然而，底本之一的"臣参书"却有"十三篇"之多。多出的两篇（甚至更多篇），应是类聚了无关的文献。同样，《管子叙录》云："所校雠中《管子》书三百八十九篇、大中大夫卜圭书二十七篇、臣富参书四十一篇、射声校尉立书十一篇、太史书九十六篇，凡中外书五百六十四篇，以校，除复重四百八十四篇，定著八十六篇，杀青而书可缮写也。"刘向"除复重"最后"定著"的《管子》仅有八十六篇，但作为底本的"中《管子》书三百八十九篇"、"太史书九十六篇"，篇数皆逸出八十六篇之外，当是类聚了无关文献所致。

---

① 林志鹏. 战国楚竹书《子羔》篇复原刍议［A］. 姜广辉. 中国哲学（第二十辑）［C］. 沈阳：辽宁教育出版社，1999：68
② 李零. 简帛古书与学术源流［M］. 北京：生活读书新知三联书店，2004：119

第四章 秦朝的藏书

公元前221年，秦王政陆续灭掉六国，建立起中国历史上第一个统一的中央集权制国家——秦朝，结束了战国以来诸侯割据称雄的局面。秦朝是中国历史上第一个统一的多民族的郡县制国家，秦始皇是中国历史上的第一位皇帝。但秦朝立国后，行暴政，重赋税，苛刑法，焚书坑儒，穷奢极欲之时，举国民怨鼎沸、民不聊生，最终于前206年灭亡于刘邦和项羽领导的农民起义大军。

秦朝（前221～前206）以区区十五年短祚而在中国历史上迅速归于沉寂，迄今关于秦朝官府藏书的研究也多语焉不详。但事实上，秦朝奠定了中国二千余年封建中央集权政治的基础，谭嗣同所谓"二千年之政，秦政也"（《仁学》卷上）。我们相信，与封建中央集权政治直接相关的二千年官府藏书也是由秦朝奠基的。

总体而言，秦朝的藏书包括两大层次和两大对象，即官府所藏文书与图书；私人所藏文书与图书。根据先公后私，以及文书在官府行政运作中优先于图书的基本史实，我们拟首先就秦朝官府所藏文书展开讨论。

第一节 秦朝官府文书的庋藏机构

秦官府文书可从中央政府和地方政府两个角度来论述。正像先秦一样，从文书职掌者和藏书机构的角度入手是分析官府文书的有效途径。本节对秦朝官府文书的讨论亦由此起步。

一、秦朝中央政府文书的"三副"

秦朝中央政府文书的庋藏之所主要是丞相府、御史府（后演变为兰台）和尚书（后演变为尚书台）三处。

丞相府、御史府和尚书作为中央官府文书的庋藏机构，这一基本制度设计可追溯到先秦的商鞅（约前395～前338）。《商君书·定分》曰："法令皆副。置一副天子之殿中，为法令，为禁室，有键钥为禁而以封之，内藏法令一副禁室中，封以禁印。有擅发禁室印，及入禁室视禁法令，及剟禁一字以上，罪皆死不赦。一岁受法令以禁令。天子置三法官；殿中置一法官，御史置一法官及吏，丞相置一法官。诸侯郡县皆各为置一法官及吏，皆比秦一法官。郡县诸侯一受禁室之法令，并学问所谓。吏民知法令者，皆问法官。故天下之吏民无不知法者。"法令置"三副"，既是商君法律思想的重要内容，也是中央政府文书庋藏制度的最早蓝图。

秦统一中国后，"三副"之一藏于天子殿中之"禁室"，有键钥、有禁印。并"为法令"，即制定专门保管禁令，规定"擅发禁室印"、偷阅、擅改一字等情况者，"皆死不赦"。这一副本，"一岁受法令以禁令"，"由少府派遣尚书专司管理"①。所谓"受"即"授"，"即颁布法令皆以禁法令为据也"②。因此，这里的副本之"副"是指复本，而不是强调相对于"正"本而言。

"三副"之二为丞相府所藏，并有专职"法官"（主要是侍中）专门负责。

"三副"之三为御史府所藏，也有专职"法官"（主要是御史中丞）专门负责。

此外，"诸侯郡县"乃至乡里亭各级地方政府都以尚书所藏"禁室之法令"为底本，各藏一副本（但不在"三副"之数），由此形成秦汉时期地方政府所藏文书的基础。

当然，从中央政府档案机构的角度来看，秦时三公（丞相、御史、廷尉）九卿各衙门都保存有与职份相关的任内档案。所谓"九卿"，是分掌中央政府各部门事务的办事机构，包括奉常（负责宗庙礼仪等）、太祝（负责祭祀、祈祷等）、太卜（掌占卜）、博士（备皇帝顾问）、郎中令（负责皇帝警卫）、卫尉（负责宫廷警卫）、太仆（掌皇帝舆马等）、廷尉（掌刑罚）、宗正（负责皇族事务）、典客（负责外交和少数民族事务）、治粟内史（负责赋税财政）、少府（负责皇室财物及杂务）。

总体上，丞相"掌丞天子，助理万机"；御史大夫又是丞相之副，因此，各衙门政务皆与两府有关。尚书则隶属于少府，而作为负责皇家财政及官府手工业的少府，主要职掌与皇室有关的政务档案。因此，三公九卿中央政府各衙门以及地方各级政府所形成的各种档案都将汇聚于丞相府、御史府与尚书。三府是秦王朝官府档案的集中保存之所，而政府各衙门以及地方各级政府则保管与各自行政职份直接相关的档案。

二、丞相府

秦汉时期，丞相的职责是"掌丞天子，助理万机"，"天子下其章于丞相，

---

① 周雪恒. 中国档案事业史［M］. 北京：中国人民大学出版社，1994：97
② 张觉. 商君书校注［M］. 长沙：岳麓书社，2006：197

丞相治之"(《汉书·百官公卿表》)。显见,"丞"即"承","相"有辅助之意。史籍中,赵高欲立胡亥,认为"不与丞相谋,恐事不能成"(《史记·李斯列传》),《唐六典》曰"秦置尚书禁中,有令丞,掌通章奏而已,事皆决于丞相",都是秦朝丞相地位尊崇的写照。

而丞相"助理万机"的行政公干是建立在对文书档案的职掌基础之上的,从这一意义上说,丞相是最大的"吏",所以,《汉书·百官公卿表》曰:"吏员自佐史至丞相,十三万二百八十五人。"

丞相之下设侍中,具体负责相府文书。《通典》卷21《侍中》曰:"侍中本丞相史也,使五人,往来殿内、东厢奏事,故谓之侍中。"侍中往来于皇帝(殿内)和丞相(东厢)之间传递皇帝诏制和丞相奏书,是丞相的专职之"史",正可见"吏"与"史"之间渊源甚密。侍中下设诸曹掾属,各掌其文书档案。《汉旧仪》曰:"丞相初置吏员十五人,皆六百石,分为东西曹。东曹九人,出督州为刺史。西曹六人,其五人往来白事东厢,为侍中;一人留守,曰西曹,领百官奏事。"杨剑宇指出:"凡地方郡县官衙和军队上呈的文书,都送交丞相府,由丞相府整理后送给皇宫秘书官尚书,转呈皇帝,然后根据尚书转达的皇帝口谕或批复进行议决、处理,处理完毕后加以收藏。凡皇帝的诏书,都由尚书转交丞相府,分送各相关官衙执行。"① 而经过丞相经手的文书档案都另做副本藏于丞相府。

值得一提的是,秦及西汉初年相府的重要工作之一是"领计簿"。《汉书·匡衡传》曰:"(丞相匡衡)位三公,辅国政,领计簿,知郡实,正国界。"所谓"上计",是由地方官吏定期(每一年或每三年)呈报京师的文书,"上计"将郡国全年人口、钱粮、盗贼、赋税、狱讼诸事报告丞相,作为政绩考核依据。所谓"领计簿",即接受郡国的上计。《商君书·禁使》云:"夫吏专制决事于千里之外,十二月而计书以定。"计书即上计文书,是联系中央与地方的重要公文之一②。上计制度可以追溯到先秦,《周礼·天官·冢宰》有云:"岁终,则令群吏正岁会。"显见,秦朝所称的"计",就是周代所称的"会",而这正是今天"会计"一词的来源。

丞相考课吏员、定其赏罚的重要依据就是"计簿"。例如,《汉书·丙吉传》曰:"岁竟,丞相课其殿最,奏行赏罚。"

计簿之"计"强调统计报表,因而,与数学有关。而地方官吏所上报者也需"计算",故数学也是吏所倚重的一技。《商君书·去强》云:"强国知十三数:竟(境)内仓口之数,壮男壮女之数,老弱之数,官士之数,以言说

---

① 杨剑宇. 中国秘书史 [M]. 上海: 上海人民出版社, 2007: 74
② 卜宪群. 秦汉公文文书与官僚行政管理 [J]. 历史研究, 1997 (4): 36-52

取食者之数，利民之数，马、牛、刍稿之数。"对这些复杂数字的统计与呈报，就构成了公文的重要内容之一。《汉书·张苍传》曰："萧何为相国，而苍乃自秦时为柱下御史，明习天下图书计籍，又善用算律历，故令苍以列侯居相府，领主郡国上计者。"这是说，汉初萧何任相国（丞相）时，因作为"列侯"的张苍明计籍、善用算而被借调到"相府"，"领主郡国上计者"。"借调"之举，正可见"计簿"在丞相府日常政务工作中的重要意义。《史记·张丞相列传》曰："迁为计相，一月，更以列侯为主计四岁。"裴骃集解引文颖曰："能计，故号曰计相。"唯其如此，相府有计室。《后汉书·百官志》曰："郡国守丞长史上计，事竟遣，君侯出坐庭上，亲问百姓所疾苦，计室掾史一人大音读敕毕，遣。"

三、御史府

周雪恒指出："秦中央设丞相、御史两府。丞相府设侍中掌文书档案，御史府是主管文书档案的机构，两者互不统属。"① 尽管如此，"两府"之间的关系又是十分密切的。

先秦已有御史一职。《周礼·春官·御史》曰："掌邦国都鄙及万民之治令，以赞冢宰，凡治者受法令焉。掌赞书，凡数从政者。"可见，御史掌有法律文书档案。据《史记·蔺相如列传》，"秦御史前书曰：某年月日，秦王与赵王会饮，令赵王鼓瑟"；"赵御史书曰：某年月日，秦王为赵王击缶"。这里的御史只是随国君左右的记事官，结合上引《周礼》，记事的文本应该亦为御史所保存。《战国策》的《韩策一》和《赵策二》都提到，张仪为秦连横，在游说韩、赵时，"秦王使臣献书大王御史"，也可证御史职掌文书。

据《周官》，周朝的御史仅仅是"中士"，堪称官微职卑。但其下属之"史"多达120人，显见其职事的扩张趋势。《周礼·春官·御史》孙诒让《正义》曰："王之有御史，盖犹百官府之有史；……彼史掌赞从官府之书，与此御史尊卑殊绝，而所掌略同。"

御史地位的真正提升，发轫于秦王朝设立御史大夫一职，并赋予其"副丞相"的地位。《汉书·百官公卿表》曰："御史大夫，秦官，位上卿……在殿中掌图籍秘书。"按照《唐六典》的解释，"周官有御史，以其在殿柱中间，亦谓之柱下史。秦改为侍御史"。可以看出，由先秦御史到秦朝侍御史（侍即侍奉天子）的变化，反映了御史接近帝王，成为君主近臣，因而从太史和内史分得了文书、机要、执法、监察、会计等职务。御史因主书主法而权倾群

---

① 周雪恒. 中国档案事业史［M］. 北京：中国人民大学出版社，1994：94–95

臣,"御史大夫"的出现是一个重要标志。正如刘师培《论历代中央官制之变迁》指出:"御史之职在周代之时亦属微官,惟邦国之治,万民之令,均为御史所掌,复兼摄赞书之职,以书从政之人,与后世起居注略同。战国时秦、赵皆有御史,亦属末僚。盖御史训为侍御史,犹言侍史,惟居斯职者得以日亲君侧,故至秦代,即为尊官,与丞相并,复称御史大夫。"①

作为三公之一的秦御史大夫,并不亲掌文书,这正像丞相并不亲掌文书而是由侍中掌管一样。《汉书·百官公卿表》曰:"御史大夫,秦官,位上卿,银印青绶,掌副丞相。有两丞,秩千石。一曰中丞,在殿中兰台,掌图籍秘书,外督部刺史,内领侍御史员十五人,受公卿奏事,举劾按章。"可见,御史府中专司文书者是御史中丞。但是,御史大夫下设两大系统而只提到"一曰中丞",实因御史中丞是御史府的主角,御史大夫的职权实际在中丞。《历代职官表》卷18引李华《御史中丞厅壁记》曰:"御史亚长曰中丞,贰大夫,以领其属。《汉仪》(今按,即《汉官仪》):"大夫副丞相,以备其阙,参维国纲,鲜临府事,故中丞专焉。"所谓"中"丞,即别居殿中,统领众多侍御史,"居殿中,一部分人负责兰台文书的出纳、授受、保管,另一部分人在殿中充任监察"②,是御史府与皇帝接触的主要管道,这也是御史中丞成为御史府主角的重要原因。

御史地位的加强,集中反映在御史在掌管档案的基础上兼领执法的职能。据《史记·秦始皇本纪》,始皇三十五年(前212),侯生、卢生咒始皇后外逃,由"御史按问诸生";三十六年(前211)石刻"始皇死而地分"的咒语由"御史逐问","今年祖龙死"的咒语也"使御府视望"。这些例证,都说明御史在秦统一中国后,已兼领执法功能,并延续到了西汉。《太平御览》卷225职官部引谢承《后汉书》曰:"陈谦拜御史中丞,执宪奉法。"同卷引司马彪《后汉书》曰:"马严拜御史中丞,举劾按章,申明旧典,奉法按举。"正因为御史中丞具有执行法律、监察百官的职责,所以,《汉书·陈咸传》曰:"元帝擢咸为御史中丞,总领州郡奏事,课第诸刺史,内执法殿中,公卿以下皆敬惮之。"而御史执法的资本主要是御史中丞熟谙法律文书,因此,《汉书·薛宣传》曰:"(宣)以明习文法,诏补御史中丞。"

总之,御史大夫的属官在职责上与法令不无关系,因此对这一职务的选任也明确规定必须为同秩的"文法吏"。据《汉旧仪》记载,"元封元年,御史止不复监。后御史职与丞相参增吏员,凡三百四十一人,分为吏、少史、属,亦从同秩补,率取文法吏"。所谓"同秩",说明选任的属官具有一定的实践

---

① 参:安作璋,熊铁基. 秦汉官制史稿(上册)[M]. 济南:齐鲁书社,1984:48
② 大庭修. 汉简研究[M]. 徐世虹,译. 桂林:广西师范大学出版社,2001:25

经验;所谓"文法吏"则具体指明习律令者而言。由此可见,御史大夫及其属吏都具备一定的律令学素养。而据《睡虎地秦墓竹简·尉杂》"岁雠辟律于御史",整理小组认为:"辟律"就是刑律。这条律令的意思是"每年都要到御史处去核对刑律"①。说明秦之辟律(即刑律)文本由御史保管。因此,与刑律有关的机构,包括中央政府的廷尉和各级郡县的执法、司法机构每年都要到中央御史府核对刑律,以确保刑律副本与正本的一致性。

四、尚书台

据《史记·萧相国世家》,汉王刘邦攻入咸阳之际,"诸将皆争走金帛财物之府分之,何独先入收秦丞相御史律令图书藏之"。而《汉书·高帝纪》却曰:"(高祖元年冬十月)萧何尽收秦丞相府图籍文书。"显然,正像我们不能根据《汉书·高帝纪》以为萧何入关的时候只收"秦丞相府"的图籍文书一样,我们似乎也不能仅仅根据《史记·萧相国世家》而认为萧何入关的时候只收"秦丞相御史"的律令图书。事实上,秦朝中央政府律令图书的庋藏之所除了丞相府和御史府之外,还有一个重要的藏所——尚书。

杜佑《通典》卷二十二《职官四》云:"秦时,少府遣吏四人在殿中,主发书,谓之尚书。尚,犹主也。秦尚书四人,不分曹名。"颜师古注《汉书·惠帝纪》"宦官尚食比郎中"引如淳云:"主天子物曰尚,主文书曰尚书。"尚书是负责掌管图书的官名,而泝溯其源,则可上推到战国时魏国的"主书"和齐国的"掌书"。《吕氏春秋·乐成》曰:"(魏文侯)命主书曰:'群臣宾客所献书者,操以进之。'主书举两箧以进。"《吕氏春秋·骄恣》曰:"(齐宣王)遽召掌书曰:'书之。'"这里的"掌书",刘向《新序·刺奢》作:"召尚书书之。"秦时"尚书"和先秦的"主书"、"掌书"一脉相承,以主管典籍、文书为职志,从属于少府,地位颇低。正如《唐六典》卷一指出,"初,秦变周法,置尚书于禁中,有令丞,掌通章奏而已。汉初因之"。《汉官仪》亦曰,"初,秦代少府遣吏四人在殿中主发书,故号尚书。尚,犹主也。汉因秦置之"。总之,秦及汉初的尚书,"是专门负责章奏文书的上奏、下达工作的"②。

尚书所藏秦律令图书也当是萧何所"收"的重要对象。我们推测,《汉书·高帝纪》语本《史记·萧相国世家》而文从其简,故只仅言及"丞相府";而《史记·萧相国世家》未及"尚书",主要是因为,秦时尚书隶属少府,而少府是掌山海地泽收入和皇室手工业制造的皇室私府,因而应该是

---

① 睡虎地秦墓竹简整理小组. 睡虎地秦墓竹简[M]. 北京:文物出版社,1978:73
② 汪桂海. 汉代官文书制度[M]. 南宁:广西教育出版社,1999:170

"诸将皆争走金帛财物之府分之"的主要对象。司马迁所谓"诸将皆争走"与"何独先入",一"皆"一"独",形成鲜明对比,也将萧何的深谋远虑刻画得淋漓尽致。可以设想,萧何亦曾留意于少府(即金帛财物之府)中的尚书所掌之文书,但出于对比的考虑,史迁没有言及尚书之府。

不管怎样,秦时尚书是和丞相、御史"两府"并列的重要的文书档案馆,这一点是毋庸置疑的。

五、内史

上引"丞相御史律令图书"而不及内史(当然,也不及尚书)。所以,一般学者在论述秦朝的官府档案庋藏之所时,也多不及内史(当然,也不及尚书)。例如,周雪恒指出:"秦中央设丞相、御史两府。"①

《汉书·百官公卿表》云:"内史,周官,秦因之,掌治京师。"但从《睡虎地秦墓竹简》可知,内史主管账务文书,负责领受各级郡县的上计文书,主要包括定期文书和不定期文书两种类型。由睡虎地秦简可知:

《内史杂》曰:"都官岁上出器求补者数,上会九月内史。"这是要求将各级郡县每年注销并补充的器物数量于九月份上报内史。

据《仓律》,"程禾、黍□□□□以书言年,别其数,以禀人";"计禾,别黄、白、青";"已获上数,别粲、糯、粘、稻";"别粲、糯之酿……到十月牒书数,上内史"。这里规定,各级郡县要于十月份分类上报谷、黍年产量,还要区别黄、白、青三种颜色的谷子,区别粲、糯、粘、稻的不同,以便形成内容清晰的条目化"上计",而所上对象正是内史,正如睡虎地秦简云:"至计而上籍内史。"②

《仓律》又曰:"入禾稼……辄为廥籍,上内史……"《效律》曰:"稻后禾孰(熟),计稻后年。已获上数……岁异积之,勿增积,以给客,到十月牒书数,上内(史)……至计而上廥籍内史。入禾……"又,"县上食者籍及它费太仓,与计谐。都官以计时雠食者籍。"③ 也是说内史负责定期领受地方文书。

不定期文书的上报,如《金布律》:"粪其有物不可以须时,求先卖,以书时谒其状内史。"是说,遇有需要及时处理的物品,应及时行文上报内史,不得拖延时间。又《语书》云:"又且课县官,独多犯令而令、丞弗得者,以令、丞闻。"据此可以推定,"不定期上报的文书,占秦上报文书总数的绝大

---

① 周雪恒. 中国档案事业史 [M]. 北京:中国人民大学出版社,1994:94
② 睡虎地秦墓竹简整理小组. 睡虎地秦墓竹简 [M]. 北京:文物出版社,1978:100
③ 睡虎地秦墓竹简整理小组. 睡虎地秦墓竹简 [M]. 北京:文物出版社,1978:42

部分。这类文书没有法定的上报时间,但从秦律的总体精神看,也要抓紧时间完成"①。所以,《行书律》云:"行传书、受书,必书其起及到日月夙暮,以辄相报也。"对交接登记和时间都有严格的规定。

总之,内史的业务管理范围大抵围绕"计"而展开。《睡虎地秦墓竹简·内史杂》又曰:"有实官高其垣墙。……令人勿近(近)舍。非其官人殹(也),勿敢舍焉。善宿卫,闭门辄靡其旁火,慎守唯敬(儆)。有不从令而亡、有败、失火,官吏有重罪,大啬夫、丞任之。"这里强调档案库房的安全性,要求啬夫、令史、吏等要对库房安全负责,并具体规定了各自职责,似不关内史。但这些规定出自《内史杂》,因此,这里所谓的啬夫、令史、吏等,应是内史的属官。故《内史杂》又曰:"毋敢以火入臧(藏)府、书府中。吏已收臧(藏)官啬夫及吏夜更行官。毋火,乃闭门户。令令史循其廷府。节(即)新吏舍,毋依臧(藏)府、书府。"

从《内史杂》关于"史"的选用可知②,秦代对"史"(文吏)的政治要求是十分严格的:凡是有过犯罪记录或有过犯罪记录已经赦免的,均不能从事"史"的工作,哪怕他有很好的业务能力。《睡虎地秦墓竹简·内史杂》曰:"下吏能书者,勿敢从史之事。"又曰:"非史子殹(也),勿敢学学室,犯令者有罪。"显见,"能书"、"会计"是充任内史的重要条件,为此有专门培养内史的"学室"。但是,"能书"、"会计"并不是充分条件。内史必须子承父业、世代相袭。"'史子'就是一种学徒吏,学习期满合格后才能正式任职"③。总体上,可见看出,秦代的内史仍然承绪着先秦时期"主书以赞治"的史官的职能。

第二节 秦朝官府文书及其整理

秦统一中国后,进一步贯彻法家思想,"以法为教,无先王之语,以吏为师"(《韩非子·五蠹》)。其本质是重视法律和吏治,并以吏和法分别取代师(主要是儒家)和先王之语(主要是诗书)。韩非认为:"慕仁义而弱乱者,三晋也,不慕而治强者,秦也。"(《韩非子·储说左上》)从社会实践和政治效用的角度,强化了重吏、重法的意识形态取向。

---

① 孙瑞. 从《睡虎地秦墓竹简》看秦国文书上报制度 [J]. 档案学研究, 1997 (3): 21-26
② 参: 睡虎地秦墓竹简整理小组. 睡虎地秦墓竹简 [M]. 北京: 文物出版社, 1978: 106-107
③ 何庄. 试论法家思想对秦代及后代文书档案立法的影响: 以睡虎地秦简为中心 [J]. 档案学通讯, 2007 (4): 46-50

一、秦朝行政大军中的文法吏

秦朝官僚结构中,和博士相对的是狱吏,《史记·秦始皇本纪》曰:"(始皇)专任狱吏,狱吏得亲幸,博士虽七十人,特备员弗用。"狱吏也就是史书称之为"文史法律之吏"的文法吏,省称"文吏"。

文法吏与博士之分由来已久。《荀子·荣辱》区分了"士大夫"和"官人百吏"两类行政角色:"志行修,临官治,上则能顺上,下则能保其职,是士大夫之所以取田邑也。循法则、度量、刑辟、图籍,不知其义,谨守其数,慎不敢损益也;父子相传,以持王公,是三代虽亡,治法犹存,是官人百吏之所以取禄秩也。"士大夫拥有深厚文化素养和政教信念;而官人百吏谨守其数,成为具体行政和办事人员。《礼记·学记》亦曰:"凡学,官先事,士先志。"郑注:"官,居官者也;士,学士也。"孔疏:"若学为官,则先教以为官之事;若学为士,则先喻教以学士之志。"也是说,"士"教养深厚、志趣博雅,而"官"则是具体政务执行者。

先秦官、士之分,显然是秦文法吏与博士之分的先响。"士"或"士大夫"以其学养而成为秦博士、汉儒生的前驱,"通古今"是其本份,"诗书、百家语"等图书是其职掌。而"官"或"官人百吏"则是秦汉文法吏的渊源,因其从事具体行政工作而守志于法则、度量、刑辟、图籍等档案。这表明,古代官僚制度下的设官分职,既需要读经书"通大道"的宏观决策人员,也需要"知官事,晓簿书"的具体办事者。

《汉书·贾谊传》云:"俗吏之务,在于刀笔筐箧。"《补注》引周寿昌曰:"刀笔以治文书,筐箧以贮财币,言俗吏所务在科条征敛也。"文法吏因其务在"刀笔筐箧"和具体条文而被蔑称为"俗吏",这当然是汉代的价值标准。然而,诚如宋儒王应麟指出:"秦贵法吏。"(《玉海》卷117)秦人的取向与汉人有别,而这可以推源于《韩非子·忠孝》:"人臣毋称尧舜之贤,毋誉汤武之伐,毋言烈士之高,尽力守法,专心而事主者,为忠臣。"韩非"尽力守法"的"忠臣"原则提高了文法吏的行政地位,使得文法吏成为秦朝官僚大军中的重要成员。

从这一意义上说,秦朝政治架构和行政运作的本质是从必须皆备的两者(士和吏)之中过分强调并夸大了其中之一(吏)。史籍中,有关秦朝"师申商之法,行韩非之说"(《汉书·董仲舒传》)、"任刀笔之吏"(《汉书·张释之传》)、"狱吏得贵幸"(《史记·秦始皇本纪》)的记载不绝于书。章学诚《文史通义·释史》指出:"以吏为师,三代之旧法也;秦人之悖于古者,禁诗书而仅以法律为师耳。"三代之际的"以吏为师"本质上是官师合一,兼具以诗书为代表的人文教养和以法律为代表的职业技能。而秦朝的"以吏为师"则是用职业技能取代人文教养，文学方术之士虽然存在，但"特备员弗用"，地位不高。由此形成"古经废而不修，旧学暗而不明，儒者寂于空室，文吏哗于朝堂"（《论衡·程材》）的局面。

法家以工具理性为原则构建封建官僚体系，其人性论基础是"趋利避害"，而无视人性之善及其情感道德内涵。相应地，"以吏为师"，不仅凸显吏而且否认师，从而凸显法并否认包括人文教养在内的人类精神价值。《商君书·靳令》将礼乐、诗书、修善孝弟、诚信贞廉、仁义、非兵羞战视为"六蝨"；《韩非子·五蠹》指认学者（指战国末期的儒家）、言谈者（指纵横家）、带剑者（指游侠）、患御者（指依附贵族私门的人）、工商之民，"此五者，邦之蠹也"，即认为这五种人无益于耕战，就像蛀虫那样有害于社会。韩非"法也者，官之所以师也"（《韩非·说疑》）以及"听吏从教"（《韩非·诡使》）的主张，则成为秦始皇焚书时"以吏为师"思想的先导。"以吏为师"，就必须降低与"吏"相对的"士"之行政地位；而贬损士所掌"诗书、百家语"图书成为相应的配套工程之一。其结果便是《史记·秦始皇本纪》所谓："（始皇）专任狱吏，狱吏得亲幸，博士虽七十人，特备员弗用。"而"焚书坑儒"是其甚者。

相应地，《汉书·董仲舒传》曰："（秦）憎帝王之道。"《汉书·路温舒传》曰："秦之时，羞文学，好武勇，贱仁义之士，贵治狱之吏。"《汉书·刑法志》曰："（秦）毁先王之法，灭礼谊之官。"商鞅变法，"播诗书而明法令"（《韩非子·和氏》），播即燔。《商君书·定分》曰："故圣人必为法令置官也，置吏也，为天下师。"

文法吏是接受过严格文书法律训练的吏员，其从政的主要资本是对法律条文的熟谙，即"知法令之所谓"（《商君书·定分》）。睡虎地秦简《置吏律》曰："令君子毋（无）害者若令史守官。"《论衡·程材》曰："文吏晓薄书，自谓文无害。""无害"（或"文无害"）的本质是精通法律条文，例如，萧何即曾"以文无害为沛主吏橼"（《史记·萧相国世家》）。

睡虎地秦简中，颁布于秦始皇二十年的《语书》指出，"良吏"的重要标准是："凡良吏明法律令，事无不能殹（也）。"[①]《为吏之道》则以"审当赏罚"、"审悉毋私"、"举事审当"等作为文吏之"能"的基本要求。例如，《为吏之道》曰："审民能，以任吏，非以官禄夬（决）助治。"[②]

总之，嬴秦"以文吏治天下"，必"以文书御天下"。而文法吏的行政运

[①] 睡虎地秦墓竹简整理小组. 睡虎地秦墓竹简［M］. 北京：文物出版社，1978：19
[②] 睡虎地秦墓竹简整理小组. 睡虎地秦墓竹简［M］. 北京：文物出版社，1978：291

作是建立在其所掌法律档案基础上的，这正像秦博士"通古今"的行政职责奠基于其所掌"诗书、百家语"图书一样。在此背景下，和文法吏行政地位的提高相适应，法律档案也成为秦朝官府的主要入藏典籍。秦之"文法吏"因而也可以形象地概述为"以朝廷为田亩、以刀笔为耒耜、以文书为农业"（《论衡·程材》）的官府从政人员。

二、秦朝上至丞相御史下及普通官吏皆掌有法律文书

嬴秦"以法治国"，"明君治吏不治民"（《韩非子·外储说右下》），由此形成了鲜明的吏治思想与文档人员管理法规，以确保法治的实现。

《商君书·开塞》指出："民本，法也。"因此，职掌"法律令"档案就成了秦朝文法吏的重要从政资本。《史记·萧相国世家》云："（萧）何独先入，收秦丞相御史律令图书藏之。"秦之律令图书掌于丞相和御史，而秦以文法吏治国，丞相本身就是文法吏之长。如，李斯是典型的法家，章太炎《检论·原法》指出："著书定律为法家。"至于御史，《周官·春官·御史》云："掌邦国都鄙及万民之治令，以赞冢宰。凡治者受法令焉。掌赞书，数凡从政者。"其职掌集中于文书法令，而正是基于对法律档案的执掌，御史在秦朝遂演为执法之官。直到西汉，仍有郑宾因"明法律为御史"（《汉书·郑崇传》）的记载。

丞相、御史之外，秦朝的一般文法吏也掌有法律档案。睡虎地秦简《语书》"凡良吏明法律令"、"恶吏不明法律令"，对良吏、恶吏的评骘标准就在于是否明晰"法律令"，即对法律档案的熟谙程度。事实上，睡虎地1100多枚秦简内容多为秦代法律原文及其解释，这批珍贵档案的主人就是秦安陆（今云梦）主管律法的墓葬主人"喜"①。

秦朝各郡守和县令之下的主簿、丞等属官以及管理各地方事务的各曹掾史，他们作为秦朝行政大军中的普通文法吏也都掌有法律档案。《汉书·酷吏传》说严延年"少学法律丞相府，归为郡吏"。《荀子·荣辱》说"官人百吏"谨守"法则、度量、刑辟、图籍"，即各级官吏皆藏有各类档案，以为行政时"谨守"之本。这在秦朝成为行政事实。睡虎地秦简中有《秦律十八种》，内容都与法律文书有关，包括《田律》、《仓律》、《金布律》、《工律》等；《秦律杂抄》则是根据实用之需而从秦律中摘录的律文，包括《除吏律》、《游士律》等；《法律答问》采用问答形式对刑法的一些术语、条文、律文内涵等作出解释，以供一般吏员学习。

---

① 睡虎地秦墓竹简整理小组. 睡虎地秦墓竹简［M］. 北京：文物出版社，1977：17

再从记录财物出纳的簿书类档案来看,《论衡·谢短》所谓"文吏自谓知官事,晓簿书"中的"簿书",也是文法吏从政的依凭之一。卜宪群指出:"根据云梦秦简所反映的内容看,秦的法令并不仅指刑法,实际还包括各种行政规范、条品、程式,熟悉这些制度不仅需要一定的文化基础知识,而且要花费相当长的一段时间。文法吏即指对这些律令、条品、规范、程式极为熟悉的官吏。"① 例如,睡虎地秦简《效律》规定了检核物资账目的一系列标准,包括度量衡及其误差的限度。"《内史杂》中有一条律文特别规定贮藏物资的机构,必须备有足够的衡石累、斗桶等量器。这些量器要经常校正准确"②。《汉书·张苍传》曰:"(张)苍为计相,……比定律令。若百工,天下作程品。"师古注引如淳曰:"百工为器物皆有尺寸、斤两、斛斗、轻重之宜,使得其法。"可见,张苍所定"章程"主要是度量衡方面的经济法规档案,旨在对器用物品颁布统一标准,公告天下,令工匠按照法定标准执行。无疑,"簿书"所载主要是《荀子·荣辱》所谓"度量"的内容,成为各级市场管理官吏的行政之本。因此,居延汉简褒奖类文书中常常出现在记录功劳后,特别注明"能书会计,治官民颇知律令"的程式性话语。如"张掖居延甲渠塞有秩士吏公乘段尊中劳三岁八月廿日能书会计治官民颇知律令",大庭修所举居延旧简和新简中有 12 条类似的例证③。

综上,秦以法治国,官府所藏以法律文书为主。事实上,"在秦代,律法文件是官府之学的唯一内容"④。

三、秦朝海量文书的形成及其保管

秦朝建立了"事皆决于上"的中央集权制政体,它的具体运作又是建立在"事皆决于法"(《史记·秦始皇本纪》)的法制思想基础上的。而"事皆决于法"则是以完善文书档案的管理为前提的。因此,文书档案制度的完善,既是秦朝海量文书形成的主要前提,也是秦朝行政运作的重要基石。兹参考何庄⑤、邓薇⑥等人的观点,分析秦王朝海量文书的形成及其具体保管方式。

(一)海量文书的形成

吏的行政地位之活跃与文书的普及成正比,而官府行为书面化、文书副本

---

① 卜宪群. 秦汉官僚的类型及其演变 [J]. 聊城大学学报,2000 (1):59-67
② 高恒. 秦汉法制论考 [M]. 厦门:厦门大学出版社,1994:5
③ 大庭修. 汉简研究 [M]. 徐世虹,译. 桂林:广西师范大学出版社,2001:112-113
④ 邹家炜,董俭,周雪恒. 中国档案事业简史 [M]. 北京:中国人民大学出版社,1985:24
⑤ 何庄. 试论法家思想对秦代及后代文书档案立法的影响:以睡虎地秦简为中心 [J]. 档案学通讯,2007 (4):46-50
⑥ 邓薇. 从睡虎地秦简看秦档案及库房的管理 [J]. 黑龙江史志,2010 (9):31-32

制度化以及有关文书真实性的规定，则催生了海量文书的形成。

首先，行政行为需要形成书面化的文字。

睡虎地秦简《内史杂》曰："有事请殹（也），必以书，毋口请，毋羁请。"即不能口头请示或请人代达，而"必以书"，使政务书面化、标准化和程式化。由此可以想见，秦朝的文书档案数量必然非常庞大。例如，睡虎地秦简《田律》曰："雨为澍，及秀粟，辄以书言澍稼、秀粟及垦田……稼以生后而雨，辄言雨少多，所利顷数。旱及暴风雨、水潦、螽虫，群它物伤稼者，亦辄言其顷数。"① 这里，有关农业生产中的雨量、庄稼生长、垦田、受灾等情况，都在"必以书"的要求下，被记载了下来。

其次，文书副本制度也导致了海量文书的生成。

早在商鞅变法时期，秦国就建立了法令的副本制度。《商君书·定分》曰："法令皆副置，一副天子之殿中。"从出土简帛来看，这一副本制度在秦统一中国以后，也得到了严格执行。《睡虎地秦墓竹简·尉杂》曰："岁雠辟律于御史。"辟律即刑律，该句意即每年都要到御史那里核对刑律。可见，御史掌管着刑律的正本，地方官吏每年都必须以其所掌法律副本和御史所掌正本进行核对，以保证刑律的上下一致。《睡虎地秦墓竹简·内史杂》记载："县各告都官在其县者，写其官之用律。"即要求各县官吏必须抄录与各自职份相关的法律文书。出土的秦朝简帛法律文书档案中，绝大多数是这类与各自职份相关的法律条文的摘抄，例如，湖北云梦龙岗6号秦墓禁苑律，"是从各种法律条文中摘抄出了与禁苑管理有关的内容，编纂成册"，"大抵可以分类三类，一是直接与禁苑有关的内容，二是间接与禁苑有关者，三是可能与禁苑事务相关者"②。而摘抄现象的普遍存在，也说明秦朝是严格执行文书副本制度的。

再次，因提供吏员学习而催生大量文书档案的文本。

官吏出于学习职业技能的需要，也产生了大量的文书文本。今以睡虎地秦简为例略作分析。《睡虎地秦墓竹简·内史杂》提到："非史子殹（也），勿敢学学室，犯令者有罪。"可见，文法吏必须掌握专门的职业技能（包括"能书"、"会计"、熟悉律令条文等等）。

我们知道，商鞅制订的秦法是以李悝《法经》为蓝本，分盗、贼、囚、捕、杂、具六篇，而睡虎地秦简《法律答问》共210简，内容计有187条，采用问答的形式，对秦律六篇的某些条文、术语及律文的意图作明确解释。《封诊式》共98简，出土时已散乱。"封诊式"三字写在最后一简的简背，"封"是查封，"诊"是诊断、核验，"式"是式样、范本。"封诊式"意为对案件当

---

① 睡虎地秦墓竹简整理小组. 睡虎地秦墓竹简 [M]. 北京：文物出版社，1978：24-25
② 胡平生，李天虹. 长江流域出土简牍与研究 [M]. 武汉：湖北教育出版社，2004：289

事人现场查封、核验诸程式的文书,是供有关官吏学习,并在处理案件时可资参照的范本。《封诊式》简文计 25 节,每节首简简首写有小标题,包括《治狱》、《讯狱》等。《为吏之道》共 51 简,内容是关于为官者应具有的品德,通篇文字不少地方文意不是很连贯,整理者推测是供学习做官吏的人使用的识字课本。

(二)管理制度的完善导致海量文书得以保存

海量行政文书作为具体行政施政的文本依据,直接关系到行政施政的质量。因此,对文书档案的管理就显得十分必要。可以肯定,对文书管理制度的完善,是海量文书保存的重要措施之一,也是时隔二千二百年之后的今天,能够出土的重要原因之一。

首先,秦朝广设档案馆,形成了完善的档案库房管理制度。

《睡虎地秦墓竹简·内史杂》记载:"毋敢以火入臧(藏)府、书府中。吏已收臧(藏)官啬夫及吏夜更行官。毋火,乃闭门户。令令史循其廷府。节(即)新吏舍,毋依臧(藏)府、书府。"这里的"藏府",是"收藏器物的府库";"书府"是"收藏文书的府库"①。对藏府和书府要求设专人昼夜巡逻,尤其要做好火情检查的防范工作,不允许吏舍靠近两府。《睡虎地秦墓竹简·内史杂》又曰:"有实官高其垣墙。……令人勿絊(近)舍。非其官人殹(也),勿敢舍焉。善宿卫,闭门辄靡其旁火,慎守唯敬(儆)。有不从令而亡、有败、失火,官吏有重罪,大啬夫、丞任之。"除了强调轮流值夜看守、防火等之外,还强调库房垣墙要加高、要单独为户、闲人不得靠近;若有闪失,管理者要受到惩罚,相关官员也要承担连带责任。《睡虎地秦墓竹简·效律》中则有针对档案及库房管理不善的惩罚措施:"官啬夫赀二甲,令、丞赀一甲;官啬夫赀一甲,令、丞赀一盾。其吏主者坐以赀、谇如官啬夫。其它冗吏、令史椽计者,及都仓、库田、亭啬夫坐其离官属于乡者,如令、丞。"这里,"令史椽"是令史的属吏。官啬夫主管库房一旦出了问题,主管官啬夫的令、丞也要承担相应的连带责任。

其次,对书写材料和文书捆扎的规定。

睡虎地秦《秦律十八种》中《司空律》对于档案的书写材料的选择和缄束方法都有严格规定。《司空律》曰:"令县及都官取柳及木楘(柔)可用书者,方之以书;毋(无)方者乃用版。其县山之多者,以缠书;毋(无)者以蒲、蔺以荊之。各以其时多积之。"也就是说,"县和都官用柳木或其他质柔可以书写的木材,削成木方以供书写;没有木方的,可用木版。县中山上盛

---

① 睡虎地秦墓竹简整理小组. 睡虎地秦墓竹简 [M]. 北京:文物出版社,1978:109

产菅草的，用菅缠束文书；没有菅草的，用蒲草、蔺草及麻封扎，并在收获季节多加储存这些东西。可见，随着县级文书档案活动的日益频繁，相关文书档案用品的使用量也日益增加，它们的数量充足与否及质量的好坏，均对各类文书档案工作产生直接的影响。所以，秦朝统治者要求县及都官，不但要做好文书档案工作，而且还要做好文书书写材料木方或木版的储备和保管工作，甚至对用于捆扎文书档案的菅草、蒲草、蔺草或麻绳也要求多加收藏和保管，以满足该县全年文书档案工作之需"①。

再次，对文书登记、遗失报告、传递的规定。

秦朝有一整套对文书登记、遗失报告和传递的规定。例如，睡虎地秦简《行书律》曰："行传书，受书，必书其起到日月夙莫（暮），以辄相报殹（也）。书有亡者，亟告官。隶臣妾老弱及不可诚仁者勿令。"② 这里规定，文书收发必须登记日期时辰；文书有遗失必须及时报告上级，"隶臣妾老弱及不可诚仁者"不可任用为文书传递员。《法律答问》曰："亡久书、符券、公玺、衡羸（累），已坐以论，后自得所亡，论当除不当？不当。"③ 这是对遗失文书处罚的规定。即使自己找回了遗失的文书，也不能免除惩罚。

最后，秦朝还通过对伪造文书的惩罚而保证文书的真实性。

《商君书·定分》指出："法令皆副。置一副天子之殿中。为法令为禁室，有铤钥，为禁而以封之，内藏法令一副禁室中，封以禁印，有擅发禁室印，及入禁室视禁法令，及禁剟一字以上，罪皆死不赦。"这里，不仅对保藏副本的"禁室"有严格的保护措施，而且对"剟一字以上"的档案篡改，也规定了严格的惩罚措施，从而保证了法律档案的权威性④。可见，早在商鞅变法时，秦人就把重要的法律珍藏在宫殿中的禁室，即档案室中，并制定了详细而严厉的管理规定。睡虎地秦墓所出《法律答问》亦曰："侨（矫）丞令，可（何）殹（也）？""盗封啬夫可（何）论？廷行事以伪写印。"又曰："发伪书，赀二甲。"⑤ 这是对伪造文书用印、假冒上级封印以及传发伪造文书的处罚规定。而据《睡虎地秦墓竹简·秦律杂抄》记载，"吏自佐、史以上负从马、守书私卒，令市取钱焉，皆迁（迁）"，这条律法明确规定，凡看守文书档案的私卒，如果以文书档案谋取私利，就要处于流放的处罚，其严厉程度可见一斑。

---

① 刘向明. 从睡虎地秦简看秦代档案用品库房管理的法律 [J]. 兰台世界，2006（7）：24 - 25
② 睡虎地秦墓竹简整理小组. 睡虎地秦墓竹简 [M]. 北京：文物出版社，1978：104
③ 睡虎地秦墓竹简整理小组. 睡虎地秦墓竹简 [M]. 北京：文物出版社，1978：213
④ 高亨. 商君书注释 [M]. 北京：中华书局，1974：187 - 188
⑤ 睡虎地秦墓竹简整理小组. 睡虎地秦墓竹简 [M]. 北京：文物出版社，1978：175 - 176

四、秦朝官府文献整理的对象主要是法律文书

秦朝海量文书的生成及其保存，尤其是文书作为文法吏行政公干的重要依据，导致秦朝的文献整理对象主要是法律文书档案而不是图书。

众所周知，汉成帝河平三年（前26）刘向、刘歆的文献整理是中国文化史上的重大事件。但刘氏文献整理的对象是图书而不涉及档案①，本质上反映了汉武帝独尊儒术后，国家行政的儒家教化（而不是苛刑峻法）取向。《汉志·序》曰："汉兴，改秦之败，大收篇籍，广开献书之路。迄孝武世，……建藏书之策，置写书之官，下及诸子传说，皆充秘府。"正反映了汉代（尤其是武帝后）图书地位的提升及其背后官府行政取向的变化。相比之下，秦朝无论官府所藏还是官方整理都是以文书档案为主。并且，这一倾向还一直延及汉初（武帝之前）。

《史记》的《秦始皇本纪》说秦二世"遵用赵高申法令"，《李斯列传》说赵高"更为法律"。可见，丞相赵高曾负责整理过法律档案。事实上，秦朝的国家大法正出于丞相之手，并收藏于相府。汉初，"萧何捃摭秦法，取其宜于时者，作律九章"（《汉书·刑法志》），萧何《九章律》来源于"秦法"，即来源于《史记·萧相国世家》萧何所收"秦丞相御史律令图书"中的秦之"律令图书"。《晋书·刑法志》亦云："汉承秦制，萧何定律，除参夷连坐之罪，增部主见知之条，益事律《兴》、《厩》、《户》三篇，合为九篇。"可见，秦之律令是包括"法则"（即形而上的法理和法典）和"刑辟"（即形而下的具体刑律条文）的。

此外，秦朝对"礼仪"也有整理。《史记·礼书》："至秦有天下，悉内（纳）六国礼仪，采择其善，虽不合圣意，其尊君抑臣，朝廷济济，依古以来。"《通典》卷41《礼一》亦曰："秦平天下，收其（山东六国）礼仪，归之咸阳，但采其尊君抑臣，以为时用。"秦王朝在充分吸收山东六国礼仪基础上建立的新礼制，成为汉初叔孙通所制礼仪的蓝本。《史记·礼书》指出，叔孙通所定之礼，"大抵皆袭秦故"。古代礼法一体，"出于礼则入于刑"，《汉书·陈宠传》曰："礼之所去，刑之所取，出礼则入刑，相为表里。"所以，叔孙通所"定"《礼仪》也是法律的一部分。《汉书·礼乐志》曰："叔孙通所撰礼仪，与律令用同，藏于理官。"师古注曰："理官，即法官也。"礼仪由法官掌管，具有一定的法律效力。历史上，秦自商鞅变法以后才"权制独断于君"，由国君制订统一政令和设置官吏统一解释法令，逐步向法制化迈进的。

---

① 傅荣贤. 论刘向文献整理的对象是图书而不是档案［J］. 档案管理，2007（6）：35-37

出土文献中也有大量法律文书整理的明证。如睡虎地秦简《语书》曰："（南郡守）腾为是而修法律令、田令，及为间私方而下之，令吏明布，令吏民皆明智（知）之，毋巨（拒）于罪。"① 意即，名叫"腾"的南郡守将法律令、田令和为奸私法核对、整理出来，命主法的官吏公布于众，使本郡各级官吏和百姓都清楚了解。《尉杂》云："岁雠辟律于御史。"注云："辟律，刑律。……本条指廷尉到御史处核对法律条文。"② 可见，"南郡守"和"御史"都是"主法之吏"，他们作为"以吏为师"行政背景下的普通文法吏之一，不仅藏有法律文本，而且也负责对它们的校对整理。

五、秦朝律令文书的摘抄

摘抄是战国之际出土简帛文献的主要来源，也是秦朝墓葬文献的主要获得方式。所谓摘抄，是对原书断章取义、有所选择地抄录，因而也反映了抄者的主观认识。

《商君书·定分》曰："法令皆副置，一副天子之殿中。"从出土简帛来看，这一副本制度在秦统一中国以后，也得到了严格执行。《睡虎地秦墓竹简·内史杂》记载："县各告都官在其县者，写其官之用律。"即要求各县官吏必须抄录与各自职份相关的法律。例如，湖北云梦龙岗6号秦墓出土竹简293枚，残片138枚，内容为禁苑令，"是从各种法律条文中摘抄出了与禁苑管理有关的内容，编纂成册"，内容"大抵可以分类三类，一是直接与禁苑有关的内容，二是间接与禁苑有关者，三是可能与禁苑事务相关者"；龙岗秦简"书风比较统一，应当出自一人之手"③。不仅如此，龙岗简中直接出现"禁苑"字样的简文，以及有些与禁苑明显相关的律文，不一定径称为《禁苑律》，而是分属于不同的法律的，典型地反映了龙岗简"摘抄"的性质。例如，有的属于《厩苑律》，有的属于《田律》等。如简77至83号内容即与睡虎地《秦律十八种》中的《田律》有关。而作为摘抄，龙岗简并没有全文照抄，而只是抄录了有关禁苑"百姓犬入禁苑中"的最后一节，这应当是龙岗简最重要的特点。这一段直接涉及禁苑的律文，并不是《禁苑律》而是《田律》④。

又如，睡虎地秦简《秦律十八种》都不是该律的全部条文，更远非秦律的全部，而只是根据特定需要的摘抄。其中，《效律》共60简，与《语书》、

---

① 睡虎地秦墓竹简整理小组. 睡虎地秦墓竹简[M]. 北京：文物出版社，1977：16
② 睡虎地秦墓竹简整理小组. 睡虎地秦墓竹简[M]. 北京：文物出版社，1977：73
③ 胡平生，李天虹. 长江流域出土简牍与研究[M]. 武汉：湖北教育出版社，2004：288-289
④ 胡平生，李天虹. 长江流域出土简牍与研究[M]. 武汉：湖北教育出版社，2004：289

《秦律十八种》、《为吏之道》诸文献同发现于墓主腹下部。简册第一枚简背写有"效"字标题。《秦律十八种》中也有《效》，是摘录了该《效律》的部分律文。《秦律杂抄》共24简，简文各种有些有律名，有些没有，内容也比较庞杂。"它大约是根据需要从秦律中摘录了一部分律文。有些条文抄录时可能作了删节……《秦律杂抄》摘录的范围相当广泛，简文存有律名者计十一种，《除吏律》与前述《秦律十八种》中的《置吏律》名称相似"①，其余十种律名不见于前者。不仅如此，包括《置吏律》在内的内容皆与《秦律十八种》中没有任何重复。此外，江陵王家台15号秦墓《效律》与睡虎地秦简《效律》相同，但书写次序不同。睡简《效律》的次序有些可能当依王家台简加以调整；有些则可能是独立的律文，无所谓先后。这两种简应当都是《效律》律文的摘抄，而不是全本。

综上，可以认为，秦朝墓葬所出法律文献都只是根据墓主需要而摘抄的结果。

除摘抄之外，类聚内容相关之文献的现象在秦朝所出文书简帛中也有反映。例如，睡虎地秦简《为吏之道》共51简，内容是关于为官者应具有的品德，通篇文字不少地方文意不是很连贯，整理者推测是供学习做官吏的人使用的识字课本。该篇分上下五栏抄写，第五栏末尾处附抄了两条魏国法律，一是魏户律，一是魏奔命律。这里，所附两条魏国法律虽不属于秦律的范围，但内容都与为官者应具有的品德有关，将这两条附录于此，是典型的类聚内容相近文献。

第三节　秦朝的官府图书

如上所述，秦朝的官府藏书主要包括官府档案的集藏和官府图书的集藏两大脉系。秦朝以法治国，"法令比例，吏断决也。文吏治事，必问法家，县官事务，莫大法令"，"五曹自有条品，簿书自有故事，勤力玩弄，成为巧吏"（《论衡·程材》）。吏及其所职掌的"文法"（法令条品、簿书故事）的发达代表着官僚行政的成熟程度，同时也意味着士及其所职掌的图书的行政地位不高。但这并不表明，秦朝官府所藏图书乏善可陈，本节拟就秦朝官藏文献中的图书作初步分析。

---

① 胡平生，李天虹. 长江流域出土简牍与研究［M］. 武汉：湖北教育出版社，2004：243

一、秦朝官府图书的研究现状

对秦朝官府图书的研究迄今仍是一个薄弱环节，相关成果并不能满足人们的学术期待。总体而言，现有成果的主要不足集中表现在：

第一，完全无视秦朝官府藏书的存在。例如，《中国图书馆事业史》一书以1911年之前的中国古代图书馆为讨论对象，书中的第三章《古代的图书馆事业》"所说的古代，是指中国历史上的先秦时代，也就是秦王政二十六年（西元前二二一年）灭六国统一天下以前的时代"①，紧接着的第四章则是《汉代的图书馆事业》，书中关于秦朝的"图书馆事业"则鲜有讨论。同样，某些学术论文也往往笼统地以"秦汉"为时间断限，而实际所论内容则完全局限于汉代。

第二，混淆图书与档案的区别。相关论著往往根据《史记·萧相国世家》"何独先入收秦丞相御史律令图书藏之"，认为秦丞相御史"掌管图籍"②；御史"是在君主左右具体掌管文书、图籍、档案、记录诸事的官员。秦朝主管图籍的官员是由御史大夫负其总责"③。同样，《辞源》对"图书"一词的释义分列了三个义项。第一个义项是"地图与书籍"，并引《史记·萧相国世家》"沛公至咸阳，……（萧）何独先入，收秦丞相御史律令图书藏之"为证。事实上，据《史记·秦始皇本纪》："秦兼天下，建皇帝之号，立百官之职。不师古，始罢侯。置守太尉主五兵，丞相总百揆，又置御史大夫以贰于相。"秦丞相、御史大夫（包括太尉）贵为三公，是官僚政体中的最高长官，他们所执掌的文献主要是基于行政公务而形成的档案，并不包括图书④。

《史记·萧相国世家》"律令图书"中所谓的"律"是指成文法，"令"是律的补充，"图"主要是地图，"书"主要是名籍、户籍等各种"计书"，即流水账式的条目化记录，它们都是文书档案而与图书无涉。正是在文书的意义上，《史记·萧相国世家》又曰："汉王所以具知天下扼塞，户口多少，民所疾苦者，以何具得秦图书也。"《论衡·别通》也指出："萧何入秦，收拾文书，汉所以能制九州者，文书之力也。"

总之，"何独先入收秦丞相御史律令图书"的对象只涉及文书档案，而无涉于图书。但这并不意味着秦朝官府所藏没有图书。

---

① 卢荷生. 中国图书馆事业史［M］. 台北：文史哲出版社，1986：21
② 谢灼华. 中国图书和图书馆史［M］. 武汉：武汉大学出版社，2005：43-44
③ 傅璇琮，谢灼华. 中国藏书通史［M］. 宁波：宁波出版社，2001：54
④ 傅荣贤. 论秦朝图书与档案的分野及其"以法治国"的行政取向［J］. 图书情报工作，2009（8）：142-145，9

二、秦朝官藏图书的概貌

秦朝的官藏图书是在统一中国之前的秦国自有藏书以及统一中国时收缴六国藏书的基础上建立起来的。

（一）秦朝官藏图书的主要来源

首先，关于统一中国之前秦国自己的藏书。

嬴秦在公元前221统一中国之前即已有自己的藏书。《史记·秦本纪》秦文公十三年（前753）"初有史以记事"，《史记·封禅书》"秦缪公立……史书而记，藏之府"，皆是其证。《尚书》中的《秦誓》、《诗经》中的"秦风"，当皆为秦史官所记。《史记·秦始皇本纪》"史官非秦纪皆烧之"中的"秦纪"，也是秦国沿袭久远的史书。此外，扬雄《答刘歆求方言书》曰："尝闻先代輶轩之使奏籍之书，皆藏于周秦之室。"应劭《风俗通序》曰："周秦常以岁八月，遣輶轩之使，求异代方言，还奏籍之，藏于秘室。"都说明秦承周制，遣輶轩之使访求"异代方言"并曾"籍"而藏之于"室"。

其次，所得六国藏书，最典型的是收缴周王朝的"周室"。

据《孔子家语·孔安国后叙》记载，昭襄王时，"孙卿入秦，昭王从之问儒术。孙卿以孔子之语及诸国事、七十二弟子之言，凡百余篇与之。由是秦悉有焉"。这里的孙卿即著名的荀子。

《史记·六国年表》曰："秦既得意，烧天下诗书，……而史记独藏周室，故以灭。""周室"所藏文献主要是"史记"，即史官所记文献。结合《秦始皇本纪》"史官非秦纪皆烧之"来看，周室所藏主要是除秦国史料之外的六国（尤其是周王朝）史料。因此，《庄子·天道》说，"孔子西，藏书于周室"，遇到了"周守藏室之史"老聃；《史记·十二诸侯年表》说，"（孔子）西观周室，论史记旧闻，兴于鲁，而次《春秋》"；《公羊传疏》引闵因序曰，"昔孔子受端门之命，制春秋之义，使子夏求周史记，得百二十国宝书"，都说明了"周室"与"史"书之间的密切关系。此外，《史通·杂述》曰："《世本》著自周室。"而《世本》也是"史"书。秦始皇焚书时，"史记非秦纪皆烧之"，正是针对周室而言的。

从名称来看，"周室"既指周王朝的藏书处所，也指里面的藏书。这和英文library既指图书馆又指图书馆里面的藏书颇相仿佛。无疑，"周室"（包括里面的藏书）是作为秦朝战胜周王朝时的战利品之一而为秦所得的。

再次，统一中国后，有选择地收集"天下书"。

《史记·秦始皇本纪》曰："吾前收天下书，不中用者尽去之，悉召文学方术士甚众，欲以兴太平。"这里的"书"主要是图书，而不是档案。其内容当主要包括与文学士直接相关的文学典籍（儒家经传和诸子百家），以及与方术士直接相关的方术类典籍。详下。

（二）秦朝官府藏书的主要处所

上引《史记·封禅书》说："秦缪公立……史书而记，藏之府。"扬雄《答刘歆求方言书》："常闻先代𬨎轩之使，奏籍之书，皆藏于周秦之室。"应劭于《风俗通义序》中说："秦常以岁八月，遣𬨎轩之使，求异代方言，还奏籍之，藏于秘室。"《史记·太史公自序》曰："秦拨去古文，焚灭诗书，故明堂、石室、金匮玉版图籍散乱。"由此可知，秦王朝官府藏书的处所主要包括"明堂、石室、金匮"，以及扬雄所谓"周秦之室"中的"秦之室"。而"秦之室"，当即应劭所谓"秘室"。正像由"周秦之室"可以窥知"秦室"仿自"周室"一样，"明堂、石室、金匮"也是先秦藏书的遗制。

此外，特别值得一提的是，秦王朝尚有博士所藏之书。我们知道，《北堂书钞》卷12及卷101、《初学记》卷12、《艺文类聚》卷12、《太平御览》卷88、卷232及卷619等文献皆曾引及《七略》佚文："孝武皇帝敕丞相公孙弘广开献书之路，百年之间，书积如丘山，故外有太常、太史、博士之藏，内有延阁、广内、秘室之府。"无疑，与"外"对言的"内"即"中"，也就是后世所谓"大内"、"禁中"，是皇室生活区（宫廷）。谢灼华正是据此大致概括了西汉中央官府藏书的"中"、"外"两大系统：第一，"宫廷藏书，即属于宫廷中专门藏书的处所"；第二，"中央政府机构的藏书，即属于朝廷中各职能部门的藏书处所"①。需要强调的是，谢先生认为，"中"既指宫廷所藏图书，也指宫廷中专门藏书的处所；"外"既指中央政府机构的藏书，也指中央政府机构的藏书处所，这一认识是非常正确的。"中"、"外"与上文提及的"周室"以及library一样，都是既指藏书机构，也指机构所藏图书。应该说，有汉以降中国官府藏书分为"中"、"外"两大系统正是从秦朝开始的，而秦博士所藏是"外"书的主要代表，秦室、府、明堂、石室、金匮所藏则是"中"书。

我们知道，秦汉博士官的设置是中国文化教育史上影响深远的大事，尤其是汉代五经博士的设立，造就了一支高质量高素质的博士队伍，"是儒学繁荣、教育发达的保证，对中华文化的延续和发展具有不可估量的作用"②。然而，需要特别指出的是，秦汉博士也是职掌图书典籍的"馆员"。傅璇琮、谢

---

① 谢灼华. 中国图书和图书馆史［M］. 武汉：武汉大学出版社，2005：51
② 裘士京. 论秦汉博士的职责和考选方式的演变［J］. 华东师范大学学报（教育科学版），2002（4）：84-8

灼华认为,"秦博士是掌管官府藏书官员的说法不能成立"①,此说有待商榷。

三、秦朝官府藏书中的博士藏书

丞相、御史等文法之吏主要职掌文书档案。博士所藏是秦朝官府所藏图书的大宗,值得仔细分析。

(一)秦朝博士溯源

博士之称,渊源甚久。"六国时往往有博士"(《宋书·百官志》)。但此时的博士"其称谓既不为某一家所垄断,其知识也不为某一家所框限。它是对有知之士的尊称或泛称,与官府无关联"②。博士之为职官可上溯到战国之际,但博士之官成为定制则是在秦朝。所以,《汉书·百官公卿表》认为:"博士,秦官。"而据《史记·秦始皇本纪》"始皇置酒咸阳宫,博士七十人前为寿"和"博士虽七十人,特备员弗用"等记述可知,至秦始皇时,博士之官已达到七十人的规模。

(二)秦朝博士的职责

在秦朝的行政大军中有两类基本角色,一是博士,一是文吏。裘士京引崔适《史记探原》"吏,谓博士也"等观点以为,"博士即秦代的吏师"③,此说待商。《史记·秦始皇本纪》曰:"(始皇)专任狱吏,狱吏得亲幸,博士虽七十人,特备员弗用。"这里,和博士相对的正是狱吏,也就是文法吏。《史记·秦始皇本纪》又云:"非博士官所职,敢有藏《诗》、《书》、百家语者,悉诣守尉杂烧之。所不去者,医药、卜筮、种树之书。若欲有学法令,以吏为师。"也将博士与"吏"相对,并指出博士与文吏分别职掌两大类官府文献:博士掌"《诗》、《书》、百家语",文吏掌"法令"。

秦博士的职责主要是"通古今"(《汉书·百官公卿表》),以参谋或顾问的身份参政、议政。博士虽"秩卑"但"职尊",在备咨询方面有很大的发言权。秦初李斯上书,每称"臣等谨与博士议曰"。而据《史记·秦始皇本纪》,博士曾参与议定皇帝尊号、参与议定实行分封制还是郡县制等,直接涉及王朝政制。可以肯定,博士之博学是其"通古今"的资本,而典藏图书是博士的重要信息支持。这正像文法吏的具体行政公干是建立在其所掌法律档案基础上的一样④。

---

① 傅璇琮,谢灼华.中国藏书通史[M].宁波:宁波出版社,2001:55
② 赵树贵.浅谈秦汉时的博士与方士[J].江西社会科学,1984(4):135-138,134
③ 裘士京.论秦汉博士的职责和考选方式的演变[J].华东师范大学学报(教育科学版),2002(4):84-8
④ 傅荣贤.论秦朝图书与档案的分野及其"以法治国"的行政取向[J].图书情报工作,2009(8):142-145,9

（三）秦朝博士的两大基本类型

秦汉之际的博士总体上包括两大基本类型："文学士"（简称学士）和"方术士"（简称术士）。《史记·秦始皇本纪》"悉召文学、方术士甚众"，即将两者并列对举。

清人章学诚《校雠通义》揭橥西汉刘向父子目录学的精髓是"辨章学术，考镜源流"，而区别"学"与"术"正是秦汉之际博士分为学士与术士这一基本史实在图书上的反映。总体上，学士之"学"主要包括《七略》前三略（六艺略、诸子略、诗赋略）图书，内容与西方古典人文学 humanities 的旨趣近同；而"术"主要是《七略》后三略（兵书略、数术略、方技略）图书，内容多与职业知识有关，是技术或技艺层次上的各种实用性的知识门类，类似于西方的 science & technology[①]。从这一意义上说，秦博士理论上应当兼掌《七略》所分六略（六大类）的各个方面的图书。所以，王国维总结说，秦时"诸子、诗赋、术数、方伎皆立博士，非徒六艺而已"[②]。就目前的史料所及，秦朝博士所藏图书的内容主要包括以下几大方面：

（四）秦朝博士藏书的具体内容

由上引《史记·秦始皇本纪》"非博士官所职，敢有藏《诗》、《书》、百家语者"可知，秦朝的博士主要职掌"《诗》、《书》、百家语"，即以《诗》、《书》为代表的儒家经典以及先秦诸子百家书籍。

首先，秦博士掌有儒家经书。

《庄子·天下》曰："孔子谓老聃曰：丘治《诗》、《书》、《礼》、《乐》、《易》、《春秋》六经。"显见，先秦已有"六经"之称。六经中的《易经》，被定位为"所不去者，医学、卜筮、种树之书"中的"卜筮"之列。《汉志·易类序》"及秦燔书，而《易》为筮卜之事，传者不绝"，是其证。其他五经皆遭秦火而又以《诗》、《书》为甚。应该说，这五经都是秦博士的职掌。由于《诗》、《书》是古人引用最多的文献，出于"通古今"的需要而成为秦博士官收藏的重点。例如，《汉志·书序》"秦燔书禁学，济南伏生独壁藏之。汉兴亡失，求得二十九篇，以教齐鲁之间"，这里的伏生即"故秦博士"。同样，汉初按儒家礼制议定汉朝各种制度的叔孙通也是"故秦博士"，入汉后仍"著儒服"。再有，《史记·叔孙通列传》中，秦博士所谓"人臣无将，将即反，死罪无赦"，乃是转引《公羊传》"君亲无将，将则必诛"之语。显然，《诗》、《书》之外，作为儒家经书的《礼》、《春秋》都是秦博士的职掌。

《史记·李斯列传》曰："请诸有文学、《诗》、《书》、百家语者，蠲除去

---

① 傅荣贤. "辨章学术，考镜源流"正诂 [J]. 图书馆理论与实践, 2008（4）：53-56
② 王国维. 观堂集林（卷四）[M]. 北京：中华书局, 1959：175

第四章 秦朝的藏书

之。"在《诗》、《书》之外另有"文学"。所谓"文学",并非诗、赋等文艺作品,而是指儒家经传。《史记·儒林列传》"夫齐鲁之间于文学其天性也。故汉兴,然后诸儒始得修其经艺",又说汉武帝元朔五年(前124)正式兴太学,建立培养人才、选拔官吏的制度,"自此以来,则公卿大夫多文学之士矣";《汉书·儒林传》说"能通一艺以上,补文学掌故缺","以治礼掌故,以文学礼义为官",皆是其证。所以,"故秦博士"叔孙通入汉以后,是以"文学征"从而入朝为官的。

其次,秦博士掌有百家语文献。

除儒家经书之外,秦朝博士另掌"百家语",因而秦朝不仅有儒经博士,也有诸子博士。西汉刘歆所谓"诸子传说犹广立于学官,为置博士"(《汉书·楚元王传》),正是秦朝遗制。例如,《汉志·名家》著录"《黄公》四篇",班氏自注:"名疵,为秦博士,作歌诗,在秦时歌诗中。"可知,黄疵为秦时名家博士。

此外,晁错、贾谊、公孙臣都是承秦之制的汉初博士。而晁错是法家;司马迁认为贾谊"明申、商"(《史记·太史公自序》),也有法家倾向;汉文帝时,公孙臣"陈终始五德传,言汉土德时,其符黄龙见,当改正朔,更服色"(《汉书·张苍传》),有阴阳家背景。张汉东总结指出:"秦朝博士官有姓名可考者十二人,其中见于《史记》、《汉书》者有周青臣(博士仆射)、淳于越、伏胜、叔孙通、羊子、黄疵、正先七人;散见诸书者有李克、桂贞、卢敖、圈公、沈遂五人。从学派上看,淳于越、伏胜、叔孙通、羊子、李克、圈公六名都是儒家,黄疵为名家,卢敖为神仙家,其余四名不知学派。十二名中,儒家占50%;而在可知学派的八名博士中,儒家占75%,为绝对多数。"①

后来,汉武帝"置五经博士",在文景时期《诗》、《书》、《春秋》的基础上补充了《易》和《礼》博士。直到汉武帝"罢黜百家,独尊儒术",才第一次把《诗》、《书》等儒学和百家之言分开;相应地,博士的职掌亦由"通古今"转为"作经师",这是后话。

再次,秦博士掌有诗赋类文献。

《汉志·诗赋略》著录"博士弟子杜参赋二篇",而《史记·秦始皇本纪》记载,始皇听说有人在陨石上刻"始皇帝死而地分",于是命令博士为"仙真人诗",并令乐人弦歌之。上引《汉志·名家》中的名家博士黄疵也曾"作歌诗",作品被《汉志》收入"诗赋略"的"歌诗类"中。显见,秦博士既善于作诗赋,亦当职掌诗赋类文献。

---

① 张汉东.秦汉博士官的设置及其演变[J].史学集刊,1984(1):6-12

最后，秦博士掌有数术类文献。

上文指出，秦汉博士包括文学士与方术士，"方术士"中的有些人后来成了"坑术士"时的牺牲品。"方士"一词最早见于《周礼·秋官·方士》，职掌王族、公卿级的狱讼。《史记·封禅书》说："邹衍以阴阳主运，显于诸侯，而燕、齐海上方士传其术不能通，然则怪迂阿谀苟合之徒自此兴，不可胜数也。"这是后世方士的正宗。其"术"大抵包括"祝祷延年、炼丹求仙、观天象言人事、察变异占凶吉"① 等内容。《史记·秦始皇本纪》就曾提到"占梦博士"。《淮南子·道应训》高注："卢敖，燕人。秦始皇召以为博士，使求神仙，亡而不返也。"可见，卢敖为神仙家博士。

《史记·秦始皇本纪》云："臣请史记非秦纪皆烧之。非博士官所职，天下敢有藏《诗》、《书》、百家语者，悉诣守尉杂烧之。"博士所掌图书之所以不在焚烧之列，顾颉刚认为："除非把博士官取消，就得让他们去读点古书。"② 周雪恒则认为，"说明秦仍要恢复春秋前学术统于官府的制度"③。不管怎样，"博士官所职"不在焚烧之列，成为秦火后官府藏书的一大宗。

与作为"国家事务灵魂"的文书档案相比，秦官府藏书中图书的地位很低。而这一认识，在秦国可谓渊源久远。《韩非子·五蠹》曰："明主之国，无书简之文，以法为教；无先王之语，以吏为师。"《韩非子·八说》认为，只有"息文字"才能"明法度"。这里，所谓"无书简之文"、所谓"息"，正是针对那些对行政而言大而无当的诗书、百家语、史记等图书来说的，目的是防止"儒者用文乱法"或"以古非今"。至于国家行政运作中的档案，则是"不可须臾忘"（《商君书·慎法》）的。在此背景下，"吏"取得了"天下师"的独特行政地位，而"博士虽七十人，特备员弗用"（《史记·秦始皇本纪》），相应地，职掌图书的博士，其地位与职掌文书档案的文法吏也不可同日而语。这也从一个侧面凸显了秦朝"以法治国"的行政方略。

第四节　出土简帛所见秦朝的私家藏书

自 1975～1976 年湖北孝感地区第二期亦工亦农文物考古训练班于湖北云梦睡虎地 11 号墓发现总计 1155 枚有字简及 80 枚残片以来，共有 9 起秦代简牍被发掘，见下表 3 的 1～9 项；另外，传世文献也曾记载了 3 起秦代简牍，

---

① 赵树贵. 浅谈秦汉时的博士与方士 [J]. 江西社会科学, 1984 (4): 135-138, 134
② 顾颉刚. 秦汉的方士与儒生 [M]. 上海：上海古籍出版社, 1978: 60
③ 周雪恒. 中国档案事业史 [M]. 北京：中国人民大学出版社. 1994: 105

见下表 3 的 10~12 项。

表 3　出土简帛所见秦朝藏书

序号	发现时间	入藏时间	地点	主人	文献内容	参考文献
1	1975—1976 年	约秦始皇三十年（前 217）	湖北云梦睡虎地墓 M11	喜（前 262~前 217），历任安陆御史、安陆令史、鄢令史及狱吏等职	总计 1155 枚有字简及 80 枚残片，包括《编年记》、《语书》、《秦律十八种》、《效律》、《秦律杂抄》、《法律答问》、《封诊式》、《为吏之道》（末附魏律二条）、《日书》甲乙两种	《睡虎地秦墓竹简》文物出版社，1990
2	1975—1976 年	秦晚期	湖北云梦睡虎地秦墓 M4	戍守淮阳的士兵，名为"黑"与"惊"	2 块木牍，分别写有两封家信	《湖北云梦睡虎地十一座秦墓发掘报告》文物，1976（9）；《云梦睡虎地秦墓》文物出版社，1981
3	1986 年	秦始皇八年（前 239）	甘肃天水放马滩秦墓 M1	或以为军人或以为日者	两个《日书》和《墓主记》，战国时期秦木板地图七幅	《天水放马滩战国秦墓群的发掘》文物，1989（2）
4	1986 年	秦统一以前	湖北江陵岳山秦墓 M36	不详	木牍 2 块，为容为《日书》	《江陵岳山秦汉墓》考古学报，2000（4）
5	1989 年	秦二世二年至汉高祖三年	湖北云梦龙岗秦墓 M6	管理禁苑的官吏，或即木牍所云"辟死"	竹简 293 枚，残片 138 枚，内容为禁苑令。另有木牍 1 枚，内容为免"辟死"（人名）为庶人文书	《龙岗秦简》中华书局，2001
6	1990 年	前 278 年至前 206 年	湖北江陵县荆州扬家山秦墓 M135	不详	竹简 75 枚，内容为遣册	荆州地区博物馆《江陵扬家山 135 号秦墓发掘简报》文物，1993（8）
7	1993 年	前 278 年至前 211 年	湖北江陵王家台秦墓 M15	不详	竹简 800 余枚和木牍 1 枚，内容为《效律》、《日书》及《归藏》等	《江陵王家台 15 号秦墓》文物，1995（1）；《新出简帛研究》文物出版社，2004

续表

序号	发现时间	入藏时间	地点	主人	文献内容	参考文献
8	1993年	秦	湖北沙市周家台秦墓M30	负责赋税收缴工作的小吏	竹简389枚，木牍1枚，内容为《日书》、历谱、医方、《先农篇》、《浴蚕篇》	《关沮秦汉墓葬简牍》中华书局，2001
9	2002年	始皇二十五年至二世二年（前222~前207）	湖南龙山里耶始建于战国废弃于秦末的古井J1	秦代官署档案	简牍约36000多枚，内容主要是九九表、秦行政文书，另有少量楚简	《文物》2003（1）公布发掘简报
10	西汉武帝末年	秦焚书之时	孔子宅壁	孔子后人孔腾或孔鲋	古文《尚书》及《礼记》、《论语》、《孝经》凡数十篇	《汉书》的《艺文志》、《景十三王传》、《楚元王传》、《汉纪·成帝纪》、《论衡》的《佚文》、《案书》、《正说》
11	西汉初文帝时	秦焚书之时	壁中	伏生	《尚书》	《史记·儒林列传》、《汉书·艺文志》、《汉纪·成帝纪》、《论衡·正说》
12	西汉宣帝本始元年（前73）	秦焚书之时	旧屋	河内（山西沁阳，一说河南北部）女子	古文《尚书·泰誓》等三篇，或曰《易》、《礼》、《尚书》各一篇	《尚书序》孔颖达《疏》，《论衡·正说》

一、关于墓葬所属时间

在上表所列前9起出土简帛中，墓葬的下葬时间在秦朝享祚15年（前221~前206）时间之内的有3起，即：云梦睡虎地11号墓、云梦睡虎地4号墓、沙市周家台30号秦墓；下葬时间的上限可能在秦统一中国（前221）之前的有4起，即：天水放马滩1号秦墓、江陵岳山36号秦墓、江陵王家台15号秦墓、龙山里耶始建于战国而废弃于秦末的1号古井；下葬时间的下限可能在秦汉之交的有1起，即：云梦龙岗6号秦墓；下葬时间的上限可能在秦统一中国（前221）之前而下限可能在秦汉之交的有1起，即：江陵县荆州镇扬家山135号秦墓。

此外，传世文献所记载的3起藏于旧屋壁中的藏书事件当发生于秦始皇三十四年（前213）焚书令出台之后不久。

二、关于墓葬所属地点

在上表所列前9起出土简帛中，属于今湖北省出土的墓葬共有7起，分别是：云梦睡虎地11号秦墓、云梦睡虎地4号秦墓、江陵岳山36号秦墓、云梦龙岗6号秦墓、荆州扬家山135号秦墓、江陵王家台15号秦墓和沙市周家台30号秦墓。另外，甘肃和湖南各有一起，即天水放马滩1号秦墓和龙山里耶始建于战国而废弃于秦末的1号古井。其中，属于湖南省的1起，系古井而不是墓葬。

可见，秦朝墓葬简帛文献的出土地点延续了先秦时期的一个重要特征：集中于以湖北省为中心的中南地区，这主要是由于中南地区终年潮湿且地下水位高，十分有利于简帛的保藏。这也再次说明已出土的简帛材料远远不是古代实际藏书的全部。

此外，龙山里耶始建于战国而废弃于秦末的1号古井成为继墓葬之后出现的另一种简帛文献出土类型。

再从传世文献记载的3起藏书情况来看，孔子旧壁和伏生所藏《尚书》分属鲁国和齐国，地属今山东省；西汉宣帝时（前73～前49），河内女子发老屋所得文献之河内为今山西沁阳（一说河南北部）。从李零《简帛分域编（1901～2003年）》①的统计来看，截止到2003年的考古发现中，山西省并无简帛出土；山东省仅有今属临沂市的银雀山和金雀山有汉代简牍出土；河南省则有属于战国时期的信阳长台关楚简、新蔡县葛陵楚简以及陕县刘家渠汉简。这也说明，业已出土的秦朝简帛文献远非当时实有文献的全部，从而也反映了出土简帛并不能独立地构成研究中国早期藏书基本面貌的自足材料。

三、墓主（藏书家）分析

藏书家是所有藏书问题研究中不可回避的重要内容，但迄今有关秦朝藏书家的研究基本都是基于传世文献记载的相关材料而得出的结论，因而错漏（不准和不全）在所难免。

（一）基于传世文献的秦朝私人藏主的研究现状

传世文献中有不少关于秦朝私人藏书的资料。傅璇琮，谢灼华《中国藏

---

① 李零. 简帛古书与学术源流［M］. 北京：生活读书新知三联书店，2004：93－114

书通史》(宁波出版社 2001 版)、徐凌志《中国历代藏书史》(江西人民出版社 2004 版)和谢灼华《中国图书和图书馆史》(武汉大学出版社 2005 版)等三部文献正是根据传世文献的相关记载而研究秦代私人藏书的大致情况的。然而,由于这三本著作都仅仅局限于传世文献而未能利用出土简帛,因而,相关研究结论并不令人满意。就这三种文献的出版时间而言,《中国图书和图书馆史》初版时间为 1987 年,《中国藏书通史》的出版时间为 2001 年,而《中国历代藏书史》的出版时间为 2004 年。基本上,《中国历代藏书史》有关秦朝私人藏书部分的内容,无论就其结论还是证据乃至论证的过程都与《中国藏书通史》无甚区别。

总体而言,《中国图书和图书馆史》认为,秦朝私人藏书家有孔腾、孔鲋二人,这一误说为《中国藏书通史》和《中国历代藏书史》所承袭。并且,这一错误也同样出现在《秦汉时期私人藏书考论》①等论文中。此外,《中国藏书通史》和《中国历代藏书史》又都在孔鲋、孔腾的基础上另增二人,即认为秦代著名的私人藏书家有四人。例如徐书指出:"从文献记载来看,秦代著名的私人藏书家当有四人,即吕不韦、孔鲋、孔腾、伏生。"②

1. 关于孔腾有藏书

《中国图书和图书馆史》引《汉书·艺文志·书序》"《古文尚书》者,出孔子壁中"唐人颜师古的注语曰:"《家语》云:孔腾字子襄,畏秦峻法急,藏《尚书》、《孝经》、《论语》于夫子旧堂壁中。"这是孔腾藏书的证据。

2. 关于孔鲋有藏书

《中国图书和图书馆史》引《资治通鉴卷》第七《秦纪二》"始皇帝下·三十四年"魏人陈馀谓孔鲋曰:"'秦将灭先王之籍,而子为书籍之主,其危哉!'子鱼(今按,孔鲋字子鱼)曰:'吾为无用之学,知吾者惟友。秦非吾友,吾何危哉!吾将藏之以待其求;求至,无患矣。'"这是孔鲋藏书的证据。

然而,唐人颜师古在《汉志·书序》"《古文尚书》者,出孔子壁中"下的完整注语是:"《家语》云:孔腾字子襄,畏秦峻法急,藏《尚书》、《孝经》、《论语》于夫子旧堂壁中。而《汉纪·尹敏传》云孔鲋所藏。二说不同,未知孰是。"这里,颜师古明确指出"夫子旧堂壁中"只有一起藏书。关于这"一起"藏书的藏主,颜师古根据自己的见闻记载了不同的"二说",一为孔腾、一为孔鲋,他们都是孔子的后裔,"二说不同,未知孰是"。并且,颜师古将孔腾列在孔鲋之前,说明他虽主"二说"并存,但似乎更愿将这"一起"藏书归之孔腾。但是,孔腾说只有《孔子家语》一种文献为依据。相比而言,

---

① 陈德弟. 秦汉时期私人藏书考论[J]. 北华大学学报,2010(4):69-80
② 徐凌志. 中国历代藏书史[M]. 南昌:江西人民出版社,2004:45

第四章　秦朝的藏书

《汉纪·尹敏传》、《孔丛子》卷上《独治》都主张孔鲋说，这一主张也为宋代史学家司马光（即《中国图书和图书馆史》所引《资治通鉴卷》第七《秦纪二》"始皇帝下·三十四年"）和元末明初的文献学家马端临所采信。马端临《文献通考》卷一百七十四《经籍考》一《总叙》曰："魏人陈馀谓孔鲋曰：'秦将灭先王之籍，而子为书籍之主，其危哉！'子鱼曰：'吾为无用之学，知吾者惟友。秦非吾友，吾何危哉？吾将藏之以待其求，求至，无患矣。'"

显见，《中国图书和图书馆史》引《资治通鉴卷》第七《秦纪二》"始皇帝下·三十四年"指认的孔鲋藏书，实本之颜师古注所谓"而《汉纪·尹敏传》云孔鲋所藏"。但是，作者在引《汉志》颜师古注以指认孔腾有藏书时，故意略去"而《汉纪·尹敏传》云孔鲋所藏。二说不同，未知孰是"之语，从而将孔腾、孔鲋"二者择其一"臆测为"二者同时并存"。

同样，《中国藏书通史》和《中国历代藏书史》说孔腾有私人藏书，其"依据"也是《汉书·艺文志·书序》"《古文尚书》者，出孔子壁中"下唐人颜师古的注语。这里，二书也都故意略去颜注"而《汉纪·尹敏传》云孔鲋所藏。二说不同，未知孰是"之语。说孔鲋有私人藏书，其"依据"是，《孔丛子》卷上《独治》第十七："陈馀谓子鱼曰：'秦将灭先王之籍，而子为书籍之主，其危矣！'子鱼曰："顾有可惧者。必或求天下之书焚之，书不出则有祸。吾将先藏之以待其求；求至，无患矣。'"然后，指认《汉志·书序》所谓"《古文尚书》者，出孔子壁中。武帝末，鲁共王坏孔子宅，欲以广其宫。而得《古文尚书》及《礼记》、《论语》、《孝经》凡数十篇，皆古字也"，实即孔鲋所藏。

综上，孔子旧堂壁中有藏书应该是可以肯定的，《汉书》的《艺文志》、《景十三王传》、《楚元王传》诸篇，荀悦《汉纪·成帝纪》，王充《论衡》的《佚文》、《案书》、《正说》诸篇，都有相关记载，内容大同小异。但关于这"一起"藏书的藏主，存在孔鲋和孔腾"二说"。其中，《孔子家语》认为是孔腾；而《汉纪·尹敏传》认为是孔鲋，唐人颜师古主张二说并存，但主观上更倾向于孔腾。不过，孔鲋说似乎更为学者们所广泛采信，如《孔丛子》卷上《独治》、《资治通鉴卷》第七《秦纪二》"始皇帝下·三十四年"、《文献通考》卷一百七十四《经籍考》一《总叙》皆持孔鲋说。而《中国图书和图书馆史》、《中国藏书通史》和《中国历代藏书史》三部著作都引颜注认为孔腾有藏书；同时又都刻意隐去颜注"而《汉纪·尹敏传》云孔鲋所藏。二说不同，未知孰是"的内容，然后或引《资治通鉴卷》第七《秦纪二》、或引《孔丛子》卷上《独治》，认为孔鲋另有藏书。如此割裂文意，以期"增加"秦朝私人藏书家数量的做法，显然缺乏起码的学术严谨。

3. 关于吕不韦和伏生有藏书

《中国图书和图书馆史》认为秦朝私人藏书家仅孔腾、孔鲋"二人"。而《中国藏书通史》和《中国历代藏书史》还在孔腾、孔鲋的基础上,另增吕不韦和伏生二人。

关于伏生有藏书,《史记·儒林列传》云:"伏生者,济南人也。故为秦博士。孝文帝时,欲求能治《尚书》者,天下无有,乃闻伏生能治,欲召之。……秦时焚书,伏生壁藏之。其后兵大起,流亡。汉定,伏生求其书,亡数十篇,独得二十九篇,即以教于齐鲁之间。"《汉书·艺文志》、《汉纪·成帝纪》、《论衡·正说》所记略同,可证伏生确为秦时藏书者,尽管,他只是在秦焚书时壁藏了"一本"《尚书》。

关于吕不韦有藏书,《中国藏书通史》认为:"吕不韦曾组织其门下三千食客,编写了中国历史上的名著《吕氏春秋》。此书涉及的内容甚广,分为《八览》、《六论》、《十二纪》,共一百四十篇,二十余万字。据此我们可以推知,当时吕不韦家中积聚了大量的图书,特别是诸子百家的著述。"① 《中国历代藏书史》则云:"当时吕不韦家中积聚了大量的图书,特别是诸子百家的著述。其中也包括吕不韦组织门客编写的《吕氏春秋》。"②

我们认为,以吕不韦位居相国、尊为"仲父"的身份,且又组织门客编写出了中国历史上第一部按照编纂者预先制定的整体计划而一次性完成的名著《吕氏春秋》,揆以常理,"吕不韦家中积聚了大量的图书"当属可信。然而,关于吕氏有藏书毕竟史无明文,因而应本孔子"阙疑"之法,存而不论。事实上,在《汉志》所著录的"六百三家"文献中,明确为秦人所作的文献包括:"春秋类"的"《奏事》二十篇",班注:"秦时大臣奏事,及刻石名山文也。""小学类"的"《苍颉》一篇",班注:"上七章,秦丞相李斯作;《爰历》六章,车府令赵高作;《博学》七章,太史令胡母敬作。""儒家类"的"《羊子》四篇",班注:"百章。故秦博士。""名家类"的"《黄公》四篇",班注:"名疵,为秦博士,作歌诗,在秦时歌诗中。""纵横家"的"《秦零陵令信》一篇",班注:"难秦相李斯。""杂赋类"的"秦时杂赋九篇。""歌诗类"的"《左冯翊秦歌诗》三篇"和"《京兆尹秦歌诗》五篇"。应该说,留下这些著作的学者都或多或少拥有个人藏书。

4. 关于秦朝博士藏书

《中国藏书通史》还认为,"秦代的藏书家远不止以上四人(贤按:即吕不韦、孔鲋、孔腾、伏生),因为秦代仅博士的人数就在七十人,其中《史

---

① 傅璇琮,谢灼华. 中国藏书通史 [M]. 宁波:宁波出版社,2001:63
② 徐凌志. 中国历代藏书史 [M]. 南昌:江西人民出版社,2004:46

记》、《汉书》中有记载的就有周青臣、淳于越、伏胜、叔孙通、羊子、黄疵、正先等人,这些人中有一些是著名的学者,无疑其家中也藏有或多或少的图书"①。《中国历代藏书史》承绪其说,并无个人心得②。但作者在胪列博士人名时没有列出"伏胜",因为伏胜即上文所云壁藏有"一本"《尚书》的伏生,反映了作者在此问题上有一定的识见。当然,考之史籍可知,二书上列周青臣、淳于越等七人皆见之《史记》、《汉书》,此外秦博士"散见诸书者有李克、桂贞、卢敖、圈公、沈遂五人"③。

我们认为,秦朝的博士和文法吏(简称"文吏"或"吏")是官府行政大军中的两大类主要行政角色。总体上,博士和文法吏两大类人员基于"通古今"和"具体行政公干"的不同职掌而分别典藏图书和档案文书。"秦贵法吏"的政治取向决定了"文法吏"才是秦朝官僚大军中的行政主体。相应地,"博士官所职"的图书遭到贬损,文法吏所掌法律文书成为秦官府收藏、整理与利用的重点,凸显了秦朝"以法治国"的行政本质。从这一意义上说,秦朝的博士作为一种"职官"是藏有文献的。但是,诚如本章第三节《秦朝的官府图书》指出,博士所藏,是秦朝官府藏书(而不是私人藏书)的一部分。尽管,博士在行政工作之余,应该仍会力学不辍,因而也可能会有一定数量的个人藏书(这就像今的馆员或馆长可能有私人藏书一样),但毕竟史无明文,因而也应本孔子"阙疑"之法,存而不论。

5. 关于河内女子老屋所得先人藏书

《论衡·正说》曰:"至孝宣皇帝时,河内女子发老屋,得逸《易》、《礼》、《尚书》各一篇,奏之。"《尚书序》孔颖达《疏》云:"案:王充《论衡》及后汉史:献帝建安十四年,黄门侍郎房玄等说云,宣帝本始元年,河内女子有坏老屋,得古文《泰誓》三篇。"本始元年为公元前73年,河内在今山西沁阳(一说在今河南北部)。由此可以认定,河内女子老屋所住先人在秦代亦曾藏书。

综上,从传世文献的相关记载来看,秦朝明确有史料可考的拥有私人藏书的藏主主要包括:孔腾(或孔鲋)、伏生和河内女子老屋所住先人,总计三人。吕不韦、秦朝的七十博士以及李斯乃至汉时为相的叔孙通等人,理论上亦应有个人藏书,并且,这种可能性很大,但毕竟史无明文,不能得到确证,更遑论其藏书的具体内容了。

---

① 傅璇琮,谢灼华. 中国藏书通史 [M]. 宁波:宁波出版社,2001:64
② 徐凌志. 中国历代藏书史 [M]. 南昌:江西人民出版社,2004:46
③ 张汉东. 秦汉博士官的设置及其演变 [J]. 史学集刊,1984(1):6-12

（二）基于出土简帛文献的秦朝私人藏主研究

在上表3所列前9起考古发掘材料中，龙山里耶始建于战国而废弃于秦末的1号古井所出简牍，是官府地方县衙文书。另外8起为墓葬所得，其中的江陵岳山36号秦墓、荆州扬家山135号秦墓、江陵王家台15号秦墓等3座墓葬，其墓主身份已不可确考。而云梦睡虎地4号秦墓是戍守淮阳的士兵黑与惊，所得只是两封家信。值得具体分析的另外4起墓葬的墓主身份情况是：

（1）天水放马滩1号秦墓的墓主或以为是军人或以为是日者[①]；

（2）云梦睡虎地11号秦墓的墓主是"喜"（前262～前217）。喜在秦始皇时历任安陆御史、安陆令史、鄢令史及狱吏等职。该墓所出总计1155枚有字简及80枚残片，内容包括《编年记》、《语书》、《秦律十八种》、《效律》、《秦律杂抄》、《法律答问》、《卦诊式》、《为吏之道》（末附魏律二条）、《日书》甲乙两种；

（3）云梦龙岗6号秦墓墓主，推测是与管理禁苑有关的官吏。所出竹简293枚，残片138枚，内容为禁苑令，"是从各种法律条文中摘抄出了与禁苑管理有关的内容，编纂成册"，"大抵可以分类三类，一是直接与禁苑有关的内容，二是间接与禁苑有关者，三是可能与禁苑事务相关者"[②]；

（4）沙市周家台30号秦墓墓主，"可能是南郡官署中负责赋税收缴工作的小吏"[③]。所出竹简389枚，木牍1枚，内容为《日书》、历谱、医方、《先农篇》、《浴蚕篇》。

综上，结合传世文献和出土简帛文献可知，中国秦朝时期的有确切史料依据的私人藏书的藏主主要包括：孔腾（或孔鲋）、伏生和河内女子老屋所住先人，天水放马滩1号秦墓身份为军人或日者的墓主、云梦睡虎地11号墓墓主喜、云梦龙岗6号秦墓身份为管理禁苑的墓主以及沙市周家台30号秦墓身份"可能是南郡官署中负责赋税收缴工作的小吏"的墓主。

四、秦朝私家藏书的内容及其文献分类

（一）藏书内容

结合传世文献和出土简帛可知，秦朝的藏书总体上可分为二系。一是传世文献记载的孔腾（或孔鲋）、伏生和河内女子老屋所住先人的藏书。其内容是《尚书》及《礼记》、《论语》、《孝经》等皆在秦始皇焚书之列的文献。事实上，藏主对这些"违禁"文献都采取了"壁藏"的方式，正是为了规避焚书

---

① 胡平生，李天虹．长江流域出土简牍与研究［M］．武汉：湖北教育出版社，2004：222
② 胡平生，李天虹．长江流域出土简牍与研究［M］．武汉：湖北教育出版社，2004：289
③ 胡平生，李天虹．长江流域出土简牍与研究［M］．武汉：湖北教育出版社，2004：296

令的责罚。二是墓葬发掘的出土简帛。它们又可分为文书档案和数术类典籍两大基本类型。

首先，文书档案，又可分为公私文书两大类。

第一，私文书。

云梦睡虎地4号秦墓出土的2块木牍，分别写有两封家信；荆州扬家山135号秦墓出土的75枚竹简，内容为遗册；天水放马滩1号秦墓出土《墓主记》；云梦龙岗6号秦墓出土竹简293枚，残片138枚，内容主要是禁苑令，属于公文书。但该墓另有木牍1枚，内容为免"辟死"（人名）为庶人的文书（用于地下），它们都可视为与墓主直接有关的个人档案。

第二，公文书，主要包括行政文书和法律档案。

行政文书以龙山里耶始建于战国而废弃于秦末的1号古井所获为代表，这批简牍约36000多枚，是迄今为止秦简发掘数量最多的一次，大大超过历年来所得秦简之总和。简牍内容包括九九表、秦行政文书，另有少量楚简，但主要是各类行政文书。据研究，里耶简牍中发现大量记有"迁陵"字样的文书，从这些简牍的性质看，都应当是保存在迁陵县廷的文书及副本。里耶简的主要内容是秦代中央政府的行政文书，由咸阳送到洞庭郡，再由郡以次传送属县，到达迁陵，迁陵丞办理处置或再下发①。

法律档案在多处墓葬中都有发现。主要包括：云梦睡虎地11号秦墓出土的《语书》、《秦律十八种》、《效律》、《秦律杂抄》、《法律答问》、《卦诊式》、《为吏之道》（末附魏律二条）；云梦龙岗6号秦墓出土的禁苑令；江陵王家台15号秦墓出土的《效律》。

其次，数术类文献。

秦朝私藏中的数术类文献主要以《日书》为主，包括：云梦睡虎地11号秦墓出土的《日书》甲乙两种；江陵王家台15号秦墓出土的《日书》及《归藏》等；沙市周家台30号秦墓出土的《日书》、历谱、医方、《先农篇》、《浴蚕篇》；龙山里耶始建于战国而废弃于秦末的1号古井所出九九表；天水放马滩1号秦墓出土的两个《日书》；江陵岳山36号秦墓所出内容为《日书》的2块木牍。

其中，《日书》在《汉志》中归为《数术略·五行》；《归藏》在《汉志》中归为《数术略·蓍龟》；历谱在《汉志》中归为《数术略·历谱》；《医方》是记治疗各种疾病及养生的方药，在《汉志》中归为《方技略·经方》；《先农篇》是民间祭祀农神的礼仪，《浴蚕篇》记浴蚕之法。它们在《汉志》中都

---

① 胡平生，李天虹. 长江流域出土简牍与研究[M]. 武汉：湖北教育出版社，2004：306-307

归为《数术略·杂占》;"九九表"在《汉志》中归为《数术略·历谱》。此外,江陵王家台15号秦墓出土的"邦有",整理者称为"灾异占",内容主要记述各种自然现象及其所预示的邦国灾变或兴盛,在《汉志》中亦归为《数术略·杂占》。

(二)出土简帛所反映的秦始皇焚书

出土简帛所见墓葬典籍与传世文献所记"壁藏"文献的最大区别是:前者皆不在焚书范围之列,而后者则都是焚烧的对象。

《史记·秦始皇本纪》曰:"臣请史官非秦纪皆烧之。非博士官所职,天下敢有藏《诗》《书》百家语者,悉诣守尉杂烧之。有敢偶语《诗》《书》百家语者弃市,以古非今者,族。吏见知不举者,与同罪。令下三十日不烧,黥为城旦。所不去者,医药、卜筮、种树之书。若欲有学法令,以吏为师。"史迁又于《史记·李斯列传》复致其意而行文稍改:"请诸有文学、《诗》、《书》、百家语者,蠲除去之。……所不去者,医学、卜筮、种树之书。"

在本书第三章第二节中,我们曾经提到,在四川省青川郝家坪50号战国晚期秦墓中发现木牍2枚,正面120多字内容为秦武王二年(前309)由丞相甘茂等颁布修订的《为田律》。反面20多字,内容为"不除道日过干支",属禁忌类的《日书》。这起出土简帛,虽隶属于秦国,但时间在战国晚期。由此亦可窥斑见豹,显现秦人对法律及其法律文献的情有独钟,堪称渊源有自。

同时,从出土简帛文献还可看出,秦始皇焚书是历史上真实存在的事件,并曾得到相对严格的执行,对当时的社会文化产生过强烈的影响。所以,出土秦朝简帛中最多的即为法律文献和属于卜筮类的《日书》——它们都不在焚烧之列。不仅如此,秦朝的"焚书"直到汉惠帝四年(前191)才除"挟书之禁"。所以,汉初出土简帛的范围也是符合"挟书律"规定的。如江陵张家山汉墓下葬年代约为西汉吕后二年(前186),其简牍内容主要包括法律、医学、天文和遣策类文献——它们也都不在焚烧之列。从汉惠帝四年(前191)到武帝建元六年(前135)窦太后死之前崇尚黄老之学,这一时期出土的简帛也相应地大量出现黄老类典籍。例如,汉文帝前元十二年(前168)下葬的马王堆汉墓帛书中出现了《老子》(甲乙两种本子);还出土了属于道家文献,可能是《汉志》所载《黄帝四经》的《经法》、《经》、《称》、《道原》。而武帝建元六年后"罢黜百家,独尊儒术",自兹厥后的出土简帛中多见儒家经典。例如,下葬年代为宣帝五凤三年(前55)的河北定县汉简出现了《论语》、《文子》、《太公》、《儒家者言》等。而无论是马王堆道家文献还是定县汉简中的儒家类经典,作为除"挟书之禁"后的藏书,又都是在焚烧之列的"百家语"文献。

此外，也说明了秦朝私人藏书是《诗》、《书》等被焚之书得以传世的主要原因。诚如《史记·六国年表序》所云："秦既得意，烧天下《诗》、《书》，诸侯史记尤甚，为其有所刺讥也。《诗》、《书》所以复见者，多藏人家，而史记独藏周室，以故灭。"正是由于私人冒死偷藏，才使得《诗》、《书》等文献得以赓续不绝。而这一点，在传世文献所记载的3起藏于旧屋墙壁中的藏书中表现得尤其明显。

（三）关于秦人的文献分类思想

中国最早的成熟图书分类体系肇基于公元前6年完成的刘歆《七略》。但远在《七略》之前，《史记·秦始皇本纪》所颁布的"焚书令"已经有对当时"天下"文献的不自觉分类：

首先，将"天下"文献分为"去"和"不去"两大类。这两大类的标准是，文献是否含有"以古非今"或"刺讥"的超越内涵。

其次，"所去者"，即包含有"以古非今"或"刺讥"的超越内涵的文献复分为：

第一，文学、《诗》、《书》等儒家经籍。诚如上文指出，这里的"文学"并非诗、赋等狭义的文学作品，而是指儒家经传。

第二，百家杂语。即诸子百家的言论。

第三，史记。即史官所记。西汉司马迁的《史记》原名为《太史公书》，该书只是泛称意义上的"史记"的一种。

总体上，"《诗》《书》百家语"的"以古非今"功能更强；而"史记"的"刺讥"功能更强。

再次，"所不去者"，即不含有"以古非今"或"刺讥"的超越内涵的文献复分为：

第一，医药、卜筮、种树之书。这些文献都是职业技艺意义上的"术"，殊少深层的社会人文内涵。值得一提的是，儒家经典之一的《周易》也被视为卜筮之书而不在焚烧之列。所以，《汉志·易类序》曰："及秦燔书，而《易》为筮卜之事，传者不绝。"《易》事实上也成为秦火大炽之际，唯一能够公开研习的经典。这或许也是西汉易学发达，以至刘歆《七略》将《易》置诸"群经之首"的重要原因之一。此外，所谓"种树之书"，并不是专指讲如何种植树木的书。这里的"树"和"种"都是动词，两者是并列结构，泛指农业种植方面的文献。

第二，"若欲有学法令，以吏为师"。"吏"即文法吏，文法吏出于具体行政公干之需而掌有大量文书档案，并肩负教民以法的职责。因而，法律文书档案是秦朝社会政治和百姓生活中的重要文本，而这也是出土秦朝简帛中法律文书频现的重要原因。

最后，作为上述"去"和"不去"二分体系的变通，"史官非秦纪皆烧之"，即史官所记的"史记"虽在所"去"之列，但"秦纪"即史官所记有关秦人的历史则被列为"不去"的范畴。这一变通，概因"秦纪"记载了对本民族历史的追溯、倾注了深厚的民族情感，有助于保持本民族传统和强化民族认同感。此外，"诗书、百家语"虽在所"去"之列，但为"博士官所职"者，则列为"不去"。可以认为，秦始皇焚书禁学，本质上是要"禁私学"而不是"禁公学"。秦朝博士主要负责"通古今"、备顾问，而"《诗》《书》百家语"是"通古今"从而备顾问的重要文本依据。

综上，对比西汉刘歆《七略》的文献分类可知，《七略》之六分，在秦朝即已现其端倪。

第五章 西汉时期的藏书

西汉（公元前206~公元8年），又称前汉，与东汉（又称后汉）合称汉朝。西汉是中国古代自秦朝之后的又一个大一统的封建王朝。公元前206年秦朝灭亡，西汉建立，刘邦即汉太祖高皇帝。公元9年，王莽自立为皇帝，改国号为新，西汉灭亡。西汉共有13帝，历经214年。西汉是中国文化发展的一个高峰，社会、经济、文化全面发展，对外交往日益频繁，成为当时世界上最强盛的国家之一。

汉承袭秦制，其藏书也可从内容上分为文书和图书两大方面，而从藏书主体的角度来看，则可分为官府所藏和私人所藏两大脉系。

第一节 西汉时期的官府文书

《汉书·百官公卿表》曰："秦兼天下，建皇帝之号，立百官之职，汉因循而不革。"西汉官制大多因袭秦制，如秦朝的丞相、太尉（廷尉）和御史大夫并称"三公"，是辅佐皇帝的最高行政长官，《史记·秦始皇本纪》"丞相绾、御史大夫劫、廷尉斯等皆曰"，即反映了"三公"这一基本政权架构。《汉书·文帝纪》亦曰："（文帝）制诏丞相、太尉、御史大夫……"甚至宣帝黄龙元年（前49）诏仍曰："上计簿，具文而已。务为欺谩以避其课，三公不以为意，朕将何任。御史察计簿疑非实者按之，使真伪毋相乱。"（《汉书·宣帝纪》）这些史料，都可证秦朝的"三公"政权架构在西汉得到了延续。同样，西汉官府文书的职掌也类似于秦朝，主要以丞相、御史和尚书为核心。

一、丞相和御史

相比而言，三公中的太尉"主五兵"，专管军事。而丞相"总百揆"、御史"贰于相"，后两者皆为文职官员，统领百官、主持朝仪、总理一切行政事务，因而丞相府和御史府往往并称"两府"，地位更为重要。《汉书·薛宣传》曰："（薛）宣考绩功课，简在两府，不敢过称。"师古注："两府，丞相、御史府也。"两府虽互不统属，但关系密切。《汉书·翟方进传》"故事，司隶校尉位在司直下，初除，谒两府"，注曰："丞相及御史也"，亦称丞相、御史为两府。

首先，秦至汉初充任丞相、御史大夫者往往都是明习法律之人。

例如，萧何、曹参、张苍都是在秦时即明习秦法，并先后出任汉相的。同样，在西汉，明习律令者中的佼佼者如晁错、张欧、韩安国、张汤、杜周、郑弘等人都曾出任御史大夫。可以肯定，秦汉时期的丞相、御史大夫都需要熟谙法律文书、具备法律素养，这是他们从政的资本。

其次，丞相、御史（大夫）往往并称或联名上奏。

例如，肩水金关出土的"永始三年诏书"中有"丞相方进御史臣光昧死言"，"这是丞相翟方进、御史光即御史大夫孔光的联名奏文"①。居延汉简"甘露二年丞相御史书"，其内容是通缉在逃的长公主大婢仆人的丞相御史书。传世文献中这类记载也很多，如《汉书·王嘉传》曰："（哀帝）下丞相、御史益封（董）贤二千户，及赐孔乡侯、汝昌侯、阳信侯国。"

再次，丞相往往由御史大夫转迁。

《历代职官表》卷18李华《御史中丞厅壁记》云："汉仪：（御史）大夫副丞相，以备其阙，参维国纲。"据《汉书·朱博传》记载，成帝时的朱博任"御史大夫，位次丞相"。御史大夫往往是补丞相之阙的不二人选。例如，"秦时为御史，主柱下方书"的张苍，至汉而入相府。此外，据《汉书》本传，"习文法吏事"的公孙弘，"好观汉故事及便宜章奏"的魏相，"治律令"的丙吉，"学律令"的黄霸，"少学法于父"的于定国，"明习文法"的薛宣，"明习汉制及法令"的孔光，"知能有余，兼通文法吏事，以儒雅缘饰法律，号为通明相"的翟方进，等等，他们的仕途皆有由御史大夫而转任丞相的履历，成为御史大夫"副丞相，以备其阙"的典型例证。

最后，关于丞相、御史大夫的实际地位。

名义上，御史是丞相之"副"，位居丞相之下。但实际上，"由于御史大夫主管图籍秘书、四方文书，熟悉法度律令，因此握有考课、监察和弹劾百官之权，这种权力有时甚至超越丞相"②。大庭修亦指出，汉代御史大夫"是统领'御史——侍御于王近侧的秘书官'的秘书长，负责草拟实施政务的方案，即所谓'草制'之官"③，尤其是作为中官的御史中丞，随时侧侍皇帝左右，所以与皇帝的关系更为紧密。

从吕后二年颁布的《二年律令》来看，"御史所司之权，丞相不一定有。

---

① 大庭修. 汉简研究 [M]. 徐世虹，译. 桂林：广西师范大学出版社，2001：23
② 安作璋，熊铁基. 秦汉官制史稿（上册）[M]. 济南：齐鲁书社，1984：51
③ 大庭修. 汉简研究 [M]. 徐世虹，译. 桂林：广西师范大学出版社，2001：24

《二年律令》中多有御史大夫单独上奏皇帝并得到批准的例证。相反,丞相有事上奏皇帝,必须通过御史大夫";而"居延、敦煌有诏书是皇帝直接下丞相而不经御史;汉简中也有公文由御史直下二千石而不经丞相;敦煌又有皇帝下郡守而不经丞相和御史的"①。朱绍侯指出:"一九七三年在居延肩水金关遗址出土的四个汉代简册文件(即《甘露二年丞相御史律令》、《张掖太守移书》、《张掖肩水司马兼都尉事移书》、《肩水候移书》)中,虽然说明是由丞相少史与御史少史联名签发,但在《张掖太守移书》中却只称《御史律令》,而不提丞相,说明丞相少史是虚领其衔,也说明在汉代签发公文一般都出自御史大夫及其所属吏员。"②

但总体上,丞相、御史作为秦汉时期的行政中枢,其分工大致遵循丞相负责行政,御史负责监察且承担一定的取旨(侍御史)职能的基本权力架构。"秦及汉初相当长的一段时期内,丞相、御史府起着公文上呈下发的核心作用,特别是御史大夫更处于转承、起草诏书的关键地位"③。

二、尚书

如上所言,"尚书"作为官署机构,其称谓源自秦朝,"是专门负责章奏文书的上奏、下达工作的"④。降及西汉,尚书的地位不断跃升,在秦朝"上奏、下达"文书工作的基础上,职掌日益扩大,地位逐渐提高。

首先,臣民的章奏由尚书台向皇帝转呈。

从汉代的有关史料来看,臣民上奏天子主要有两条路径。

其一,通过"燕见奏事"、"每朝奏事"等形式直接上奏皇帝。此外,"上封事"(奏陈秘密事宜,为防止泄漏而用黑色口袋,贴上封条呈进)也是直接上奏皇帝的。西汉史料中每有"上书皇帝陛下"之语,如《史记·三王世家》霍去病上疏武帝,就是直接上奏天子的。《汉书·王莽传》曰:"吏民上封事,宦官左右开发,尚书不得知。"这里强调,吏民所上"封事","尚书不得知"。这种"封事"主要通过中书传达,"不关尚书"(《汉书·霍光传》)。基本上,"臣昧死以闻"或"臣昧死请"之后即为皇帝批复"制曰可"的上书,大多没有经过尚书的中间环节。

其二,通过尚书转呈。从上引封事"尚书不得知"可反证,绝大多数情

---

① 王惠英. 从《二年律令》看汉初丞相与御史大夫的关系 [J]. 徐州师范大学学报, 2004 (3):81-83, 88

② 朱绍侯. 对《居延简册〈甘露二年丞相御史律令〉考述》的商榷 [J]. 河南师大学报, 1982 (4):85-88, 96

③ 卜宪群. 秦汉公文文书与官僚行政管理 [J]. 历史研究, 1997 (4):36-52

④ 汪桂海. 汉代官文书制度 [M]. 南宁:广西教育出版社, 1999:170

况下的普通上奏都是通过尚书转呈的。出土简帛中,甘肃甘谷汉简中宗正上书以"顿首死罪上尚书"开头,如"延熹元年十二月壬申朔十二日甲申,宗正臣柜、丞臣敬顿首死罪、上尚书臣柜顿首死罪死罪",就反映了通过尚书上奏皇帝的史实。又如,《鲁相史晨祀孔子奏铭》碑"开头写'建宁二年三月癸卯朔十日己酉鲁相臣晨长吏谦顿首死罪上、尚书臣晨顿首、顿首、死罪、死罪'","因为这个奏书是通过尚书转呈的,因而还要写上转呈者之名"①。

通过尚书上奏的文书一般都不封口,作为中间环节的尚书可以见到奏书内容。不仅如此,尚书往往还要把吏民经由尚书转呈的文书唱读出来,称之为"赞奏"(或省称"奏")。蔡邕《独断》云:"群臣有所奏请,尚书令奏之。"第二个"奏"即"赞奏"。《汉旧仪》亦曰:"尚书令主赞奏、封下书。""赞奏"之制渊源久远,《周礼·春官·内史》曰:"凡四方之事书,内史读之。"郑注:"若今尚书入省事。"贾疏:"汉法奏事读之,故举况之也。"孙诒让《正义》:"《广雅·释诂》云:'省,视也。'视事,谓尚书入省视读奏之事。王应麟云:'《汉书·霍光传》,尚书令读奏。'"都说明了汉代尚书"赞奏"是远承先秦内史之制。

随着尚书地位的加强,吏民经由尚书上奏成为常态。清纪昀等《钦定历代职官表》卷21曰:"参考史传及两汉所遗金石刻文,则当时上事实无不由尚书者","惟是尚书地居禁近,非外僚所得出入,而公车令总领天下上事,当必先受之以送尚书。"如,《汉书·王莽传》:"太师孔光等请诏尚书,勿复受公之让奏。"要求尚书不要再接受王莽辞让宰衡之封号的章奏。《汉书·王莽传》又曰:"尚书因是为奸寝事,上书待报者连年不得去。"则反映了因为尚书的耽搁,而致使章奏不能及时上报的史实。

《汉官仪·公车司马令》曰:"(公车司马令)掌殿司马门,夜徼宫中天下上事及阙下。"而《汉书·和帝纪》注引作:"诸上书诣阙下者,皆集奏之。凡所征召,皆总领之。"亦即,臣下"诣阙上疏"的主要渠道,是通过公车交由尚书再转呈"未央宫"(东汉改为"洛阳宫")上达皇帝的。有时,尚书甚至可以根据自己的好恶,扣押一些上奏。如,《汉书·魏相传》曰:"诸上书者皆为二封,署其一曰副,领尚书者先发副封,所言不善,屏去不奏。"

其次,由下发诏书进一步发展为替皇帝制诏。

《汉书·王嘉传》曰:"孝宣皇帝爱其良民吏,有章劾事,留中会赦壹解。故事,尚书希下章,为烦扰百姓。证验系治,或死狱中,章文必有'敢告'之字乃下。"由此可见,"最初的尚书,除传达章奏于有关部门外,并无下章

---

① 郑有国. 中国简牍学综论 [M]. 上海:华东师范大学出版社,1989:55

的固定职权，皇帝下章通常要经过丞相、御史。"① 但是，据《汉书·翟方进传》成帝赐丞相翟方进策曰："使尚书令赐君上尊酒十石，养牛一，君审处焉。"可见，最迟至成帝时，皇帝下行文书已经主要通过负责"封下书"的尚书环节而下达。所谓"封下书"，即封缄诏书，下达给相关吏民。由上引《汉旧仪》"尚书令主赞奏、封下书"可见，尚书既上传也下达。而下达文书主要包括"封"和"下"两个环节。

据《唐六典》所引《独断》，"凡制书，有印，使符下远近皆玺封，尚书令印重封"。这里，"制书由尚书令印封下达外朝的程式，也说明尚书令已经掌握了很大的政务裁决权"②。史料中，《史记·三王世家》霍去病上疏曰："御史臣光守尚书令奏未央宫，制曰：下御史。"说明尚书令掌"奏、下尚书文书"（《后汉书·百官志》），即在"奏"（上达）文书的同时，也负责"下"（下达）文书。杨鸿年也指出："两汉时代，诏书都是由尚书制作向外发布。"③再从汉代诏书的形式来看，正如有学者考证，"皇帝在群臣奏请文书之末批示以'可'或'下某官'一类的文字，尚书在缮写并向奏书者下发此批示时于'可'或'下某官'之前加上'制曰'二字，这就形成了前为臣下奏疏本文，后为皇帝批示'制曰：可'或'制曰：下某官'的程式"④。

后来，尚书又在"下章"（下达诏书）的基础上，逐渐发展为起草诏书，这是尚书地位跃升的关键。《后汉书·百官志》：尚书郎"主作文书起草"，有三十六人，在尚书台，"昼夜更直五日于建礼门内"。据《后汉书·窦武传》，曹节等为一己之私，而以白刃相威胁，要求尚书伪作诏书；《后汉书·何进传》中，张让等杀死大将军何进后，矫诏安排人事，"尚书得诏版疑之"，都说明尚书具有制诏的权力。

不仅如此，诏书内容是否"有违法令"也需要尚书审核，《汉书·王嘉传》即记录了一起丞相王嘉"封还诏书"的事例。《后汉书·范滂传》"尚书责滂所劾猥多，疑有私故"，说明尚书对劾奏有审查权。正如《汉旧仪》卷上指出："诏书下，朱钩施行。诏书下，有违法令，施行之不便，曹史白封还尚书，对不便状。"而据《后汉书·钟离意传》，尚书不仅能对诏书内容发表意见，有时甚至可以封还根据皇帝旨意制作的诏书。例如，《后汉书·明帝纪》曰："间者章奏颇多浮词，自今若有过称虚誉，尚书皆宜抑而不省。"

---

① 安作璋，熊铁基. 秦汉官制史稿（上册）[M]. 济南：齐鲁书社，1984：264
② 刘后滨. 从蔡邕《独断》看汉代公文形态与政治体制的变迁[J]. 广东社会科学，2002（4）：103-018
③ 杨鸿年. 汉魏制度丛考[M]. 武汉：武汉大学出版社，2005：89
④ 汪桂海. 汉代官文书制度[M]. 南宁：广西教育出版社，1999：33

再次，保管上传下达的章奏诏书。

据《汉书·灌夫传》记载，魏其侯窦婴曾得汉景帝遗诏，万一"事有不便，以便宜论上"。诏书副本藏窦婴家，正本存于尚书。武帝时，窦婴"罪至族"，于是出具家藏诏书的副本，但尚书所藏正本却未找到，窦婴遂以矫诏罪弃市。这说明，尚书除了负责文书的上行和下达工作，还负责保管经手的文书。

汉代尚书保存的章奏诏书每称"故事"。如《汉书·史丹传》曰："（元帝）数问尚书以景帝立胶东王故事。"《汉书·元后传》曰："（成帝）诏尚书奏文帝时诛将军薄昭故事。"早在先秦，即已有相当一部分国务被记录为"故事"，藏在"故府"，为今后类似活动提供成文先例。如《左传·成公》十年："晋之从政者新，子姑受功，归，吾视诸故府。"杜注："言范献子新为政，未习故事。"在汉代，尚书取代了"故府"，成为"故事"的保存机关。《资治通鉴》卷五十一"尚书故事"胡三省注曰："汉故事皆尚书主之。"章奏诏书之所以称为"故事"，是因为尚书保存的皇帝诏书（以及被皇帝认可的臣民章奏），具有法律条文的性质，能够为日后行事提供案比或依据。《汉书·刑法志》"圣人既躬明（哲）之性，必通天地之心，制礼作教，立法设刑"，肯定了立法权属于天子，《汉书》中也常有某某皇帝之诏"定著令"、"著令"、"定令"、"具为令"之语。而诏书一旦成文即为"故事"，成为旧日的典章制度，直接为后世所参考。例如，《汉书·刘向传》曰："是时，宣帝循武帝故事，招名儒俊材置左右。"湖北云梦睡虎地《法律答问》中有许多"以'廷行事'即判案成例作为依据的例子，可知秦代根据以往判处的成例审理案件已是一种制度"①。

陈梦家指出："汉代律、令、诏三者有分别，有混同之处。……律虽代有增易，但在基本上是不变的法则。诏书是天子的命令，以特定的官文书形式发布，皆针对当时之事与人，是临时的施政方针。但诏书所颁布新制或新例，或补充旧律的，可以成为'令'，即具有法律条文的约束力。"② 唯其如此，汉代的尚书一般都明习法令、故事。据史书记载，王迁"为尚书郎，习刀笔之文"（《史记·建元以来侯者年表》）；孔光"以高第为尚书，观故事品式，数岁明习汉制及法令"；黄琼以其父黄香为尚书令而"随父在台阁，习见故事"（《后汉书·黄琼传》）；樊准"为尚书令，明习故事"（《后汉书·殷识传》）。可见，在汉代不仅尚书之选以晓习文法作为标准，而且尚书的候选者（郎官）同样晓习文法。

---

① 胡平生，李天虹. 长江流域出土简牍与研究［M］. 武汉：湖北教育出版社，2004：244
② 陈梦家. 汉简缀述［M］. 北京：中华书局，1980：278

第五章 西汉时期的藏书

由尚书经手的章奏诏书和故事是尚书的主要庋藏对象。《文选》陆士衡《答贾谧诗注》引谢承《后汉书》曰："谢承父婴，为尚书侍郎。每读高祖及光武之后将相名臣策文通训，条在南宫，秘于省阁。唯台郎升复道取急，因得开览。序云：入为尚书郎作此诗。然秘阁即尚书省也。"由此可见，尚书台藏有"将相名臣策文通训"，往往是秘不示人的。《周礼·秋官·士师》曰："掌士之八成，一曰邦汋。"郑玄注引郑司农曰："斟汋盗取国家密事，若今时刺探尚书事。"贾公彦疏曰："汉时尚书掌机密，有刺探尚书机密，斟酌私知，故举为况也。"孙诒让正义曰："汋酌声类同……盖斟酌有求取之义，故盗取密事者谓之邦汋。"可见，先秦即设有依以判罪决事的八种成例（八成），位列八成之首者，是盗取国家密事的"邦汋"。而郑司农、郑玄、贾公彦等人以"刺探尚书事"或"刺探尚书机密"为况，适可证明，汉代尚书所藏文书的机密性。史料中，《汉书·霍光传》记载"（崔山）领尚书事"，"写秘书"，利用职务之便，将机密文书抄出而被治死罪。《汉书·王莽传》曰："漏泄省中及尚书事者，机事不密，则贼害成也。"《后汉书·律历志》刘昭补注引蔡邕曰："元初中，故尚书郎张俊，坐漏泄事，当伏重刑。"《后汉书·儒林·杨伦传》曰："尚书奏伦探知密事，徼以求直，坐不敬，结鬼薪。"《后汉书·郅寿传》曰："臣伏见尚书仆射郅寿坐于台上，与诸尚书论击匈奴，言议过差。……臣愚以为：寿，机密近臣，匡救为职。"这些史料都说明，尚书"故事"事关机密。

值得一提的是，文献中常见的"某尚书事"，诸如"平尚书事"、"省尚书事"、"分开尚书事"、"录尚书事"、"领尚书事"等，其中的"事"，都不是指事务，而应该是文书。例如，《吴书·顾雍传》曰："吕壹、秦博为中书，典校诸官府及州郡文书。"这里，所谓"中书典校"之"事"，"是指'文书'，具体而言，是指'诸官府及州郡文书'。而此类文书，我们知道，原本是由尚书省掌管的。尚书在秦原为宫官，自西汉开始干预政务，逐渐向朝官演变。当时，中央和地方各级官府的文书，都要通过尚书审查才能转达皇帝手中。即使是丞相，如果不想被架空，也必须过问尚书台'事'"[①]。

与秦朝一样，西汉的三公、九卿亦皆掌各自任内档案，而丞相、御史和尚书是保存几乎全部行政档案的。武帝以降，随着相权的削弱，文书的职掌主要集中在御史府和尚书台。武威出土的王杖诏书令指出，"制诏御史：年七十以上，……人有养谨者扶持。明著令兰台令第四十二"、"尚书令臣咸再拜受诏"、"制诏御史：年七十以上，……弃市令在兰台第四十三"。这里，兰台令

---

① 王素，汪力工. 略论走马楼孙吴"中书典校事吕壹"简的意义[J]. 文物，2002（10）：88−91

第四十二和第四十三都是"制诏御史"的结果;而"尚书令臣咸再拜受诏"中的尚书,是不同于御史兰台的另一档案机构。又,武威出土王杖十简,制诏御史曰:"年七十受王杖,比六百石……兰台令第三十三,御史令第四十三,尚书令灭受在金"。据此,党寿山认为,"兰台令第三十三"应是"兰台令第四十三"之误①。而所谓"尚书令灭受在金(下残)"中的"灭"是尚书令的人名;"臣咸"是历任三朝的老臣陈咸自称,他在西汉宣帝时曾任御史左曹受理尚书事,元帝时擢御史中丞,成帝时迁尚书令。

总之,尚书有专人(尚书令)负责文书档案,并庋藏于与御史府相对的专门文书收集处所——尚书台。

最后,整理诏书。

上引《汉书·灌夫传》记载,魏其侯窦婴曾得汉景帝遗诏,诏书副本藏窦婴家,正本存于尚书。据此,安作璋指出:"由此可见,尚书对诏书的颁发均有记录在案。"②

针对"文书盈于几阁,典者不能遍睹"(《汉书·刑法志》)的文书现状,对这些与日俱增的律令条文和"故事"的整理就显得十分必要。出土文献中有"功令第卅五"(《居延汉简甲编》1542)、"兰台令第卅三"、"御史令第卅三"③等记载,亦可证由天子诏书转化而来的律令是编成目录的。《论衡·程材》曰:"五曹自有条品,簿书自有故事,勤力玩弄,成为巧吏。"这里,"簿书"是指记录材物出纳的册籍,即"故事"的目录。事实上,皇帝日理万机,自然"故事"频仍。汉代尚书台官吏正是通过目录而熟谙诏令、明习"故事",从而任职愉快的。据《后汉书》本传,黄琼"习见故事"、"达练官曹",阳球"闲达故事,其章奏处议,常为台阁所崇信",都是明证。

我们知道,《文选》卷三十八任彦升《为范始兴作求立太宰碑表》李善注所引刘歆《七略》所谓"尚书有青丝编目录",其中的"尚书"不是指儒家经典之一的《尚书》,而是指掌管章奏诏书的官署机构。尚书的"青丝编目录"是汉代诏令目录④,也是汉代尚书文献整理的集中体现。

---

① 党寿山. 武威新出王杖诏书册[A]. 汉简研究文集[C]. 兰州:甘肃人民出版社,1984:52
② 安作璋,熊铁基. 秦汉官制史稿(上册)[M]. 济南:齐鲁书社,1984:264
③ 沈颂金. 二十世纪简帛学研究[M]. 北京:学苑出版社,2003:491
④ 傅荣贤. "尚书有青丝编目录"正诂[J]. 图书情报工作,2009(21):139-141,145

第二节　西汉时期法律文献的整理

正像图书源自档案一样，图书整理的一般方法和原则也源自档案整理。但因西汉刘向、刘歆以来的图书整理取得了远远凌越档案整理的成就，使得人们误以为档案整理源出于图书整理。事实上，西汉时期的法律文献整理亦颇具规模，包含着十分丰富的校雠学思想，对刘向、刘歆父子的图书整理不无影响。

《汉志》"汉兴，改秦之败，大收篇籍，广开献书之路"，准确地描述了自汉惠帝四年（前191）除"挟书令"以后，图书文献的收集和骤增。另一方面，嬴秦以吏为师的治国安邦之策也得到了赓续。《汉书·贾山传》："臣闻山东吏布诏令，民虽老羸癃疾，扶杖而往听之。"正是"以吏为师"思想在汉朝的延续。王充《论衡》的《程材》篇曰："法令，汉家之经，吏议决焉。"《别通》篇曰："汉所以能制九州者，文书之力也。（汉）以文书御天下。"吏以法令为准绳，重吏即重文书。正是有见于吏、文书在汉室皇权运作中的重要地位，所以，汉人对文书档案是十分重视的。也正是在这一背景下，西汉时期也曾有过法律文书的整理。

《史记·太史公自序》云："于是汉兴，萧何次律令，韩信申军法，张苍为章程，叔孙通定礼仪。"可见，萧何之于律令、韩信之于军法、张苍之于章程、叔孙通之于礼仪皆曾有过整理。因《汉志·兵书略》云："汉兴，张良、韩信序次兵法，凡百八十二家，删取要用，定著三十五家。诸吕用事而盗取之。武帝时，军政杨仆捃摭遗逸，纪奏《兵录》。"所以，"韩信申军法"最为学界所认可。余嘉锡从分析校雠学义例入手，认为汉初兵法的整理和刘氏典校中秘一致。他说："刘向所作叙录，皆言定著为若干篇，而《志》叙张良韩信之序次兵法，亦言定著，是亦当有校雠奏上之事，与刘向同。"[①] 来新夏则指出："杨仆的《兵录》是最早一部专科性的群书目录。"[②] 事实上，萧何、韩信、张苍和叔孙通四人的工作都与法律文献的整理有关，并形成了西汉校雠工作中不可忽视的一大宗。分析西汉法律文献的整理，可以发现刘向的校雠学义例和刘歆的分类编目思想渊源有自，刘氏父子的图书整理乃是在融会先人档案整理的基础上逐步完善的。

---

① 余嘉锡. 目录学发微 [M]. 成都：巴蜀书社，1991：78
② 来新夏. 古典目录学浅说 [M]. 北京：中华书局，1981：7

一、萧何次律令的校雠学义例

所谓"萧何次律令",《汉书·刑法志》具体指出:"于是相国萧何捃摭秦法,取其宜于时者,作律九章。"《晋书·刑法志》亦云:"汉承秦制,萧何定律,除参夷连坐之罪,增部主见知之条,益事律《兴》、《厩》、《户》三篇,合为九篇。"可见,萧何所"次"的《九章律》来源于"秦法",即来源于《史记·萧相国世家》"沛公至咸阳,……何独先入收秦丞相御史律令图书藏之"中的秦之"律令"。值得强调的是,据《汉书·刑法志》,汉文帝曾两次下诏要求废除"夷三族之令",但其后新垣平谋为逆,复行三族之诛;而《汉书》所载昭、宣、元、成、哀、平六世之间,因"参夷连坐"而断狱殊死者不绝如缕。因此,萧何"除参夷连坐之罪"并不可信,但萧何在"秦律"基础上"取其宜于时者",从而有所增损是可以肯定的。

而秦之"律令"又可追溯到战国之际魏国李悝的《法经》。《晋书·刑法志》曰:"秦汉旧律,其文起自魏文侯师李悝。"又说李悝《法经》"商君受之以相秦"。再进一步,李氏《法经》又是在战国之际"诸国法"的基础上整理而成的,《晋书·刑法志》所谓"(李悝)撰次诸国法,著《法经》"。基于《九章律》和《法经》之间的因缘关系,我们可从李悝《法经》的编撰特色中分析萧何法律文献整理的基本义例。

(一)以事物本质属性为文本分类依据

中国法律起源甚早,典籍中的《汤刑》、《吕刑》可视为商周时期的成文法,汇集各国法律条文的《刑书》则是春秋时期的法律经典。但是,这些法典都以"刑"字名书,是按照"刑名"编纂的。如《尚书·吕刑》曰:"墨刑之属千,劓罚之属千,剕罚之属五百,宫罚之属三百,大辟之罚,其属二百。五刑之属三千。"

律令篇名是法律条文的纲目,李悝之前"刑名之制"的法典按照刑种或刑期为标目,是从事物外部非本质属性出发对同一现象的概括。而李悝之撰次《法经》,《晋书·刑法志》指出:"(李悝)以为王者之政,莫急于盗贼,故其律始于《盗》、《贼》……皆罪名之制也。"李悝所著六篇是按"罪名"编纂的,因为"皆罪名之制",所以,属于"盗"之本质的必须在《盗篇》、属于"贼"之本质的必须在《贼篇》。同样,萧何"益事律《兴》、《厩》、《户》三篇,合为九篇"(《晋书·刑法志》),根据犯罪性质增加三篇,秉承了李悝以"罪名之制"编纂法典的原则,诚如邱濬所谓"(萧何)各以类而相从焉,著之篇章，分其事类，以后诠次"①。这首先需要在形形色色的各类犯罪事实中区分出盗、贼等罪行的本质，亦即从各类犯罪行为的本质属性出发，以罪名为标目对日益增多的法律条文予以"审名"和"辩类"。显然，《法经》之撰"次"，和刘歆"种别群书"，按图书的学术性质区别"六百三家"文献为六略（六大类）、三十八种（三十八小类）用意近同，可视为刘氏图书分类工作的先导。

出土档案中以"罪名之制"编纂法律档案的也为数不少，如银雀汉简《守法守令等十三篇》，包括《守法》、《要言》、《库法》、《王兵》、《市法》、《守令》、《李法》、《王法》、《委法》、《田法》、《兵法》、《兵令》、《上篇》、《下篇》等，基本都是根据罪行本质标目的。如，《李法》是处罚官吏的法令，《委法》是物质委积之法等等。张家山汉简《二年律令》是吕后二年施行的法律，内容包括27种律和1种令，计有贼律、盗律、具律、告律、捕律、亡律、收律、集律、钱律、置吏律、均输律、传食律、田律等"律"以及津关"令"，也是典型的"罪名之制"。可以肯定，刘歆按图书的学术性质"种别群书"的分类原则在此前的法律档案整理中已经成为普遍倾向。

出土简帛中另有不少按问题立卷的例子，正如张启安指出："按问题立卷，即按问题的性质、时间、内容、范围等将同类问题，按时间、空间的不同范围进行组卷的方法。如武威出土的《王杖诏书令》，全册27简（缺佚1简），收录了5个诏书令文件；第1简至第3简是尊敬长老、抚恤鳏寡的诏令；第4简至第6简为成帝建始二年九月颁布的抚恤孤独、废疾的诏令；第7简至第11简是高年赐王杖的诏令；第12简至第20简是处决乡吏殴辱王杖主的诏书；第21简至第26简是年70赐王杖的诏令。第27简'右王杖诏书令'是该卷档案的案卷标题。有的将全年发生的同类问题立为一卷，如简《建始五年正月尽十二月吏除遣及调书》为成帝建始五年（实为河平元年，公元前28年），全年吏员的任免和调动情况。"② 按问题立卷，还表现在簿籍类档案中。"簿"，一般用于记载事物；"籍"，用于记录人及马牛等生物之类，这在居延简牍中有大量出土。例如，簿类："刺史奏事簿录"、"奏事簿"、"吏赐劳簿"等；籍类："吏四时名籍"、"虞卒名籍"、"受禄钱名籍"。这些按问题立卷的簿籍也可视为刘歆"种别群书"的先导。

（二）"合众篇"为一书的校雠学旨趣

古书著之简帛，因"缣贵而简重"（《后汉书·蔡伦传》）而往往单篇别行，不相系属。如，《史记·老庄申韩列传》仅提及韩非子著作中的具体文篇

---

① 参：(清) 沈家本. 历代刑法考（二）[M]. 邓经元, 骈宇骞, 点校. 北京：中华书局, 1985：843
② 张启安. 汉代简牍档案的管理 [J]. 档案学通讯, 1995 (2)：58-60

《五蠹》、《孤愤》、《说林》之类，到刘向校书时才将它们"合众篇"，成为"一本书"，并名之为《韩非子》。《论衡·正说》云："河内女子发老屋，得逸《易》、《礼》、尚书》各一篇。奏之，宣帝下示博士，然后《易》、《礼》、《尚书》各益一篇，而《尚书》二十九篇始定矣。"亦可证古书多单篇别行。因此，刘向当年校雠工作的重要步骤之一就是将零散篇章分类集结，"合众篇"为一书。

同样，李悝之前的法典实际上是以刑种或刑期为标目的法律条文的汇集，尚不可称为"书"。诚如明儒邱濬指出："刑法之著为书始于此（《法经》）。成周之时虽有禁法，著于《周官》，然皆官守之事，分系于其所职掌，未有成书也。"① 而作为第一本法律"书"的《法经》，正是由李悝捃拾众多法律条文"合众篇"编辑而成的。《法经》之编次成书，实为刘向校雠学中"合众篇"思想的前驱。

从出土简牍看，档案部门为了日常工作利用的方便，对档案也进行了一些汇编工作。张启安举例指出，简"阳朔五年正月尽十二月府移丞相御史刺史条"，是甲渠候官某书佐所编纂的朝庭文件汇编的题封，内容收集了阳朔五年（实为鸿嘉元年，公元前20年）全年由居延都尉府转发的丞相、御史大夫、刺史的各种文件。"建武七年四月以来府往来书卷"，汇集了光武帝建武七年（31）居延都尉府与甲渠候官府之间的往来公文。"肩水候官元康二年尽三年诏书"，则汇集了宣帝元康二年至三年（前64～前63年）朝庭下达的各种诏令文书②。

（三）"条其篇目"的校雠学内涵

刘向"合众篇"为一书时，注意通过"条其篇目"来反映特定的学术内涵。如，今存刘向《孙卿书录》云："劝学篇第一，修身篇第二，不苟篇第三，……赋篇第三十二。"刘向列举篇目次第，既有防止单篇散佚的意思，又可通过篇章次序的刻意安排而表达特定的学术思想。《四库总目·仪礼注疏提要》即曾指出，刘向对《仪礼》的编次达到了"尊卑吉凶，次第伦序"的境界，很好地表达了《仪礼》的主旨。特定的编次反映特定的文本内涵，这可以上推到《国语·鲁语下》所载："昔正考父校商之名颂十二篇于周太师，以《那》为首。"据《史记·孔子世家》，正考父"以《那》为首"，是因为《那》篇内容和正考父所信奉的谦谦君子的风范相鼓桴。

同样，"条别篇章，定著目次"也是李悝编撰《法经》时即已出现的文献

---

① 参：(清) 沈家本. 历代刑法考（二）[M]. 邓经元，骈宇骞，点校. 北京：中华书局，1985：843

② 张启安. 汉代简牍档案的管理 [J]. 档案学通讯，1995 (2)：58 - 60

整理步骤。《晋书·刑法志》指出："（李悝）以为王者之政，莫急于盗贼，故其律始于《盗》、《贼》。盗贼须劾捕，故著《囚》、《捕》二篇。其轻狡、越城、博戏、借假不廉、淫侈逾制，以为《杂律》一篇。又以《具律》具其加减。"无疑，《法经》盗、贼、囚、捕、杂、具六篇的编次安排是反映特定内涵的，这与刘向"条其篇目"的校雠学动机无异。而李悝"其轻狡、越城、博戏、借假不廉、淫侈逾制，以为《杂律》一篇"之举，与《汉志》中易类《古杂》80 篇、《杂灾异》35 篇，诗类《齐杂记》18 篇，儒家类《儒家言》18 篇等杂纂杂钞类的文献近同，并且，这些杂纂杂钞类书籍也都是置于各该类（组）之末的。

二、韩信、张苍、叔孙通文献整理的法律内涵

《史记》、《汉书》将"韩信申军法，张苍定章程，叔孙通制礼仪"和"萧何次律令"并提，是因为他们从事的都是法律文献的整理。后人失于精考，专就"韩信申军法"为说，并误认为韩信整理的对象是军事类图书，这些认识都是值得商榷的。

（一）韩信军法的法律属性

古代法律源自"礼"、"兵"之制，"兵"或曰"军"。古之五礼即吉礼、凶礼、军礼、宾礼和嘉礼，军礼居有其一。《尚书·甘誓》："左不攻于左，汝不恭命。右不攻于右，汝不恭命。御非其马之政，汝不恭命。用命赏于祖，弗用命戮于社。"清儒沈家本说："此夏之军法。"① 《孙子》、《左传》中多引用《令典》、《军志》、《军政》等西周时期的军事著作，从名称来看，应该是军事法规和战斗条令。《司马法》更是古兵制之"遗事"。而《尉缭子》24 篇，前12 篇讲战法，后 12 篇都题有"某某令"，也是讲兵令的作品。《吴起》一书同《尉缭子》，也有一部分内容与军事制度有关，晁公武《郡斋读书志》曰："《吴子》三卷，魏吴起撰，言兵家机权、法制之说。"高似孙《子略》说《吴起》，"其尚礼仪，明教训，或有得于《司马法》"。《韩非·内储说》引及《吴起》南门令、西门令、攻秦亭令；《吕子·慎小》亦引南门令，可证《吴起》的内容关乎"军事法令"。再从出土文献来看，银雀山汉简有《守法守令等十三篇》，内容包括《兵令》、《守法》、《守令》、《王兵》等四篇军事法令文献②，孙家塞马良墓也出土有军令简。这些都可证古代讲军事制度的兵书不在少数，可视为军事专门法方面的文献。而正是基于兵制和法律的特殊联系，

---

① （清）沈家本. 历代刑法考（二）[M]. 邓经元，骈宇骞，点校. 北京：中华书局，1985：817

② 参：吴九龙. 银雀山汉简释文 [M]. 北京：文物出版社，1985

班固才以兵狱同制为编写原则,在《汉书·刑法志》中既写了法制史又写了兵制史。

传世文献中,也有大量语涉"军法"的军事法令类文献方面的记载,丁凌在博士论文《秦汉律令学》① 中列举了大量这方面的例证。例如,《史记·魏其武安侯列传》:"军法,父子俱从军,有死事,得与丧归。"《史记集解》如淳曰:"《汉军法》曰:吏卒斩首,以尺籍书下县移郡,令人故行,不行夺劳二岁。五符亦什伍之符,约节度也。"《史记正义》张守节云:"军法:伍人为伍,二伍为什,则共器物,故谓生生之具为什器,亦犹从军及作役者十人为火,共畜调度也。"《汉书·武帝纪》注引如淳曰:"军法,行逗留畏懦者要斩。"《汉书·胡建传》按语曰:"正亡属将军,将军有罪以闻,二千石以下行法焉。"此外,东汉许慎《说文解字》也收录了一些汉代军法的内容,如:"铙:军法:卒长执铙"、"铎:军法:五人为伍,五伍为两,两司马执铎"。

《汉志·兵书略》"权谋类"著录《韩信》三篇,究其类属,当是讲权衡变化得失的军事谋略之书。然韩信参与汉初定制,所"申"者为"军法",其所"定著三十五家"文献,主要应属军事法方面的典籍,与区区"三篇"《韩信》关系不大。并且,《汉志·兵书略序》:"《洪范》八政,八曰师。……军政杨仆捃摭遗逸,纪奏《兵录》。"所引《洪范》表明中国古代的"军事"是和政制有关的,是意识形态层面上的上层建筑。而纪奏《兵录》的杨仆,司职军政,军政即军正,为军中执法之官,可证以《三国志·吴志·凌统传》"还,自拘于军正,(孙)权壮其果毅,使得以功赎罪"。总之,自汉初张良、韩信到武帝时杨仆的兵书整理都与法律文献有关,是关于军事的专门法,而不是军事类图书典籍。

(二)张苍章程的法律属性

"章程"主要是度量衡方面的法规,旨在对器用物品颁布统一标准,公告天下,令工匠按照法定标准执行。《史记·太史公自序》集解引如淳曰:"章,历数之章术也。程者,权衡丈尺斛斗之平法也。"卫宏《汉官旧仪》曰:"有权衡之量,不可欺以轻重;有丈尺之度,不可欺以长短。"

出土简帛中有大量属于秦汉时期的章程类文献,例如,睡虎地秦简"《内史杂》中有一条律文特别规定贮藏物资的机构,必须备有足够的衡石累、斗桶等量器。这些量器要经常校正准确"②;"《效律》详细规定了核验县和都官

---

① 丁凌. 秦汉律令学 [D]. 长春:东北师范大学,2008
② 高恒. 秦汉法制论考 [M]. 厦门:厦门大学出版社,1994:5

物资账目的一系列制度,……特别是对于度量衡器,律文明确规定了误差的限度"①,如规定:"斗不正,半升以上,赀一甲;不盈半升至少半升,赀一盾。半石不正,八两以上,钧不正,四两以上;斤不正,三朱(铢)以上;半斗不正,少半升以上;参不正,六分升一以上;升不正,廿分升一以上;黄金衡赢(累)不正,半朱(铢)[以]上,赀各一盾。"②

章程也叫程品,《史记·太史公自序》集解引臣瓒曰:"《茂陵书》'丞相为工用程数其中',言百工用材多少之量及制度之程品者是也。""程品"可以简称为"程",《汉书·高帝纪》师古注曰:"程,法式也。"例如,睡虎地秦简《秦律十八种》中有《工人程》;"程品"也可以简称为"品",居延汉简中有《烽火品》、《罪人得入赎品》等文献。《史记·太史公自序》曰:"(张)苍为主计,整齐度量。"《汉书·张苍传》曰:"(张)苍为计相时,……吹律调乐,入之音声,及以比定律令。若百工,天下作程品。"如淳曰:"百工为器物皆有尺寸、斤两、斛斗、轻重之宜,使得其法。"师古曰:"言吹律调音以定法令,及百工程品皆取则也。"清姚振宗《汉书艺文志拾补》一书旨在"拾补"《汉志》所不著录文献,"大凡六略拾补三十三种二百七十四家三百六部"。姚氏于《诸子略·法家》下补充《张仓程品》、《汉律》六十篇、《汉令》三百余篇等八种文献,其于《张仓程品》下自注云:"亦曰章程,亦曰工用程数。"

总之,张苍章程本质上属于经济法规,对规范手工业产品制作、物品器具的规格乃至市场管理有非常重大的意义。正如明儒邱濬指出:"盖度量衡受法于律,积黍以盈,无锱铢爽,凡度之长短,衡之轻重,量之多寡,莫不于此取正。"③《三国志·魏志·杜畿传》:"渐课民畜牛草马,下逮鸡豚犬豕,皆有章程。"《唐六典·少府监》:"造弓矢、长刀,官为立样。"类似这些的内容都在张苍所定章程的范畴之内。

(三)叔孙通礼仪的法律属性

古代礼法一体,"刑不上大夫,礼不下庶人"、"出于礼则入于刑"等说法都表达了礼法之间千丝万缕的联系。"律"和儒家典籍中的《礼》一样,也被尊称为《经》。因此,和《礼经》对称的是"律经",叔孙通所"定"(或所"制")《礼仪》也是法律的一部分。《汉书·礼乐志》:"叔孙通所撰礼仪,与律令用同,藏于理官。"师古云:"理官,即法官也。"程树德认为,叔孙通礼

---

① 张显成. 简帛文献学通论 [M]. 北京:中华书局,2004:71
② 睡虎地秦墓竹简整理小组. 睡虎地秦墓竹简 [M]. 北京:文物出版社,1977:75
③ 参:(清)沈家本. 历代刑法考(二)[M]. 邓经元,骈宇骞,点校. 北京:中华书局,1985:852

仪又称"傍章"，正是因为礼仪与律令同录藏于理官，两者异中有同故称①，而东汉末年应劭亦曾"删定律令为《汉仪》"（《后汉书·应劭传》）。

张建国认为："叔孙通制定的这种被称作礼仪的规范……可以分为仪礼和仪品两大部分。到汉武帝时，随着太初改制，宗庙、官名品秩之类有了大幅度的改变，因此可能叔孙通所制作的仪品已经被新的一套制度所取代和吸收，由于没有了实用价值，故而逐渐失传。至于仪礼这一部分，大致它的涵意是指通过一些具体的仪式来体现礼的具体内容。主要方面和具体范围应为《汉书·礼乐志》所说的下列内容：'人性有男女之情，妒忌之别，为制婚姻之礼；有交接长幼之序，为制乡饮之礼；有哀死思远之情，为制丧祭之礼；有尊尊敬上之心，为制朝觐之礼。'礼虽然还应有其他方面的规定，但是最基本和最突出的是以上所说的婚姻、乡饮、丧祭、朝觐等方面"②。

不管怎样，礼仪由法官掌管，具有一定的法律效力。如，《汉书·淮南王传》曰："御史执法，举不如礼仪者辄引去。"就是对违反《礼仪》中之《朝仪》规定的处罚。《晋书·刑法志》曰："萧何定律，……合为九篇。叔孙通益律所不及，《傍章》十八篇。"可见，叔孙通"益律所不及"，撰《傍章》十八篇，和萧何《九章律》等文献共同组成了《汉律》六十篇，可证叔孙通身为礼官而兼掌法律之事。《论衡·效力》亦云："故叔孙通定仪而高祖以尊，萧何造律而汉室以宁。案仪律之功，重于野战；斩首之力，不及尊主。"

再以具体案例来说，据《汉书·燕王刘泽传》记载，武帝时燕王定国"与父姬奸"、"夺弟妻"，后被人告发，"下公卿，皆议曰：'定国禽兽行，乱人伦，逆天道，当诛。'上许之。定国自杀，立四十二年国除"。定国之举本属违背礼制伦常，结果却以刑法论处，反映了中国古代特有的礼法一体、以法护礼的现象。对此，清儒沈家本曾指出："汉礼仪多在律令中。"③

综上所述，"韩信申军法，张苍为章程，叔孙通定礼仪"和"萧何次律令"一样，其工作对象虽有所侧重，但都涉及法律方面的观念形态，本质上都是对政治制度层面上的法律档案文献的整理。

三、《汉律》六十篇、《汉令》三百余篇以及法律专科目录的编制

刘向《别录》系由一篇篇叙录组成，仅涉及篇目，即每一书的目录。而旨在"种别"的刘歆《七略》则既编了目又分了类，形成了类似今天的图书

---

① 程树德. 九朝律考 [M]. 北京：中华书局，2006：16
② 张建国. 叔孙通定《傍章》质疑：兼析张家山汉简所载律篇名 [J]. 北京大学学报，1997（6）：44-53
③ （清）沈家本. 历代刑法考（二）[M]. 邓经元，骈宇骞，点校. 北京：中华书局，1985：865

分类目录。总体而言，刘歆图书整理的突出贡献有三：一是按文献性质进行图书分类；二是编制出系统的群书目录；三是撰写了层次有别的序言（从《汉志》看，共有 1 篇总序，6 篇略序，33 篇种序），以"辨章学术，考镜源流"。其中的前两条，在此前的法律档案文献中已见肇端。

李悝的《法经》被"商君受之以相秦"，成为以苛刑峻法著称的秦朝法律的根柢。刘邦入关，约法三章，"杀人者死，伤人及盗抵罪"，结果"蠲削烦苛，兆民大说"。然而，刘邦马上得天下建立汉王朝后，"四夷未附，兵革未息，三章之法不足以御奸"，遂有萧何增损秦法而"作律九章"（《汉书·刑法志》）之举。随着历史的发展，萧何《九章律》也越来越"不足以御奸"，律令之繁代有滋益，我们从程树德《九朝律考·汉律考》、沈家本《历代刑法考·汉律摭遗》等辑佚文献中可略见端详。事实上，即使在"罢黜百家，独尊儒术"的武帝时期，"律令凡三百五十九章，大辟四百九条，千八百八十二事，死罪决事比万三千四百七十二事"（《汉书·刑法志》），由此亦可见律令不断增益的事实。再从出土文献来看，银雀山汉简有《守法守令等十三篇》，包括《守法》、《要言》、《库法》、《王兵》、《市法》、《守令》、《李法》、《王法》、《委法》、《田法》、《兵法》、《兵令》、《上篇》、《下篇》等，内容十分丰富。

总之，西汉法律条文之丰富和庞杂是毋庸置疑的。信如其说，则目录之需亟矣。萧何之后，针对"文书盈于几阁，典者不能遍睹"（《汉书·刑法志》）的现状，人们对法律文献又有整理，使西汉法律体系日益完备。这主要体现在编定《汉律》六十篇和《汉令》三百余篇，以及编制法律专科目录。

（一）《汉律》六十篇的整理

《晋书·刑法志》曰："萧何定律，……合为九篇。叔孙通益律所不及，《傍章》十八篇。张汤《越宫律》二十七篇。赵禹《朝律》六篇。合六十篇。"由 9 + 18 + 27 + 6 合为《汉律》六十篇。其中，《傍章》十八篇涉及宗庙、陵墓、守丧、省亲、休假、洗沐等，这些都是礼仪法度意义上的内容。如，《史记·张丞相列传》记载武帝时张类（张苍之孙）"坐临诸候丧后，就位不敬，国除"。张汤《越宫律》是有关宫殿、省禁、苑园、乘舆、驰道等方面的礼仪制度。如，据《汉书·王子侯表上》记载，昭帝时太医监充国阑入殿中，幸得帝姐鄂邑公主"入马二十匹，乃得减死论"。赵禹《朝律》则关乎朝聘礼仪制度，涉及朝觐聘享、朝献、秋请、大朝、外朝、中朝等礼制的规定，如《汉书·王子侯表上》记载："元狩二年，（河间献王子重侯刘担）坐不使人为秋请，免。"

叔孙通、张汤、赵禹三人以《九章律》为基础，秉承了萧何"罪名之制"

的法典编纂体例，可以推测他们的校雠学义例与萧何"次律令"是一致的。

（二）《汉令》三百余篇的整理

古代法律指涉甚广，《管子·七臣七主》曰："夫法者，所以兴功惧暴也；律者，所以定分止争也；令者，所以令人知事也。"西汉法律大致可分为律、令、诏三种。陈梦家指出："汉代律、令、诏三者有分别，有混同之处。律最初指《九章律》及其它专行之律。……律虽代有增易，但在基本上是不变的法则。诏书是天子的命令，以特定的官文书形式发布，皆针对当时之事与人，是临时的施政方针。但诏书所颁布新制或新例，或补充旧律的，可以成为'令'，即具有法律条文的约束力。"①《汉书·刑法志》"圣人既躬明（哲）之性，必通天地之心，制礼作教，立法设刑"，肯定了立法权属于天子，所以《汉书》中常有某某皇帝之诏"定著令"、"著令"、"定令"、"具为令"之语。可以想象，在天子意志可以任意转化为律令的西汉，对这些与日俱增的律令条文的整理就显得十分必要。

《汉书·刑法志》云："及至孝武即位，……于是招进张汤、赵禹之属，条定法令。"张汤、赵禹除了分别整理过《朝律》六篇和《越宫律》二十七篇之外，还"条定法令"，对"令"有过整理。《晋书·刑法志》曰："汉时决事，集为《令甲》以下三百余篇。"《汉书》中常有"令甲"、"令乙"、"令丙"（或作"甲令"、"乙令"、"丙令"）的记载，亦可证时人对连篇累牍的"令"是作过分类整理的。

就其整理方式来看，《汉书·宣帝纪》师古注引文颖曰："天子诏所增损不在律上者为令。令甲者，前帝第一令也。"引如淳曰："令有先后，故有令甲、令乙、令丙也。"师古曰："甲乙者，若今之第一、第二篇耳。"师古注《汉书·吴芮传》亦曰："甲者，令篇之次也。"显然，文颖、如淳、颜师古三人都同意"令"之区分甲乙丙，是基于一定分类标准或排序原则的结果。出土文献中所谓"功令第卅五"、"兰台令第卅（册）三"、"御史令第卅三"，传世文献如《后汉书·律历志》引及"《令甲》第六"等等，都说明《令甲》、《令乙》、《令丙》是编册成书的，具有一定的目录编制的性质。

（三）法律专科目录的编制

律令篇名是法律条文的纲目，令甲、令乙、令丙作为令集的编次，实质上就是对"令"的条目化，具有编目的用意。而对日益增多的法制律令加以条目化的结果，又导致了法律专科目录的产生。

《汉律》六十篇和《汉令》三百余篇都是不同事类诸多条文的结集，集下

---

① 陈梦家. 汉简缀述[M]. 北京：中华书局，1980：278

分类为"篇";篇下结事为"章",实即按性质不同而分出不同的篇章条目。《晋书·刑法志》载有"魏法序略"一篇,记有汉律令若干篇名,各篇名下又列举若干罪名。然其列举篇名、罪名的用意是要论证曹魏所行旧律(即汉律),因篇名与罪名多"本体相离"而需要修改。诸如"《盗律》有贼伤之例,《贼律》有盗章之文,《兴律》有上狱之法,《厩律》有逮捕之事"等等。针对"一章之中或事过数十,事类虽同,轻重乖异。而通条连句,上下相蒙,虽大体异篇,实相采入"比比皆是的状况,编制法律专科目录便是水到渠成的事情了。

《晋书·刑法志》云:"司徒鲍公撰嫁娶辞讼决为《法比都目》凡九百六卷。世有增损,率皆集类为篇,结事为章。"所谓"都"即"总",如隋费长房《历代三宝记》卷八有《经论都录》即佛教经典和有关经律阐发文献的总目。"比"是比照执行的意思。如,睡虎地秦简《法律答问》:"罢癃守官府,亡而得,得比公癃不得?得比焉。"① 意思是说,看守官府的残疾人因罪逃亡捕获后,可以比照因公废疾者的量刑标准。无疑,《法比都目》是婚姻法及其参照执法标准方面的总目录。汉高祖七年制诏御史"廷尉所不能决,谨具为奏,傅所当比律令以闻",说明"所当比律令"是廷尉决狱的重要参照。而"决事比在汉代有多种称谓,如《决事比》、《辞讼比》、《决事比例》、《司徒都目》、《决事都目》等"②。

再从出土文献来看。张春龙等人认为,湖南张家界古人堤遗址出土的90枚简牍,主要内容分六大类,其中有一类即为汉律及其目录。这批简牍虽属东汉时期,但反映的却是西汉"《汉律》六十篇"的内容。其中,"汉律目录木牍,第一、二、三栏大都残破,似为《盗律》目录,第四、五、六栏墨迹尚存,为《贼律》目录。较完整的有盗出故(?)物、揄(踰)封、毁卦、贼燔烧宫、父母告子、失火、贼杀人、奴婢贼杀、斗杀以刀、贼杀伤人、戏杀人、殴父母、犬杀伤人、谋杀人已杀、奴婢悍、父母殴笞子、诸人食官、奴婢射人、诸坐伤等"③。

(四)出现了只有"目"而没有"录"的旨在排检的一书目录

中国古代的一书目录一般包括"条其篇目"的"目"和"撮其旨意"的"录"两个部分,《易传·序卦》、《书》和《诗》的小序、《吕氏春秋·序意》、《淮南子·要略》、《史记·太史公自序》等传世的一书目录无不如此,

---

① 睡虎地秦墓竹简整理小组. 睡虎地秦墓竹简[M]. 北京:文物出版社,1977:126
② 丁凌. 秦汉律令学[D]. 长春:东北师范大学,2008
③ 张春龙,胡平生,李均明. 湖南张家界古人堤遗址与出土简牍概述[J]. 中国历史文物,2003(2):66-71

其内容远远超出了西方单纯以"排检"为旨趣的contents。清儒卢文弨《钟山札记》总结说:"《史记》、《汉书》书前之有目录,自有版本以来即有之,为便于检阅耳。然于二书之本旨,所失多矣。夫《太史公自序》即《史记》之目录也;班固之《叙传》,即《汉书》之目录也。古书目录,往往置于末。"(卷4)也就是说,《史记》、《汉书》中置于书末(各书最后一篇)的《太史公自序》和《叙传》就是二书原来固有的目录,它们是兼具"目"和"录"的。我们今天所见二书书前和contents相当、只有"目"而没有"录"的目录是后人所加,目的是"便于检阅"。从传世文献来看,置于一书之前的自作的contents当推南朝宋范晔的《后汉书》为最早。然而,居延汉简出土的"西汉施行诏书目录"表明,远在刘向之前中国就出现了单纯以排检为己任的、只有"目"而不及"录"的contents。

陈梦家考定居延地湾出土的5.3、10.1、13.8、126.12四札长度皆为67.5,约当汉代的三尺长,是"施行诏书的目录",并推测该目录与"令甲"有关。陈先生指出:"此前的诏令曾经重新编定。地湾出土'诏书目录'止于武帝初以前,可能是此次编定法令的一种,或即是'甲令'或'令甲'。"又说:"'令甲'、施行诏书、汉简目录或是一事。"① 陈先生还对此施行诏书(亦即"令甲")目录作了重新排列,其目次如下②。由此,可略见"令甲"目录的梗概。

十	九	八	七	六	五	四	三	二	一
廿	十九	十八	十七	十六	十五	十四	十三	十二	十一
卅	廿九	廿八	廿七	廿六	廿五	廿四	廿三	廿二	廿一
卌	卅九	卅八	卅七	卅六	卅五	卅四	卅三	卅二	卅一
五十	卌九	卌八	卌七	卌六	卌五	卌四	卌三	卌二	卌一
……								五十二	五十一

陈先生说:"由此可知此册共十简,编目最多者不能过六十,而可能止于六十以前。此目录,是将'施行诏书'按年代先后编次,故列于前者早而列于后者晚。"③ 其中可考证者有:"县置三老,二";"行水兼兴船,十二";"置孝弟力田,廿二";"征吏二千石以上以符,卅二";"郡国调列侯兵,卌二";"年八十及孕、朱需颂毄,五十二"。显然,"令甲"目录没有关于书的内容、作者生平事迹、图书评价等方面内容,对诸篇篇次前后承继的关系也没

---

① 陈梦家. 汉简缀述 [M]. 北京:中华书局,1980:279-281.
② 陈梦家. 汉简缀述 [M]. 北京:中华书局,1980:275.
③ 陈梦家. 汉简缀述 [M]. 北京:中华书局,1980:276.

有简要的文字说明，概言之，它只有"目"而没有"录"。

综上，我国对法律文献的整理历史悠久，传统优良。西汉初期在法律文献整理时所使用的"合众篇为一书"等诸多义例，对刘向刘歆影响甚大，表明刘氏父子的校雠学原则和方法渊源有自，并非向壁虚造。

第三节　西汉时期的官府图书

先秦官、士之分，是秦文法吏与博士之分的先响。而秦文法吏与博士之分，因汉武帝"独尊儒术"又演为文法吏与儒生之分。《论衡·谢短》比较文吏与儒生的区别指出："夫儒生能说一经，自谓通大道，以骄文吏；文吏晓簿书，自谓文无害，以戏儒生。"总之，战国时期的"士"或"士大夫"以其学养而成为秦博士、汉儒生的前驱，"通古今"是其本份，"诗书、百家语"等图书是其职掌。而"官"或"官人百吏"则是秦汉文法吏的渊源，因其从事具体行政工作而守志于法则、度量、刑辟、图籍等档案。与先秦（包括秦朝）一样，分析"士"的基本特征，是讨论汉代官府图书的重要线索；这正像研究汉代的官府档案必须结合"吏"的历史演变来分析一样。

汉承秦制，亦置博士，博士兼掌图书。而随着汉代博士的行政职能与行政地位的变迁，博士与图书的关系也应时变化，呈现出明显的阶段性特点。

一、西汉时期的博士及其藏书

贾谊指出："曩之为秦者，今转而为汉矣。然其遗风余俗，犹尚未改。……俗吏之政务，在于刀笔筐箧，而不知大体。"（《汉书·贾谊传》）董仲舒则认为："今为先王德教之官，而独任执法之吏治民，毋乃任刑之意也。"（《汉书·董仲舒传》）类似的史料都揭示了汉承秦制、犹重俗吏的政治取向。然而，即使在秦朝，也曾设有博士"七十人"作为王权行政架构的点缀。同样，自汉初陆贾、贾谊等人即开始对秦朝鲜有变通的法治思想进行反思，其结果是，汉代的博士及其所掌图书的地位得到了充分提升。

总体上，西汉时期的博士藏书，随着博士制度的变迁而不尽相同。其中，武帝建元五年（前136）正式设立五经博士是一个重要的分水岭。

（一）汉初的博士

正像秦朝"博士虽七十人，特备员弗用"（《史记·秦始皇本纪》）一样，汉初的博士也多是有员无权。《汉书·司马迁传》曰："汉兴，萧何次律令，韩信申军法，张苍为章程，叔孙通定礼仪，则文学彬彬稍进，《诗》《书》往往间出矣。自曹参荐盖公言黄老，而贾生、晁错明申、商，公孙弘以儒显。"《史记·儒林列传》曰："汉兴，然后诸儒始得修其经艺，讲习大射乡饮之礼。叔孙通作汉礼仪，以为太常、诸生弟子共定者，咸为选首。于是喟然叹兴于学。然尚有干戈，平定四海，亦未暇遑庠序之事也。孝惠、吕后时，公卿皆武力有功之臣。孝文时颇徵用，然孝文帝本好刑名之言。及至孝景，不任儒者，而窦太后又好黄老之术，故诸博士具官待问，未有进者。"由此可见：

首先，汉初重吏，"萧何次律令，韩信申军法，张苍为章程，叔孙通定礼仪"都是重吏从而重视档案文书的明证。四者之中，萧何是著名的"刀笔吏"、张苍做过秦朝主管文书的御史、"善计"，都是典型的"吏"。叔孙通是故秦博士，但"以法事秦"。他所定的礼仪，正如他自己明确承认，是古礼与秦仪混合而成的。例如，"礼仪"中的"御史执法举不如仪者辄引去"，就是掺杂了秦朝法制的内容。所以，叔孙通是由秦之重吏向汉之重士（尤其是儒生）的过渡性人物。因此，上引《史记》和《汉书》在言及叔孙通后，分别指出"文学彬彬稍进，《诗》《书》往往间出"；"于是喟然叹兴于学"。

其次，叔孙通之后，与士有关的"文学"及文献（《诗》、《书》等）仅仅是"稍进"和"间出"，孝惠、吕后、孝文、孝景、窦太后等君王，其意皆不在儒；曹参、贾生、晁错诸臣亦与其君相鼓桴，反映了"士"在汉初的地位虽然有所上升，但"士"中之儒的地位并未取得独尊。

诚如上文指出，秦汉之际的博士总体上包括两大基本类型："文学士"（简称学士）和"方术士"（简称术士）。如果说，秦朝之士主要是学士与术士之分，那么，汉初的士主要是儒学与诸子之学的不同。相应地，汉初博士所涉文献主要包括儒家经典和诸子百家之书。

（二）汉初的博士藏书

汉初儒学不彰，但自叔孙通以后，毕竟"文学彬彬稍进，《诗》《书》往往间出"，故仍设有儒学博士。例如，《史记》的《叔孙通列传》曰："通为高帝博士。"《孔子世家》曰："孔襄为孝惠博士。"而叔孙通与孔襄都是儒学大师。至孝文皇帝，"始置一经博士"（《后汉书·翟酺传》），即专治一经的博士，如张生、晁错为《书》博士，申公、辕固生、韩婴为《诗》博士，胡毋生、董仲舒为《春秋》博士等等。由此完成了《诗》、《书》、《春秋》三经博士的设立。其中，《诗》博士更有齐、鲁、韩三家之别。

与此同时，汉初"犹袭秦时诸子百家各立博士之制"①，也设有诸子博士。

---

① 王国维. 观堂集林（卷六）[M]. 北京：中华书局，1959：176

例如，据《史记·文帝本纪》，汉初的公孙臣曾以终始五德说而召为博士，是五行家博士；《史记·屈原贾生列传》则指出，贾谊因"颇通诸子百家之言"而任职博士。另如，汉初的晁错和贾谊都是博士，而晁错是法家；《史记·太史公自序》认为贾谊"明申、商"，也有法家倾向。再如，《汉志·杂家》著录"《博士臣贤对》一篇"，班注："汉世，难韩子、商君。"这里的"博士臣贤"当有杂家色彩。

不仅如此，孝文皇帝还设置了儒家"传记博士"。据《汉书·楚元王传》，刘歆在《移让太常博士书》中指出，孝文皇帝时，"天下众书往往颇出，皆诸子传说，犹广立学官，为置博士"。这里的"诸子传说"实有二义：一是诸子，即包括儒家在内（儒家与六经并不完全等同）的百家之说；二是"传说"，也就是东汉赵岐《孟子题辞》所说的"传记"。赵岐云："孝文皇帝欲广游学之路，《论语》、《孝经》、《孟子》、《尔雅》皆置博士。后罢传记博士，独立五经而已。"① 这里，列为"传记博士"的对象包括《论语》、《孝经》、《孟子》、《尔雅》等文献。与诸子博士不同，"传记博士"和"一经博士"一样，都是以专书为对象的。该四种文献介于六艺略和诸子略儒家之间，宋后增益而成的"十三经"则将它们全部网罗其中。冯友兰曾指出，中国传统文化总体上可分为子学和经学两大阶段，并认为："自孔子至淮南王为子学时代，自董仲舒至康有为为经学时代。"② 可以认为，孝文皇帝"传记博士"即是先秦子学向汉代尤其武帝之后经学的过渡。在《汉志》中，《论语》、《孝经》、《尔雅》三种文献即已入之六艺略，只有《孟子》一种入之诸子略。

需要强调的是，作为诸子百家之一的儒家与作为"先王之政典"（章学诚语）、后为儒家所独占的六经并不是一个概念。诚如钱穆指出："武帝立五经博士，谓其尊六艺则然，谓其尊儒则未尽然也……特六艺多传于儒生，故后人遂混而勿辨耳。"③ 总体上，经学与子学的关键是官学与私学之别，六艺并不代表儒学。罢百家是隆官学，尊儒术是借儒生治六艺。正因为如此，文帝时立为博士的《孟子》，在武帝"表章六经"之后也被黜为一般"子书"，并被刘歆《七略》列入诸子略。

汉初的"一经博士"以专书为对象，诸子博士以学派为对象。"传记博士"则介乎两者之间，一方面是以专书为对象，另一方面，又具有子学（诸子略中的儒家）特色。不仅如此，"汉承秦后，仍立博士之官，武帝以前，但

---

① 焦循. 孟子正义 [M]. 北京：中华书局，1987：17
② 冯友兰. 中国哲学史（下）[M]. 上海：华东师范大学出版社，2000：3
③ 钱穆. 两汉博士家法考 [A]. 两汉经学今古文平议 [C]. 台北：东大图书公司，1989：180-181

取通古今、备顾问而已。故或兼立传记，而五经反不全"①。从而也预示着，尽管汉初博士制度仍然沿袭秦朝，但已显现出走向经学垄断化以及官学化的趋向。

综上，汉初沿袭秦博士之制，通过"一经博士"、诸子博士以及"传记博士"的设立，迄于"孝文皇帝时博士七十余人"（《汉旧仪》），完全达到了秦始皇时期的规模。

（三）武帝以后的博士

博士，即博学多能之士。应劭《汉官仪》曰："博士，秦官也，博者，通博古今；士者，辩于然否。"李斯上书即每称"臣等谨与博士议曰"，正可见秦博士是以"备顾问"的身份参议朝政的，汉初犹然。

至汉武帝采纳董仲舒的建议，"罢黜百家，独尊儒术"，又于元朔五年（前124）设立太学，太学中的教师为博士，学生为博士弟子（员）或称太学生、诸生。自此以降，博士的主要职责是在太学教授诸生。应劭《汉官仪》曰："汉武初置博士，取学通行，博识多艺，晓古文尔雅能属文章为高第，朝贺位中都官，史称先生，不得言君，其真弟子称门人。"

建元五年（前136），武帝"置五经博士"，在文景时期《诗》、《书》、《春秋》博士的基础上补充了《易》和《礼》博士。建元六年（前135），"好黄老之术"的窦太后病逝，武帝亲政，终得遂其"罢黜百家，独尊儒术"之志。由此，终于严格区分了《诗》、《书》等儒家经典（独尊儒术）和包括儒家在内的百家之言（罢黜百家），五经成为博士教授的主要内容，经学也成为官方的意识形态。相应地，博士的职掌也完成了由"通古今"向"作经师"的转变。诚然，"儒家专书博士与专经博士的增设，使博士职向儒家垄断化过渡；而儒家博士的注重收徒讲学，私人弟子动辄数十百人，任何学派无与伦比，又使儒家博士向官学化演变"②。

这一变化反映在藏书上，集中表现为博士藏书由汉初的兼掌儒家经典、诸子百学与"传记"文献向单纯职掌儒家经典的转变，博士也成了"通经者"的专门称谓，而不再是"博学者"的泛称。由此，不仅术士不得再称博士，学士中的诸子、传说也不得再称为博士。据统计，"从秦始皇到汉景帝80余年间，今可考的博士凡24人次，儒家独占16人次……从西汉武帝到东汉献帝退位360余年间，博士是清一色的儒家，今可考者计171人"③。

与秦重刀笔之吏适成对照，武帝以后的汉廷崇尚经术从而导致儒学大兴。

---

① 胡秉虔. 汉西京博士考 [M]. 丛书集成初编本. 上海：商务印书馆，1936：5
② 安作璋，熊铁基. 秦汉官制史稿 [M]. 济南：齐鲁书社，2007：414
③ 安作璋，刘德增. 齐鲁博士与两汉儒学 [J]. 史学月刊，2000 (1)：12-20

至成帝时,又在武帝的基础上进一步完善博士选迁制度。据《汉书·孔光传》,"是时博士选三科,高(第)为尚书,次为刺史,其不通政事,以久次补诸侯太傅",史称"博士三科"。行政要员多从明经的博士中选拔,促进了儒家经学思想向社会结构与意识形态领域的扩张。据统计①,在西汉中期以后先后担任五经博士的约66人中,有41人后来担任中高级官吏,其中官至丞相并赐爵封侯者不乏其人。

(四)武帝以后的博士藏书

我们知道,《北堂书钞》、《初学记》、《艺文类聚》和《太平御览》等皆曾引及《七略》佚文曰:"孝武皇帝敕丞相公孙弘广开献书之路,百年之间,书积如丘山,故外有太常、太史、博士之藏,内有延阁、广内、秘室之府。"《北齐书·儒林·樊逊传》亦曰:"汉中垒校尉刘向受诏校书,每一书竟,表上,辄言臣向书、长水校尉臣参书、太史书、太常、博士书,中外书合若干本,以相比校,然后杀青。"显见,在西汉中央政府藏书体系的内、外二分中,"外"书主要包括太史书、太常书和博士书三大系列。表4穷尽性地罗列了今存《别录》、《七略》佚文中有关刘向校书所涉版本的情况。

表4 《别录》、《七略》佚文有关刘向校书版本

序号	图书	中	博士	太常	太史	个人	参考文献
1	战国策	中书					战国策书录
2	晏子	中书			太史书	臣向书、臣参书	晏子书录
3	荀子	中书					孙卿书录
4	说苑	中书				臣向书、民间书	说苑书录
5	管子	中书			太史书	大中大夫卜圭书、臣富参书、射声校尉立书	管子书录
6	列子	中书		太常书	太史书	臣向书、臣参书	列子书录
7	申子	中书				民间所有上下二篇	申子书录
8	邓析	中书				臣叙书	邓析书录
9	老子	中书			太史书		老子书录
10	关尹子	中书		太常书		臣向书	关尹子书录

由表4可知,刘向典校《列子》和《关尹子》时曾参酌太常书,典校《晏子》、《管子》、《列子》和《老子》时曾参酌太史书。说明"太史"和"太常"确实是西汉"外"书的重要来源。但表4中不见"博士"所藏,似与

---

① 汤志钧,等.西汉经学与政治[M].上海:上海古籍出版社,1994:157

"外有太常、太史、博士之藏"的史实不符。然而，据《汉志·六艺略》所载，儒经之"立于学官"者共有十四家，包括，易：施雠、孟喜、梁丘贺三家；书：欧阳、大夏侯、小夏侯三家；诗：齐、鲁、韩三家；礼：戴德、戴圣、庆普三家；春秋：公羊、穀梁二家。见下表5。这十四家儒家经典既是博士的教学用书，也是其基本所藏文献。《汉书·楚元王传》曰："孝成皇帝闵学残文缺，稍离其真，乃陈发秘藏，校理旧文，得此三事，以考学官所传，经或脱简，传或间编。"这里，"所谓'秘藏'，指宫内藏书；所谓'学官所传'，指博士藏书"①。

表5 《汉志》有关刘向校书版本

序号	图书	中	博士	太常	太史	个人	参考文献
1	易经	中古文《易》	施雠、孟喜、梁丘贺、京房			费直易、高相易	《汉志·易序》
2	淮南道训	中《易传淮南九师道训》……中书署曰《淮南九师书》					《初学记》卷21、《太平御览》卷609引《七略》佚文
3	书	中古文《书》	伏生、欧阳、大夏侯、小夏侯				《汉志·书序》
4	诗		齐、鲁、韩			毛诗	《汉志·诗序》
5	礼	礼古经	戴德、戴圣、庆普				《汉志·礼序》
6	乐	古乐记					《汉纪》引《七略》佚文
7	春秋	左氏春秋	公羊、穀梁			邹氏、夹氏	《汉志·春秋序》

综上，由于《别录》、《七略》已佚，今存佚文中语涉刘向校书版本的材料（表4）仅限于《战国策书录》以及另外九篇类属于诸子略的文献书录。换言之，佚文没有关于儒家经典文献的片言只语，所以，表4中也不见博士藏书的迹象。由此亦可证明，在刘向奉诏校书的孝成皇帝之际，博士已经彻底完成了由"通古今"向"作经师"的转向。相应地，博士也不再职掌"百家语"及"传记"类文献。

---

① 安作璋，熊铁基. 秦汉官制史稿[M]. 济南：齐鲁书社，2007：433

而据表 5，武帝后"作经师"的博士，主要职掌表中所列立于学官的十四家今文经。此外，似乎也职掌其他没有立于学官的儒家经典。例如，《汉志·孝经》曰："《孝经》者……汉兴，长孙氏、博士江翁、少府后仓、谏大夫翼奉、安昌侯张禹传之，各自名家。"可见，博士江翁传有《孝经》。《尚书序》正义云："武帝末，民有得《泰誓》书于壁内者，献之，与博士，使读说之，数月，皆起传以教人。"出于民间的《泰誓》是古文，肯定不在官学之列，但武帝却"与博士，使读说之"，博士们则"数月，皆起传以教人"。总之，武帝以后的博士所涉文献只关乎儒家经典是可以肯定的。

（五）武成以降博士所藏经书的特点

从《汉志》相关序言可以考见，在刘向校书的成哀之际，"学官所传"的博士藏书都存在一定的问题。具体而言，《易》有"施、孟、梁丘、京氏列于学官"，但"刘向以中《古文易经》校施、孟、梁丘经，或脱去'无咎'、'悔亡'，唯费氏经与古文同"；《书》有"欧阳、大、小夏侯氏，立于学官"，但"刘向以中古文校欧阳、大小夏侯三家经文，《酒诰》脱简一，《召诰》脱简二。率简二十五字者，脱亦二十五字，简二十二字者，脱亦二十二字，文字异者七百有余，脱字数十"；《礼》有戴德、戴圣、庆普三家立于学官，但它们都是"五十六卷"，与"十七篇"《古礼经》相比，"文相似，多三十九篇"。可见，易、书、礼三大类经书文本皆非"善本"，它们与"中秘"所藏古文经是不可比拟的。

事实上，刘向典校中秘，对立于学官的今文经之不满，不仅反映在文本上，也反映在学术思想上。例如，《诗》有齐、鲁、韩三家立于学官，但《汉志·诗序》认为，三家"或取《春秋》，采杂说，咸非其本义"；《春秋》有公羊、穀梁二家立于学官，但《汉志·春秋序》认为，两者都是"末世口说流行"的产物，与"（左）丘明恐弟子各安其意，以失其真，故论本事而作传，明夫子不以空言说经也"的古文经《左传》不可同日而语。又，《初学记》卷 21 曰："《春秋》两家文，或具四时，或不。于古文，无事不必具四时。"姚振宗按："此《七略》言左氏经善于公、谷之一端。"可见，诗、春秋两大类经书虽没有关于与古文经相比较而言的版本异同之说明，但立于学官的今文经都存在学理上的不足。

《汉志·六艺略序》总结指出："古之学者耕且养，三年而通一艺，存其大体，玩经文而已，是故用日少而畜德多，三十而五经立也。后世经传既已乖离，博学者又不思多闻阙疑之义，而务碎义逃难，便辞巧说，破坏形体；说五字之文，至于二三万言。后进弥以驰逐，故幼童而守一艺，白首而后能言；安其所习，毁所不见，终以自蔽。此学者之大患也。"

这里，所谓"古之学者"的经学，主要是通过主观身心的修养达到"畜德"的目的。"后世"的"博学者"实指今文经博士，他们主要通过三种体例解经从而偏离了"古之学者"的经学取向。第一，训诂。训诂源自战国降及汉初，旨在释词解字举大谊；第二，传记。传记流行于景、武至宣帝间，往往征引事实而离散本经。王充《论衡·超奇篇》曰："若夫陆贾、董仲舒，论说世事，由意而出，不假取于外，然而浅露易见，观读之者，犹曰传记。"第三，章句。章句流行于宣帝后，其学多离章辨句，转为支离，但却适合于博士制度的授徒讲学之需。汉人所谓"家法"、"师法"，主要是就章句而言的，而宣元以后的复古正是对章句的反拨。不管怎样，随着经学的繁琐，博士的地位日益下降。

二、西汉时期的其他官府藏书系统

西汉刘向于成帝河平三年（前26）奉诏"校中秘书"，是著名目录学著作《别录》、《七略》的前提和基础。迄今为止，学界的研究多聚焦于《别录》、《七略》，而对"校中秘书"则鲜有讨论。我们认为，理解"校中秘书"的确切含义，既是对《别录》、《七略》作进一步研究的必要铺垫，也是对西汉中央政府藏书体系作深入探讨的重要前提。

（一）关于"中秘"

所谓"中秘"，特指宫中所藏文献，下述史料皆是其证。《汉书·儒林传·孔安国》："成帝时求其古文者，（黄）霸以能为《百两》徵，以中书校之，非是。"颜师古注曰："中书，天子所藏之书也。"《后汉书·伏湛传》："永和元年，诏无忌与议郎黄景校定中书《五经》、诸子百家、艺术。"李贤注曰："中书，内中之书也。"《三国志·吴志·孙亮传》："日于苑中习焉。"裴松之注引《吴历》曰："亮数出中书视孙权旧事。"

中秘之"中"亦称"内"。例如，《列子叙录》："所校中书《列子》五篇，臣向谨与长社尉臣参校雠，太常书三篇、太史书四篇、臣向书六篇、臣参书二篇，内外书凡二十篇，以校，除复重十二篇，定著八篇。中书多，外书少。"刘向在叙录中，或言"内外书"，或言"中书"、"外书"，可见，"中"即"内"。

"中"或"内"往往与"外"对言。《汉志·易类序》"刘向以中《古文易经》校施、孟、梁丘经"，唐人颜师古注曰："中者，天子之书也。言中，以别于外耳。"充分认识"外"的内涵，无疑有助于对"中"的准确解读。

（二）关于与"中"相对的"外"

目前，对"外"的概念约有两种认识，值得认真辨析。

一是认为,"外"是与官府相对的民间。在上引《汉志·易类序》"刘向以中《古文易经》校施、孟、梁丘经"下,民国学者姚明煇《汉书艺文志注解》曰:"费氏《易》,民间古文也;中古文者,对于民间古文而言也。"① 这里,姚先生显然认为,所谓"外"是指民间,中外即中央政府与民间的关系。

二是认为,"外"是与宫廷相对的朝廷,即公卿行政区,也即中央政府机构。《七略》佚文曰:"孝武皇帝敕丞相公孙弘广开献书之路,百年之间,书积如丘山,故外有太常、太史、博士之藏,内有延阁、广内、秘室之府。"无疑,与"内"对言的"外"主要包括太常、太史、博士三大官署衙门。

综上,我们认为,"外"有宽狭二义。狭义的"外"是指民间或朝廷,广义的"外"则兼指朝廷和民间。上引《列子叙录》云:"所校中书《列子》五篇,臣向谨与长社尉臣参校雠,太常书三篇、太史书四篇、臣向书六篇、臣参书二篇,内外书凡二十篇,以校,除复重十二篇,定著八篇。中书多,外书少。"显见,刘向是将"太常"、"太史"两大中央政府机构的藏书以及个人私藏的"臣向书"和"臣参书"等等皆归之为"外"的。

值得一提的是,《通典》卷二十六:"汉凡图书所在,有石渠、石室、延阁、广内贮之于外府,又有御史中丞居殿中,掌兰台秘书,及麒麟、天禄二阁,藏之于内禁。"这里的"外府"包括石渠、石室、延阁、广内,而这四个庋藏之所在《北堂书钞》卷12及卷101、《初学记》卷12、《艺文类聚》卷12、《太平御览》卷88、卷232及卷619等所引《七略》佚文"内有延阁、广内、秘室之府"中则是属于"内"的。似乎表明,西汉之中外是相对而言的,石渠、石室、延阁、广内经历了一个由内到外的变化。亦即,曾经的"秘"书不再被视为"神秘"或"秘密"的文献了。还需要指出的是,阁不同于府。《玉篇》曰:"阁,楼也。"明周祈所撰《名义考》曰:"阁为度阁之阁。礼,内则天子之阁,汉天禄等阁皆谓重屋也。"可见,"阁"是一种木构覆瓦多层建筑。汉代出现的延阁、麒麟阁、天禄阁、石渠阁,等等,从建筑结构的角度讲,与先秦时期的"室"、"府"、"库"等已有明显区别。

(三)"中"书皆为"秘"书

《汉志》曰:"武帝建藏书之策,置写书之官,下及诸子传说,皆充秘府。"《太平御览》卷233引《宋书·百官志》曰:"昔汉武帝建藏书之策,置写书之官,于是天下文籍皆在天禄、石渠、延阁、广内、秘府之室,谓之秘书。"无疑,上文提及的《七略》佚文"内有延阁、广内、秘室之府"中的"秘室之府",当即《太平御览》所引之"秘府之室"。事实上,"中"所藏图

---

① 张舜徽. 广校雠略 汉书艺文志通释[A]. 张舜徽集[Z]. 武汉:华中师范大学出版社,2004:187

书都可以称为"秘"书。

关于"秘"书得名之由，胡明想认为："汉武帝罢黜百家，独尊儒术，为了防止其他思想的传播，才出现了所谓秘书，因此，一切与儒家思想相左的书称秘书；与当时宣扬的儒家思想不一致的儒家书籍称秘书，如古文《春秋左氏传》；阴阳五行、神仙鬼怪等书也称秘书，如刘向向皇上献的《枕中鸿宝苑秘书》、王莽喜好的谶书等。"① 我们认为，秘书是指藏于"中"，即"大内"、"禁中"的图书，属于皇室私有财产，不为一般外人所窥睹，所以叫"秘"。

事实上，立于学官的不少图书——它们不仅与儒家思想不相左，而且还与当时宣扬的儒家思想一致——例如，《汉志》提到的《古文易经》和《古文尚书》等等，都是藏于"中"的。所以，才有所谓"中《古文易经》"、"中《古文尚书》"之类的称谓。因此，我们取信台湾学者卢荷生对"中秘"的解释。卢先生说，"中秘"之"中"，"便是'禁中'。更由于'禁'的关系，就有了'秘'的涵义。所以宫庭的藏书，便称为'秘书'了"②。

（四）"中秘"图书的来源

西汉中秘藏书的来源途径颇广，其可考者概有以下数端：

第一，武帝时，写书之官所"写"。《汉志》曰："（武帝）置写书之官，下及诸子传说，皆充秘府。"汉武帝所置"写书之官"，是中国历史上较早出现的官方职业书手，他们之所"写"，不是指创作而是指抄写。而抄写的对象"下及"诸子传说，当肯定包括诸子传说之上的儒家经典。

第二，武帝"置写书之官"之前，已有秘府存在，个中当有一定数量的文献。写书之官之所"写"，主要是补充原有藏书的不足。而原有藏书的来源主要是民间献书。汉惠帝四年除"挟书之禁"后，民间每有献书之举。例如，《汉志·书序》"《古文尚书》者，出于孔子壁中……（孔）安国献之"；《汉志·乐序》"武帝时，河间献王好儒，与毛生等共采《周官》及诸子言乐事者，以作《乐记》，献八佾之舞……（王）禹，成帝时为谒者，数言其义，献二十四卷《记》"；《文选》注引刘歆《移书让太常博士》"孝武皇帝末，有人得《泰誓》于壁中者，献之"；《汉书·儒林传·孔安国》"成帝时求其古文者，（张）霸以能为《百两》徵，以中书校之，非是"，等等，这些史料都表明，秦火后的民间献书应是中秘藏书的来源之一。

第三，朝廷主动向民间征求。《汉志》曰："至成帝时，以书颇散亡，使谒者陈农求遗书于天下。"这应该是中秘图书的主要来源。事实上，陈农求遗书所得，也直接促成了刘向的校书活动。

---

① 胡明想. 古代兰台述略[J]. 档案学研究，1999（4）：9-10
② 卢荷生. 中国图书馆事业史[M]. 台北：文史哲出版社，1986：239

第四，秦博士所藏。如上文所云，秦朝的丞相御史诸府藏有律令文书；而博士藏有图书，且不在焚烧之列，应有不少为汉庭所得。《汉志》所谓"中《古文易经》"、"中《古文尚书》"等"中"所藏的古文儒家经典，当即来自秦博士所藏。

（五）关于"中"的具体处所

首先，"中"是一个泛称概念，是若干具体藏书机构的总称。

上引《七略》佚文"内有延阁、广内、秘室之府，外有太常、太史、博士之藏"中，属于"中"的藏书之所包括延阁、广内、秘室之府三处。然而，所谓"内有"显然是为了与"外有"对文，出于修辞的动机而没有将西汉之"中"囊括殆尽。《太平御览》卷233引《宋书·百官志》曰："昔汉武帝建藏书之册，置写书之官，于是天下文籍皆在天禄、石渠、延阁、广内、秘府之室，谓之秘书。"此段引文与今本《宋书·百官志》"秘书监"条稍有出入。今本《宋志》曰："汉西京图籍所藏，有天府、石渠、兰台、石室、延阁、广内之府是也。"其中，今本《宋志》的"天府"当即《七略》佚文的"天禄"。

此外，《史记·太史公自序》曰："迁为太史令，紬史记、石室金匮之书。"司马贞索隐曰："石室、金匮皆国家藏书之处。"从字面上说，石室即用石头砌成的房屋，金匮，即用金属制成的匣子。从"石"和"金"两种材质所反映的保密措施来看，"石室"和"金匮"显然也是古代"中秘"之一。《汉书·高帝纪下》："又与功臣剖符作誓，丹书铁契，金匮石室，藏之宗庙。"显见，西汉石室、金匮之藏，乃是承先秦藏书之旧制。

《三辅黄图》卷六曰："天禄藏阁，藏典籍之所。《汉宫殿疏》云：天禄、麒麟阁，萧何造，以藏书、处贤才也。"《明一统志》卷三十二曰："石渠阁、麒麟阁、天禄阁在府城西北，汉未央宫北。萧何造，以藏入关时所得秦图书。宣帝亦藏秘书于此。"[①] 天禄阁不但具有藏书功能，其校书活动也极为频繁。《汉书·扬雄传》说："雄校书天禄阁上，治狱事使者来，欲收雄，雄恐不能自免，乃从阁上自投下，几死。"

综上，文献所载的西汉"中秘"藏书之所概有：延阁、广内、秘室之府、天禄（天府）、石渠、石室、麒麟、温室等处。"中"是这批具体机构的总称，每一个具体机构都可单独称"中"，如"温室中书"即是。

其次，刘向校书的具体处所。

诚然，延阁、广内、秘室之府、天禄（天府）、石渠、石室、麒麟、温室

---

① （明）李贤等撰. 明一统志 [M]. 文渊阁四库全书. 上海：上海古籍出版社，2009：198

等具体藏书处所及其藏书皆可称"中"。然而,《唐书·经籍志》曰:"刘更生(今按:刘向字更生)石渠典校之书,卷轴无几。"萧梁阮孝绪《七录·序》曰:"会向亡,哀帝使歆嗣其前业,乃徙温室中书于天禄阁上。"据此,刘向的校书地点当在石渠。石渠阁既是"汉初最早的书藏",成帝求遗书于天下所得图书也藏于此,因而,也成为"西汉的主要书藏"①。《三辅黄图》卷六曰:"石渠阁,萧何造……所藏入关所得秦之图籍。至于成帝,又于此藏秘书焉。"注曰:"石渠阁,在未央宫殿北,藏秘书之所。"

校毕之书(刘向《叙录》称之为"新书")上奏皇帝之后,集中存放于"温室"。《三辅黄图》卷三:"温室,冬处之温暖也。"是帝王冬日居留之所,藏书于此,以供其披览。但温室主要是冬日居所,不是专职藏书之地。所以,刘歆继业,"乃徙温室中书于天禄阁上",以便肆其"总括群书"之志。

显见,石渠、温室和天禄是刘氏校书所涉的具体场所。刘向校书是以泛称意义上的"中"书为对象的,但他的具体校雠地点则在石渠一阁;而刘歆继业,则在天禄阁上完成"种别群书"的分类编目工作。

三、关于刘向"校中秘书"

刘向的文献整理工作,史书称之为"校中秘书"。诚然,《汉书·成帝本纪》曰:"河平三年秋八月,光禄大夫刘向校中秘书。"《汉书·楚元王传》亦曰:"上(成帝)方进于《诗》、《书》,观古文,诏向领校中五经秘书。……(向少子歆)受诏与父向领校秘书。"又,《汉志·诗赋略》"博士弟子杜参赋二篇"下,师古注曰:"刘向《别录》云:臣向谨与长社尉杜参校中秘。"关于刘向"校中秘书"的相关问题似可从下述几个方面予以认知:

(一)作为校雠对象的"中"书是泛称

正像"中"是所有宫廷藏书机构的泛称一样,刘氏所校"中秘书"也不具体言明是"中"中哪一个藏书处所所藏之书。例如,《汉志》"刘向以中《古文易经》校施、孟、梁丘经"、"刘向以中古文校欧阳、大小夏侯三家经文",皆但言"中"而不具体确指延阁、广内等某个藏书处所。同样,今存《别录》、《七略》佚文中,诸如"臣向所校雠中《易传淮南九师道训》"、"所校中《战国策》书,中书余卷"、"所校中书《晏子》十一篇"、"所校雠中《孙卿书》凡三百二十二篇"、"所校中书《说苑杂事》"、"所校雠中《筦子》书三百八十九篇"、"所校中书《列子》五篇"、"中《邓析》书四篇"等,皆浑言"中"或"中书",而不坐实某个具体的"图书馆"。正是有见于此,卢

---

① 卢荷生. 中国图书馆事业史[M]. 台北:文史哲出版社,1986:48

荷生甚至认为:"其实延阁、广内、秘室,都是指的内府,并非实在的名称。"①

因此,刘向校书到底是以延阁、广内、秘室之府、天禄(天府)、石渠、石室、麒麟、温室等所有称之为"中"的藏书为对象,还是以其中的某个或某些藏书机构的所藏为对象,今已无法确考。但我们更倾向于认为,延阁、广内、秘室之府、天禄(天府)、石渠、石室、麒麟、温室等所有称之为"中"的藏书都应当是刘向的校雠对象。

(二)刘向所校既包括"中"书也包括"外"书

尽管史书将刘向的文献整理工作概括为"校中秘书",但事实上刘向校书是兼及"外"书的。例如,《汉志》曰:"刘向以中《古文易经》校施、孟、梁丘经,或脱去'无咎'、'悔亡',唯费氏经与古文同。"这里,流传于民间的费氏易不是"中"书,但无疑也是刘向校雠的对象。《北齐书·樊逊传》总结刘向校书工作指出:"汉中垒校尉刘向受诏校书,每一书竟,表上,辄言臣向书、长水校尉臣参书、太史书、太常博士书,中外书合若干本,以相比校,然后杀青。"说明中书和外书都纳入了刘向的校书范围。

从上表4"《别录》、《七略》佚文有关刘向校书版本"亦可看出,刘向所校"外"书既包括太常、太史等公卿行政区(中央政府机构)的朝廷藏书,也包括民间书以及"臣向书"、"大中大夫卜圭书"等朝廷官员的私人藏书,而这些书无疑都是"外"书。

(三)"中"书是刘向校雠的基本动机也是主要对象

尽管刘向校书广涉"中外",但《汉书》等正史仍将其工作概括为"校中秘书"。这主要是因为,"中"书是刘向校雠的基本动机也是主要对象。正如《汉志》指出:"至成帝时,以书颇散亡,使谒者陈农求遗书于天下。诏光禄大夫刘向校经传诸子诗赋……"刘向校书首先是针对"陈农求遗书于天下"所得文献而言的。

从"表4"也可看出,在能够考见的刘向校书所涉版本中,是必有"中"书的。可以认为,"中书"是刘向校书对象的必选项,只有当"中"有其书,才纳入校雠视野。甚至,《战国策》和《荀子》都仅涉"中"书,而不涉"外"书。《孙卿书录》云:"所校雠中《孙卿书》凡三百二十二篇,以相校,除复重二百九十篇,定著三十二篇。"可见,"荀卿书在西汉广为流传,从刘向校书的实际工作来看,复重篇(二百九十)约为定著篇(三十二)的九倍",因而,"不必再用'外书'参校"②。《战国策》也应该属于同一情况,

---

① 卢荷生. 中国图书馆事业史 [M]. 台北:文史哲出版社,1986:51
② 邓骏捷. 刘向校本整理模式探论 [J]. 文学与文化,2011(1):109-120

今存《战国策叙录》虽未明言"中书"篇卷数量,但指出:"中书本号,或曰《国策》,或曰《国事》,或曰《短长》,或曰《事语》,或曰《长书》,或曰《修书》。"从如此之多的书名异称可知,"中"所藏《战国策》的卷帙应相对繁富,故亦无须运用"外书"参校。

总之,刘向所涉"外"书主要是为了用于参校"中"书,后者才是其校雠的基本动机和主要对象。而刘向校雠的结果是生成"新书",所以,《孙卿叙录》云"《孙卿新书》十二卷三十二篇"、《列子书录》云"右新书定著八篇"。而据应劭《风俗通义》引《别录》佚文曰:"刘向为孝成皇帝典校书籍二十余年,皆先书竹,为易刊定,可缮写者,以上素也。今东观书,竹、素也。"可见,刘向所校"新书"的定本是"上素"的,即是誊抄在缣帛上的;而作为校勘过程中的未定本则"先书竹",即是书写在竹简上的。东汉"东观"仍有竹、素二本存在,说明当时"先书竹"的草稿本也得到了保留。

(四)关于中秘"古文"问题

从上文所述中秘藏书的来源来看,"中秘"所藏有不少是"古文"。但是,就现有史料来看,刘向校书时明确指出为古文者仅有六见:

一是《汉志·易序》"刘向以中《古文易经》校施、孟、梁丘经,或脱去'无咎'、'悔亡',唯费氏经与古文同";

二是《汉志·书序》"刘向以中古文校欧阳、大小夏侯三家经文";

三是《汉志·礼序》"汉兴,鲁高堂生传《士礼》十七篇。讫孝宣世,后仓最明。戴德、戴圣、庆普皆其弟子,三家立于学官。《礼古经》者,出于鲁淹中及孔氏,与十七篇文相似,多三十九篇";

四是《汉纪》引《七略》佚文"臣向校秘书,得《古乐记》二十三篇,与献王《记》不同";

五是何晏《论语集解序》引"汉中垒校尉刘向言"指出:"鲁恭王时,尝欲以孔子宅为宫,坏,得古文《论语》。《齐论》有《问玉》、《知道》,多于《鲁论》二篇。《古论》亦无此二篇,分《尧曰》下章《子张问》以为一篇,有两《子张》,凡二十一篇,篇次不与齐、鲁《论》同。"此语与《汉志》著录"《论语》古二十一篇。出孔子壁中,两《子张》。《齐》二十二篇。多《问玉》、《知道》。《鲁》二十篇"相同;

六是《汉志·孝经》"汉兴,长孙氏、博士江翁、少府后仓、谏大夫翼奉、安昌侯张禹传之,各自名家。经文皆同,唯孔氏壁中古文为异"。

然而,值得注意的是,这六则称"古文"的例子都是六艺略典籍。而表4所列九篇刘向叙录所涉文献皆不是六艺略典籍,所以,它们皆但称"中书"而不称"中古文"。例如,"所校中《战国策》书,中书余卷";"所校中书

《晏子》十一篇"等，无一言"古"文。可以认为，刘向校书，只有在"六艺略"文献中才会特别点明某经书是"中古文"。

但这不是说，所有的六艺略文献都会强调其"古文"性质，例如，《初学记》卷21和《太平御览》卷609引《别录》曰："中《易传淮南九师道训》……中书署曰《淮南九师书》。"这里，作为六艺略文献的《淮南九师书》也只称"中"而没有特别称其为"古文"。我们注意到，上引六则称"中古文"的例子不仅都是六艺略典籍，而且它们都是在与今文经作版本校勘的前提下，才特别强调其为"古文"的。具体来说：

（1）"刘向以中《古文易经》校施、孟、梁丘经"，是用"中古文"校雠立于学官的今文；

（2）"刘向以中古文校欧阳、大小夏侯三家经文"，也是用"中古文"校雠立于学官的今文；

（3）"《礼古经》者，出于鲁淹中及孔氏，与十七篇文相似，多三十九篇"，是要将"古"经与立于学官的戴德、戴圣、庆普三家今文相比堪，比堪的结果是，与十七篇今文《礼经》"文相似，多三十九篇"；

（4）"臣向校秘书，得《古乐记》二十三篇，与献王《记》不同"，之所以强调"古"《乐记》，无疑是为了将其与献王所作今文《记》相比校；

（5）强调《古论》是为了显示其与今文齐《论》、鲁《论》篇目的异同，即：《古论》二十一篇，有两篇《子张》；《齐论》二十二篇，多《问玉》、《知道》；《鲁论》只有二十篇；

（6）强调中古文《孝经》是为了显示其与长孙氏、博士江翁等所传今文文本的异同情况，即：各家今文"经文皆同"，"唯孔氏壁中古文为异"。

综上，刘向典校之"中秘"率多"古"文，但只有六艺略文献中特别用于强调其与今文（尤其是立于学官的今文）相对勘的时候才会刻意强调其"古"文性质。否则，皆只言"中"书而不称"古"文。与此相关的另一个问题是，刘向并不一概迷信古文。例如，《易》类甚至没有著录《中古文易》。又如，《尚书·尧典》正义云："百篇次第于《序》，孔（安国）、郑（玄）不同。孔依壁内篇次及《序》为文，郑依贾氏（逵）所奏《别录》为次。"可见，《别录》本《尚书》篇目次第与孔壁古文并不相同。

（五）刘向叙录的两个版本

据《汉志》"每一书已，向辄条其篇目，撮其指意，录而奏之"可知，刘向奉诏校书，以"每一书"为对象，"已"（校雠完毕）则撰写"条其篇目，撮其指意"的单篇叙录而"奏上"并作结。《汉志》又曰："会向卒，哀帝复使向子侍中奉车都尉歆卒父业。歆于是总群书而奏其《七略》。"显见，刘歆所"奏"是以"总群书"为职志、以分类编目群书为特征的《七略》。可以肯定，刘向并未有"奏上"完整的《别录》(《隋志》等著录为二十卷)之举。清儒姚振宗亦曰："(刘向)典校既未及竣事，则《别录》亦无由成书，相传二十卷殆子骏(今按：刘歆字子骏)奏进《七略》之时勒成之，其曰《七略别录》者，谓《七略》之外别有此一《录》，当时似未尝奏御者也。"① 据上引《尚书·尧典》正义云："百篇次第于《序》，孔(安国)、郑(玄)不同。孔依壁内篇次及《序》为文，郑依贾氏(逵)所奏《别录》为次。"完整的二十卷《别录》应为东汉贾逵(174～228)"所奏"，此时，距刘向去世(前8)已有200年左右。

梁阮孝绪《七录序》曰："昔刘向校书辄为一录，论其指归，辨其讹谬，随竟奏上，皆载在本书。时又别集众录，谓之《别录》，即今之《别录》是也。"

综上，后人所谓《别录》当有两个版本，一是刘向"随竟奏上，皆载在本书"的、随本书而入之中秘的单篇叙录；二是"时又别集众录"的单篇叙录之结集——即二十卷本《别录》。这个结集本《别录》当是在刘歆《七略》"奏御"之后而成篇的。史籍中所谓《七略别录》，正是缘于其内容主要是以《别录》所著录的"五百九十六家"文献之单篇叙录的结集为主，故称。于此，可以解释《别录》、《七略》之先后：刘向"随竟奏上"的单篇叙录绝大多数成文于刘歆《七略》之前；而"时又别集众录"的单篇叙录的结集则在《七略》之后。学界有关"《别录》、《七略》成书先后"问题的聚讼，实因未解《别录》有两个版本所致。

作为结集的二十卷《别录》固然当以刘向"随竟奏上，皆载在本书"的单篇叙录为主体内容，但也肯定会对单篇叙录施以增删和编排，所以，"《别录》中亦有附记之文，在奏上诸书之外者"，两者之间具有一定的差异。例如，"言《易》家有'救氏之注'，《礼》家有《古文记》二百四篇，皆不见著于录。又载同时人《小戴记》篇目，以为'他家书拾撰所取'。载后起者，扬雄《太玄经》篇目并及雄子童乌参与《玄》文事，而其时《太玄》尚未成书。又载东方朔诗文篇目如别集之体，而《诗赋略》中亦无东方朔。凡斯之类，皆与六略中诸书无涉"②。

拿"扬雄《太玄经》篇目"来说，隋人萧该《汉书音义》引《别录》

---

① [汉]刘向，刘歆，撰.[清]姚振宗，辑录.邓骏捷，校补.七略别录佚文 七略佚文 [Z].澳门：澳门大学出版中心，2007：5-6

② [汉]刘向，刘歆，撰.[清]姚振宗，辑录.邓骏捷，校补.七略别录佚文 七略佚文 [Z].澳门：澳门大学出版中心，2007：7

曰:"扬雄《经目》有《玄首》、《玄冲》、《玄错》、《玄测》、《玄舒》、《玄莹》、《玄数》、《玄文》、《玄掜》、《玄图》、《玄告》、《玄问》,合十二篇。"但《汉书·扬雄传》云:"(《太玄》)有《首》、《冲》、《错》、《测》、《攡》、《莹》、《数》、《文》、《掜》、《图》、《告》十一篇。"可以看出,《别录》较之《汉书·扬雄传》所载多出《玄问》一篇,又《玄攡》作《玄舒》。清人姚振宗《七略别录佚文》谓《别录》"所记《太玄》篇目,亦与定本不同,似据其初创之时言之"①。据《汉书·扬雄传》,"哀帝时,丁、傅、董贤用事,诸附离之者或起家至二千石。时,雄方草《太玄》"。刘向卒于成帝绥和元年,不可能得见扬雄于哀帝时草定的《太玄》。可以肯定,隋人萧该《汉书音义》所引《别录》当是结集而成的二十卷本《别录》,而非刘向"随竟奏上,皆载在本书"的单篇叙录。

（六）辩证理解刘向校书的学术价值

刘向"校中秘书"堪称成就巨大,定论久乎。例如,今本《淮南子》高诱序明言是"光禄大夫刘向校定撰具"之本,今存十七卷本《楚辞章句》亦标注"汉护左都水使者光禄大夫臣刘向集"、"后汉校书郎臣王逸章句"。而"今本《韩非子》的编定者也应该是刘向"②。班固在《汉书·东方朔传》中亦以刘向"所录"为据判别东方朔作品的真伪,班氏指出:"凡刘向所录朔书具是矣,世所传他事皆非也。"

总体上,刘向校书工作对中国图书文化和分类编目等方面的影响十分巨大,其性质堪比秦始皇"书同文"的文化统一工作。但是,刘向的一匡文本并没有秦始皇一匡文字那样具有源自政权支持的强制性保障。加之他"校中秘书"时的特殊性质及其特定历史境遇,导致刘向所定"新书"及其"条其篇目,撮其旨意"的叙录也只是一家之言,而没有源自政权庇佑的绝对权威性。这一点是值得引起我们足够重视的。

首先,从校书范围来看。

刘向"校中秘书"虽延及"外"书,但主要是以"中"书为对象的。只有在"中"有其书的情况下,才会纳入刘向校雠的视野,并适当利用"外"书作参校。表4所列"今存叙录所涉刘向校书版本"显示,若"中"无有某书,则不在其校雠之列。而"中"书固然来源广泛,但无疑没有网罗天下所有遗文秘籍。因此,作为校书成果的《别录》、《七略》,以及在《七略》基础上稍事"增、省、出、入"而成的《汉志》,是根据"中秘"实际所藏而产生

---

① [汉]刘向,刘歆,撰.[清]姚振宗,辑录.邓骏捷,校补.七略别录佚文 七略佚文 [Z].澳门:澳门大学出版中心,2007:62

② 周勋初.《韩非子》札记 [M].南京:江苏人民出版社,1980:13-20

的藏书目录，并没有将当时"天下"图书全部收罗殆尽。也正是有见于此，才有宋人王应麟《汉书艺文志考证》、清人姚振宗《汉书艺文志拾补》等矢志补《汉志》阙收文献的工作。基于同样的理由，认为《七略》、《汉志》是"国家书目"的观点是不正确的。

其次，刘向校定的"新书"并没有完全成为学术界公认的唯一定本。

例如，今传《荀子》，"以杨倞序言改《孙卿新书》为《荀卿子》，其篇第亦颇有移易。今录中尚题《荀卿新书》，（荀字是后人妄改，叙仍作孙字）篇第亦与杨氏移易者不同"①。可见，今本《荀子》已在《别录》本的基础上有所改易。又如，《汉志·六艺略·礼》著录："《经》十七篇。后氏、戴氏。"贾公彦《〈仪礼·士冠礼〉注疏》所引郑玄《三礼目录》，有大、小戴本的篇目，两者与刘向《别录》本《礼经》篇目不尽相同。相比而言，大戴本篇目因符合《礼记·昏义》"夫礼始于冠，本于昏，重于丧祭，尊于朝聘，和于乡射，此礼之大体也"的义例而为学界所重，东汉熹平石经《礼经》便是大戴本。当然，东汉郑玄以为《别录》本的次第"皆尊卑吉凶次第伦叙"并为之作注，致使刘向本得以传流至今。可以肯定，若非郑玄的偏好，流传至今的《礼经》未必是《别录》本。同样，磨咀子王莽时期墓葬所出《仪礼》甲本，"排序与郑玄《三礼目录》所记大、小戴本和刘向《别录》本都不尽相同"②，亦可反映刘向《别录》本《仪礼》并没有为墓主所取则。

再如，《七略》、《汉志》在《兵书略·兵权谋》中著录了《吴孙子兵法》八十二篇，图九卷。但据《史记·孙子吴起列传》曰："世俗所称师旅，皆道《孙子十三篇》。"《后汉书·冯异传》注曰："孙子名武，善用兵，吴王阖庐之将也，作兵法十三篇，见《史记》。"可见，刘向所定的"《吴孙子兵法》八十二篇，图九卷"当是在《孙子十三篇》的基础上增益而成的。银雀山汉简所出《孙子兵法》另有四篇佚文，有助我们想见刘向增益的大致内容。然而，自曹操采用十三篇本为底本撰写《孙子略解》以来，"十三篇"本一直流传至今，而刘向所定八十二篇本则散佚无闻。正如杨伯峻指出，《孙子兵法》"《艺文志》著录八十二篇图九卷，张守节《史记正义》引《七录》说全书分三卷，又说，《十三篇》为上卷，又有中、下二卷。张守节的话是可信的。《潜夫论》、《文选》李善注以及《通典》、《孙子兵法》佚文，其中一部分是和吴王阖庐问答之辞，和竹简发现的《孙子兵法·吴问》的体例相同，自属于中卷或下卷，是《十三篇》之外的另一种书"③。

---

① 余嘉锡. 目录学发微 [M]. 成都：巴蜀书社，1991：21
② 李零. 简帛古书与学术源流 [M]. 北京：生活读书新知三联书店，2004：238-239
③ 杨伯峻. 孙膑和《孙膑兵法》杂考 [J]. 文物，1975（3）：9-13，8

第五章 西汉时期的藏书

再次，刘向对某一文献不同版本的轻重取舍没有完全为后人奉为准式。

例如，《汉志·易序》曰："汉兴，田何传之。讫于宣、元，有施、孟、梁丘、京氏列于学官，而民间有费、高二家之说。"据此，《易》在西汉至少有立于学官的施（雠）、孟（喜）、梁丘（贺）、京（房）四家，以及流传于民间的费（直）、高（相）二家。刘向出于维护官学的需要而在书目著录及易类序言中极力张扬前四家立于学官之《易》，而流于民间的费、高二家之《易》甚至没有被著录在案。然而，东汉以降，因郑玄、王弼、孔颖达、朱熹等人的提倡，费氏《易》大兴，《十三经注疏》中的《周易》即为费氏易。事实上，费氏易也是得以完整保留至今的唯一的《易经》版本。同样，《汉志·诗序》曰："汉兴，鲁申公为《诗》训故，而齐辕固、燕韩生皆为之传。或取《春秋》，采杂说，咸非其本义。与不得已，鲁最为近之。三家皆列于学官。又有毛公之学，自谓子夏所传，而河间献王好之，未得立。"无论从序文抑或文献著录次第（《汉志·诗》以鲁、齐、韩三家立于学官的今文《诗》居首，"《毛诗》二十九卷"和"《毛诗故训传》三十卷"殿后）来看，都表现出了对《毛诗》的贬抑。然而，《毛诗》也是《十三经注疏》中的《诗经正义》之本，且亦为得以完整保留至今的唯一的《诗经》版本。

最后，刘向对文献性质的判定没有完全为后人所取则。

例如，《汉志·儒家》首列"《晏子》八篇"，唐前书目皆承其说。然柳宗元《辨晏子春秋》以为该书实为"墨氏之徒有齐人者为之"，其后晁公武《郡斋读书志》、马端临《文献通考·经籍考》皆从柳说而将其改隶墨家，而清《四库全书总目》又改入史部传记类①。又如，《汉志·道家》列有"《管子》八十六篇"。然而，"自《隋志》改列法家之首，后世学者，咸以管子为申商之前驱，非斯之先导"②，从而将其列入法家。事实上，《史记正义》引阮氏《七录》已云："《管子》十八篇，在法家；《七略》则八十六篇，在道家，又见兵家。"可见，南朝梁阮孝绪《七录》即已将《管子》改隶法家。又，《战国策》在《汉志》中类属《六艺略·春秋》，实为后世经史子集四部分类法之"史"部的先响。《隋志》和两《唐志》承绪《汉志》将《战国策》列为史部杂史类。然而，"自从宋代晁公武《郡斋读书志》开始更有《战国策》究竟归属史部还是子部的争论"③。

---

① 参：张舜徽. 广校雠略 汉书艺文志通释［A］. 张舜徽集［Z］. 武汉：华中师范大学出版社，2004：257

② 张舜徽. 广校雠略 汉书艺文志通释［A］. 张舜徽集［Z］. 武汉：华中师范大学出版社，2004：286

③ 何晋.《战国策》研究［M］. 北京：北京大学出版社，2001：132-154

尽管，一般认为刘向校书以"每一书"为对象，不涉群书意义上的文献分类，上述《汉志》分类本质上反映了刘歆《七略》的思想，但刘向刘歆，父创子因，《七略》也是在刘向工作的基本上完成的，因而仍在一定程度上反映了刘向对文献性质的判定并没有完全为后人所取则。

第四节 刘向刘歆文献整理的对象及其校雠学思想的渊源

1940年龙兆佛在《档案管理法》一书中曾将"档案学一名词必可成为与图书馆学相对等之名词"①作为一种学术理想来追求。因此，当时"多人讨论档案问题，辄以图书相提并论，且以图书之方法，用于档案"②也就不足为怪了。时至今日，无论是档案与图书抑或档案整理与图书整理，其间的异同去取都已基本得到澄明，档案学也获得了独立的学科地位，无须再比附图书馆学以求安身立命。

然而，在关于西汉刘向、刘歆文献整理的认识上仍有误区。集中表现为：首先，认为刘向、刘歆的图书整理就是档案整理，至少包括档案整理。如认为"当时的校书也就是整理书。当时的书，也包括档案文献等各种典籍"③。其次，认为档案整理渊源于图书整理，如认为"档案文献编纂的理论与方法，在中国古代相当长的一个时期内，是融于古代的文献学、校勘学、目录学之中的"④，这事实上是在预设图书整理对于档案整理而言的前提地位。

我们认为，刘向、刘歆文献整理的对象是图书而不包括档案；他们的图书整理来源于档案整理而不是相反。

一、图书是刘氏父子文献整理的唯一对象

众所周知，刘氏父子是中国校雠学的鼻祖，他们的文献整理奠定了中国古代图书整理的基础。澄清刘氏父子文献整理的实质，对于正确认识中国图书整理、档案整理及其两者之间的相互关系是有积极意义的。我们认为，刘氏父子文献整理的对象是图书，而不涉及档案更不是档案。

（一）从刘向校雠实践的文化旨趣和文献来源来看

据《汉书·艺文志序》，刘向校书的文化背景和文献来源是："昔仲尼没

---

① 参：赵越. 档案学概论 [M]. 沈阳：辽宁大学出版社，1987：16
② 邓绍兴. 从档案分类与图书分类关系的两次讨论谈起（上）[J]. 北京档案，1996（2）：21-23
③ 曹喜琛，韩宝华. 中国档案文献编纂史略 [M]. 北京：高等教育出版社，1999：18
④ 曹喜琛，韩宝华. 中国档案文献编纂史略 [M]. 北京：高等教育出版社，1999：19

而微言绝,七十子丧而大义乖。故《春秋》分为五,《诗》分为四,《易》有数家之传。战国纵衡,真伪分争,诸子之言纷然殽乱。至秦患之,乃燔灭文章,以愚黔首。汉兴,改秦之败,大收篇籍,广开献书之路。迄孝武世,书缺简脱,礼坏乐崩,圣上喟然而称曰:'朕甚闵焉!'于是建藏书之策,置写书之官,下及诸子传说,皆充秘府。至成帝时,以书颇散亡,使谒者陈农求遗书于天下。"据此可知:

首先,自"仲尼没"以来,六经、诸子异说纷呈,刘向校书的动机乃是要修正"不复仲尼法度"的文化走向。从"《春秋》分为五"到"诸子之言纷然殽乱",以及"下及诸子传说"等措辞来看,刘向校书的重点是六艺、诸子类文献。而所谓"微言"、"大义"也表明,刘氏文献整理的对象不是作为客观记录的原始档案,而是包含着主观价值的个人著述。《荀子·荣辱》:"循法则、度量、刑辟、图籍,不知其意,谨守其数,慎不敢损益也。"所谓"法则、度量、刑辟、图籍"都是档案文献,没有任何"损益"发挥的余地。张舜徽认为,《艺文志》"其所以名为'艺文'者,艺谓群经诸子之书,文谓诗赋文辞也"[①]。班固"艺文"一词应为当时一切图书的概称,并不包括作为官方政务记录的档案在内。

其次,汉初"大收篇籍,广开献书之路"作为"改秦之败"的针对性举措,是把重点放在图书上的。据《史记·秦始皇本纪》,秦焚书的对象主要是"诗书、百家语"图书,目的是防止"以古非今"。所以,"以古非今者,族",惩罚远甚于"天下敢有藏《诗》、《书》、百家语者,悉诣守尉杂烧之……令下三十日不烧,黥为城旦"。《史记·六国年表》亦指出,秦焚书时,"诸侯史记尤甚,为其有所刺讥也"。而"医药卜筮种树之书"之所以"不去",是因为这批文献不足以作为"以古非今"或"刺讥"的依凭。总之,秦焚书的对象主要是有"以古非今"或"刺讥"价值的图书,它们既是"汉兴,改秦之败"的主要补救对象,也是刘向校书的主体内容。

再次,从武帝"建藏书之策,置写书之官"到成帝"使谒者陈农求遗书于天下",其前后继踵的劳作对象也主要是图书,而不涉档案。中国自孔子之后的"学术下移",实是就图书文化而言的,作为官方办事记录的档案仍存留于官府。再从《汉志》"鲁共王坏孔子宅,欲以广其宫。而得《古文尚书》及《礼记》、《论语》、《孝经》";《汉书·河间献王传》"(献王)从民得善书……皆古文先秦旧籍"以及刘向《别录》佚文"大中大夫臣圭书、臣富参书"等这些常被引证说明西汉民间有私人藏书的材料来看,"广开献书之路"

---

① 张舜徽. 广校雠略 汉书艺文志通释[M]. 武汉:华中师范大学出版社,2003:167

和"求遗书于天下"的对象也只能是图书而根本不可能是档案。同样，武帝"建藏书之策，置写书之官"的对象"下及诸子传说"，也不包括档案在内。事实上，当时的档案虽有副本制度，存在抄写的情况，但它们是由各衙门的府吏完成的，与专门的"写书之官"职份迥别。当时，学书幼童"课最者以为尚书、御史、史书令史"（《汉书·艺文志·小学序》），他们承担着档案副本的抄写乃至整理任务。

综上，从"汉兴，改秦之败"到武帝"建藏书之策，置写书之官"到成帝"使谒者陈农求遗书于天下"的全部劳作所得，都是图书而不涉及档案，而这些图书正是刘氏校书的主要对象。此外，刘氏文献整理的最终目标是要持世救偏，恢复仲尼法度，也就是要充分挖掘图书中的"微言"和"大义"。可以肯定，作为公干记录的档案，必以"客观"为取向，不可能存在"微言"和"大义"。

（二）从《汉志》文献著录和后人补作情况来看

刘向文献整理的成果集中保存在班固《汉书·艺文志》中。从《汉志》著录来看，并不涉及档案。

首先，诚如余嘉锡指出："国家法制，专官典守，不入校雠也。《礼乐志》曰：'今叔孙通所撰礼仪，与律令同录，臧于理官，法家又复不传，汉典寝而不著，民臣莫有言者。'夫礼仪律令，既臧于理官，则不与他书'外则有太常、太史、博士之藏；内则有延阁、广内、祕室之府'者同。"① 也就是说，档案性质的法、律、令，以及同样具有档案性质的礼法一体背景下的礼典，并不在刘氏的文献整理范围之内。宋儒王应麟亦云"愚按：律令藏于理官，故《志》不著录。"②《文心雕龙·章表》曰："按《七略》、《艺文》，谣咏必录，章表奏议，经国之枢机，然阙而不纂者，乃各有故事而在职司也。"说明"章表奏议"的档案直接关乎行政，是由"职司"即官吏负责的。

律令类档案逸出刘氏典校范围，这在军事类文献中表现得十分明显。军事类文献主要包括"军法"类的档案和"兵书"类的图书，只有后者才为《汉志》所著录。如，《汉志·兵书略·权谋》著录有《韩信》三篇，究其类属，当是讲权衡变化得失的军事谋略之"图书"。而《史记·太史公自序》和《汉书·高帝纪》所谓"韩信申军法"的"军法"，作为军事法档案却不为《汉志》所著录。《汉志·兵书略序》曰："汉兴，张良、韩信序次兵法，凡百八十二家，删取要用，定著三十五家。"韩信参与汉初定制，其所"申"者为"军法"，共"定著三十五家"，主要应属军事法方面的档案，与区区"三篇"

---

① 余嘉锡. 古书通例 [M]. 上海：上海古籍出版社，1985：4
② （宋）王应麟.《汉书·艺文志》考证（卷6）[M]. 全库全书本

《韩信》不可同日而语。同样，《汉志·兵书略序》所谓"军政杨仆捃摭遗逸，纪奏《兵录》"的《兵录》作为军事法档案也不在《汉志》著录范围内。杨仆司职军政，军政即军正，为军中执法之官。

总之，自汉初张良、韩信到武帝时杨仆的文献整理都与军事法律有关，是关于军事的专门法，它们皆因档案的身份而不入中秘。

其次，自宋王应麟作《汉书艺文志考证》以来，历代注家多有增补《汉志》不著录文献之举。如王应麟所补有 27 种，但余嘉锡认为，27 种中"惟《元王诗》、《汉律》、《汉令》、《五纪论》，皆为《汉书》所引，且确为《七略》未收之书耳"①。这里，作为法律档案的《汉律》和《汉令》皆不为《汉志》所著录。而清人姚振宗《汉书艺文志拾补》所补档案类文献更是不胜枚举，诸如：叔孙通汉仪十二篇、叔孙通礼器制度、甘泉卤簿、元始婚礼、元始车服制度、元始明堂制度、子云家谍、公孙臣等土德时历制度、汉尚书故事、张苍程品、汉律六十篇、汉令三百余篇、京房考功课吏法、王莽法五十条、王莽六管令、王莽吏禄制度、汉功臣列侯位次名籍、王莽百官名秩，等等。总体而言，《汉志》存在不著录之书的原因很多，但就档案类文献来说，它们由"专官典守"、根本不在刘氏典校范围之内是主要原因。

（三）《汉志》中存留的部分档案形式的文献都已经图书化

虽然从历史起源上说，档案是图书的先导，早期图书一般都是档案的孑遗。如《尚书》就是对古代典、谟、训、诰之类档案的汇编，而直到明清时期内阁大库的档案中也仍包含有许多图书。因此，刘氏校书时所涉"五百九十六种"文献，有一些至少在形式上是具有档案性质的。从曹喜琛、韩宝华所著《中国档案文献编纂史略》的相关章节来看，秦汉时期的档案编纂主要包括诏令、奏书和法典三大类型。诏令编纂方面，"仅据《汉书·艺文志》、《隋书·经籍志》以及两《唐书》有关《志》的著录，胪列其主要诏书汇集有：《汉高祖手记》一卷；《魏朝杂诏》二卷……"②但事实上，该书胪列的四十余种文献例证全部源自《隋志》和两《唐志》，没有一部见著于《汉志》。奏书编纂方面，作者指出，"据《汉书·艺文志》、《隋书·经籍志》的记载，这一时期编纂的奏书主要有两大类"③，并分别各举出近十种文献的例证。但事实上，这近二十种文献也无一为《汉志》所著录。法典律令编纂方面，作者未再提及《汉志》，事实上是默认法典律令不在刘氏校雠范围之内，这与笔者上述相关观点一致。

---

① 余嘉锡. 古书通例［M］. 上海：上海古籍出版社，1985：7
② 曹喜琛，韩宝华. 中国档案文献编纂史略［M］. 北京：高等教育出版社，1999：19
③ 曹喜琛，韩宝华. 中国档案文献编纂史略［M］. 北京：高等教育出版社，1999：20

虽然曹、韩二先生未能从《汉志》中举出哪怕一种档案类文献的实例，但《汉志》中确实存在少量形式上貌似档案的文献。只不过，这些文献已不再是官方办事的原始记录，而是经过加工、提炼并总结成了具有特定思想观念的文本。不妨举出一些代表性的文献略作分析。

1. 《汉志》著录了五种"议奏"类文献：《（尚书）议奏》42篇、《（礼）议奏》38篇、《（春秋）议奏》39篇、《（论语）议奏》18篇、《五经杂议》18篇。"议"即商议、辩难；"奏"是指上奏于天子，具有一定的"奏书"档案性质。然据《汉书·儒林传》可知，这批文献乃是汉宣帝甘露三年（前51）召开的石渠阁辨经大会的系列成果，目的是为了"平《公羊》、《穀梁》同异"，而辩论的结果则是"多从《穀梁》"、"《穀梁》之学大盛"。显然，这五种"议奏"类文献已不再是单纯会议记录性质的档案，而是具有特定思想的著述。同样，东汉章帝建初四年（79）仿照石渠旧事会群儒于白虎观考论经义异同，最终成果也是名为《白虎通义》的图书，而根本不是会议档案性质的"奏书"。

2. 《六艺略·礼》有《军礼司马法》五十五篇，应是"军事法"档案性质的文献。但据司马迁《史记·司马穰苴列传》："余读《司马兵法》，闳廓深远，虽三代征伐，未能竟其义、如其文也。"显然，无论从内容（义）还是从形式（文）上来说，该书都超越了作为原始记录之简单罗列的档案范围。

3. 《六艺略·春秋》有"《奏事》二十篇"，似为档案性质的文献。但结合班注"秦时大臣奏事，及刻石名山文也"及罗振玉《秦金石刻辞》辑考的相关文字可知，《奏事》当是在档案基础上经刻意整理编排而成的图书。

4. 《诸子略·儒家》有《河间周制》十八篇，据班固自注："似河间献王所述也。"这里的"述"字是值得考究的。孔子"述而不作"，但却"寓作于述"，如在档案文献《鲁史记》基础上，整理出一部寓褒贬、有"笔法"的图书——《春秋》。河间献王所"述"，也绝非档案材料的简单连缀。

显见，《汉志》中少量表面上具有档案形式的一些文献，其内容已不局限于政务、商务等的简单办事记录，而是具有思想上"盘根究底"或文采上"踵事增华"的超越内涵，成为典型的"图书"。

总之，刘氏"典校中秘"的文献整理活动与"汉兴"以来的整个文化政策相鼓桴、以恢复仲尼法度为己任，必然不会涉及以"客观记录"为主要特征的档案类文献。

二、刘氏父子校雠学思想的渊源

刘向于汉成帝河平三年（前26）奉诏校书撰就《别录》，其子刘歆又在

《别录》基础上"种别群书"撰就中国首部系统分类目录《七略》,他们被共同推尊为中国校雠学的鼻祖。关于刘向典校文籍的基本原则,姚名达"从残存叙录钩出其校书之义例",其荦荦大者概有五端:(1)广罗异本;(2)互相补充,除去复重;(3)条别篇章,定著目次;(4)雠校脱文脱简,写定正本;(5)命定书名①。姚氏之论可谓精要。台湾学者胡楚生《中国目录学》一书中有关"刘向等典校秘书之义例"②的相关内容就是完全缘姚氏之论而入说的。

在本章第二节"西汉法律文献的整理"中,我们已经指出,西汉时期的法律文献整理亦颇具规模,包含着十分丰富的校雠学思想,对刘向、刘歆父子的图书整理不无影响。不仅如此,证以出土简帛文献可知,上述五条义例中有四条早在刘向之前即已出现,表明刘向校雠学是源渊有自的。今人"以文献证文献",难免以流为源,误以为这些义例皆为刘向首创。

(一)广罗异本

广罗异本,也就是孙德谦《刘向校雠学纂微》所说的"备众本",旨在"异同得失始能辨别而有所折衷"。刘向面对"陈农求遗书于天下"而来的"积如丘山"的文献,首先要广罗异本以折衷其异同得失。如,《管子书录》:"所校雠中《管子》书三百八十九篇,大中大夫卜圭书二十三篇,臣富参书四十一篇,射声校尉立书十一篇,太史书九十六篇,凡中外书五百六十四篇,以校。"涉及的"版本"达五种之多。

从出土简帛来看,简帛中常常出现同一典籍的多种"版本"集中于一处的情况,这些相同文献的同时出现,实有"备众本"的用意。如,睡虎地《效律》共60枚简,内容和同时出土的《秦律十八种》中的《效律》相似;甲、乙两种《日书》的内容也十分类似,"只有少量不同,抄写时皆有遗脱,二者可相互核校"③。湖北江陵王家台15号秦墓也出土了《归藏》的两个不同的竹简抄本。

而在马王堆汉墓帛书中的两个《老子》本子中,"甲本不讳'邦'字,乙本则讳'邦'字"④,显为不同"版本"的集结。郭店楚简"《老子》甲、乙、丙的绝大部分内容见于今本《老子》和帛书本《老子》,但三组简本《老子》的全部内容只相当于今本《老子》和帛书本《老子》的五分之二"⑤。亦即,

---

① 姚名达. 中国目录学史:影印本[M]. 上海:上海书店,1984:36
② 胡楚生. 中国目录学[M]. 台北:文史哲出版社,1995:16-18
③ 李均明. 古代简牍[M]. 北京:文物出版社,2003:49
④ 谢桂华,沈颂金,邬文玲. 二十世纪简帛的发现与研究[J]. 历史研究,2003(6):144-169
⑤ 李伟山. 论郭店楚简《老子》是摘抄本[J]. 广西民族学院学报(哲学社会科学版),2005(6):250-251

它们是《老子》一书不同版本的罗致。《马王堆汉墓帛书[肆]》包括15种佚医书。其中,《阴阳十一脉灸经》有甲乙两个本子,"内容大致相同"。其中,甲本与《足臂十一脉灸经》、《脉法》、《阴阳脉死候》、《五十二病方》等五种文献合为一卷帛书,该卷帛书"字体近篆,抄写年代当在秦汉之际";乙本与《却谷食气》、《导引图》计3种文献合为一卷帛书,该卷帛书"字体为篆隶间,抄写年代当在汉初"。

据研究,上述材料中的睡虎地秦简、王家台秦简、郭店楚简时间在秦或先秦;马王堆汉墓下葬时间为文帝前元十二年(前168)。因此,上述出土简帛文献中的"备众本"应该是在刘向之前即已被广泛使用的义例。此外,武威磨咀子王莽时期墓葬所出三个《仪礼》写本,其中,甲本共有七篇,每篇皆有篇题和简序;乙本仅有《服传》一篇,有篇题而无简序;丙本只有《丧服》一篇,既无篇题也无简序。三个本子在篇题和简序上的差异可以证明,乙本的《服传》和丙本的《丧服》是和甲本不同的"版本"①。当然,该墓属于王莽时期,已在刘向之后,但也说明"备众本"在出土简帛文献中较为常见。

(二)条别篇章,定著目次

所谓"条别篇章,定著目次",也就是孙德谦《刘向校雠学纂微》中所说的"条篇目"。

因"缣贵而简重"(《后汉书·蔡伦传》),古书往往单篇别行,不相系属。刘向校雠工作的重要步骤之一便是将零散篇章分类集结,并确定次第、各标篇名。如,《说苑叙录》云:"所校中书《说苑》杂事……章句相溷,或上下谬乱,难分别次序……以类相从,一一条别篇目。"刘向列举篇目次第,一方面有防止单篇散佚的意思,另一方面也可以通过篇章次序的刻意安排而表达特定的学术思想。如,《四库总目·仪礼注疏提要》认为经刘向整理的《仪礼》"尊卑吉凶,次第伦序",反映了特定的内涵。《汉书·楚元王传》也说刘向校书"比类相从,各有条目",又说"序次《列女传》以戒天子",都是就其"条别篇目"而言的。

汇集相关篇章、并进一步"条其篇目",作为校雠学的重要旨趣之一,在出土简帛文献中也可以找到例证。例如,断限在吕后二年(前186)之前的张家山汉简《奏谳书》是议罪案例的汇编,"包含春秋至西汉时期的22个案例。大体上是年代较早的案件排在全书的后部,较晚的案例则排在前部"②。居延汉简中有"兰台令第卅三"、"御史令第四三"等等,这种"××篇第×"的体式无疑也是刘向典校中秘时最典型的一书目录体式。河北定州八角廊汉简

---

① 李零. 简帛古书与学术源流[M]. 北京:生活读书新知三联书店,2004:238
② 沈颂金. 二十世纪简帛学研究[M]. 北京:学苑出版社,2003:619

《六韬》,"保留了13个篇题,从篇题的序数来看,至少在31篇以上"①,这说明简本《六韬》是留意于篇章次第的。又如,今本《老子》分《道经》和《德经》两篇,共81章。出土文献中,郭店楚简的三个《老子》本子皆无篇章标志;马王堆两个帛书《老子》本子则在两篇篇末分别有标志:"《德》。三千册一"和"《道》。二千百四廿六",其顺序是先《德经》后《道经》,这一顺序与《韩非子·解老》、严遵《道德指归》是一致的,而与今传《道经》在前、《德经》在后的本子不同。"由此可知,《老子》一书的版本流传应该是:最早是简本的不分篇也不分章,然后是帛书本的分篇(先《德经》后《道经》)和不分章,最后是今本的分篇(先《道经》后《德经》)和分章"②。《老子》一书的上述历史变迁表明,该书不仅被"条"了篇目,而且还被"条"了章目。

上述简帛材料多在刘向校典文献之前,"条别篇章,定著目次"因而也可视为刘向之前即已存在的校雠学义例。此外,武威磨咀子王莽时期墓葬所出《仪礼》也可见"条篇目"的校雠学内容。《仪礼》共有甲乙丙三个本子,其中甲本共有七篇,每篇皆有篇题和简序,如《士相见之礼》第一枚简背面写有简序"第三",第二枚简背面写有篇题"士相见之礼"。《特牲》第一枚简背面写有简序"第十",第二枚简背面写有篇题"特牲"。《少牢》第一枚简背面写有简序"第十一",第二枚简背面写有篇题"少牢"。其余四篇皆然。这样的顺序,自卷外观之刚好相反,读为"士相见之礼第三"、"特牲第十",等等,完全是"条篇目"的内容。甲本《仪礼》虽仅存七篇,但可见与郑玄注本以及大戴本、小戴本的篇次皆不相同,学者猜测可能就是《汉志》中著录的、今已失传了的庆氏本或后氏本,应属于未被郑玄打乱师法家法以前的今文《仪礼》③。

(三)雠校脱文脱简,写定正本

"雠校脱文脱简、写定正本",也就是孙德谦《刘向校雠学纂微》所说的"订脱误"。从字面上看,所谓"校雠"首先指勘正书籍的文字。诚如范希曾指出:"校雠学者,治书之学也。……故细辨乎一字之微,广极夫古今内外载籍之浩瀚,其事以校勘始,以分类终,明其体用,得其鳃理,斯称校雠学。"④所以,"校雠文字、写定正本"也就成了刘向校雠工作的重中之重。如,《战国策书录》云:"'本'字多误脱为'半'字,以'赵'为'肖',以'齐'

---

① 李零. 简帛古书与学术源流[M]. 北京:生活读书新知三联书店,2004:372
② 张显成. 简帛文献学通论[M]. 北京:中华书局,2004:266-267
③ 李零. 简帛古书与学术源流[M]. 北京:生活读书新知三联书店,2004:238
④ 范希曾. 校雠学杂述[J]. 史学杂志,1929(3)

为'立'。如此者多。"

从出土简帛档案来看，这种諟正文字的工作也早已出现。不妨以睡虎地秦简为例略作说明。《尉杂》中有"岁雠辟律于御史"①之语。《南郡守腾文书》曰："故腾为是而修法律令、田令，及为间私方而下之，令吏明布，令吏民比明智（知）之。"②意为"所以我把法律令、田令和惩办奸私的法规整理出来，命官吏公布于众。"③虽然我们尚未发现诸如"以'赵'为'肖'"这样具体的文字校雠内容，但简帛文献有校勘程序是可以断言的。

又如，在张家山汉简《算数书》的第三道编纶下，常写有校雠者的姓氏。如，简42在相当于后世"地脚"的部位写有"王已雠"三字，简56的"地脚"处则写有"杨已雠"④。有学者指出："简牍在书写中发生了错误，或者用书刀削去，可以削去全部错字或只削去错误的偏旁；或者将不要的字画上点状的圈（见于阜阳双古堆汉简），或在边上打上点（见于尼雅出土简）；或者直接涂去（多见），表示'涂灭'。"⑤另有学者指出，当简帛文献中出现书写错误时，大致有削改、涂改、添写三种修改方法。"削改，这是出土实物所见最多的，就是用书刀削去表面一层错写之处然后再写……涂改是书写的当时便发现错误，立即用水或唾沫涂抹掉墨汁，再重写。……添写，就是补写，也就是发现写漏了字时（一般是漏一个字），进行补写"⑥。这其中，削改和添写更像是事后发现错误的修改方法，而事后发现，无疑是"校雠"的结果。就"补写"来说，简帛中也是有实例的。如，"郭店楚简《缁衣》就是把脱文补在简背，《语丛四》就是把脱文补在篇末"⑦。由上文可知，张家山汉简、郭店楚简时间皆在刘向之前；而睡虎地《尉杂》为秦简，亦在刘氏之前。可以肯定，刘向之前中国即已出现"雠校说文脱简、写定正本"的校雠学义例。

此外，利用出土简帛，还有助于我们准确解读"校雠"一词的真实内涵。众所周知，"校雠"一词的最早语源见于后世典籍所引刘向《别录》佚文。《文选·左太冲（思）〈魏都赋〉》"雠校篆籀，篇章毕觌"，李善注引《文选·风俗通》曰："案刘向《别录》：雠校，一人读书，校其上下，得缪误为校；一人持本，一人读书，若怨家相对，曰雠。"《慧琳音义》卷七七引《风俗通》亦曰："刘向《别录》：一人持本，一人读书，若怨家相对，为雠。"

---

① 睡虎地秦墓竹简整理小组. 睡虎地秦墓竹简［M］. 北京：文物出版社，1977：73
② 睡虎地秦墓竹简整理小组. 睡虎地秦墓竹简［M］. 北京：文物出版社，1977：16
③ 高恒. 秦汉法制论考［M］. 厦门：厦门大学出版社，1994：12
④ 张显成. 简帛文献学通论［M］. 北京：中华书局，2004：193
⑤ 胡平生，李天虹. 长江流域出土简牍与研究［M］. 武汉：湖北教育出版社，2004：23
⑥ 张显成. 简帛文献学通论［M］. 北京：中华书局，2004：127-128
⑦ 李零. 简帛古书与学术源流［M］. 北京：生活读书新知三联书店，2004：120

又引《集训》:"二人对本校书曰雠。"据此,一般认为校、雠二字是有区别的。即,一人校勘为"校";二人对校为"雠"。但从张家山汉简《算数书》来看,"王已雠"和"杨已雠"显然是一个人校勘而称之为"雠"的绝佳例证。

台湾学者胡楚生认为:"校雠或称雠校,虽有一人自校与二人对校之义,而后世用之,多无区别。"① 结合上述出土材料可知,胡先生之言是可信的。在古代汉语中,两个或多个不同的词往往有相同的解释,称为同训。辨析同训现象是训诂工作中的一项重要任务。唐代注疏家在辨析同训时提出了"对文则别,散文则通"的原则,清儒承之。如马瑞辰《毛诗传笺通释》在《诗经·小雅·节南山》"家父作诵"条下曰:"按:'诵'与'讽'对文则异,散文则通。《周官·大司乐》注:'倍文曰讽,以声节之曰诵。'此对文则异也。《说文》:'诵,讽也。'此散文则通也。" 又如,针对《诗·大雅·皇矣》毛传:"埔,城也。"而《说文·土部》:"埔,城垣也。"段玉裁注曰:"城者,言其中之盛受。埔者,言其外之墙垣具也。毛统言之,许析言之也。"

同样,我们认为"校"和"雠"也是同训,《风俗通》所引《别录》是析言,是对文。如统言或散文,则"校"、"雠"不别,一人自校亦可称"雠"。所以,《管子书录》曰:"所校雠中管子书……凡中外书五百六十四篇,以校。"《列子书录》曰:"所校中书《列子》五篇,臣向谨与长社尉臣参校雠太常书三篇,太史书四篇,臣向书六篇,臣参书二篇,内外书凡二十篇,以校。"显见,刘向书录或称"校",或称"校雠",大抵率尔而书,并无大别。传统认为"二人对本校书曰雠"的看法并不绝对。

(四) 命定书名

"命定书名",也就是孙德谦《刘向校雠学纂微》所说的"定书名"。来新夏曰:"古人著书写文章,并不是先立题目,后写内容,而只是把个人的思想见解发挥成篇就算了。同时,由于简策的书写制度,图书多是单篇流传,所以有无题目关系不大。"②

总体而言,刘向之前的古书有不具书名的,如马王堆帛书《易经》;也有书名杂出的,如《战国策书录》:"中书本号曰国策,或曰国事,或曰短长,或曰事语,或曰长书,或曰修书。"李零指出:"我们发现的简帛古书,差不多都是单篇,当然没有大题。但这是民间本,不是所有的本子都如此。当时的

---

① 胡楚生. 中国目录学 [M]. 台北:文史哲出版社,1995:2
② 来新夏. 古典目录学浅说 [M]. 北京:中华书局,1981:2

官方藏书，其实还是有大题。比如向、歆校定的古书，它们都是大部头。"①
确实，如《管子书录》"所校雠中《管子》"、《淮南道训书录》"所校雠中
《易传淮南九师道训》"、《说苑叙录》"所校中书《说苑》杂事"等无不表明，
"中"（即皇家图书馆）书一般是有书名的。又如，传世典籍中的《春秋》、
《论语》、《鸿烈》（即《淮南子》）、《太史公书》（即《史记》）这样的书名也
已出现。但从《汉志》所著录的"大凡书，六略三十八种，五百九十六家"
文献来看，每一"本"文献都有专指性的书名。可以肯定，其中的不少书名
多源自刘向，"定书名"因而也是刘向校雠工作的主要义例之一。

前刘向时期的简帛档案中，"命定书名"的也不在少数。例如，战国时期
的包山楚简，有"司法文献共196枚简。其中102枚书有标题，计四种，它们
是：《集箸》。是有关验查名籍的案件记录。《集箸言》。是有关名籍纠纷的告
诉及呈送主管官员的记录。《受期》。是受理各种诉讼案件的时间与审理时间
及初步结论的摘要记录。《疋狱》。即记狱，是关于起诉内容的简要记录。后
94枚简没有标题，主要内容是：关于司马及令尹等以楚王名义发布命令及有
关情况的记录……，等等"②。同样，睡虎地秦简总计有1155枚（另有残片80
枚），内容为秦律，计10种文献。其中，只有《语书》、《封诊式》、《日书》
乙种和《效律》四种简文原有书题。书题的具体分布情况是：前三种"分别
书于书末一简的正面、背面、正面；《效律》原名为'效'，书于开篇第一简
背面"③。

再如，阜阳汉简下葬时间在文帝前元15年（前165）之前，其中的《诗
经》出现了两个不同层次的篇章标题，一是在每首诗后面将该诗名称独立书
于一简，如S053"此右《［柏］州》"；二是《国风》的一国之诗末尾，将该
国名称独立书于一简，如S098"右方《郑国》"④。下葬时间在汉武帝初年的
银雀山汉简，其中的"日书"类文献共有五种，《曹氏阴阳》、《阴阳散》、
《天地八风五行客主五音之居》三种有篇题；另两种《为政不善之应》、《人君
不善之应》无篇题，而是整理者所补加⑤。可以断言，命定书名或篇名也是简
帛文献中早已出现的义例，只是该义例运用得还相当不彻底。总之，前刘向时
期的出土简帛文献，有定名的也有不定名的。但无论如何，"命定书名"并非
刘向首创。此外，从张家山汉简来看，古籍书名位置并无定准，后人所谓

---

① 李零. 简帛古书与学术源流 [M]. 北京：生活读书新知三联书店，2004：197
② 张显成. 简帛文献学通论 [M]. 北京：中华书局，2004：63-64
③ 张显成. 简帛文献学通论 [M]. 北京：中华书局，2004：72
④ 张显成. 简帛文献学通论 [M]. 北京：中华书局，2004：171
⑤ 李零. 简帛古书与学术源流 [M]. 北京：生活读书新知三联书店，2004：408

"大题在上,小题在下"① 的结论也并不绝对。

综上,刘向的校雠学义例和刘歆的分类编目方式渊源有自,刘氏父子的文献整理乃是在融会前人文献工作的基础上逐步完善的。

第五节 西汉时期的私家藏书

西汉惠帝四年(前191)除挟书之禁,从政策层面上彻底清算了秦始皇的焚书举措。于是,正如《汉志》所曰,"汉兴,改秦之败,大收篇籍",武帝"建藏书之策,置写书之官",成帝"使谒者陈农求遗书于天下",政府十分重视文献的收集。世风所向,波及朝野。总体上,西汉私人藏主的数量及所藏文献的模式皆凌越前代,传世文献中对西汉私人藏书的记载也远比先秦相关史料丰富。

一、传世文献中的西汉私家藏书

《史记·六国年表序》曰:"《诗》《书》所以复见者,多藏人家,而史记独藏周室,以故灭。"可见,西汉私人藏书对于续绝秦火、保存文献(尤其是秦火首当其冲的儒家经典文献)发挥了极其重要的历史贡献。《汉书·儒林传》曰:"言《易》自淄川田生;言《书》自济南伏生;言《诗》,于鲁则申培公,于齐则辕固生,燕则韩太傅;言《礼》则鲁高堂生;言《春秋》,于齐则胡毋生,于赵则董仲舒。"集中反映了以齐鲁为中心的私人学者对于儒家学术传承的历史作用。西汉时期的私人藏书,从藏主的角度来看概有三大类型:

(一)王侯贵族

西汉王侯贵族藏书,可推河间献王刘德、淮南王刘安以及刘向、刘歆父子为代表。

《汉书·景十三王传》曰:"河间献王修学好古,实事求是,从民得善书,必为好写与之,留其真,加金帛赐以招之。由是四方道术之人不远千里,或有先祖旧书,多奉以奏献王者,故得书多与汉朝等。是时淮南王安亦好书,所招致率多浮辩。献王所得书皆古文先秦旧书,《周官》、《尚书》、《礼》、《礼记》、《孟子》、《老子》之属,皆经传说记,七十子之徒所论。其学举《六艺》,立《毛氏诗》、《左氏春秋》博士,修礼乐,被服儒术,造次必于儒者,

---

① 叶德辉. 书林清话[M]. 北京:中华书局,1957:12-13

山东诸儒者从而游。"

可见，献王刘德"加金帛赐以招之"，以重赏而致书甚丰，所得文献多到了与"汉朝等"的程度。所得图书"皆经传说记七十子之徒所论"，内容主要属于《汉志》中的六艺略和诸子略的儒家类两大文献。而淮南王刘安亦致书有方，然"所招致率多浮辩"。从其集门客智慧所著《淮南子》一书来看，当以道家、杂家文献为主。

刘向、刘歆父子是西汉时期的著名学者。刘向是楚元王刘交四世孙，据《别录》、《七略》佚文有关刘向校书版本（见上表4）可知，在典校《晏子》、《说苑》、《列子》、《老子》、《关尹子》时，都曾使用到其个人所藏典籍。

刘歆《与扬雄书从取方言》曰："歆虽不遘过庭，亦克识先君雅训。三代之书，蕴藏于家，直不计耳。"这里所谓"过庭"的典故源自《论语·季氏》"鲤趋而过庭"，"退而学诗"、"退而学礼"，喻指晚辈受师长教诲，与"亦克识先君雅训"文义相承。表明其数量庞大（"直不计耳"）的"蕴藏于家"的"三代之书"是家族式累世积聚的结果。而这一脉家族藏书系统似可推源于刘歆的五世祖（刘向的四世祖）楚元王刘交。交为刘邦同父异母弟，与申公等人同游于荀子的门人浮邱伯问学，曾为《诗经》作传，世称《元王诗》。

（二）朝庭官员

从上表4所列《晏子》、《说苑》、《管子》、《列子》等书书录来看，除了称之为"臣向"的刘向之外，"臣参"、"大中大夫卜圭"、"臣富"、"射声校尉立"、"臣叙"等吏员皆有藏书。

据《汉书·艺文志》，武帝时期"鲁共王坏孔子宅，欲广其宫，而得《古文尚书》及《礼记》、《论语》、《孝经》凡数十篇。……孔安国者，孔子后也，悉得其书。"孔安国是孔子的十一世孙，曾官谏大夫，临淮太守，悉得孔壁古书。

许慎《说文解字序》云："鲁恭王坏孔子宅，而得《礼记》、《尚书》、《春秋》、《论语》、《孝经》。又北平侯张苍献《春秋左氏传》。"说明北平侯张苍藏有《春秋左氏传》。

《汉书·艺文志·乐序》载："汉兴，制氏以雅乐声律，世在乐官，颇能纪其铿锵鼓舞，而不能言其义。六国之君，魏文侯最为好古，孝文时得其乐人窦公，献其书，乃《周官大宗伯》之《大司乐》章也。"可见窦公为职业乐工，家藏音乐之书。

据《汉书·杜邺传》载，"（杜）邺少孤，其母张敞女。邺壮，从敞子吉学问，得其家书。以孝廉为郎"。说明累官至京兆尹（首都西安市市长）的张敞有个人藏书，这批藏书后为杜邺所得。《后汉书·杜林传》载："父邺，成、哀间为凉州刺史。林少好学沉深，家既多书，又外氏张竦父子喜文采，林从竦受学，博洽多闻，时称通儒。"杜林"家既多书"，还不辍搜聚，扩大所藏，曾"于西州得漆书《古文尚书》一卷，常宝爱之，虽遭难困，握持不离身"。

（三）普通百姓

两汉史籍中，每有"负笈追师"、"负书从师"、"负书来学"等记载，正可见其时私人藏书现象的普遍。

《史记·淳于意列传》曰："（于意）少而喜医方术。高后八年，更受师同郡元里公乘阳庆。庆年七十余，无子，使意尽去其故方，更悉以禁方予之，传黄帝、扁鹊之脉书，五色诊病，知人死生，决嫌疑，定可治，及药论，甚精。受之三年，为人治病，决死生多验。"说明公乘阳庆藏有大量的"禁方"类医书以及"黄帝、扁鹊之脉书"。这些文献典籍后来悉数为淳于意所得。

《汉书·游侠传》曰："（楼护）父世医也，护少随父为医长安……诵医经、本草、方术数十万言。"而据葛洪《西京杂记》卷二，匡衡"邑人大姓文不识，家富多书"，衡尝得其书遍读之。可见，楼护家藏医学、方术之书达"数十万言"；家境优渥的文不识也是"多书"之士。

《汉书·兒宽传》载："兒宽，千乘人也。治《尚书》，事欧阳生。以郡国选诣博士，受业孔安国。贫无资用，尝为弟子都养。时行赁作，带经而鉏，休息辄读诵。"可见，兒宽早年虽贫困潦倒，但亦拥有藏书，且耕读不辍。

综上，西汉私家藏书见于史籍者颇多，并形成了两个基本特点：一是家族式的积聚，刘向、刘歆父子所藏就是典型的例子。二是专科（或专题）化取向，如献王刘德所得图书"皆经传说记七十子之徒所论"；而公乘阳庆、楼护的家藏以医学、方术之书为主。

二、出土简帛中的西汉私家藏书

除上述传世文献之外，出土简帛中也有许多反映西汉私人藏书情况的材料，值得引起我们的重视。我们知道，目前出土的简牍数量约为20余万枚，其中长沙走马楼三国简占到半数，但就业已公布释文的简牍而言，汉代简牍是出土简牍中的大宗。

总体上，汉代的出土简帛可厘为二系：一是在新疆、甘肃、内蒙等西北边塞、邮驿、古城遗址及长城沿线边塞烽燧遗址所获，如楼兰尼雅简牍文书、居延汉简、敦煌汉简等。二是祖国内地尤其是长江流域发掘出土的大量简帛，其中有不少是古代典籍。

由于西北边塞、邮驿、古城遗址及长城沿线边塞烽燧遗址所获基本多为守边或屯戍的行政文书，而较少典籍，因此，我们主要以内地尤其是长江流域发掘出土的简帛为依据，以分析西汉私人藏书的基本情况，详见表6：

表6 内地出土西汉时期主要简帛文献一览表

序号	发现时间	入藏时间	地点	主人	文献内容	参考文献
1	1972年	西汉	山东临沂银雀山西汉墓M1	不详	4942支简及数千残片，内容包括：《孙子兵法》十三篇及五篇佚文，《孙膑兵法》，《尉缭子》，《晏子》，《六韬》，《守法守令等十三篇》，《地典》，《唐勒》，《十官》，《五议》、《务过》、《为国之过》、《起师》等论政论兵类40余篇；《曹氏阴阳》、《三十时》、《天地八风五行客主五音之居》等阴阳占候类10余篇；算书、相狗方、作酱法等杂书若干	《银雀山汉墓竹简》（壹）（线装本）文物出版社，1975；《银雀山汉墓竹简》（壹）（修订本）文物出版社，1985；《银雀山汉墓竹简》（贰）文物出版社，2010
2	1972年	西汉	山东临沂银雀山西汉墓M2	不详	32支简，内容为《汉元光元年历谱》	吴九龙《银雀山汉简释文》文物出版社，1985
3	1973年	西汉宣帝时	河北定州八角廊西汉墓M40	中山怀王刘修	约2500支简，内容包括：《论语》、《文子》、《六韬》（《太公》）、《儒家者言》、《保傅传》、《哀公问五义》、《日书》、萧望之等人奏议、《六安王朝五凤二年正月起居记》、《日书·占卜》	《河北定县40号汉墓发掘报告》文物，1981（8）；《定县40号汉墓出土竹简简介》，文物，1981（8）

续表

序号	发现时间	入藏时间	地点	主人	文献内容	参考文献
4	1973年	西汉	湖北江陵凤凰山西汉墓 M9	不详	83支简牍，内容为：安陆守丞文书，遣策	《文物》，1974（6）
5	1973年	西汉	湖南长沙马王堆西汉（轪侯利豨）墓 M3	轪侯利豨	竹简木牍608支、楬54枚，内容包括：遣策，衣物疏和随葬验对木牍，《十问》、《合阴阳方》、《杂禁方》、《天下至道谈》；帛书、帛图30件，内容包括：《丧服图》，《城邑图》，《卦象图》，《老子》（甲本）及卷后佚书四种，《老子》（乙本）及卷前佚书五种，《易经》，《系辞》，《二三子问》、《衷》、《要》，《缪和》、《昭力》、《相马经》，《春秋事语》，《战国纵横家书》、《足臂十一脉灸经》、《脉书》（包括《阴阳十一脉灸经》甲本、《脉法》、《阴阳脉死候》三种）、《五十二病方》，《却穀食气》、《阴阳十一脉灸经》乙本、《导引图》，《养生方》、《杂疗方》、《胎产书》（前附《人字图》、《禹藏图》），《刑德》（甲乙丙本），《隶书阴阳五行》，《篆书阴阳五行》，《长沙南部地形图》，《驻军图》、《出行占》，《木人占》、《辟兵图》，《五星占》、《天文气象杂占》，《宅位草图》（《筑城图》）、《府宅图》，《物则有刑图》，《宅形宅位吉凶图》，等	《长沙马王堆二、三号汉墓发掘报告》文物，1974（7）；《马王堆汉墓帛书》（壹至肆）（精装本）文物出版社，1980~1985

续表

序号	发现时间	入藏时间	地点	主人	文献内容	参考文献
6	1977年	西汉	安徽阜阳双古堆西汉墓	汝阴侯夏侯灶	6000余支简，内容包括：《仓颉》，《诗经》，《周易》，《庄子》，《年表》，《大事记》，《作务员程》，《行气》，《万物》，《吕氏春秋》，《天文历占》，《算术书》，《相狗》，《楚辞》及佚辞赋，《儒家者言》章题木牍，《春秋事语》章题木牍及相关竹简	文物局古文献研究室、安徽省阜阳地区博物馆《阜阳汉简简介》文物，1983（2）
7	1978年	西汉	江苏连云港花果山云台西汉墓	不详	13支简及17枚残片，内容包括：封诊式类，历谱，日书，商业文书	《考古》，1982（5）
8	1978年	西汉晚期	青海大通上孙家寨西汉墓M115	马良	近400枚木简，应是一部比较完整的古代兵法类的书，内容主要是军事训练规定和军事律令	《青海大通上孙家寨——五号汉墓》文物，1981（2）；《青海大通上孙家寨汉墓》文物出版社，1993
9	1983—1984年	西汉	湖北江陵张家山西汉墓M247	县府小吏	1236支简，内容主要包括：《二年律令》，《奏谳书》，《盖庐》，《脉书》，《引书》，《算数书》，历谱，遣策	《江陵张家山汉简概述》文物，1985（1）
10	1983—1984年	西汉	湖北江陵张家山西汉墓M249	不详	出土竹简《历谱》、《日书》等	同上
11	1983—1984年	西汉	湖北江陵张家山西汉墓M258	不详	58支《历谱》简	同上
12	1985年	西汉	湖北江陵张家山西汉墓M127	不详	300余支《日书》简	《文物》，1992（9）

第五章　西汉时期的藏书

续表

序号	发现时间	入藏时间	地点	主人	文献内容	参考文献
13	1986年	西汉	湖北江陵张家山西汉墓M136	不详	829支简，内容包括：《功令》，《却谷食气》，《盗跖》，宴享，七年质日，律令十五种，遣策	同上
14	1993年	西汉	江苏连云港尹湾汉墓M6和M2	不详	分别出土18种和1种共19种竹木简	《尹湾汉墓简牍》中华书局，1997
15	1999年	西汉文帝	湖南沅陵城关镇虎溪山西汉墓M1	第一代沅陵侯吴阳	1336支简，内容包括：黄簿，日书《阎氏五胜》，《美食方》	《沅陵虎溪山一号汉墓发掘记》文物天地，2000（6）；《新出简帛研究》文物出版社，2004
16	1999年	西汉	湖北随州孔家坡砖瓦厂西汉墓M8	不详	785支简，内容主要包括：日书，历谱，告地策	《随州市孔家坡墓地M8发掘报告》文物，2001（9）；《新出简帛研究》文物出版社，2004
17	2001年	西汉	陕西西安南郊杜陵西汉墓M5	不详	木牍1枚，为《日书·农事篇》	《陕西历史博物馆馆刊》2002第9辑；《收藏》，2005（1）
18	2002年	西汉	山东日照海曲西汉墓M106等	不详	数量未详，内容包括：历谱，遣策	《中国文物报》2003年2月12日；《文物世界》，2003（5）
19	2002—2003年	西汉	湖北荆州岳桥岳家草场及印台六座西汉墓	不详	700余支简，内容包括文书，卒簿，历谱，编年记等	《中国考古学年鉴2003》文物出版社，2004
20	2004年	西汉	安徽天长安乐镇汉墓	不详	32枚木牍，内容为地理、医药、户口、账目	《中国文物报》2005年6月15日
21	入藏年不详	西汉	香港中文大学购藏	不详	共259支简，内容主要包括：西汉日书简109支，西汉奴婢廪食粟出入簿69支，西汉遣策	《香港中文大学文物馆藏简牍》香港中文大学出版社，2001

219

（一）材料说明

表6罗列了内地出土的西汉墓葬所出主要书籍和文书的基本情况。所谓"主要"，是没有包括下述三类材料：

首先，表中没有列出仅仅出土有与墓主有关的纪实性内容的墓葬材料。所谓与墓主有关的纪实性文字，又可分为与墓主之"死"有关和与墓主之"生"有关两种类型。与"死"有关的纪实性文字主要包括两大类：

一是遣策，即随葬器物的清单。例如，湖北云梦大坟头汉墓等所出遣策；广西贵县罗泊湾1号汉墓出土5枚内容为《从器志》和《东阳田器志》的随葬器物清单；江陵高台西汉墓M653出土14支有字简，内容为遣策；江陵扬家山西汉墓M135所出75支遣策；沙市萧家草场26号汉墓出土的35枚遣策。

二是告地书类的文字记录。所谓"告地书"，是古人在丧葬活动中，为死者办理迁徙地下事宜而模仿现实生活中有关迁徙文书写成的死人迁徙文书。按照民间的说法，就是死者到"阎王"那里报到的"介绍信"。"告地书"所记是墓主人的基本情况，包括墓主下葬的年月干支，等等。例如，甘肃武威五坝山3号墓出土内容为"告地书"的木牍一枚；湖北江陵凤凰山西汉墓M168出土的67支简，内容包括告地策和遣策；湖北江陵高台18号汉墓出土4枚"告地书"、遣策等木牍。

总之，这些出土材料都是与墓主之"死"有关的记实性文字，并不反映其藏书情况，因而没有在表6中列出。

再就与墓主"生"前有关的纪实性文字而言。例如，湖北江陵凤凰山西汉张偃墓出土176支简，内容为：1.记陪葬物的木牍（牍背为告地策），2.记出钱人名的木牍，3.中贩共侍约，4.记算钱，5.记刍稿，6.记田租的大竹简，7.记谷物的大竹简，8.郑里廪簿等。在这些文字中，除"1.记陪葬物的木牍（牍背为告地策）"和"2.记出钱人名的木牍"之外，其余基本都是与墓主生前有关的纪实性文字。此外，江苏邗江胡场西汉王奉世墓出土26支简牍，内容包括：1.籙（神灵名位牍），2.日记牍，3.文告牍，4.丧祭物品牍，5.木签，6.木觚。这些材料，有些与墓主之"死"有关，有些与墓主之"生"有关，但都是纪实性的，因而也没有被列为讨论的对象。

其次，出土文字内容少者，如陕西咸阳马泉西汉墓出土木简残片3枚，山东临沂金雀山汉墓M9出土木牍1件。

再次，文字损坏严重、漫漶不清者，如河南陕县刘家渠M23出土2枚木简，临沂金雀山M11、M123出土的8枚残简，咸阳马泉汉墓出土的3枚残简；内容不详者，如河北卢龙范庄西汉蔡文墓。

（二）墓主

从表7所列西汉时期主要墓葬出土简帛来看，墓主有许多是属于王侯一级的人物，诸如，定州八角廊西汉墓墓主是中山怀王刘修；长沙马王堆西汉墓墓主是轪侯利豨；阜阳双古堆西汉墓墓主是汝阴侯夏侯灶；沅陵城关镇虎溪山西汉墓墓主是长沙王吴臣之子吴阳，吴阳也是第一代沅陵侯。应该说，这批出土文献为我们进一步了解西汉私人藏书的情况提供了新的佐证。但这并不意味着，王侯一级人物是西汉私家藏书的主体。可以肯定，王侯们的政治、社会、经济地位高，墓葬规模宏大、墓基质量精良，因而也相对便于保存和易于发掘。

除王侯一级人物之外，目前已发掘的西汉墓葬的墓主姓名多已不可确考。例如，江陵凤凰山西汉墓 M9，连云港花果山云台西汉墓，江陵张家山西汉墓 M249、M258、M127，连云港尹湾汉墓 M6 和 M2，随州孔家坡砖瓦厂西汉墓 M8，西安南郊杜陵西汉墓 M5，日照海曲西汉墓 M106，荆州岳桥岳家草场及印台六座西汉墓，天长安乐镇汉墓，等等，这些墓葬的墓主都不得而知。但可以肯定，这些不可确知墓主的墓葬所出文献，基本可以归于西汉个人藏书的范畴，从而也从一个侧面反映了西汉私家藏书的盛况。

除了上述一些不知姓名的墓主之外，学者们推测，大通上孙家寨西汉晚期墓墓主是马良；江陵张家山西汉墓 M247 墓主，"在县级政府中的主要职责是协助县令处理司法案件并管理政府财物"①。不管怎样，这些材料都可视为西汉个人藏书的重要见证。

从西汉墓葬所出文献可见，当时的私人（尤其是王侯一级的人物）藏书的规模已经十分庞大。其中，长沙马王堆西汉墓墓主轪侯利豨是杰出代表。该墓所出，有 610 枚简牍，但真正令马王堆汉墓声名大振的是该墓所出帛书。这些帛书"大都是失传两千年的佚书，内容涉及古代思想、历史、军事、天文、地理、医学等方面，共约 12 万多字，包括近 50 种古籍，其中六艺类 10 种，诸子类 10 种，兵书类 3 种，术数类 8 种，方技类 15 种（其中 4 种为简牍），另有帛图 2 种（《长沙国南部地形图》和《驻军图》）"②。

（三）文献类聚的专题化倾向

由上表 6 可知，西汉墓葬所反映的私人藏书，也具有集中收藏某类典籍的倾向。这和传世文献所载献王刘德所得图书"皆经传说记七十子之徒所论"；而楼护家藏以医学、方术之书为主等等所反映的情况是一致的，它深刻地说明，西汉时期的私人藏书已有明显的专题化倾向。

例如，临沂银雀山 1 号汉墓所出 4942 支简及数千残片，内容包括多种先秦典籍，但主要是兵书类文献，主要包括：《孙子兵法》十三篇及五篇佚文

---

① 胡平生，李天虹. 长江流域出土简牍与研究 [M]. 武汉：湖北教育出版社，2004：349
② 张显成. 简帛文献学通论 [M]. 北京：中华书局，2004：85

(《吴问》、《四变》、《黄帝伐赤帝》、《地形二》、《见吴王》);《孙膑兵法》(附下篇,为《十阵》、《十问》、《略甲》、《客主人分》、《善者》、《五名五恭》、《兵失》、《将义》、《将德》、《将败》、《将失》、《雄牝城》、《五度九夺》、《积疏》、《奇正》);《尉缭子》;《地典》;《六韬》;《守法守令等十三篇》(《守法》、《要言》、《库法》、《王兵》、《市法》、《守令》、《李法》、《王法》、《委法》、《田法》、《兵令》、《上篇》、《下篇》),这些文献大多属于兵书类。此外,《十官》、《五议》、《务过》、《为国之过》、《起师》等40余篇,也是论政论兵类的文献。

此外,该墓所出还包括《管子》、《墨子》等谈兵内容的篇什。据研究,"《管子》只有关于谈兵的七法一篇,可能未录全书,但十枚简都很完整。《墨子》第五十二篇以下皆兵家言,文字古奥,不易通读,与全书不一致。可能由于其第五十一篇谈公输盘九攻、墨子九拒之事,其弟子采摭其术附记于后。这次发现的汉人手书竹简中,虽然只有一枚残简与《墨子·号令篇》相合,但其他尚有四十余简文辞多与墨子谈攻守者相似,只是上下文不一致,这可能是《墨子》的佚文,或者是与《墨子》文辞相近的其他古书"①。由此亦可见,《墨子》、《管子》确有兵书内涵。《七略》将《墨子》入之兵技巧,与该书"公输盘九攻、墨子九拒之事"的内涵正相吻合;而《管子》入之兵权谋,也可考见其《七法》篇应具有"以正守国,以奇用兵,先计而后战,兼形势,包阴阳,用技巧者也"(《汉志·权谋序》)的内容。银雀山汉简所出另有《曹氏阴阳》、《三十时》、《天地八风五行客主五音之居》等阴阳占候类文献10余篇,也或多或少与兵阴阳类有关。罗福颐指出:"现根据已整理出的竹简,只《晏子》一书不是兵书。"② 此外,《唐勒》、《算书》、《相狗方》、《作酱法》等有限的几种杂书也不是兵书。但总体上,银雀山汉墓文献的兵书倾向还是十分清晰的。

与银雀山汉简相似,大通上孙家寨西汉晚期墓所出近400枚木简,也是一部比较完整的古代兵法类的书,内容主要是军事训练规定和军事律令。

(四)历谱、日书等数术类文献较多

我们知道,《七略》将当时的图书分为六大类,其中的第五大类即为"数术略","数术略"下又分为天文、历谱、五行、蓍龟、杂占、形法六个二级类目。从上表6可以看出,西汉出土简帛中属于数术类的典籍十分丰富,其中:

(1)属于天文类的文献主要有:马王堆帛书《五星占》、《天文气象占》、

---

① 罗福颐. 临沂汉简概述 [J]. 文物,1974 (2):32 - 35
② 罗福颐. 临沂汉简概述 [J]. 文物,1974 (2):32 - 35

《星占书》甲乙两种；银雀山汉简《占书》；阜阳双古堆汉简《五星》、《星占》等。

（2）属于历谱类的文献主要有：阜阳双古堆汉简《天历》、《汉初朔闰表》、《干支》、《算术书》；张家山汉简《历谱》、《算术书》；银雀山汉简《元光元年历谱》；东海尹湾木牍《元延元年历谱》、《元延三年五月历谱》。此外，上表6中没有列出的下述出土简帛，也都是典型的历谱类文献：敦煌清水沟汉简《地节元年历谱》、《地节三年历谱》、《本始四年历谱》；敦煌汉简《元康三年历谱》、《神爵三年历谱》、《五凤元年八月历谱》（以上皆为宣帝年号）；敦煌木牍《永光五年历谱》、敦煌木牍《永光六年历谱》（永光是元帝年号）。

（3）属于五行类的文献主要有：随州孔家坡汉简《日书》；香港中文大学藏汉简《日书》；江陵张家山汉简《日书》；阜阳双古堆汉简《日书》、《向》、《刑德》；西安杜陵木牍《日书》；马王堆帛书《阴阳五行》甲乙两种、《出行占》；东海尹湾木牍《神龟占》、《六甲占雨》、《博局占》、《刑德行时》、《行道吉凶》等。此外，上表6中没有列出的下述出土简帛，如敦煌悬泉置汉简《日书》、居延汉简《日书》、疏勒河流域汉简《日书》中也有反映西汉时期的材料。

（4）属于蓍龟类的文献主要有：阜阳双古堆汉简《周易》。

（5）属于杂占类的文献主要有：马王堆帛书《木人占》、《太一将行图》（一曰《避兵图》）。

（6）属于形法类的文献主要有：马王堆帛书《相马经》、银雀山汉简《相狗方》、阜阳双古堆汉简《相狗》；此外，上表6中没有列出的下述出土简帛，如敦煌悬泉置汉简《相马经》、敦煌汉简《相马法》、居延破城子汉简《相宝剑刀》等杂占类文献也是汉代的，但究竟属于西汉抑或东汉未能遽定。

这也从一个侧面反映了西汉时期术士及其与之相关的"术"类典籍的繁盛。正如有学者指出，秦汉时期的社会存在大、小两个传统。所谓"大传统"是指一个社会里上层的士绅、知识分子所代表的文化，这多半是经由思想家、宗教家反省深思所产生的精英文化，即"雅文化"，在中国主要表现为儒家道德伦理价值；"小传统"则是指一般社会大众，特别是乡民或俗民所代表的生活文化，也称"俗文化"。这两个层次不同的传统虽各有不同，却是共同存在而相互影响，彼此互动的。而大量简帛新材料反映的都是下层民众的生活状况，属于"小传统"的范畴。它们的发现，促使我们对于古代社会广大民众的思想信仰和知识文化作重新思考、认识和评价①。

---

① 谢桂华，沈颂金，邬文玲. 二十世纪简帛的发现与研究 [J]. 历史研究，2003（6）：144 - 169

第六章 东汉时期的藏书

东汉（公元 25~220 年），又称后汉，是中国古代继西汉与莽新之后的又一个大一统王朝。东汉由光武帝刘秀于公元 25 年建立，《二十六史》中断代史之一的《后汉书》，即记载了上起光武帝，下至汉献帝的东汉一朝共 196 年的历史。东汉藏书可以从东汉的官府文书、官府图书以及私人所藏图书三个角度予以分析。

第一节 东汉时期的官府文书

作为西汉时期官府藏书的必然发展，东汉的官府藏书亦分图书和文书二系，并集中表现为兰台和东观分别作为典藏文书之所与典藏图书之所的分途。本节首先讨论东汉的官府文书。

东汉的官府文书庋藏机构也是在西汉的基础上发展起来的。与西汉相比，其重要变化有二，一是尚书地位的进一步增强，二是御史府下属的兰台转隶少府，并发展为专司典籍文书的独立机构。

一、东汉的尚书

如上所言，"尚书"作为官署机构，其称谓源自秦朝，"是专门负责章奏文书的上奏、下达工作的"①。随着历史的发展，尚书的地位日益提高，既影响到行政格局和权力分配的变迁，也对官府文书乃至官府图书产生了重要的影响。

东汉之初的光武帝，"愠数世之失权，忿强臣之窃命，矫枉过直，政不任下，虽置三公，事归台阁"（《后汉书·仲长统传》），尚书台由此成为总理国家政务的中枢，并最终形成了"事归台阁"的权力格局②。而这一行政地位的变化是由尚书从秦及西汉初期仅仅上传下达文书到逐渐参与处理文书起步的。

---

① 汪桂海. 汉代官文书制度 [M]. 南宁：广西教育出版社，1999：170
② 安作璋，熊铁基. 秦汉官制史稿 [M]. 济南：齐鲁书社，2007：262

第六章　东汉时期的藏书

首先，尚书由传达文书到处理文书。

《艺文类聚》卷 48《职官部·尚书令》引《齐职仪》曰："秦汉之世，委政公卿，尚书之职，掌于封奏。令赞文书，仆射主开闭。令不在，则仆射奏下其事。"可见，秦及汉初的尚书，实际上只涉及相关"事"之文书的上传下达，同时也赞奏、开闭及保管文书，其保管之职主要由尚书仆射负责。在这一意义上，"尚书只是做一些给奏章拆开印封并传呈给皇帝的技术性工作"①。

历史上，尚书地位之隆升始自汉武帝。"汉武鉴于汉兴以来丞相、御史二府的职权过重，因而把侍从左右的秘书班底'尚书'的地位提高"②。至汉成帝时，尚书之设出现了两大根本性的变化。一是"罢中书宦者"，中书上传下达的职责转由尚书充任。二是设尚书员，分曹理事。据《汉书·成帝纪》，成帝建始四年（前29）"初置尚书员五人"。师古注引《汉旧仪》云："尚书四人为四曹：常侍尚书主丞相御史事，二千石尚书主刺史二千石事，户曹尚书主庶人上书事，主客尚书主外国事。"分曹理事正是尚书职权扩大在人事组织上的必然反映。

《太平御览》卷 215 引曹操《选举令》曰："国家旧法，选尚书郎，取年未五十者，使文笔真草有才能谨慎，典曹治事，起草立义。又以草呈示令仆讫，乃付令史书之耳。书讫共省读内之。"说明尚书台出台诏书，由郎起草，由尚书令和尚书仆射审核，然后由尚书令史缮写。这里，尚书台在内部分工的基础上，一站式地完成了诏书的制作。《唐六典》卷一曰："初，秦变周法，置尚书于禁中，有令丞，掌通章奏而已，汉初因之。……武、宣以后，稍以委任。"而"稍以委任"的实质是在原来单纯上传下达及保管文书的基础上，参与对文书内容的议论。

《汉书·梅福传》曰："民有上书求见者，辄使诣尚书问其所言。"可见，尚书既是臣民上书的中介环节，也是臣民求见天子的中介环节。不仅如此，尚书也因其"中介"地位而获得了较大的"处议"权。《唐六典》云："光武亲总吏职，天下事皆上尚书，（尚书）与人主参决，乃下三府。"《汉书·翟方进传》"今尚书持我事来，当于此决"，《后汉书》的《陈宠传》、《陈忠传》皆有"尚书决事"之语，都是尚书参与"处议"的明证。《后汉书·阳球传》曰：酷吏阳球"初举孝廉，补尚书侍郎，闲达故事，其章奏处议，常为台阁所崇信。"这种"章奏处议"，清儒曾国藩比之为清代的内阁票拟。曾国藩《求阙斋读书录》卷四曰："谓即在甘泉宫定决也。尚书犹今内阁票拟也。"清代之内阁票拟，是指由内阁大学士对文书的草拟意见，随文书一起上呈皇帝供

---

① 汪桂海. 汉代官文书制度［M］. 南宁：广西教育出版社，1999：166
② 杨鸿年. 汉魏制度丛考［M］. 武汉大学出版社，2005：89

其参酌。《汉书·魏相传》云："故事，诸上书者皆为二封，署其一曰副，领尚书者先发副封，所言不善，屏去不奏，相复因许伯白去副封，以防壅蔽。"这里，"所言"善否是由尚书决定的。《后汉书·明帝纪》永平六年（63）诏曰："自今若有过称虚誉，尚书皆宜抑而不省。"尚书有权扣留"过称虚誉"的章奏，抑之不省，即不上达天听。《后汉书·虞诩传》载，宁阳主簿上书"积六七岁不省"。这虽是尚书失职的一个例证，但正可见尚书具有"抑而不省"的裁量权。

其次，尚书取代丞相的职能。

杜佑《通典》卷二十二《职官四》云："汉承秦置……至成帝建始四年，罢中书宦者，又置尚书五人，一人为仆射，四人分为四曹，通掌图书、秘记、章奏之事及封奏，宣示内外而已，其任犹轻。"无疑，成帝时尚书之取代中书，和上文所云分曹治事一样，都是其政治地位变迁的重要象征。杜佑说，此时的尚书"其任犹轻"，是相对于后世尚书由传达文书到处理文书而言的，若和秦及汉初时期相比，其政治地位已有很大提升。

尚书之取代中书，意味着尚书成了皇帝身边真正的"秘"书。安作璋、熊铁基认为："武帝时，为了削弱丞相权力，强化君权，更多地利用尚书这个办事机构，并用宦官为尚书，这就是中书……成帝时建三公官，这是君权与相权矛盾进一步发展的结果。以前由丞相总理政务的中央政府，一变而为司徒、司马、司空三公分权的中央政府。统一的丞相职权一分为三，三公互不统辖，于是中央政府的实际权力自然总归皇帝。……因此就不得不委政于近侍——尚书。"① 朱绍侯也指出，"武帝时期，为了限制丞相的权力，加强君主专制，他设置了由尚书、中书、侍中等组成的中朝，以之作为实际的决策机构"②。

我们知道，这里的"侍中"是丞相府之史，负责往来于皇帝（殿内）和丞相（东厢）之间传递皇帝诏制和丞相奏书。《通典》卷21《侍中》曰："侍中本丞相史也，使五人，往来殿内、东厢奏事，故谓之侍中。"而当尚书和中书一起参与决策，意味着中书不再独专此权，实际上就削弱了丞相的权力。而中书地位的上升亦堪称好景不长。《汉书·萧望之传》曰："宣帝不甚从儒术，任用法律，而中书宦官用事。中书令弘恭、石显久典枢机，明习文法。"《汉书·佞幸传》也说，元帝时石显为中书令，"贵幸倾朝"。但成帝建始四年（前29）"罢中书宦官，初置尚书员五人"（《汉书·成帝纪》），可见，宣元之际的中书地位甚高，而到了成帝时期，中书则面临被"罢"的命运，所以真正袭夺丞相之权的是尚书。

---

① 安作璋，熊铁基. 秦汉官制史稿（上册）[M]. 济南：齐鲁书社，1984：261
② 朱绍侯. 中国古代史（上）[M]. 福州：福建人民出版社，1996：290

第六章　东汉时期的藏书

总之，始自武帝，最迟至元成以后，丞相的权力即归于尚书，丞相地位日降。《汉书·公孙弘传》列数公孙弘以后的丞相李蔡、严青翟、赵周、石庆、公孙贺、刘屈氂，其中，"自蔡至庆，丞相府客馆丘虚而已，至贺、屈氂时，坏以为马厩、车库、奴婢室矣。唯庆以淳谨，复终相位，其余尽伏诛云"，正反映了丞相权力日趋式微的历史事实。《汉书·元后传》说，成帝居（元帝）丧而不问政事，即令王凤"典领尚书事"；王凤辞职，成帝即"躬亲万机"、亲自主政。武、成之后，群臣章奏都经过尚书，成为隋唐时期尚书省的先导。我们知道，隋唐设尚书省，以左右仆射分管六部；明洪武十三年（1380）废中书省，以六部尚书分掌政务，"尚书"遂成为权倾朝野的行政官员。而"尚书"身份的变化，本质上反映了尚书所掌文书在行政上的重要作用。

再次，尚书取代御史的职能。

与丞相地位的下降一样，御史大夫的地位也由盛而衰。汪桂海认为，"不早于汉武帝时，御史草诏之制废止，改由尚书之官草诏"[①]。郑玄注《周礼·春官·御史》"掌赞书"曰："王有命，当以书致之，则赞为辞，若今尚书作诏文。"东汉郑玄用"今尚书"比况（"若"）御史，正反映了御史之权由尚书所取代的历史变化。

蔡邕《独断》曰："凡制书下远近皆玺封，尚书令印重封。"这里，制书需皇帝御玺与尚书令印共同印封才能生效，正是尚书地位隆升的最好见证。相应地，《汉书·周昌传》提到的"符玺御史"，到武帝后也改为尚符玺郎，《汉书·霍光传》中即有"光召尚符玺郎"之语。《文心雕龙·诏策》曰"两汉诏诰，职在尚书"。实际上，武帝前的诏诰职在御史，武帝以后，才"职在尚书"。不管怎样，武帝后御史的地位正在被尚书所取代。《周礼·天官》郑注："司会主天下之大计，计官之长，若今尚书。"贾疏："汉之尚书，亦主大计。"这里，秦及汉初由御史负责的"计"也转由尚书负责了。

正因为御史地位日趋下降，其"副丞相"的身份也被改变了。《汉书·百官公卿表》曰："成帝绥和元年，（御史大夫）更名大司空，金印，紫绶，禄比丞相。"可见，此时的御史大夫虽仍"禄比丞相"，但却改名"大司空"。哀帝时朱博说："今更为大司空，与丞相为三公，未获嘉祐。"（《汉书·朱博传》）反映了更名为大司空之后，其行政地位的进一步下降。

到了东汉，司空主要职掌水土营造之事，《后汉书·百官志》曰："司空，公一人。本注曰：掌水土事。凡营城起邑、浚沟洫、修坟坊之事，则议其利，建其功。凡四方水土功课，岁尽则奏其殿最而行赏罚。"这里，司空虽仍承袭

[①] 汪桂海. 汉代官文书制度［M］. 南宁：广西教育出版社，1999：114

御史之负责课员与"行赏罚"的职能,但其所"课"所"行"的对象已局限于司职水土营造的专门部门的人员了。

大庭修总结说:"尚书出现后,御史的秘书职能逐渐转移给尚书。袭此倾向的东汉光武帝刘秀,意在废止御史大夫之职,将尚书令与御史中丞纳入少府之下,故置司空以代御史大夫,司空为最高长官三公之一。此后监察职能成为御史中丞之任,并延及后世。《汉书·百官公卿表》仅写了御史中丞(今按:不及御史丞),这也是原因之一。"①

总体而言,"御史大夫这个官,实际只存在于秦和西汉,真正起作用又是在秦始皇的时期和西汉前期"②。到了东汉,"光武以御史中丞为御史台主,后又属少府。于是中丞遂代替西汉的御史大夫而成了一个独立的监察官,后代的御史台即由此发展而来"③。

最后,尚书在行政上完全取代三公。

丞相、御史大夫作为秦及汉初"一人之下"最重要的两个行政职位,都随着尚书地位的提升而被削弱。西汉"成帝时,置三公官,丞相之权一分为三。至哀帝时,连丞相之名也被废掉,改为大司徒"④。同样,原御史大夫也于成帝时更名为大司空。

到了东汉,三公的职权则完全为尚书所取代。正如卜宪群指出:"秦汉公府包括丞相府、太尉府、御史大夫府(寺),后又演化为三公府。三府是皇权之下最重要的权力中枢,因此三府也拥有对公文的独立审批权。但至东汉,上行公文副本上公府,正本上尚书,公府对公文的独立审批权大为降低。"⑤卜宪群又曰:"东汉政权组织的特点是尚书台成为新的行政中枢。刘秀在建制之初完善了尚书制度,使其成为行政中枢所在。东汉初期的重要制度都是由尚书参与制定的。"⑥

至此,最终形成了"虽置三公,事归台阁","三公之职,备员而已"(《后汉书·仲长统传》)的政治局面。《后汉书·李固传》曰:"今陛下之有尚书,犹天之有北斗也。斗为天喉舌,尚书亦为陛下喉舌。斗斟酌元气,运平四时。尚书出纳王令,赋政四海,权尊势重,责之所归。"《唐六典》卷一曰:"及光武亲总吏职,天下事皆上尚书,与人主参决,乃下三府。"《后汉书·陈忠传》曰:"选举诛赏,一由尚书,尚书见任,重于三公。"

---

① 大庭修. 汉简研究 [M]. 徐世虹,译. 桂林:广西师范大学出版社,2001:25
② 安作璋,熊铁基. 秦汉官制史稿(上册)[M]. 济南:齐鲁书社,1984:54
③ 安作璋,熊铁基. 秦汉官制史稿(上册)[M]. 济南:齐鲁书社,1984:64
④ 安作璋,熊铁基. 秦汉官制史稿(上册)[M]. 济南:齐鲁书社,1984:46-47
⑤ 卜宪群. 秦汉公文文书与官僚行政管理 [J]. 历史研究,1997(4):36-52
⑥ 卜宪群. 秦汉国家行政中枢的演变 [J]. 文史知识,2000(10):10-18

这些史料都说明了尚书取代三公的事实。相应地，东汉尚书台已成为正式的行政中枢，因此上行公文都直接将正本送尚书台，而副本则上三公府，《后汉书·李云传》云："乃露布上书，移副三府。"例如，《隶释》"复华下民租田口算状"碑文，甘谷汉简延熹元年宗正上书等皆如此①。

二、兰台及兰台令史的出现

尚书取代三公，既是政权结构的变化，也是文书制度的变化。一方面，"与西汉尚书'希下章'不同，东汉的尚书台是诏书起草、制作、下发的唯一机构"②；另一方面，从文书庋藏的角度来看，丞相府和御史府庋藏文书的职能也发生了变化。

《汉书·百官公卿表》曰："御史大夫，秦官，位上卿，银印青绶，掌副丞相。有两丞，秩千石。一曰中丞，在殿中兰台，掌图籍秘书，外督部刺史，内领侍御史员十五人，受公卿奏事，举劾按章。"御史中丞为中官，以禁中兰台为职所，以"受公卿奏事"为职份。

事实上，至少在秦朝，尚无兰台之称。《史记·张丞相列传》曰："（张）苍，秦时为御史，主柱下方书。"司马贞索隐曰："周秦皆有柱下史，谓御史也，所掌及侍立恒在殿柱之下，故老子为周柱下史。今苍在秦代亦居此职。"可见，御史所"主"之书在"柱下"，而不在兰台。诚然，"《周礼》中的资料提到大小史，他们的职务就是负责礼法之事。但是《周礼》以及《礼记》、《仪礼》都没有柱下史的记载。显然，柱下史就是《史记》索隐所说的御史的俗称，是御前之官，负责看管使用御前邦典，负责礼仪、辨法。柱下约同于后来的殿前，之所以用柱下，乃是柱具有威严，也是周代宫廷建筑的象征"③。后世以柱下史、柱史为御史的别称，当是渊源有自。

再就"兰台令史"而言，我们认为，秦及汉初的"史书令史"，当是"兰台令史"的前驱。《汉志·小学序》曰："汉兴，萧何草律，亦著其法，曰：'太史试学童，能讽书九千字以上，乃得为史。又以六体试之，课最者以为尚书、御史史书令史。吏民上书，字或不正，辄举劾。'"颜注引韦昭曰："若今尚书兰台令史也。"吴仁杰《两汉刊误补遗》曰："御史中丞有兰台令史，掌奏，则所谓史书令史，即主书及掌奏者是已。"杜佑《通典》卷二十三亦曰："能通《苍颉》《史籀》篇，补兰台令史。"韦昭、颜师古、吴仁杰、杜佑都认为兰台令史与史书令史的关系十分密切。并且，兰台令史特别重视"小学"

---

① 卜宪群. 秦汉公文文书与官僚行政管理［J］. 历史研究，1997（4）：36－52
② 卜宪群. 秦汉国家行政中枢的演变［J］. 文史知识，2000（10）：10－18
③ 黄震云."守藏之史"与老子的法律思想［J］. 宝鸡文理学院学报，2007（3）：50－53

（语言文字学），与史书令史"吏民上书，字或不正，辄举劾"的工作也是一脉相承的。

森鹿三以居延汉简的相关材料为据，得出结论："令史就是候官的书记，掌握候官公文的拟稿（因此在文书末尾署名）和发文（因此在封检上填写必要的事项），以及受理上级官府都尉府、太守府和下级官府候隧的来文（因此写了收据）。"① 出土简帛中，1979年马圈湾遗址出土一枚玉门关候掾属编制简，载有令史编制，简文曰："玉门部士吏五人、候长七人、候史八人、燧长廿九人、候令史三人。"② 可见，秦汉时期的令史应是职掌文书的一般官吏的泛称。而由泛称的令史到专名的兰台令史，实为兰台作为专门庋藏之所从御史府中独立的表现。

所以，兰台令多与御史有关，它们基本都是"制诏御史"的结果。例如，武威出土王杖诏书令中有"制诏御史：年七十以上，人所尊敬也，非首杀伤人毋告劾也……人有养谨者，扶持。明著令兰台令第四十二"；"制诏御史：年七十以上杖王杖，比六百石，入官府不趋，吏民有敢殴辱者逆不道，弃市令在兰台第四十三"。又，"右王杖诏书令在兰台第四十三"，这是整个诏书令的"总名称及篇目，是该册书的检署"③。兰台令史作为专职之史的出现，以及兰台作为专职档案之所的诞生，是御史所藏文书的重要变化。这里，制诏御史形成的"王杖十简"文书既藏于御史府形成御史令（编号43），又以复本的形成庋藏于兰台（编号33）。由此可见，《史记·萧相国世家》"何独先入收秦丞相御史律令图书藏之"所反映的秦及汉初御史府档案庋藏之所，又新增了兰台。而随着以兰台作为专门庋藏档案之所的出现，兰台令史也从泛称意义上的令史中分化出来，专事职掌兰台的文书。

三、兰台和尚书作为文献庋藏机构的分殊

西汉初期承绪秦朝，官府所藏文书以丞相、御史、尚书为中心。而尚书取代三公，既是政权结构的变化，也是文书制度的变化。据《后汉书·马援传》，马援上书建议恢复铸造五铢钱，"事下三府，三府奏以为未可许，事遂寝。及援还，从公府求得前奏。"可见，丞相府和御史（改为司空）府仍然保留有文书的抄件。正如卜宪群指出："东汉三公制正式形成后，尚书台成为行

---

① 森鹿三. 关于令史弘的文书［A］. 中国社会科学院历史研究所战国秦汉史研究室. 简牍研究译丛（第一辑）［C］. 北京：中国社会科学出版社，1983：22
② 胡之. 中国简牍书法系列甘肃敦煌汉简［M］. 重庆：重庆出版社，2008：123
③ 大庭修. 汉简研究［M］. 徐世虹，译. 桂林：广西师范大学出版社，2001：48

政中枢，公文副本上三府，正本上尚书台，由尚书台呈送皇帝或直接处理。"①但是，东汉章奏"副送三府"，而尚书保留了文书的正本，正可见尚书在文书庋藏中的重要地位。

事实上，随着尚书日益取代丞相、御史二府的地位，丞相作为文书庋藏之所的景象越发不彰。而御史则分化出兰台令史归之少府，从而取代御史中丞成为文书的保管者。上引武威出土王杖十简，制诏御史曰："年七十受王杖，比六百石……兰台令第三十三，御史令第四十三，尚书令灭受在金。"这里，"尚书令灭受在金（下残）"中的"灭"是尚书令的人名。由此可见，西汉时期的尚书与御史是并列的两个文书档案庋藏之所。《汉官仪》曰："能通《仓颉》《史篇》补兰台令史，满岁补尚书令史，满岁为尚书郎，出亦与郎同宰百里，郎与令史分职受书。令史见仆射、尚书执板拜，见丞、郎执板揖。"可见，精通"小学"是担任兰台令史和尚书令史、进而任职尚书郎的首要条件。但兰台令史的地位显然要低于尚书令史，当然，更低于尚书郎。本书第五章第一节所引武威出土王杖诏书令中"尚书令臣咸再拜受诏"中的"臣咸"，是历仕西汉宣帝、元帝和成帝的三朝老臣陈咸。他于宣帝时任御史左曹受理尚书事，元帝时升任御史中丞，总管州郡事务和刺史考核，成帝时迁尚书令。陈咸的仕履，也可见兰台与尚书之间的密切关系以及尚书地位高于兰台的事实。

但是，随着尚书地位的进一步加强，其对文书的掌控也达到了极致，集中反映在由御史发展而来的兰台，从庋藏文书向庋藏图书的转向。由此形成东汉时期的尚书台专门负责文书，而兰台专门负责图书的分殊局面。

胡明想指出，由于东汉文书集中藏于台兰，所以光武帝专设兰台令史一职，其任务是管理图书，典校图书，利用馆藏编修历史。班固曾做兰台令史，以兰台、东观丰富馆藏，撰修汉史，故后人以台兰称班固。而拜为兰台令史的人员也大多是博览群书、儒雅饱学之士，如李尤拜兰台令史是因其有相如、扬雄之风，傅毅是章帝召来的文学之士，贾逵则因博学多识供职于兰台。桓帝延熹二年（159），设置专门管理图书的官员——秘书监，兰台令史的职责缩小，只"掌奏及印工文书"②。事实上，随着尚书地位的提升，东汉文书集中藏于尚书（而不是台兰），在这一背景下，不再职掌文书的兰台才另有所任——职掌图书。而正是由于由御史分化出来的兰台，其令史转为职掌图书，所以其选任强调"通人"。《论衡·超奇》曰："博览古今者为通人。"也正是学识渊博，贯通古今的"通人"任职兰台，最终导致了专司典籍图书的东观的产生。

---

① 卜宪群. 秦汉公文文书与官僚行政管理［J］. 历史研究，1997（4）：36-52
② 胡明想. 古代兰台述略［J］. 档案学研究，1999（4）：9-10

与兰台令史强调"通人"形成对照的是，随着东汉"事归台阁"尚书成为典型的文书庋藏机构，东汉的尚书仍多由文吏充任。《后汉书·韦彪传》曰："天下枢要，在于尚书，尚书之选，岂可不重？而间者多从郎官超升此位，虽晓习文法，长于应对，然察察小慧，而无大能。"《后汉书·陈忠传》中，亦批评当时的尚书台"多文俗吏，鲜有雅才，每为诏文，宣示内外，转相求请。"这两则史料都可反证，东汉尚书主要是由"晓习文法"、"而无大能"、"鲜有雅才"者担任的，与充任兰台的"通人"已经不可同日而语。据《后汉书·黄琼传》，尚书令黄琼，即"每郡国疑罪，辄务求轻科。……又晓习边事，均量军政，皆得事宜"。事实上，自西汉成帝以来，尚书即多由明习律令者任之。例如，《汉书·孔光传》曰："（孔光）为尚书，观故事品式，数岁明习汉制及法令。"《汉书·陈宠传》曰："（宠）曾祖父咸，成哀间以律令为尚书。"陈咸，也就是上引武威出土王杖诏书令中"尚书令臣咸再拜受诏"中的"臣咸"。当然，兰台在西汉时期的前驱——御史——因为同样职掌文书（而不是图书），所以，也多由明习律令者充任，如晁错、张欧、韩安国、张汤、杜周、郑弘等人都曾因明习法律而出任御史大夫。

总之，东汉时期的兰台已经向职掌图书的方向发展，而总司官府文书档案的机构则归诸尚书。

第二节 东汉时期的官府图书

和西汉相比，东汉官府所藏图书的变化，其重点有四：一是博士与文吏的合流，导致专职馆员（校书郎）的出现；二是专门藏书管理机构（秘书监）的出现；三是专门藏书机构（东观）的出现；四是藏书机构兼职校书、著述与育才，这四者是密切相关的。本节拟就这几个方面作初步分析。

一、博士与文吏的合流

作为"秦官"的博士，包括文学之士和方术之士两大类型，西汉初年的博士亦主要由这两类"士"组成。自西汉武帝以后，"儒家专书博士与专经博士的增设，使博士职向儒家垄断化过渡；而儒家博士的注重收徒讲学，私人弟子动辄数十百人，任何学派无与伦比，又使儒家博士向官学化演变"①。这样，博士便成了儒家独占的职业。

---

① 安作璋，熊铁基. 秦汉官制史稿 [M]. 济南：齐鲁书社，2007：414

然而，官学色彩的今文博士离弃了先秦儒家的理性主义立场而转向了世俗化的经学诉求，随着经学的繁琐，博士的地位日益下降。和帝后，"章句渐疏，而多以浮华相尚，儒者之风盖衰矣"（《后汉书·儒林传》）。据《后汉书·贾逵传》，贾逵分析古文经未能立于学官的原因主要是不能适应封建君王的现实政治需要，为此他从古文经《左氏春秋》中挖掘出"意深于君父"的三十事，并用《左氏春秋》证成"汉为尧后"的图谶，深得东汉章帝的赏识。这也间接说明了立于学官的今文经学善于趋附现实、迎合统治者需要的学风。

据《汉书·叔孙通传》，早在高祖之时，"叔孙通儒服，汉王憎之；乃变其服，服短衣，楚制，汉王喜"，已然暗含了对儒家身份的自我否定。司马迁《史记·叔孙通传》即指出："叔孙通希世度务制礼，进退与时变化，卒为汉家儒宗。"而提出"罢黜百家，独尊儒术"的董仲舒主治《公羊春秋》，在先秦儒家理性主义的基础上融入了天人感应和阴阳五行思想。董氏所代表的齐学皆长于占变、善言天人，从而混合了学士、术士的区别。西汉末年经学与谶纬的结合，堪称由来有渐。

另一方面，儒经博士还与"吏"合流，从而进一步强化了现实主义的取向。士、吏二分，是战国以降中国官府行政体制的重要特色，也是分析中国早期藏书的重要依据。然而，正如我们不能泯灭两者的区别，从而导致图书、档案不分一样；我们也应该看到士、吏两者也并非绝对的对立。事实上，他们往往表现出时而合流同污，时而分途并骛的景象。而分析两者的分合轨迹，也成为考察汉代官府藏书特色的一个重要视角。

远在秦朝，其行政运作虽"任刀笔小吏"而重吏治，但在出土简帛中，对吏仍有"德"的要求。说明以技能为取向、以事功为动力的"吏"，也在一定程度上重视人格理想的陶铸和道德规训的养成。崔永东指出："秦律确实在一定程度上受到了儒家思想的影响，尽管这种影响与法家思想相比并不是主要的，但却是令人关注的。这说明，儒、法两家的思想在秦就有了'合流'趋势，秦的统治者站在实用主义立场上，对儒家中有益于己的思想也加以吸收，并将其转化为法律。"① 例如，睡虎地秦简《法律答问》曾指出，如果60岁以上的老人控告其子不孝，官府应立即对不孝之子严厉处罚②，这就突出了对儒家所弘扬的"孝道"的维护。《为吏之道》在宣扬忠君、明法之外，还提出"父慈子孝，政之本也"的孝亲思想和"惠以聚之，宽以治之的仁治思想"③。

汉承秦制，初亦重吏。高祖时期的张良、萧何、张苍之伦皆有"秦吏"

---

① 崔永东. 出土文献的法学价值 [J]. 政法论坛（中国政法大学学报），2006（2）：119-132
② 睡虎地秦墓竹简整理小组. 睡虎地秦墓竹简 [M]. 北京：文物出版社，1978：195
③ 睡虎地秦墓竹简整理小组. 睡虎地秦墓竹简 [M]. 北京：文物出版社，1978：281-295

的背景。随着武帝独尊儒术,儒经博士的地位得到空前加强,儒生也成了博士的唯一指称。然而,汉武帝一方面"罢黜百家,独尊儒术",另一方面,又"亲任酷吏","异于秦始皇者无几"。而在促成"天下之学士靡然向风"(《汉书·儒林传》)的宣帝之际,仍"所用多文法吏"。由此形成了士吏并存的局面,也是"王霸杂之"这一"汉家制度"(《汉书·元帝纪》)的必然要求。例如,宣帝时黄霸曰:"窃见丞相请与中二千石博士杂问郡国上计长吏守丞,为民兴利除害,成大化、条其对。"(《汉书·黄霸传》)这里,博士也参与到了"上计"等俗务活动之中。

东汉初期的三个皇帝,分享着"光武中兴"和"明章之治"的美誉,似皆以重儒见称。据《后汉书·儒林传序》记载,光武帝刘秀"爱好经术,未及下车,而先访儒雅,采求阙文,补缀漏逸","修起太学,稽式古典"。《文心雕龙·时序》曰:"光武中兴,深怀图谶,颇略文华。然杜笃献诔以免刑,班彪参奏以补令,虽非旁求,亦不遐弃。及明章叠耀,崇爱儒术,肄礼璧堂,讲文虎观。"《隋志·总序》曰:"光武中兴,笃好文雅;明章继轨,尤重经术。"这些史料都说明东汉光武、明、章三帝崇儒敦学的史实。但据《后汉纪·光武帝纪》,"是时宰相多以功举官人,率由旧恩;天子勤吏治,俗颇苛刻。"《资治通鉴》说明帝"喜用文法廉吏"(卷45)。《后汉书·韦彪传》说章帝时,"世承二帝吏化之后,多以苛刻为能"。

总体上,儒生与官吏各有所长,正如《论衡·程材》所总结:"文吏以事胜,以忠负;儒生以节优,以职劣。二者长短,各有所宜。取儒生者,必轨德立化者也;取文吏者,必优事理乱者也。"可见,儒者志存高远,但却疏拙于事;文吏训练有素,但只持守工具理性,两者表面上壁垒森严。《汉书·何武传》曰:"疾朋党,问文吏必于儒者,问儒者必于文吏。"何武痛恨结党营私,提倡考察官吏一定要向儒者了解情况,考察儒者一定要向文职官吏了解情况,由此可见文吏与儒生之判若水火。但事实上,出于"王霸杂之"国家行政本质的基本要求,文吏与儒生往往相互渗透,取彼之长,补己之短。这可以从儒生的官吏化与官吏的儒生化两个方面予以分析。

(一)儒生的官吏化取向

《论衡·程材》曰:"是以世俗学问者,不肯竟经明学,深知古今,急成一家章句,义理略具,同趋学史书,读律讽令,治作情奏,习对向,滑习跪拜,家成室就,召署辄能。"正反映了"世俗学问者"恶补律令,趋附官吏的世态。

事实上,这种趋附并不限于"世俗学问者",在一些明经大儒身上也有反映。早在西汉,董仲舒作为经学大师,同时也善断疑狱,所著十六篇《公羊董仲舒治狱》（见著于《汉书·艺文志》）主张"论心定罪"，即"志善而违于法者免，志恶而合于法者诛"，可谓真正完成了儒学与文法的有机融会。

可见，儒生一方面以儒家经典为思想资源在德治与教化的高度为政权提供形而上的依据；另一方面也努力明法习律，在法治和俗务的形下层面为政权的运作提供动力。这种士吏合流、德法合一、兼及形上与形下之双重层面的治理模式，在东汉得到了延续和光大。据《后汉书》本传的相关材料可知[1]：王涣"敦儒术、习尚书，读律令，略举大义"；黄昌"就经学，又晚习文法，仕郡为决曹"；陈球"少涉儒学，喜律令"；钟皓"世善诗、律"，"以诗、律教授，门徒千余人"。这些史料都说明，律令文法已经成了儒生兼习的课业。不仅如此，研究、阐释法律也成为一时之趋。如汉律，"叔孙宣、郭令卿、马融、郑玄诸儒章句十有余家"（《晋书·刑法志》），显见，文法律令，已非文吏所得而专的专门知识与技能。

"坐治文书"，"辨解簿书"是官僚制度所需要的最基本吏能。但正如王充《论衡·效力》云："治书定簿，佐史之力也，论道议政，贤儒之力也。"帝国行政固然离不开文吏及其公文运转，但也离不开儒生及其儒家所弘扬的治道。其结果是，在儒生官吏化的同时，又出现了官吏的儒生化取向。

（二）官吏的儒生化取向

学界虽普遍抱持"汉承秦制"之论，但秦汉意识形态仍有"重法"和"崇儒"之别。在"崇儒"的社会背景下，执法之吏的儒家化也就成了顺理成章之势。例如，《史记·平津侯列传》"（公孙弘）习文法吏事，而又缘饰以儒术"。公孙弘颇多"恢奇多闻"、"外宽内忌"的气质，深得武帝的欣赏。

清儒皮锡瑞《经学通论·序》指出："（汉）君之诏旨，臣之章奏，无不先引经文。"是说，皇帝诏书与公卿奏议，无不引经据典。而引用经典也成为汉代官文书的特色之一，这在汉武帝表章六经、独尊儒术之后表现得尤为明显。例如，《汉书·宣帝纪》宣帝五凤三年诏书引《尚书》"虽休勿休，祗事不怠"，以示虽与匈奴和亲、边境无事，但公卿大臣仍应"其勖焉"，勤勉职事，勿有惰意。《汉书·霍光传》霍光奏请废昌邑王贺的上行文书则引《诗》"籍曰未知，亦既抱子"，以表明贺已成人，其荒乱之举不能原谅；引《春秋》"天王出居于郑"以示废之而不使其继位，是史有成例的。同样，刘向典校秘书形成的叙录，作为上行文书，也深被时风，文中多有对经典的征引。例如，今存《战国策叙录》引孔子之语凡三见："能以礼让为国乎，何有"、"非威不立，非势不行"、"道之以政，齐之以刑，民免而无耻；道之以德，齐之以礼，

---

[1] 参：阎步克. 秦政、汉政与文吏、儒生[J]. 历史研究，1986（3）：143-159

有耻且格";《管子叙录》引孔子曰:"微管仲,吾其被发左衽矣。"《山海经叙录》引《易》曰:"言天下之至赜而不可乱也。"

这就要求上章奏的普通官吏以及代君主拟诏的御史或尚书都要"突破"其熟谙律令的知识局限,而兼习儒家经典。据《汉书》本传,公孙弘"少为薛狱吏,年四十余乃学春秋百家语";官至丞相的丙吉,"本起狱法小吏,后学诗礼,皆通大义";黄霸"少学律令,喜为吏",后从大儒夏侯胜受《尚书》,举贤良高第为扬州刺史;于定国"少学法于父",仕廷尉,后"延师受经","学士咸称焉";文法吏出者的郭禧"兼好儒学"、陈宠则"兼通经书"①。

《盐铁论·能言》曰:"能言而不能行者,国之宝也;能行而不能言者,国之用也。兼此二者,君子也。"儒生文吏化与文吏儒生化的双向互动与合流,"启发"了汉代名士们在授徒讲学时,往往二者兼顾,形成了"吏服雅训,儒通文法"的合二而一的局面。最终,"儒生与文吏在对立中又日益地融合起来,由此融合而产生的'亦儒亦吏'、学者兼为官僚的新型角色构成了政坛的主导"②。

二、兰台令史及其职掌

东汉设三公,包括大司空(原御史大夫)、大司马(原太尉)和丞相,三公之一的大司空即由秦及西汉时期的御史大夫转任,但御史大夫下属的御史中丞仍"居殿中兰台",没有随御史大夫而归入司空——这也是后世称御史为兰台的源起。"居殿中兰台"的御史中丞作为御史之长,下设令史,是为兰台令史。后汉"于兰台置令史十八人"(《文献通考·秘书省·校书郎》)。

我们说过,随着以兰台作为专门庋藏档案之所的出现,兰台令史也从泛称意义上的令史中分化出来,专事职掌兰台的文书。《后汉书·班超传》注引《续汉志》曰:"兰台令史,六人,秩百石,掌书劾奏及印,主文书。"《后汉书·百官志三》:"兰台令史,六百石。"注曰:"掌奏及印工、文书。"可见,在文书之外,后汉兰台令史另外兼掌"印"(符玺)。杜佑在《通典》卷23中指出,任兰台令史的条件是"能通《苍颉》、《史籀篇》,补兰台令史"。说明兰台令史的文书工作是建立在熟谙"小学"知识基础之上的。据张家山汉简《二年律令·史律》:"(试)史学童以十五篇,能风(讽)书五千字以上,乃得为史。有(又)以八(体)试之,郡移其八体课大史,大史诵课,取最一人以为县令史,殿者勿以为史。三岁一并课,取最一人以为尚书卒史。"《说

---

① 参:阎步克. 秦政、汉政与文吏、儒生[J]. 历史研究,1986(3):143-159
② 阎步克. 士大夫政治演生史稿[M]. 北京:北京大学出版社,1996:19

第六章 东汉时期的藏书

文解字·叙》则云:"尉律:学僮十七已上,始试。讽籀书九千字乃得为史。又以八体试之,郡移大史并课,最者以为尚书史。书或不正,辄举劾之。"

但是,"兰台令史发展到东汉,出现了职能上的进一步分化和扩大,其中最重要的一点便是典校秘书","《后汉书》明确记载曾经任职兰台令史的文人有 7 人,其中有 6 人被任命去'典校秘书'"①。如上文指出,这是由于东汉尚书专职文书机要,兰台退出了文书之职,所以才转而专司图书的。

另一方面,并不是所有的兰台令史都可以转职"校书",只有那些被"拜"或"迁"为校书郎(或郎中)的兰台令史才有校书之职②。例如,根据《后汉书》的记载,汉明帝永平中"帝敕(贾逵)兰台笔札,使作《神雀颂》,拜为郎,与班固并校秘书"(《贾逵传》);明帝时"除(班固)兰台令史,与前睢阳令陈宗、长陵令尹敏、司隶从事孟异共成《世祖本纪》。迁为郎,典校秘书"(《班彪传》);章帝时,"拜(孔)僖兰台令史。元和二年,遂拜僖郎中,诏僖从还京师。使校书东观"(《儒林传》);章帝建初中,"肃宗博召文学之士,以(傅)毅为兰台令史,拜郎中,与班固、贾逵共典校书"(《文苑传》);和帝时,"召(李尤)诣东观,受诏作赋,拜兰台令史"(《文苑传》)。

由此可见,兰台令史从事校书之职的前提是被"拜"或"迁"为校书郎(或郎中),而没有分化为校书郎的兰台令史则往往在原来"掌奏及印工文书"和"掌书劾奏"的文书工作基础上,另外兼职从事著述工作,而这也从一个侧面反映了尚书在东汉专司文书机要的史实。上引《后汉书》诸例中,贾逵在"拜为郎,与班固并校秘书"之前,"帝敕兰台笔札",享受兰台令的待遇而"使作《神雀颂》";班固"迁为郎,典校秘书"之前,"除兰台令史,与前睢阳令陈宗、长陵令尹敏、司隶从事孟异共成《世祖本纪》";李尤被"召诣东观,受诏作赋",并"拜兰台令史",等等,皆是例证。

兰台令史兼职著作以及校书郎典校秘书的职务变化,改变了兰台令史职业准入的门槛要求。史书令书所拥有的文字(小学)和文书(律令之学)的业务技能已经难当此任。《论衡·别通篇》曰:"(兰台)令史虽微,典国道藏,通人所由进,犹博士之官,儒生所由兴也。"王充指出,正像博士官是儒生兴起的摇篮一样,兰台令史是"通人"发祥之所。显然,"通人"与"官人百吏"已不可同日而语,"通人"必须具备学术才华和文学水准。《论衡·别通篇》曰:"夫官人不如儒生,儒生不如通人,通人积文十箧以上。"总体上,从身份背景来看,兰台令史大致包括两大类人才:

---

① 葛立斌. 东汉时期"兰台令史"的多重职能 [J]. 南都学坛, 2008 (3): 10 – 13
② 葛立斌. "兰台令史"与"东观校书郎"[J]. 广东教育学院学报, 2007 (6): 68 – 74

第一，经学专家。在上引《后汉书》的相关材料中，贾逵就是著名的经学大师，时有"贾（逵）、马（融）、许（慎）、郑（玄）"之许。而"才高博洽，为世通儒，教养诸生，常有千数"的马融于安帝永初四年，"拜为校书郎中，诣东观典校秘书"。另如，经学大师蔡邕于汉灵帝建宁三年，"召拜郎中，校书东观"；经学大师卢植于汉灵帝熹平间，"与谏议大夫马日磾、议郎蔡邕、杨彪、韩说等并在东观，校中书五经记传，补续汉纪"；灵帝时的高彪虽不是著名经学家，但以"试经第一"而"除郎中，校书东观"，无疑具备很高的经学素养。同样，桓帝初年的张奂虽不是著名经学家，但以所"奏章句（牟氏章句），诏下东观"。再如，汉桓帝时，"（延笃）以博士征，拜议郎，与朱穆、边韶共著作东观"；汉安帝永初中，"（刘珍）为谒者仆射，邓太后诏使与校书刘騊駼、马融及五经博士，校定东观五经、诸子传记、百家艺术，整齐脱误，是正文字"。可见，充任兰台令史及校书郎的经学专家往往就是博士，这与武帝以后的博士以"作经师"为主要职份的身份背景也是一致的。

第二，文学（狭义）之士。秦汉时期的"文学"有广义和狭义之分。秦及汉初的"文学"主要是广义上的，内容包括儒家经传，与今天的文学概念并不等同。东汉后期的文学是狭义上的，与今天的文学概念已经十分接近。众所周知，梁代昭明太子萧统（501～531）编选了中国现存最早的诗文总集《昭明文选》，其编选的标准是"事出于沉思，义归乎翰藻"，即情义与辞采内外并茂，从而有意识地把文学作品同学术著作、疏奏应用之文区别开来，反映了时人对文学的特征和范围的认识日趋明确。应该说，这一认识与兰台令史任选时所要求的"文学之士"的身份有一定的渊源关系。例如[①]，章帝"建初中，肃宗博召文学之士，以（傅）毅为兰台令史，拜郎中，与班固、贾逵共典校书"；和帝时，"李胜亦有文才，为东观郎，著赋、诔、颂、论数十篇"；再如，"李尤拜兰台令史是因其有相如、杨雄之风；傅毅是章帝召来的文学之士"。正是有见于狭义上的"文学"的繁盛，《后汉书》才专辟《文苑传》以记其人、其事。

可以肯定，兰台文学群是士和吏的结合，官府文书和儒家经典是其知识结构和思想素养的两个重要来源，《文选》中就有《为范始兴求立太宰碑表》这样的"表"文，正是狭义的"文学"与文书（"表"）相结合的产物。这一现象既促成了魏晋之际"文学自觉"时代的到来，也影响了源自士和吏的现实主义的文学取向。

---

① 参：胡明想. 古代兰台述略［J］. 档案学研究，1999（4）：9-10

三、专职馆员（校书郎）的出现

《太平御览》卷233引《宋书·百官志》曰："昔汉武帝建藏书之策，置写书之官，于是天下文籍皆在天禄、石渠、延阁、广内、秘府之室，谓之秘书。至成、哀世，使刘向父子以本官典其事。至于后汉则图籍在东观，有校书郎；硕学达官往往典校秘书，如向歆故事。"这里，重点强调了"图书馆馆员"由兼职到专职的历史变迁。具体而言，"刘向父子以本官典其事"，说明他们都不是专职校书人员。据《汉志》，"求遗书于天下"的陈农为"谒者"，"校经传诸子诗赋"的刘向为"光禄大夫"，"校兵书"的任宏为"步兵校尉"，"校数术"的尹咸为"太史令"，"校方技"的李柱国为"侍医"，继承父业的刘歆为"侍中奉车都尉"。又，《太平御览》卷221、《史记·万石张叔列传》索隐、《汉书·元帝纪》注等并引《七略》佚文曰："孝宣皇帝重申不害《君臣》篇，使黄门郎张子乔正其字。"这里，"正其字"的张子乔是"黄门郎"，其"正字"工作也是临时的差遣，而不是专职或正官。

《唐六典》卷十注曰："《续汉书》称，班固、傅毅以兰台令史，陈宗以洛阳令，尹敏以长陵令，孟异以司隶校尉，并著作东观。然皆它官兼著作之名，而未正其官。"也是强调东汉"著作东观"的班固、傅毅、陈宗、尹敏、孟异之伦，都是兼职而非正官。

总体上，中国"以本官典其事"，即以兼职（而不是专职）身份典校文献，可以上溯到殷商时期的贞人和先秦时期的史官，贞人和史官都是以兼职身份职掌文献的。《汉志》说："（武帝）建藏书之策，置写书之官。"这个"写书之官"应该是与图书活动有关的首批专职人士。但"写书之官"只是负责抄写典籍，其劳作的结果则构成了"中秘"藏书的重要来源，在这一意义上，与藏书的文献收集有一定的关联。中国历史上，真正涉及藏书的收集、保存、整理和利用——因而与藏书工作名副其实的专职人员是"校书郎"。上文《太平御览》卷233引《宋书·百官志》曰："至于后汉则图籍在东观，有校书郎。"总体上，"校书郎"的来源主要有下述几个渠道：

首先，博士是校书郎的主要来源。

博士是中国历史上专职馆员（校书郎）的主要来源，而博士之转任校书郎又与太学荒疏（因而有必要）、且博士每多饱学之士（因而有可能）有关。

如上文所云，武帝建元五年（前136）正式设五经博士，同时真正执行"罢黜百家，独尊儒术"之策，既意味着经学成为唯一的官学，也意味着博士由"通古今"向"作经师"的职业教师身份的转型。裘士京认为，从此，"博士执掌主要为教授经学及典礼事宜。同时，博士与秦一样还需参与议政，备皇帝顾问"。延及东汉,"博士参政议政,以备顾问之制渐废","东汉博士主要任务已是教授太学生"①。然而,东汉之际,博士讲学之风也日渐衰微。《后汉书·儒林传序》曰:"安帝览政,薄于艺文,博士倚席不讲,朋徒相视怠散,学舍颓弊,鞠为园蔬,牧儿荛竖,至于薪刈其下。"《后汉纪·殇帝纪》尚敏兴学疏曰:"自顷以来,五经颇废,后进之士,趣于文俗,宿儒旧学,无与传业,是以俗吏繁炽,儒生寡少。"因此,尚敏恳请"自今官人,宜令取经学者,公府孝廉皆应诏,则人心专一,风化可淳也。"

应该说,太学的荒疏既与经学章句兴起,日益背离先秦经学的理性精神有关,也是东汉之际吏治抬头的社会现实使然。在此背景下,最迟至东汉安帝永初年间(107~114),"作经师"的博士又完成了向司职国家藏书和充任"校书郎"的身份转向:"深入宫中参与整理秘藏,即所谓'东观校书',其任务是'校定东观五经、诸子传记、百家艺术,整齐脱误,是正文字'。这类差使,与博士的博学有关,与博士职掌部分国家藏书、熟悉典籍也有关系"②。

其次,兰台令史及其他官吏也是校书郎的重要来源之一。

基于"通人"的身份,兰台令史也是校书郎的重要来源。杜佑在《通典》中指出:"汉之兰台及后汉东观,皆藏书之室,亦著述之所。多当时文学之士,使雠校于其中,故有校书之职,后于兰台置令史十八人,又选它官入东观,皆令典校秘书,或撰述传记。"(卷二十六)据统计,"《后汉书》明确记载曾经任职兰台令史的文人有7人,其中有6人被任命去'典校秘书'"③。

《文献通考·秘书省·校书郎》曰:"杨终、窦章皆以郎为之,以郎中居其任,则谓之校书郎中,蔡邕、马融皆以郎中为之。"可见,校书郎的选任既有兰台令史,也来自"它官",反映了其选任尚无定制。但是,可以肯定,校书郎是儒生与文吏合流的结果。例如,《后汉书·杨终传》曰:"(杨终)年十三,为郡小吏,太守奇其才,遣诣京师受业,习《春秋》,显宗时,征诣兰台,拜校书郎。"可见,以"郎"的身份"拜校书郎"的杨终,出身于"郡小吏",应是掌握了一定文法律令的人才,后来又"习《春秋》"而入儒学门庭,接受了严格的儒学训练。另一方面,兰台令史之转职校书郎的另一个原因在于:兰台令史熟谙"小学",上引杜佑《通典》卷23即指出,任兰台令史的条件是"能通《苍颉》、《史籀篇》,补兰台令史";因此,能够胜任是正文字的"校"书工作。

---

① 裘士京. 论秦汉博士的职责和考选方式的演变[J]. 华东师范大学学报(教育科学版),2002(4):84-89

② 安作璋,熊铁基. 秦汉官制史稿[M]. 济南:齐鲁书社,2007:433-434

③ 葛立斌. 东汉时期"兰台令史"的多重职能[J]. 南都学坛,2008(3):10-13

四、专门藏书管理机构（秘书监）的出现

《宋书·百官志·秘书监》曰："秘书监，一人。秘书丞，一人。秘书郎，四人。汉桓帝延熹二年，置秘书监。"《晋书·职官志·秘书监》曰："秘书监，案汉桓帝延熹二年置秘书监，后省。魏武为魏王，置秘书令、丞。及文帝黄初初，置中书令，典尚书奏事，而秘书改令为监。后以何祯为秘书丞，而秘书先自有丞，乃以祯为秘书右丞。及晋受命，武帝以秘书并中书省，其秘书著作之局不废。惠帝永平中，复置秘书监，其属官有丞，有郎，并统著作省。"可见，汉桓帝延熹二年（159）所设秘书监为后世所承绪，使得中国官府藏书的管理日趋完善。明洪武十三年（1380）七月，"罢秘书监，使官藏管理统归翰林院典籍执掌，实际上削弱了官藏的管理力量，导致了明代官府藏书管理不善，典籍散失，馆阁徒有其名的严重局面"[1]，这是后话。

需要强调指出的是，在论及东汉官府藏书时，大多数学者都提到了汉桓帝延熹二年设置秘书监在中国藏书史上的地位。例如，谢灼华指出："汉桓帝时，正式设立秘书监，这是中国有藏书管理机构的正式记载。"[2] 但值得强调的是，秘书监（及秘书丞）的设置是在安帝永初年间（107～114）"校书郎"的基础上出现的专门管理图书的机构。

应该说，"校书郎"或"秘书郎"乃至"秘书监"、"秘书丞"的出现，是"东汉后博士参政议政，以备顾问之制渐废"[3] 的结果。然而，博士行政职份上的萎缩，换来了中国典籍藏书因出现专职人员而步入正轨并日趋繁荣的景象。

此外，秘书监的出现除了与校书郎有关之外，也与作为藏书机构的东观的出现有直接关系。《通典·职官八》曰："后汉图书在东观，桓帝延熹二年，始置秘书监一人，掌典图书古今文字，考合同异，属太常。"卢荷生指出："因为东观藏书丰富，又都经过了慎重的典校，为期维持久远，妥善掌管，而东观又无常置官职，故乃设秘书监，使有专官职司其事。"[4] 因此，讨论东观的出现，遂成为无可回避的话题。

五、专门藏书机构（东观）的出现

如上所述，西汉皇室藏书处所"中"是一个泛称，延阁、广内、秘室之

---

[1] 谢灼华. 中国图书和图书馆史 [M]. 武汉：武汉大学出版社，2005：224
[2] 谢灼华. 中国图书和图书馆史 [M]. 武汉：武汉大学出版社，2011：51
[3] 张汉东. 秦汉博士官的设置及其演变 [J]. 史学集刊，1984（1）：6–12
[4] 卢荷生. 中国图书馆事业史 [M]. 台北：文史哲出版社，1986：53

府、天禄（天府）、石渠、石室、麒麟、温室等具体藏书处所及其藏书皆可称"中"。《唐书·经籍志》曰："刘更生（今按：刘向字更生）石渠典校之书，卷轴无几。"坐实刘向校书之所在石渠阁。梁阮孝绪《七录序》曰："会向亡，哀帝使歆嗣其前业，乃徙温室中书于天禄阁上。"坐实刘歆校书之所在天禄阁。然而，史籍仍泛称刘向"校中秘书"。

（一）东汉的藏书处所

"中"之泛称表明，当时的国家藏书尚未从整体层面上予以统一规划，同时，也是"以本官典其事"，尚未出现专职馆员的反映。《后汉书·贾逵传》曰："（逵）尤明《左氏传》、《国语》，为之解诂五十一篇，永平中上疏献之，显宗重其书，写藏秘馆。"这里的"秘馆"，类似于"秘阁"，也当是帝王藏书之所（"中"）的泛称。《后汉书·儒林传》曰："及董卓移都之际，吏民扰乱，自辟雍、东观、兰台、石室、宣明、鸿都诸藏典策文章，竞共剖散。"表明东汉初期的官府藏书机构有辟雍、东观、兰台、石室、宣明、鸿都等处所。拿其中的鸿都来说，《后汉书·灵帝纪》有"光和元年始置鸿都门学士"之语，而《明会要》在《学校》下篇指出："自古藏书不一所，汉有东观、兰台、鸿都。"可见，鸿都本是讲学之所，当以经学为主，所藏文献也主要与经籍有关。但随着历史的发展，鸿都所藏则开始向文章辞赋（文学）和书画（艺术）的方向发展。所以，《后汉书·杨震传》曰："鸿都门下招会群小，造作赋说，以虫篆小技见宠于时。"《后汉书·蔡邕传》亦曰："初，帝好学，自造《皇羲篇》五十章，因引诸生能为文赋者，本颇以经学相招，后诸为尺牍及工书鸟篆者皆加引召，遂至数十人。"

此外，《后汉书·皇后纪》"太后崩……葬恭北陵，为策书金匮，藏于世祖庙"，表明作为先秦藏书遗制的"祖庙"在东汉也得到了庚续。又，《后汉书·祭祀志上》载："四月己卯，大赦天下，……以吉日刻玉牒书函藏金匮，玺印封之。乙酉，使太尉行事，以特告至高庙。太尉奉匮以告高庙，藏于庙室西壁石室高主室之下。"说明东汉的金匮、石室藏有玉牒书函等祭祀祈祷之文。《后汉书·黄琼传》载黄琼上疏汉顺帝曰："陛下宜开石室，案《河》、《洛》，外命史官，悉条上永建以前至汉初灾异，与永建以后讫于今日，孰为多少。"李贤注云："石室，藏书之府。《河》、《洛》，图书之文也。"又《后汉书·李固传》载李固上疏汉顺帝曰："陛下宜开石室，陈图书，招会群儒，引问得失，指摘变象，以求天意。其言有中理，实时施行，显拔其人，以表能者，则圣听日有所闻，忠臣尽其所知。"以上所引黄琼与李固之言，都说明东汉的石室还藏有《河图》、《洛书》等谶纬灾异之图籍。

综上，东汉官府藏书之所包括辟雍、东观、兰台、石室、宣明、鸿都等多处。但是，东汉时期出现的专门藏书处所——东观——特别值得一提。

（二）东汉藏书处所中的东观

应劭《风俗通义》引《别录》佚文曰："刘向为孝成皇帝典校书籍二十余年，皆先书竹，为易刊定，可缮写者，以上素也。今东观书，竹、素也。"可见，刘向所校"新书"到了东汉，主要藏于东观。梁沈约《宋书》卷四十说："汉西京图籍所藏有天府、石渠、兰台、石室、延阁、广内之府是也，东京图书在东观。"杜佑《通典》卷二十六也说："汉氏图籍所在，有石渠、石室、延阁、广内贮之于外府，又有御史中丞居殿中，掌兰台秘书及麒麟、天禄二阁藏之于内禁。后汉图书在东观。"《四库总目》卷50曰："东汉著述在兰台，至章、和以后，图书盛于东观。"《后汉书·文苑传》中谈到李尤："召诣东观，受诏作赋，拜兰台令史。"《文献通考》卷56《职官考十·秘书监·秘书郎》曰："马融为秘书郎，诣东观，典校书。"

上引文献皆表明，东汉官府藏书机构已在泛称的基础上出现了专称——东观。东观是"东汉的主要书藏"①。东观位于洛阳南宫，修造年代已不可考。但可以肯定的是，东观作为东汉的主要书藏，经历了一个历史变迁的过程。

《隋书·经籍志序》曰："光武中兴，笃好文雅；明章继轨，尤重经术。四方鸿生巨儒，负帙自远而至者，不可胜计，石室、兰台弥以充积。又于东观及仁寿阁集新书，校书郎班固、傅毅等典掌焉。"基本上，石室、兰台是光武（25～57年在位）时期的主要藏书之所，明帝（57～75年在位）、章帝（75～88年在位）则以东观、仁寿为主。《后汉书·王允传》曰："初平元年，（王允）代杨彪为司徒，守尚书令如故。及董卓迁都关中，允悉收敛兰台石室图书秘纬要者以从，既至长安，皆分别条上。又集汉朝旧事所当施用者，一皆奏之。经籍具存，允有力焉。"东汉末，汉家所藏图书遭遇浩劫，时为尚书令的王允奋力拯救图书。于此不难看出，当时的兰台实为东汉重要藏书之所。葛立斌则认为，从汉和帝（88～105年在位）开始，"东汉的典籍整理工作由东观校书郎代替了之前的兰台令史，兰台令史与东观校书相互消长，构成了整个东汉典籍整理的盛况"，"将兰台令史'拜'、'迁'为郎（郎中）的现象，主要集中于汉明帝、汉章帝时期。汉和帝之后，不要说'兰台令史'校书事，连'兰台令史'这一名称似乎也不再见于史书了。这很可能章、和二帝之后，因文献典籍集中于洛阳东观，帝王大量另调他官在东观进行校书有关，东观校书的兴盛，使兰台的校书活动逐渐萧条下来"②。

总之，东汉藏书机构经历了一个由光武时期重视兰台到明、章、和三帝之

---

① 卢荷生. 中国图书馆事业史［M］. 台北：文史哲出版社，1986：51
② 葛立斌. "兰台令史"与"东观校书郎"［J］. 广东教育学院学报，2007（6）：68-74

后重视东观的历史变迁。葛立斌指出,"兰台令史"与"东观校书郎"两者不同①,其核心是:

  首先,"兰台"是从尚无官职或较低官职的人选中选拔"文香名美"、博通五经的"通人"来担任;而"东观"人员的选拔则相对广泛,除了有诏拜入东观的无职或低职人员以外,大多则是外调他职官员;兰台令史"拜"、"迁"为"郎"或"郎中"后担任校书工作,这在职务上还是属于迁升;而东观担任校书的人员身份各异,职务各有高低,很多并不存在是否迁升问题,纯属"兼职"。其次,在时间上,兰台令史兴盛于明帝、章帝时期,尤其是明帝时期;而东观校书则始现于章帝、和帝之时。正如史籍所云:"孝明世好文人,并征兰台之官,文雄会聚","(汉和)帝幸东观,览书林,阅篇籍,博选术艺之士以充其官。"最后,兰台令史是汉代明确设立的官职,但基本职能是"掌奏及印工文书",后来才增加了校书的职能;而"东观校书郎"并非是汉代明确设立的一个官职,它仅仅是因调任他人承担校书工作而给予的一个称呼,工作任务就是担任校书著述工作,没有其他职能。

  我们认为,正如阎步克②指出,王莽政治以儒学为取向,是对成帝以来重视吏治的反拨;而光武帝刘秀政权则是对王莽重视儒学的否弃。因此,光武之际之重视兰台,可视为其重视吏治在官府藏书形态中的反映。因为,兰台虽由"通人"任之,但其背景仍然是承御史而来的"吏"。正如"明人凌稚隆批评班固所撰《汉书》'不过历朝之诏令、诸名臣之奏疏'的缺点,其客观原因也许与他身处兰台直接管理兰台事务并能充分和广泛——'过度'使用数量虽成千上万,但因有颇完备的编目管理工作而使其所藏诏令档案仍井然有序的利用环境不无关系"③。而明、章、和三帝之重视东观,则意味着儒生之于文吏的胜利,也是对光武重吏完成的又一次反拨。

六、藏书格局的变迁

  由史书令史到兰台令史再到校书郎的变化,使得东汉官府藏书格局也发生了相应性的变迁。

  和丞相府一样,秦及西汉时期的御史府只藏文书不涉图书。《三辅黄图》卷六曰:"石渠阁,萧何造……所藏入关所得秦之图籍。至于成帝,又于此藏秘书焉。"注曰:"石渠阁,在未央宫殿北,藏秘书之所。"可以肯定,"又于此藏秘书焉"中的"又"字,正可证成:成帝之前的石渠阁"所藏入关所得

---

① 葛立斌."兰台令史"与"东观校书郎"[J].广东教育学院学报,2007(6):68-74.
② 阎步克.王莽变法前后知识群体的历史变迁[J].社会科学研究,1987(2):49-57.
③ 蒋卫荣.中国古代档案管理中目录制度及其形式浅谈[J].档案工作,1991(5):29-31.

秦之图籍"是不包括图书的。

本书第四章第一节指出，《史记·萧相国世家》曰："沛公至咸阳，诸将皆争走金帛财物之府分之，何独先入收秦丞相御史律令图书藏之。"其中的"秦丞相御史律令图书"都是官府行政文书，不包括图书。正是在文书的意义上，《史记·萧相国世家》又曰："汉王所以具知天下扼塞，户口多少，民所疾苦者，以何具得秦图书也。"《论衡·别通》也指出："萧何入秦，收拾文书，汉所以能制九州者，文书之力也。"

成帝时文书与图书的混合，也为兰台令史由文书工作向著作和校书的转向提供了契机。而这一变化也预示了御史及其属下兰台令史政治地位的变迁。如上所述，秦置御史大夫，位列三公，其属僚御史中丞既"在殿中兰台，掌图籍秘书"，同时又"外督部刺史，内领侍御史"，且"受公卿奏事，举劾按章"(《汉书·百官公卿表上》)，握有行政执法的权柄。

然而，《后汉书·百官公卿表三》"御史中丞一人，千石"，注曰："(御史中丞)旧别监御史在殿中，密举非法。及御史大夫转为司空，因别留中为御史群率，后又属少府。"又，"兰台令史，六百石"注曰："掌奏及印工文书。"可见，东汉时期的御史大夫已转职为司空，而其具有"密举非法"之执法功能的属僚御史中丞(以及御史中丞属下的兰台令史)却独立出来并改隶于少府。少府作为皇室的私家财物之府，应该包括大量的图书。正如卢荷生指出："御史中丞既属少府以后，官守有了不同，兰台的藏书范围，也随着有了新的方向，而不仅限于国家律令诏文的档案了。"① 上引《汉书·百官公卿表》曰："(御史中丞)在殿中掌图籍秘书。"也是对御史中丞入少府后的追述。

因此，《汉书·王莽传》记载，哀帝建平二年(前5)，"谶书藏于兰台"；《隋志·佛经小序》说东汉明帝时，"(佛)经藏于兰台石室"。《后汉书·儒林传》曰："及董卓移都之际，吏民扰乱，自辟雍、东观、兰台、石室、宣明、鸿都诸藏典策文章，竞共剖散。"显然，御史大夫转职司空是御史大夫作为"三公"之一的政治地位和行政权限下降的结果。而兰台令史改隶少府，并转职著作和校书，则成为兰台令史"从西汉的默默无闻到东汉大为彰显的重要因素。兰台令史担任典校秘书一职，这与东汉时期文献典籍急需系统整理的文化现状以及东汉帝王对文献典籍和文人特有的偏爱有很大的关系，两方面原因形成了东汉兰台令史和东观校书郎几乎贯穿整个东汉的校书盛况"②。

显见，从藏书史的角度来说，兰台令史的职业变化，其主要影响集中表现在：一是导致专职馆员的出现；二是专职馆员作为士和吏两重身份的结合，导

---

① 卢荷生. 中国图书馆事业史[M]. 台北：文史哲出版社，1986：45-46
② 葛立斌. 东汉时期"兰台令史"的多重职能[J]. 南都学坛，2008(3)：10-13

致馆员既有吏的工具理性也有士的价值理性;三是馆员既负责校书也承担著作职责,这一机制奠定了后世官府藏书的重要特征。

七、东观的主要职掌

东观的出现,与专职馆员的兴起密切相关。《通典》卷二六指出:"汉之兰台及后汉东观,皆藏书之室,亦著述之所。多当时文学之士,使雠校于其中,故有校书之职。后于兰台置令史十八人,又选他官入东观,皆令典校秘书,或撰述传记,盖有校书之任而未为官也,故以郎居其任,则谓之校书郎;以郎中居其任,则谓之校书郎中。"总体上,东观的职掌主要包括:

首先,庋藏图书。

史籍中有大量"校书东观"的记载,但东观的主要职掌首先是庋藏图书,大量图书的庋藏才是校书的前提和基础。

《后汉书·窦章传》说永初中,"学者称东观为老氏臧室、道家蓬莱山。(邓)康遂荐(窦)章入东观为校书郎"。东观被当时的学者誉为"老氏臧室、道家蓬莱山",由此可见东观藏书之丰富。所以,李贤注曰:"老子为守臧史,复为柱下史,四方所记文书皆归柱下。事见《史记》。言东观经籍多也。蓬莱,海中神山,为仙府。幽经秘录并皆在焉。"《四库全书·东观汉记提要》亦曰:"《窦章传》云:永初中,学者称东观为老氏臧室、道家蓬莱山。盖东汉之初,著述在兰台。至章和以后,图籍盛于东观。修史者皆在是焉,故以名书。"这里,四库馆臣重点强调,"东汉之初,著述在兰台。至章和以后,图籍盛于东观",反映了东汉官府藏书处所的大致变迁情况。何建菊、谭德兴据此指出:"东观的藏书量大约是在东汉章帝、和帝以后方才称盛的,而之前的光武与明帝时期,东汉藏书最富的图书藏馆当属兰台。"[①]

再就所藏内容来看,应劭《风俗通义》引《别录》佚文曰:"刘向为孝成皇帝典校书籍二十余年,皆先书竹,为易刊定,可缮写者,以上素也。今东观书,竹、素也。"可见,刘向所校"新书"到了东汉,主要藏于东观。因此,东观所藏的图书包括了当时的学术二部,六艺、诸子、诗赋、兵书、数术、方技六略各类典籍。《后汉书·安帝纪》说安帝永初四年(110),"诏谒者刘珍及五经博士,校定东观所藏五经、诸子、传记、百家艺术,整齐脱误,是正文字";《后汉书·皇后纪》亦曰:"永初中(刘珍)为谒者仆射,邓太后诏使与校书刘騊駼、马融及五经博士校定东观五经、诸子、传记、百家、艺术,整齐脱误,是正文字。"这两则史料也都说明了东观藏书的基本范围和规模。《后

---

① 何建菊,谭德兴. 论两汉时期的图书藏馆建设及其影响[J]. 贵州教育学院学报(社会科学版),2007(3): 95-100

第六章 东汉时期的藏书

汉书·和帝纪》又说,和帝"博选术艺之士以充其官",也可见东观所藏包括六大略文献,而不只是局限于儒家经典。唯其如此,《后汉书·和帝纪》说,和帝刘肇往东观"览书林,阅篇籍",没有藏书,也就谈不上"览"、"阅"之举了。

其次,校定典籍。

诚然,"校书东观"之语每见于史籍。东观的另一项重要工作便是校书。《后汉书·马融传》曰:"永初四年,拜为校书郎,诣东观典校秘书。"《后汉书·蔡伦传》曰:"元初四年,帝以经传之文,多不正定,乃选通儒谒者刘珍及博士良史诣东观,各雠校(汉)家法,令伦监典其事。"《后汉书·卢植传》记载卢植上疏:"臣少从通儒故南郡太守马融受古学,颇知今之《礼记》特多回冗。臣前以《周礼》诸经,发起秕谬,敢率愚浅,为之解诂,而家乏,无力供缮写上。愿得将能书生二人,共诣东观,就官财粮,专心研精,合《尚书》章句,考《礼记》失得,庶裁定圣典,刊正碑文。古文科斗,近于为实,而厌抑流俗,降在小学。中兴以来,通儒达士班固、贾逵、郑兴父子,并敦悦之。今《毛诗》、《左氏》、《周礼》各有传记,其与《春秋》共相表里,宜置博士,为立学官,以助后来,以广圣意。"这些记载都表明,考订典籍是东观的重要工作之一。

据相关史籍记载,东汉有大量学者先后以校书郎、校书郎中、东观郎等职入值东观"典校秘书"。可以认为,东观之设除了庋藏图书之外,另一个主要目的就是为了方便校书。上引《后汉书·安帝纪》永初四年(110),"诏谒者刘珍及五经博士,校定东观所藏五经、诸子、传记、百家艺术,整齐脱误,是正文字"。事实上,永初年间的这次校书内容广泛,人员众多,也是东汉一朝规模最大的一次校书活动,其校书场所正在东观。而早在章帝章和元年(87),朝廷也曾征诏曹褒校订典籍。《后汉书·曹褒传》曰:"章和元年正月,乃召褒诣嘉德门,令小黄门持班固所上叔孙通《汉仪》十二篇,敕褒曰:'此制散略,多不合经。今宜依礼条正,使可施行。于南宫、东观尽心集作。'褒既受命,乃次序礼事,依准旧典,杂以五经谶记之文,撰次天子至于庶人冠婚吉凶终始制度,以为百五十篇,写以二尺四寸简。其年十二月奏上。帝以众论难一,故但纳之,不复令有司平奏。"

再次,编撰典籍。

汉崔瑗《东观箴》曰:"洋洋东观,古之史官,左书君行,右记其言。"东观的丰富收藏,为典籍的修撰创造了极其有利的条件。所以,除了"校书东观",史籍中还有大量"著作东观"的记载。例如,《后汉书·邓禹传》曰:"(邓)闾妻耿氏有节操,痛邓氏诛废,子忠早卒,乃养河南尹豹子嗣为闾后。

耿氏教之书学,遂以通博称。永寿中,与伏无忌、延笃著书东观,官至屯骑校尉。"又如,《后汉书·延笃传》曰:"桓帝以博士征拜议郎,与朱穆、边韶共著作东观。"《后汉书·蔡邕传》曰:"(邕)在东观,与卢植、韩说等撰补《后汉记》。"

"著作东观"最有名的成果当数《东观汉纪》。历史上,自和帝时起(92),班昭、刘珍、李尤、刘毅、边韶、崔寔、伏无忌、蔡邕等名儒硕学,都曾先后奉诏于东观撰修国史,历时百余年,广泛采用本朝档案典籍,陆续撰成《汉记》143篇。由于《汉记》修撰于东观,故亦称《东观汉记》。《后汉书·张衡传》曰:"永初中,谒者仆射刘珍、校书郎刘騊駼等著作东观,撰集《汉记》,因定汉家礼仪,上言请衡参论其事,会并卒,而衡常叹息,欲终成之。及为侍中,上疏请得专事东观,收检遗文,毕力补缀。又条上司马迁、班固所叙与典籍不合者十余事。"此事发生在恭宗刘祜永初(107~113)年间。《后汉书·宗室四王三侯传》曰:"永宁中,邓太后召(刘)毅及(刘)騊駼入东观,与谒者仆射刘珍著中兴以下名臣列士传。騊駼又自造赋、颂、书、论,凡四篇。"这是发生在恭宗刘祜永宁(120~121)年间,所以《史通》内篇《曲笔》第二十五曰:"中兴之史,出自东观。"

综上,跃升为东汉官府藏书主要机构的东观,其职掌除了庋藏图书、校定典籍等典型属于今天图书馆的业务之外,还肩负编撰文献的职责,堪称与今天的图书馆同中有异。

第三节 东汉时期的私家藏书

东汉私家藏书在西汉的基础上有了进一步的发展,并形成了具有个性化的时代特色。

一、传世文献所见东汉私家藏书

《后汉书·蔡邕传》云,"熹平石经"刊刻后立于太学门外,"于是后儒晚学,咸取正焉。及碑始立,其观视及摹写者,车乘日千余两,填塞街陌"。由此,"可感受到当时民间藏书风气之炽狂"[①]。《后汉书·卓茂传》曰:"刘宣字子高,安众侯崇之从弟,知王莽当篡,乃变名姓,抱经书隐避林薮。"《后汉书·儒林传》曰:"昔王莽更始之际,天下散乱,礼乐分崩,典文残落。及

---

① 任继愈. 中国藏书楼[M]. 沈阳:辽宁人民出版社,2001:396

第六章　东汉时期的藏书

光武中兴，爱好经术，未及下车，而先访儒雅，采求阙文，补缀漏逸。先是，四方学士多怀挟图书，遁逃林薮，自是莫不抱负坟策，云会京师。范升、陈元、郑兴、杜林、卫宏、刘昆、桓荣之徒继踵而集。于是立五经博士，各以家法教授。"显见，王莽之乱曾导致私人藏书家"隐避林薮"，而"光武中兴"之后，这批人士又"抱负坟策，云会京师"。可以肯定，这里有史学家美化东汉政权之嫌，但也间接说明了由西汉到莽新再到东汉的历史变迁过程中，私人藏书的大致发展。

据学者们的研究，东汉时期的私人藏书以蔡邕、李谿、杜林、郑玄四人为最著名。此外，桓谭、梁子初、杨子林、班彪、班固、曹曾、任末、董谒、郭泰、蔡琰等人也都有个人藏书①。

（1）据张华《博物志》卷6记载："蔡邕有书万卷，汉末年，载数车，与王粲。"《三国志·魏书·王粲传》记载，蔡邕见王粲而"奇之"，惊叹王粲"有异才，吾不如也"，于是慨然以"吾家书籍文章，尽当与之"。蔡邕也是中国有明确文字记载的第一位藏书达万卷的藏书家。

（2）据《太平御览》卷618记载："李谿者，博学多通，文章秀艳，家有奇书，时号李书楼。"这是中国历史上有关私人藏书楼的最早记载。

（3）据虞世南《北堂书钞》卷101引《郭泰别传》，郭泰"家有书五千余卷"。

（4）据《册府元龟》卷811记载："东汉杜林者、扶风人，家多书。王莽末，客河西，于河南得漆书《古文尚书经》一卷。"《后汉书·杜林传》亦称其家有先祖所传之书。

（5）据《全后汉文》卷84，郑玄"博稽六艺，粗览传记，时观秘书纬述之奥……所好群书率皆腐败"，可见其不仅博览群书，且手边还有腐败待写之书。

（6）据胡应麟《少室山房笔丛》卷一《经籍会通》云："累朝中秘所蓄外，晋绅文献名藏书家代有其人，汉则刘向、桓谭……皆灼灼者。"可见，东汉桓谭的私人藏书甚丰。

（7）王先谦《后汉书集解·曹曾传》引王嘉《拾遗记》卷六《后汉》曰："（曹曾）家财巨亿……学徒有贫者，皆给食。天下名书，上古以来，文篆讹落者，曾皆刊正，垂万余卷。及国难既夷，收天下遗书于曾家，连车继轨，输于王府。诸弟子于门外立祠，谓曰'曹师祠'。及世乱，家家焚庐，曾虑先文湮没，乃积石为仓以藏书，故谓'书仓'。"后人即以"曹仓"泛指藏

---

① 参：傅璇琮，谢灼华. 中国藏书通史［M］. 宁波：宁波出版社，2001；李更旺. 东汉藏书考略［J］. 四川图书馆学报，1985（5）：78-82

书的仓库，由此可见曹曾私藏之富。今福建省泰宁城县内有一个尚书第，当地人叫"五福堂"，是明代天启年间协理京营戎政兵部尚书加少保兼太子太师李春烨的府第。这座建筑群里有一个古书橱，十分精美。木橱门上阳文刻着一副对联："酣饱书林曹仓杜库，搜罗艺苑苏海韩潮"①。"曹仓"即典出曹曾，而"杜库"则是指藏书达万余卷的唐人杜暹的家藏。

（8）《太平御览》卷619《学部一三》"写书"条引桓谭《新论》曰："余同时佐郎官有梁子初、杨子林，好学，所写万卷，至于白首。尝有所不晓百许寄余，余观其事，皆略可见。"这里，梁子初、杨子林都通过抄写而达到了藏书万卷的规模。

综上，就传世文献的记载而言，东汉私人藏书的人数及藏书规模比之西汉皆有精进，并且出现了藏书达万卷的藏书家。而随着个人藏书量的增加，李谿建起了私家藏书楼；出现了将所藏之书全部赠与他人的壮举（如蔡邕）；出现了将个人藏书"输于王府"，以济官藏（如曹曾）的情况以及"积石为仓以藏书"的万千气象，极大地丰富和发展了中国古代私人藏书文化。

二、传世文献所见东汉私家藏书的特点

东汉私家藏书不仅数量可观，而且还形成了一些独具时代特征的个性。主要表现在：

首先，官方赐书和民间赠送蔚然成风。

据《汉书·叙传》，早在西汉末年，班斿尝与刘向共校秘书，为上所器，"赐以秘书之副"。又曰："（班彪）幼与从兄嗣共游学，家有赐书，内足于财，好古之士自远方至，父党扬子云以下莫不造门。"可见，班氏所获朝庭赐书不仅传遗后人，而且扬雄（字子云）等"好古之士"也得以观览，这可视为个人藏书对外开放的珍贵史料。而东汉官方（尤其是皇帝）赐书的情况更是十分常见。例如，《后汉书·窦融传》曰："（光武帝）乃赐融以外属图及太史公《五宗》、《外戚世家》、《魏其侯列传》。"《后汉书·刘苍传》曰："（章帝）赐以秘书、列仙图、道术秘方。"《后汉书·王景传》曰："（景）尝修浚仪，功业有成，（明帝）乃赐景《山海经》、《河渠书》、《禹贡图》，及钱帛衣物。"《后汉书·黄香传》曰："（章帝）诏香诣东观，读所未尝见书。"而据《东观汉记·黄香传》载："黄香知古今，记群书无不涉猎，兼好图谶天官星气钟律历算，穷极道术……章帝赐黄香《淮南》、《孟子》各一通。"

关于民间私相赠送，上引张华《博物志》和《三国志·魏书·王粲传》

---

① http://www.fjznlt.com/thread-3982-1-1.html

所载蔡邕赠书王粲即是其例。又如,《三国志·魏书·华佗传》注引曹丕《典论》云:"光和中,北海王和平亦好道术,自以当仙。济南孙邕少事之,从至京师。会和平病死,邕因葬之东陶,有书百余卷,药数囊,悉以送之。"王和平"有书百余卷"赠与孙邕,发生在东汉灵帝光和年间(178~184)。

其次,重视数术类文献。

东汉私人藏书家所藏图书有不少是数术类典籍。除上引"好道术"的王和平之外,《后汉书·景鸾传》曰:"(鸾)著《易说》、《诗解》、《礼略》、《月令章句》等,凡五十余万言。又抄风角杂书,列其占验,作《兴道》一篇。数上书陈救灾变之术。州郡辟命不就,潜心著述。"可见景鸾是位谶纬学家,其藏书多图纬、占验之类。上文所引《后汉书·王景传》说王景任庐江太守,修治芍陂水利,教民牛耕、铁犁及养蚕织帛。王景所藏,多《六经》、水利、天文、术数之书,他还曾参考诸家术数著作,集为《大衍玄基》。

最后,以家藏治学。

如,何休(129~182)精研《六经》,又善历算。后为太傅陈蕃所辟,参与政事。蕃败,休坐废锢17年,在家耽玩典籍,作《春秋公羊解诂》,又注训《孝经》、《论语》、风角七分,皆经纬典谟,另有《公羊墨守》、《左氏膏肓》、《穀梁废疾》等。可见,何休居家17年研究典籍,他当有不少藏书,而这些藏书无疑是他从事学术著述的重要文献保障。《后汉书·郑玄传》载:郑玄晚年在与子书中曰:"所好群书,率皆腐敝,不得于礼堂写定,传与其人。"又曰:"郑玄括囊大典,网罗众家,删裁繁诬,刊改漏失,自是学者略知所归。"由此可以窥知郑玄藏书及其治学之梗概。此外,据《后汉书·陈宠传》载,曾于西汉成哀之际任职尚书的陈咸,在王莽之际辞职返乡,并"收敛其家律令书文,皆壁藏之"。后来,这批"律令书文"递传至曾孙陈宠,宠"明习家业",迁尚书,又历官廷尉、司空等,在职不徇私情,熟悉法律,常断难案,并兼通经学,号称"任职相"。

三、出土文献所见东汉私家藏书

与西汉一样,反映东汉私人藏书的出土简帛材料主要以内地所出书籍和文书为主,详见表7。表7中所列,不包括新疆、甘肃、内蒙等西北边塞、邮驿、古城遗址及长城沿线边塞烽燧遗址,也不包括上世纪90年代初项剑云采集江苏连云港海州南门砖厂新莽/东汉墓所出1枚谒、1993年江苏东海尹湾东汉墓M2所出1支遣策等零星材料。

表7 迄今出土的东汉时期主要简帛文献一览表

序号	发现时间	入藏时间	地点	主人	文献内容	参考文献
1	1959年	东汉	甘肃武威磨嘴子东汉墓M6	不详	610支简，内容包括：《仪礼》（甲、乙、丙本），日忌杂占	《武威汉简》文物出版社，1964
2	1959年	东汉	甘肃武威磨嘴子东汉墓M18	不详	10支简，内容为王杖事例、诏书	同上；又见《考古》，1960（9）
3	1971年	东汉桓帝时	甘肃天水甘谷县渭阳乡东汉墓	不详	23枚木简，内容是宗正刘柜关于宗室受到欺侮侵扰的奏书和皇帝所颁有关诏令	《汉简研究文集》甘肃人民出版社，1984
4	1972年	东汉	甘肃武威旱滩坡东汉墓	不详	医药木简78枚；木牍14枚，内容是方剂类的《治百病方》	《武威汉代医简》文物出版社，1975
5	1981年村民袁德礼	东汉	甘肃武威磨嘴子东汉墓	不详	26支简，王杖诏书令	《汉简研究文集》甘肃人民出版社，1984
6	1989年	东汉	甘肃武威旱滩坡东汉墓	不详	16支简，内容包括：王杖令，关于盗、虫灾、火灾之律令	《中国简牍集成》（第一辑）敦煌文艺出版社，2000；《文物》，1993（10）
7	1993年	东汉	江苏东海尹湾东汉墓M6	师饶	168支简，包括：《集簿》，《郡属县乡吏员定簿》，《长吏迁除簿》，《吏员考绩簿》，《武库永始四年兵车器集簿》，《六甲阴阳书》，历谱，遣策，谒，《元延二年起居记》，《行道吉凶》，《刑德行时》，《神乌赋》	《尹湾汉墓简牍》中华书局，1997
8	1997年	东汉	湖南长沙科文大厦古井J3、J4、J5、J18、J21、J25	不详	200余支简，内容包括：官府文书，名刺，练字	《中国考古学年鉴1998》文物出版社，2000

续表

序号	发现时间	入藏时间	地点	主人	文献内容	参考文献
9	2000年	汉魏	天津蓟县刘家坝乡大安宅村古井	不详	木牍1枚，道家方术文献	《中国文物报》2000年9月24日
10	2003年	汉末至三国	湖南郴州东门口龙门池古井J4	不详	500余支简，100余支有字，内容不详	《光明日报》2004年3月3日
11	入藏年不详	战国到前凉	香港中文大学藏简	不详	共259支简，属于东汉时期的包括：东汉序宁简14支，东汉河堤简26支	《香港中文大学文物馆购藏》香港中文大学出版社，2001

四、出土文献所见东汉私家藏书的特点

从上表7所列出土文献来看，东汉私家藏书概有下述几个特点：

（一）类聚同类文献

上表中最值得称道的是甘肃武威磨嘴子东汉墓M6所出三个《仪礼》写本。据研究，简本《仪礼》与郑玄注本不同，与大戴、小戴本的编次也有异，学者们推测可能是汉初与大戴、小戴并立的今已失传的庆氏本或后氏本。

《后汉书·牟长传》曰："长自为博士及在河内，诸生讲学者常有千余人，著录前后万人。"《后汉书·张兴传》曰："显宗数访问经术。既而声称著闻，弟子自远至者，著录且万人，为梁丘家宗。"《后汉书·蔡玄传》亦载：蔡玄"学通《五经》，门徒常千人，其著录者万六千人。"由此可见东汉经学发展和收徒讲学的盛况。诚如《后汉书·儒林传》所论："自光武中年以后，干戈稍戢，专事经学，自是其风世笃焉。其服儒衣，称先王，游庠序，聚横塾者，盖布之于邦域矣。若乃经生所处，不远万里之路，精庐暂建，赢粮动有千百，其著名高义开门受徒者，编牒不下万人，皆专相传祖，莫或讹杂。"

考虑到东汉经学与收徒讲学之风大炽的现实，推测武威磨嘴子东汉墓M6墓主是一位经师应该是可信的。墓中所出三个《仪礼》写本表明，他对《仪礼》情有独钟，当是专治《仪礼》的经学人物。

此外，武威旱滩坡东汉墓出土医药木简78枚，以及内容为方剂的《治百病方》木牍14枚。该"方"共有方剂三十多个，内容涉及内科方、外科方、妇科方、五官科方、针灸方等，估计墓主是具有长期临床经验的医生，因而类

聚了大量的医药、方剂类典籍。

（二）私人墓葬中有大量官方文书

据上文引及《后汉书·陈宠传》所载，曾于西汉成哀之际任职尚书的陈咸，在王莽之际辞职返乡，并"收敛其家律令书文，皆壁藏之"，从一个侧面反映了王莽以儒生治国的取向。而"光武中兴"以后，改王莽之政，重视吏治，因此，律令文书也成为一时之选，在出土简帛中有大量反映，主要有：武威磨嘴子东汉墓 M18 所出 10 支内容为王杖事例、诏书的简牍；天水甘谷县渭阳乡东汉墓所出 23 枚木简，内容为东汉桓帝延熹元年宗正刘柜关于宗室受到欺侮侵扰事件的奏书和皇帝颁发的有关诏令；武威旱滩坡东汉墓所出 16 支竹简，内容包括：1. 王杖令，2. 关于盗、虫灾、火灾之律令；东海尹湾东汉墓 M6 所出 168 支简，内容主要包括：1.《集簿》，2.《郡属县乡吏员定簿》，3.《长吏迁除簿》，4.《吏员考绩簿》，5.《武库永始四年兵车器集簿》，6.《六甲阴阳书》，7. 历谱，8. 遣策，9. 谒，10.《元延二年起居记》，11.《行道吉凶》，12.《刑德行时》，13.《神乌赋》。这里的第 1 至第 5 种文献都是官府文书。

（三）数术类文献仍然见存且出现专题化趋势

上文在有关传世文献所见东汉私家藏书的论述中提及，重视数术是此时私家藏书的重要特点之一，这在出土简帛中也有反映。例如，武威磨嘴子东汉墓 M6 除了三个《仪礼》写本之外，还同时出土了 11 枚日忌与杂占类木简；东海尹湾东汉墓 M6 所出 168 支简牍中，除了《集簿》等官文书之外，还包括《六甲阴阳书》、历谱、《行道吉凶》、《刑德行时》等数术类文献；天津蓟县刘家坝乡大安宅村古井所出 1 枚木牍内容属于道家方术类文献。由此可见，秦及西汉时期的"学"、"术"并重，至东汉时仍然得到了延续。

第七章　魏晋时期的藏书

魏晋时期是指中国历史上自东汉政权瓦解后从三国到两晋的时期，时间跨度为公元220年到公元420年，也就是通常所说的魏晋南北朝时期（220～589）这段历史的前一个阶段。而后一个阶段，也就是从公元420年到公元589年为历史上的南北朝时期。南北朝时期，简帛基本退出了历史舞台，因而也不在本书的讨论范围之内。

第一节　魏晋时期的官府文书

东汉末年，曹操"挟天子以令诸侯"，控制朝政，刘汉王朝名存实亡。从官府文书的角度来说，曹操对汉室的控制，是通过对尚书台的控制而实现的。

如上所述，东汉时期随着兰台令史向校书郎的转向，使得尚书台成为章奏文书的收发、制作和保存的重要机构，尚书也取代了三公的行政地位。然而，"汉尚书完全取代三公政务之后，亦即魏中书夺尚书发令权之时"①。

《文献通考》引司马光之语指出："及魏武佐汉，初建魏国，置秘书令，典尚书事。文帝受禅，改秘书为中书，有令有监而不废尚书，然中书亲近，而尚书疏外矣。东晋以来，天子以侍中常在左右，多与之议政事，不任中书；于是又有门下，而中书权始分矣。降至南北朝大体皆循此例。"（卷50）无疑，曹魏以来的尚书、中书、门下，是中国后世中央政权架构中"三省六部制"之"三省"的来源。正像刘汉时期尚书的崛起是为了限制三公（尤其是丞相、御史）的权力一样，曹魏时期中书的崛起则是为了限制尚书的权力。而当中书权力过大，又出现了门下以便对中书形成制约。这种以新代旧的机构演进，最终形成尚书、中书、门下三者相互配合与制衡的结构模式，从而改变了单一向度的彼此取代的结构模式，本质上反映了中国封建中央政权理念的高度智慧与成熟。

---

① 王素. 三省制略论[M]. 济南：齐鲁书社，1986：43

一、中书省

早在西汉武帝时即曾以主管文书的尚书掌握机密要政。为便其出入后宫，尚书多由宦者担任，称为中尚书，简称中书，司马迁即曾担任过中书令。又因中书兼谒者之职，故又名中书谒者。成帝时废除由宦者担任中书之制，改以士人担任。但不管怎样，西汉的所谓"中书"，实为尚书。

曹操为了削弱尚书台处理章奏的权力，设置了"秘书令"一职，负责典尚书奏事，令下有左、右丞各一人。值得一提的是，这里的"秘书"已经不再是两汉时期所指涉的、藏于禁中的"秘"书——珍秘图书，而是秘密机要的章奏文书，与今天的"秘书"含义已经十分接近。

曹丕废汉建魏，改"秘书"为"中书"，秘书左丞为中书监，秘书右丞为中书令，监、令之下置中书郎若干人，于是中书省正式宣告成立。中书省的官员由士人充任，与西汉时用宦者充任的中书不同。中书省"掌赞诏令，记会时事，典作文书。以其地在枢近，多承宠任，是以人因其位，谓之凤凰池焉"，"自是，中书多为枢机之任"（《通典》卷21《职官三》）。此时的中书与尚书台并存，共同职掌章奏文书的收发、拟制，并参与中央行政的运作，是事实上的权力中心。据《晋书·荀勖传》，荀勖由中书监调任尚书令时，对于友人的祝贺，他失意地表示："夺我凤凰池，诸君贺我耶？"唐武后光宅元年（684）改中书之名为凤阁，即取典于此。尽管曹魏时期中书监、令的品秩要低于尚书令、仆射，但他们与皇帝的近密程度远过于尚书令、仆，所以，机要之权逐渐移于中书省，尚书台的地位因之削弱。所以，荀勖由中书监调任尚书令，表面上属于升迁，因而"诸君贺我"；但实际上却是下降，因而他认为是"夺我凤凰池"，不足为贺。

除曹魏之外，三国之际的孙吴政权亦设中书，置令、郎，但其制与魏制稍有不同。蜀汉不详。西晋以后，历代都沿袭曹魏立中书省之制，只有北周实行六官制，无中书之名，但其春官府有内史中大夫、下大夫等职，即相当于中书令、侍郎的职务。关于中书省的组织机构及其职务权限，主要是：

魏晋以监、令各一人为其长官。监、令之下，有中书侍郎（或单称郎、通事郎），为中书监、令之副，负责答复皇帝咨询、起草诏敕及阅读臣下的表章。

侍郎之下，有中书通事舍人（或称中书舍人），初掌呈进章奏，后掌撰作诏诰及受皇帝委任出使，宣旨劳问，受纳诉讼。中书舍人有时甚至专断政务，权力很大，其下设主书十人，负责抄写诏书和保管文书，实为机要秘书；又设书吏二百人，专事抄录、誊写文书。

但总体上，中书省最重要的职权是撰作、保管诏令文书。魏晋之初，监、令、侍郎多亲自起草，如曹魏时刘放为中书监，善为书檄，三祖（魏武、魏文、魏明）诏命多出自刘放。西晋张华为中书令，当时诏诰皆张华草定。其后，担任监、令的高门士族，崇尚清谈，厌亲细务，起草诏诰文书，多委之于舍人，于是机要之权逐渐下移。

二、门下省

曹魏时期的中书省虽与尚书台并列，但事实上是在东汉尚书对三公之取代的基础上，进一步对尚书的取代，"中书省从诞生之时起，就存在着发展为实际上的丞相府的趋势"①。同样，中书省地位的隆升，迫使晋朝的皇帝必须防止中书成为一个与自己争权的实力机构，门下省正是针对中书省权力过大而出现的——这正像中书省是针对尚书台权力过大而出现的一样。

《旧唐书·职官志》曰："秦汉初，置侍中，曾无台省之名。至晋，始置门下省。南北朝皆因之。"东汉时期的侍中，秩比二千石，属于少府，侍从皇帝左右，"备切问近对，拾遗补阙"（《三国志·职官表》）。显见，门下源出秦汉时期的侍中。侍中在秦代是由丞相派赴殿中往来奏事的府史，因其在宫殿内供职，故称侍"中"。汉代侍中成为加官，凡加此官号者，便可出入宫禁，为皇帝左右侍从，备顾问，并分管皇帝服用之物。内外朝官多可获得此种称号，并无员额，多至数十人。侍中由于在皇帝左右，有代皇帝"省（阅）尚书事"的责任，因此能参预决策。但在东汉后期宦官专政，比侍中更为接近皇帝的中常侍、小黄门等掌握了"受尚书事"的权力，侍中在政治上的作用受到限制。东汉末，宦官被诛后，献帝于即位之初设侍中、给事黄门侍郎各六人，在皇帝左右省尚书事。从此，侍中、黄门侍郎有了定员和专责，地位逐渐重要。这是门下省的来源。

晋之门下省原为皇帝的侍从机构，南北朝时权力逐渐扩大。尤其是北朝，政出门下，成为中央政权机构的重心。

门下省的组织历代不尽相同，但均以侍中为其长官，黄门侍郎（或称给事黄门侍郎、门下侍郎）为其副。门，指皇宫内门，因其门户漆以黄色，故称黄门。

三国之际，侍中在魏、吴、蜀的政府中的地位都十分重要。黄门郎（即黄门侍郎）成为士人羡慕的要职。魏齐王芳时，王弼以未能在门下为黄门郎而遗憾。吴孙权用胡综、是仪为侍中，专典机密，"入阙省尚书事，外总平诸

---

① 杨剑宇. 中国秘书史［M］. 上海：上海人民出版社，2007：113

官，兼领辞讼"。蜀相诸葛亮出师北伐时，上表嘱咐后主刘禅要信任侍中、侍郎郭攸之、费祎、董允，"宫中之事，事无大小，悉以咨之，然后施行"。这些事例都足以说明侍中、黄门侍郎的重要地位。魏晋时期，侍中定员四人（用作加官的侍中不在此数）。西晋时，侍中的作用更为明显。晋武帝用任恺为侍中，委任他综管大小事务，当时连最有权势的开国元勋贾充也十分惧怕他。到了东晋以后，似乎已经形成了一种制度，即皇帝颁发诏书，一定要先通过门下省，由此形成了门下省的封驳权和审核权。

三、三省的形成

魏晋时期中书省和门下省的相继崛起，与原先的尚书省共同构成了后来的三省之制。但典枢密之任，多在中书、门下二省，尚书则转化为政府执行机构。尽管如此，尚书省与中书省和门下省一样，都庋藏了大量的档案。

此外，据《三国志·王肃传》曰："薛夏为秘书丞，以公事移兰台。兰台自以为台也，而秘书署耳，谓夏为不得移也，推使当有坐者。夏报之曰：兰台为外台，秘书为内阁，台、阁，一也，何不相移之有。"《三国志·魏书·文帝纪》曰："其以上此诏藏之宗庙、尚书、秘书三府。"这些史料都说明三国时期的兰台和宗庙也藏有档案。但是，正如《晋书·职官》所云："魏兰台遣二御史居殿中，伺察非法。"兰台主要收藏文书，其典籍的功能越来越淡化。

第二节　魏晋时期的秘书监和官府图书

东汉桓帝延熹二年（159）设置"秘书监"，职掌禁中秘书，"是中国历史上最早的专职典掌图书秘籍的机构，正相当于今日的图书馆"①。事实上，秘书监首先是管理图书的职官名称，后来才成为该官所掌的机构名称，并进一步发展为秘书监一揽子制度的代称。

一、秘书监及其沿革

唐杜佑《通典·职官八》"秘书监"条载："后汉图书在东观，桓帝延熹二年，始置秘书监一人，掌典图书古今文字，考合同异，属太常，以其掌图书秘记，故曰秘书。"

可见，东汉桓帝所置秘书监主要管理东观图书，是太常的属官，而不是独

---

① 卢荷生. 中国图书馆事业史［M］. 台北：文史哲出版社，1986：67

第七章 魏晋时期的藏书

立的官衙。因其所掌东观图书都是"秘记",故称为"秘书"监。《文献通考·职官十》曰:"秘书监……其兰台亦藏书籍而御史掌之。魏薛夏云:'兰台为外台,秘书为内阁。'"据此,在秘书监所掌之东观图书之外,东汉官府另有御史职掌兰台"书籍"——即图书,而文书主要庋藏于尚书。这一基本建制一直延续到曹魏时期。《文献通考·职官十》曰:"魏武建国又置秘书郎,以刘邵为之,出乘鹿车。王肃表曰:'尚书郎、侍御史皆乘犊车,而秘书丞郎独乘鹿车,不得朝服,又恐非陛下转台郎以为秘书丞郎之本意也。'"可见,职掌东观图书的秘书丞郎主要来源于尚书郎(掌文书)、侍御史(掌兰台图书),秘书丞郎应该享有与后两者相同的地位。

魏晋之际,秘书监的嬗变大致如《晋书·职官志》所云:"秘书监,案汉桓帝延熹二年置秘书监,后省。魏武为魏王,置秘书令、丞。及文帝黄初初,置中书令,典尚书奏事,而秘书改令为监……及晋受命,武帝以秘书并中书省,其秘书著作之局不废。惠帝永平中,复置秘书监,其属官有丞、有郎,并统著作局。秘书既典文籍,今改中书著作为秘书著作,于是……自置省而犹隶秘书著作,郎一人,谓之大著作郎,专掌史任;又置佐著作郎八人。"唐杜佑《通典·职官八》"秘书监"条亦云:"(魏)文帝黄初初,乃置中书令,典尚书奏事,而秘书改令为监,掌艺文图籍之事……晋武帝以秘书并入中书省。其秘书著作之局不废。惠帝永平中,复别置秘书监,并统著作局,掌三阁图书……宋与晋同,梁曰秘书省。"(《通典》卷26)由此可见:

第一,汉献帝建安二十一年(216),曹操设秘书令和秘书丞,"令其掌尚书奏事",隶属于中书省。曹操此举的实质是将中书改造为机要秘书,取代尚书的章奏文书之权,从而通过控制中书而达到实际掌控政权的目的。另一方面,秘书令和秘书丞又承绪着桓帝时期职掌图书的功能。然而,"曹操恢复秘书监一职,主要目的当然不在于收集整理或保管图书典籍,而是以秘书监'典尚书奏事',即由秘书监典掌尚书府文书,并撰拟机要命令,夺取了尚书的出令权,从而控制朝政,'挟天子以令诸侯'","曹操所恢复的秘书监,其功能主要是通过秘书监'典尚书奏事'的方式,控制政治决策中枢。当然秘书监也典掌图书典籍,但那只是其附带职掌"[①]。据《文选》载陆机《吊魏武帝文序》云:"机始以台郎,出补著作,游乎秘阁,而见魏武帝遗令,慨然叹息。"陆机见到曹操遗令,是在秘书省任著作郎期间。可见秘书监作为藏书"秘阁",保管有"魏武帝遗令"一类的诏敕政令。

第二,曹丕代汉建魏,于黄初初"置中书令,典尚书奏事"。即由中书令

[①] 李文才,张莉莉.试论三国时期的图书出版机构[J].河北大学学报,2004(1):32-37

接管曹操时期秘书令和秘书丞的工作。而秘书令改为秘书监，专"掌艺文图籍之事"，隶属于少府，从而恢复了桓帝时期秘书监专司宫中图书之制。曹丕此举的实质是将图书和档案分开典藏，并由各自专门机构和人员职掌。"由于新置秘书监，与政治决策基本无涉而专职负责图书典籍，因此，可以认为曹丕新设之秘书监，才基本算得上专职的国家编撰出版机构。不过，这时候的秘书监，还未成为独立职官机构，而仍属少府"①。据《三国志·文帝纪》：黄初三年十月，魏文帝曹丕表首阳山为寿陵，作诏书令曰："其以此诏藏之宗庙，副在尚书、秘书、三府。"这表明曹魏时期的秘书监仍负有保管国家诏敕政令副本的职责。在这一点上，它与尚书府、三公府是一样的。但是，曹丕将"典尚书奏事"的中书与"掌艺文图籍之事"的秘书区别开来，可谓创举。只不过，这一"创举"尚不彻底：一是表现在秘书仍藏有文书副本；二是表现在秘书隶属少府未获独立。

第三，据《初学记》卷十二"秘书监"条曰："及王肃为监，以为魏之秘书即汉之东观之职，安可复属少府，自此不复焉。"可见，大约在魏明帝曹睿景初（237~239）前后，秘书监王肃建议，秘书司职典籍，与主管皇宫财物的少府不可同日而语，由此确立了秘书监的独立建制，即不再隶属于少府。

第四，晋武帝时又将曹睿时期独立建制的秘书监并入中书省，但"其秘书、著作之局不废"，保存了秘书监职掌秘书、著作的职能，而与中书掌文书档案不同。据《晋书·裴秀传》："（裴秀）于是甄摘旧文，疑者则阙，古有名而今无者，皆随事注列，作《禹贡地域图》十八篇，奏之，藏于秘府。"裴秀所作《禹贡地域图》十八篇，是典型的图书，庋藏于秘书监。

第五，晋惠帝又将晋武帝时从属于中书省的秘书监独立出来，且统辖著作局，掌三阁图书。其属官有丞、有郎。《晋书·职官志》曰："元康二年，诏曰：'著作旧属中书，而秘书既典文籍，今改中书著作为秘书著作。'于是改隶秘书省。后别自置省而犹隶秘书。"自此，著作局归属秘书省，而与中书无涉。不仅如此，据《通典·职官八·秘书监》云："晋惠帝永平中复别置秘书监，并统著作局，掌三阁图书，自是秘书之府始居于外。"亦即，惠帝永平元年（291）还完成了秘书监"由内到外"——即从宫中到府中的变化。

综上，从汉桓帝延熹二年到晋惠帝永平中，秘书监变化的核心有二：

首先，从机构统属上看，秘书监大致经历了从少府独立出来入之中书，以及从中书独立出来成为专门建制的机构两大变化过程。而这个变化的实质不仅是机构建制的独立，也是中国古代图书管理机构由内（禁中）向外（外廷）

---

① 李文才，张莉莉. 试论三国时期的图书出版机构［J］. 河北大学学报，2004（1）：32-37

第七章 魏晋时期的藏书

变化的关键，即所谓"自是秘书之府，始居于外"。这就意味着，国家官府所藏图书不再是"秘"书。无疑，这是图书的神秘性下降、人文精神日益增强的表征。"秘书监在晋代，它与中书监并列，为两监。以后的宋齐梁陈、隋唐五代，它又与尚书、门下、中书、殿中并列为'五省'"①，这是后话。

其次，从文献类型来看，秘书监大致完成了兼掌文书和图书到专掌图书的变化。

正如杨剑宇指出："曹操之后不久，公文成为一种正式的独立文体。当时，撰写文章有了'文'、'笔'之分：'文'即文章、诗赋，必须有情辞声韵；'笔'即公文，不需要有韵，也不必具有文采，只要直叙，着眼于述事达意、施于实用，凡表、奏、书、檄都称'笔'，它有一定的格式，类似于近代的文牍。"又说："公文成为一种独立文体后，产生了一批专事拟写公文的人才，如陈琳、阮瑀、王粲、任昉等人。"② 文笔之分，为图书与文书的分野提供了技术支持。

《隋书·经籍志》曰："魏氏代汉，采掇遗亡，藏在秘书、中、外三阁。魏秘书郎郑默始制《中经》，秘书监荀勖又因《中经》更著《新簿》。"可见，魏氏在汉朝中、外的基础上，另加"秘书"作为图书文献的庋藏之所。而魏秘书郎郑默和晋秘书监荀勖所做的编目工作表明，"秘书、中、外三阁"都是针对图书而不是档案而言的。不仅如此，作为秘书郎、秘书监的郑默和荀勖，他们的编目工作都是统摄"三阁"的。应该说，这里的"中"、"外"都是泛称，而"秘书"则是指秘书监（包括丞、郎）的工作之所。秘书监的重要官吏秘书郎，"掌中外三阁经书，校阅脱误。……武帝分秘书图籍为甲乙丙丁四部，使秘书郎中四人各掌其一"（《通典·职官八·秘书监》）。许军娥认为，这里的"三阁即秘书、中书、御史三处收藏的中央文件档案、图书秘籍"③。实际上，秘书郎"校阅"的对象并不包括文书档案而只涉及图书。晋武帝令秘书郎中四人各掌甲乙丙丁四部之一，而所谓甲乙丙丁四部实即经史子集四部的雏形，其对象自当是图书而不包括文书。所以，《太平御览·职官部三一·秘书监》曰："（晋）惠帝永平元年诏云：秘书监综理经籍，考校古今课试，署吏领有四百人宜专其事。"至此，秘书郎的职掌虽与西汉兰台、东汉东观近同，但大抵不再典藏文书而专司图书典籍了。

---

① 李德辉. 论汉末魏晋秘书监及其与文学之关系［J］. 当代教育理论与实践，2011（10）：145－148
② 杨剑宇. 中国秘书史［M］. 上海：上海人民出版社，2007：128－129
③ 许军娥. 魏晋南北朝时期图书管理制度述略［J］. 大同职业技术学院学报，1999（3）：22－26

专司图书典籍的秘书监从此"就不再是单纯管理禁中秘籍的内府机构，而是取代或统辖了御史、兰台等政府藏书机构，成为管理中央官府藏书的最高官署，而后各代均相沿不改"①。诚如《通典·职官八·秘书监》所云："宋与晋同。梁曰秘书省，陈因之，后魏亦有之，后周秘书监亦领著作，监掌国史。"《南齐书·王俭传》曰："解褐秘书郎，太子舍人，超迁秘书丞，上表求坟籍，依《七略》撰《七志》四十卷。"《隋书·百官志》曰："（梁）秘书省置监丞各一人，郎四人，掌国之典籍图书。"这些史料都说明秘书监已经专司图书，从而也意味着文书与图书基本完成了彼此的分野。因此，有些名儒硕学之士一旦进入秘书监，就不愿离开了，出现不少"因求不迁，欲遍观阁内图籍"的景象。

再从秘书监的任选来看。如果说，曹操时期的秘书监因兼掌文书与图书但以文书为主，因而多以"刀笔吏"任之的话，文帝曹丕时期的秘书监则因其职掌对象是图书，所以，秘书多由著名学者担任。例如，号称"儒宗"的王象任秘书监，"博学多才"的薛夏、"好学有才"的贾洪也都曾担任过秘书丞。晋朝的秘书因为一度被并入中书省，因而秘书监的任选又往往与中书有关。《晋书·荀勖传》曰："俄领秘书监，与中书令张华依刘向《别录》，整理记籍……及得汲郡家中古文竹书，诏勖撰次之，以为中经，列在秘书。"《晋书·郑默传》曰："（默）起家秘书郎，考核旧文，删省浮秽，中书令虞松谓曰：'而今而后，朱紫别矣。'"《晋书·华峤传》曰："以峤博闻多识，属书典实，有良史之志。转秘书监，加散骑常侍，班同中书寺，为内台中书散骑著作。"

总之，所谓"晋惠帝永平中"是秘书监变化的核心时期。自兹厥后，秘书监即沿着建制独立、专司图书的方向发展。其实质是，国家图书管理机制日益走向建制的独立化，而不再与国家行政具有直接的联姻。"唐代以后，由于'三馆'（弘文馆、集贤馆、史馆）的设立和取仕制度的变革，秘书监已逐渐走上了有名无实的道路。其官员'有以他官兼领，有特令供职，有以秘阁兼判者'；其职掌'但主书写校勘而已'，'所掌推祭祀祝版而已'。到明代初年，终于被翰林院取而代之。秘书监的兴盛时期，它对中国学术文化产生重大影响的时期，主要是在魏晋南北朝"②。

综上，作为机构，秘书监是东汉官府藏书统一规划与管理的产物。因此，与东汉的东观乃至西汉的兰台有一定的渊源。据《华阳国志》卷十一记载，"（陈寿）东观秘书郎"，"（王化）少弟崇字幼远，学渊博，雅性洪粹。蜀时

---

① 吴晞. 秘书监和中国古代图书事业［J］. 大学图书馆学报，1991（5）：52－56
② 李国新. 秘书监的士族官僚化与官修目录的衰落：魏晋南北朝目录学研究之一［J］. 大学图书馆学报，1990（4）：18－23，32

东观郎";《三国志·吴书·华核传》"以东观儒林之府,当讲校文艺,处定疑难。汉时皆名学硕儒乃任其职,乞更选英贤"。可见,蜀国和吴国都设有东观,而其他藏书处所都日益式微了。所以,正如上文指出,荀勖、郑默等著名的图书编目者都是秘书监(或郎)。同样,也正是由于秘书监建制的独立以及职掌的纯粹(专司图书而不再兼职档案),所以,国家官府藏书才得到了统一的管理,并出现了秘书监统领"秘书、中、外三阁"的情况。亦即,秘书监不仅掌管"秘书"的份内图书,也兼掌"中、外"图书。总之,"尽管汉末东观、曹魏兰台亦有藏书,但整个魏晋,秘书监都是国家唯一的学术文化枢纽机构,其他由汉代下传东观、兰台等藏书机构都已名存实亡,被边缘化,仅有少数藏书,基本上不校理古籍了,学术文化活动多集中到秘书省来,以此为基地。即使宋齐梁陈、周隋之际,秘书监逐渐贵族官僚化,趋于腐朽,然而它的职权范围、中枢地位仍然未变,并承担了国家图书的管理和藏书目录的修纂,各有成绩可称。直到晚唐文宗朝,秘书监中还贮藏有大量图籍,并以此为基础,汇校众书,刊刻石经,文化业绩甚著。直到明代初年,它才被翰林院取代"①。

二、著作郎

专业化的著作郎的出现也是魏晋时期的一个值得重点讨论的现象。

《晋书·职官志》曰:"著作郎,周左史之任也。汉东京图籍在东观,故使名儒著作东观,有其名,尚未有官。魏明帝太和中,诏置著作郎,于此始有其官,隶中书省。及晋受命,武帝以缪徵为中书著作郎。元康二年诏曰:'著作旧属中书,而秘书既典文籍,今改中书著作为秘书著作。'于是改隶秘书省。后别自置省而犹隶秘书。著作郎一人,谓之大著作郎,专掌史任,又置著作佐郎八人。著作郎始到职,必撰名臣传一人。"显见,著作省承袭汉代东观的传统,负责修撰史书。东汉虽"著作东观",但多由他官兼任,而不是来自馆阁、正规任命的官员。例如,"班固、傅毅著作东观时的职官为兰台令史,陈宗则以睢阳令,尹敏以长陵令,孟异、杨彪以司隶校尉的身份,入东观著作。可见,这时的著作官还未成为专门的职官,专职的著作机构尚未成立"②。

直到"魏明帝太和中"(227~232)才出现了专职著作郎,并为晋所承袭。曹魏时期设著作郎和著作佐郎,其大致分工是,郎执笔撰写,佐郎收集史料供郎使用。所以,刘知几《史通·史官建置》曰:"旧事,佐郎职知博采,

---

① 李德辉. 论汉末魏晋秘书监及其与文学之关系 [J]. 当代教育理论与实践, 2011 (10): 145-148

② 李文才, 张莉莉. 试论三国时期的图书出版机构 [J]. 河北大学学报, 2004 (1): 32-37

正郎资以草传。"《宋书·百官志下》曰:"秘书监一人,秘书丞一人,秘书郎四人。"《南齐书·百官志》曰:"秘书监一人,丞一人,郎、著作佐郎。晋秘书间有令史,掌众书,见晋令,亦置令史、正书及弟子,皆典教书画。著作郎掌国史,集注起居。"可见,魏晋著作郎承续了西周以来史官的职份。

再就著作郎的隶属关系来看,上文论及,秘书监经历过一个脱离少府和中书的独立过程。但在秘书监于晋惠帝永平年间从中书独立出来之后,著作郎仍然隶属于中书。《晋书·华峤传》"典中书著作"即指明了这种隶属关系。由上引《晋书·职官志》可见,著作机构从中书的独立要迟至元康二年(292)才完成。

从著作郎的任选来看,曹魏时期的著作郎多由尚书、侍中兼任,反映了文书与图书作为"书"的密切关系。如《通典》卷26《职官》注曰:"(卫凯)以侍中、尚书典著作。"《三国志·王粲传》注曰:"复为侍中,典著作。"《晋书·王沈传》曰:"(王沉)好书善属文,转秘书监……正元中,迁散骑常侍、侍中,典著作。"另,据《晋书·庾亮传》,庾亮亦曾以中书郎兼领著作。《晋书·舆服志》曰:"次中书监骑左,秘书监骑右。"秘书监能与中书监并骑而行,说明二者是平行的职官机构。

著作郎的另一个任选标准是学术渊博。据《晋书·何曾传》,何嵩"博观坟籍,尤善《史》、《汉》。少历清官,领著作郎。"据《晋书·张华传》,张华因"学业优博,辞藻温丽,朗赡多通,图纬方伎之书莫不详览"而领著作。《晋书·干宝传》曰:"(干宝)少勤学,博览书记,以才器召为著作郎。"《晋书·郭璞传》曰:"(郭)璞……后复作《南郊赋》,帝见而嘉之,以为著作佐郎。"《唐六典》卷10《秘书省》"著作郎"注曰:"陈寿作《益部耆旧传》,武帝善之,以为著作郎;张载作《剑阁铭》,世祖以为能除著作郎。"可以看出,充任著作郎必须具有学术才华和著作水准。

刘宋后,著作郎的选任开始注重门第,多由"名家年少"充任而不再重视真才实学。《隋书·经籍志》云:"故梁世谚曰:'上车不落则著作,体中何如则秘书。'于是尸素之俦,盱衡延阁之上;立言之士,挥翰蓬茨之下。"至唐代,秘书省属下之著作局,下设著作佐郎、校书郎、正字等官。《新唐书·百官志二》曰:"著作局,郎二人,从五品上;著作佐郎二人,从六品上;校书郎二人,正九品上;正字二人,正九品下。著作郎掌撰碑志、祝文、祭文、与佐郎分判局事。"从历史的角度来看,"著作郎在设置之初,担负着编纂国史的任务,因此是要职,李充、荀勖、陈寿等人都曾领著作或大著作。唐代开始别设史馆,担负修史之职,著作郎就逐渐演变为徒有其名的虚衔,其职责不过是撰写碑志、祝文、祭文等。宋代著作郎只管汇编'旧历'(每日时事),

就更加无足轻重了"①。显然,"著作郎"之设虽肇始于曹魏并为后代所沿袭,但东汉"使名儒著作东观"无疑为"著作郎"的设置奠定了基础和条件。

综上,东汉安帝之后,博士分化为专职图书管理人员,由此奠定了中国古代官府藏书管理的行政基础。相应地,博士经历了由秦及汉初的"通古今"到汉武帝之后的"作经师"再到后汉安帝之后充任"秘书郎"、"著作郎"的历史嬗变。这一变化过程,既是博士政治地位下降的过程,也是中国典籍事业日趋发达,并形成专门管理机构和专职管理人员的变迁过程。荀勖《让乐事表》曰:"臣掌著作,又知秘书,今复校错误,十万余卷书不可仓卒;复兼他职,必有废顿。"(收入《全上古三代秦汉三国六朝文》卷32)荀勖所上之表,正反映了著作、秘书、校勘等职务的分途和专业化要求。

第三节 魏晋时期的私家藏书

自东汉蔡伦于和帝元兴三年(105)"造意","用树肤、麻头及敝布、鱼网以为纸"(《后汉书·蔡伦传》),纸逐渐成为中国书籍的书写载体。如果说,魏晋时期尚处于纸张与简帛并行的时代,那么,到了南北朝时期,简帛则基本退出了历史舞台。总体上,不同历史时期的私家藏书是由"经济基础"决定的,但魏晋时期的私家藏书肯定受到了纸张得到广泛使用的影响。

一、私家藏书的概貌

如本书前面几章所述,先秦、秦汉时期的私家藏书,在传世文献和出土简帛中都有所反映。但魏晋时期的私家藏书在出土简帛中已经鲜有体现,详见下表8"迄今所出三国两晋时期主要简牍一览表"——尽管,这是一个纸张与简帛并行的时代。

(一)传世文献所见魏晋时期的私家藏书

据《北堂书抄》,东汉人崔瑗(77~142)送给他朋友葛龚《说文解字》时,随附一张便条曰:"今送《许子》十卷,贫不及素,但以纸耳。"据《三国志·魏志·文帝纪》,魏文帝曹丕(187~226)曾经"以素书所著《典论》及诗赋饷孙权,又以纸写一通与张昭"。晋代的傅咸(239~294)著有《纸赋》,左思(约250~305)所写《三都赋》产生了"洛阳纸贵"的轰动效应。随着造纸术的不断改进和纸张日趋广泛的普遍使用,也改变了文献生产、传播

---

① 吴晞. 秘书监和中国古代图书事业[J]. 大学图书馆学报,1991(5):52-56

和利用的方式，成为促成私家藏书大发展的重要动力。总体上，魏晋时期的私家藏书堪称人数众多、规模庞大，这与纸张的使用有着十分密切的关系。而基于魏晋时期私家藏书大发展的史实，本节不拟求全责备地穷尽性列举此一时期所有的私人藏主及其藏书状况，今仅参考傅璇琮、谢灼华《中国藏书通史》①等文献，条列下述一些有代表性的魏晋时期私人藏书家情况。

1. 王业、王弼父子

上引《三国志·魏书·王粲传》记载，东汉末年蔡邕曾以"吾家书籍文章，尽当与之"，将家藏万卷之书慷慨赠与王粲。而据张华《博物志》卷6："蔡邕有书万卷，汉末年，载数车与王粲。粲亡后，相国掾魏讽谋反，粲子与焉。既被诛，邕所与粲书悉入粲族子业，字长绪，即正宗父。正宗即辅嗣兄也。"显见，蔡邕赠与王粲的"数车"图书，至魏晋之际辗转流入王业父子之手。王业少子王辅嗣，即大名鼎鼎的学者王弼（226~249）。卢弼《三国志集解》曰："王弼年甫弱冠，即为经学大师，当时名公巨卿，惊叹弗及，窃疑何以早慧若是？盖缘伯喈（按，蔡邕字伯喈）藏书万卷，尽入仲宣（按，王粲字仲宣），又尽转而归辅嗣，博览闳通，渊源授受，有自来矣。"由此可见，蔡邕所赠藏书对于王弼学术的影响。

2. 范平

据《晋书·儒林传》记载，范平（215~284）"家世好学，有书七千余卷。远近来读者，恒有百余人。蔚为办衣食"。显见，范平不仅家藏富赡，而且还公其私藏，并让其孙范蔚"为办衣食"，方便读者，充分反映了中国私人藏书家的博大胸襟。

3. 杜预

杜预（222~284）是《春秋左氏经传集解》的作者，著名经学家。据《全晋文》记载，杜预"少而好学，在官则勤于吏治，在家则滋味典籍"；又说，杜预平江南时，吴中藏书多为其有。他派车寄送家中，且嘱其子曰："知汝颇欲念学，令同还车到，副书，可案录受之。当别置一宅中，勿复以借人。"值得一提的是，这批书杜预曾草成一"录"以供其子"受之"之据。所谓"录"，即是目录。所谓"当别置一宅中"当为专门的书房或书斋。而"勿复以借人"则反映了与范平、范蔚祖孙公其所藏迥不相侔的态度。

4. 张华

张华（230~300）著名学者，著有《博物志》十卷。据《晋书·张华传》记载，张华因"学业优博，辞藻温丽，朗赡多通，图纬方伎之书莫不详览"

---

① 傅璇琮，谢灼华. 中国藏书通史 [M]. 宁波：宁波出版社，2001：127-130

而领著作。他平素"雅爱书籍,身死之日,家无余财,惟有文史溢于机箧。尝徒居,载书三十乘。秘书监挚虞撰定官书,皆资华之本以取正焉。天下奇秘,世所希有者,悉在华所。由是博物洽闻,世无与比"。由此可见,张华是一位嗜书如命、力学不辍之人。他的藏书为官府"撰定官书"时所资取,反映了其私藏富且精。

5. 葛洪

葛洪(283~363)也是魏晋时期的著名学者,著有《抱朴子》一书。据《抱朴子》外篇《自序》记载,"洪祖父学无不涉,究测精微,文艺之高,一时莫伦",其父"方册所载,罔不究览",并慨叹"累遭兵火,先人典籍荡尽"。这里,葛洪对其祖父二代的学术或有溢美之嫌,但其家世藏书应属可信。而他自己则"日伐薪卖之,以给纸笔,就营田园处,以柴火写书";"但贪广览,于众书乃无不暗诵精持。曾所披涉,自正经诸史百家之言,下至短杂文章,近万卷";"又抄五经、七史、百家之言,兵事、方伎、短杂奇要三百一十卷,别有目录"。这段文字,比较形象地揭示了葛洪勤抄广购,增益其所藏时"念兹在兹"的学术劳作。从《抱朴子》内篇所列仙经神符多达282种、《遐览篇》著录各种道书神符多达260种来看,他拥有丰富的个人藏书当属可信。

6. 向朗

据《三国志·蜀书·向朗传》记载,三国蜀汉人向朗(?~248)"八岁时,即手自校书,勘定谬误。潜心于典籍,积聚篇卷,冠于一时"。后因马谡败失街亭而牵连罢官、遣回成都。去职后,"优游无事,乃鸠合经籍,潜心典籍,孜孜不倦","积聚篇卷,于时最多"。不仅如此,他的藏书还对外阅览,"开门接宾,诱纳后进";并以藏书为本,"讲论古义",提掖后学。

(二)出土简帛所见魏晋时期的私家藏书

从出土简帛来看,"20世纪共发现三国两晋简牍10万枚以上"[①],主要内容见下表8:

表8 迄今所出三国两晋时期主要简牍一览表

序号	发现时间	入藏时间	地点	主人	文献内容	参考文献
1	1955年	六朝	湖北武昌任家湾六朝古墓	不详	3枚木牍,仅可辨识"道士郑丑再拜"诸字	武汉市文物管理委员会《武昌任家湾六朝时期墓葬清理简报》文物参考资料,1995(12)

① 谢桂华,沈颂金,邬文玲. 二十世纪简帛的发现与研究[J]. 历史研究,2003(6):144-169

续表

序号	发现时间	入藏时间	地点	主人	文献内容	参考文献
2	1972—1982年	西汉晚期到晋太康四年(283)	居延都尉府和肩水都尉府所属长城关塞烽燧遗址	边塞机关	1972~1974年获19400余枚简，1976年获173枚简，1982年获22枚简。其中，属于晋代的简牍约728枚简，主要以边塞行政文书为主	中国社会科学院考古研究所《居延汉简甲乙编》中华书局，1980；谢桂华、李均明、朱国炤《居延汉简释文合校》文物出版社，1987
3	1974年	晋	江西南昌东湖晋墓M1	不详	6枚木牍，内容包括木刺（名谒）5枚，遗策1枚	李均明、何双全《散见简牍合辑》文物出版社，1990
4	1979年	晋	江西南昌东吴高荣墓	高荣	23枚简牍，内容包括21枚木刺（名谒），2枚遗策	同上
5	1984年	吴	安徽马鞍山东吴朱然墓	吴军师朱然	名刺14件，谒3件	丁邦钧《安徽马鞍山东吴朱然墓发掘简报》文物，1986（3）
6	1985年	晋	甘肃武威旱滩坡晋墓M19	不详	5枚木牍，内容为墓主人身份、职位记事和随葬衣物疏	李均明、何双全《散见简牍合辑》文物出版社，1990
7	1986年	晋	甘肃张掖高台县罗城乡常封村晋墓	不详	1枚木牍，记录人名，文字多磨灭	李均明、何双全《散见简牍合辑》文物出版社，1990
8	20世纪80年代	吴	湖北鄂城县水泥厂吴墓M1	不详	6枚木牍，内容为问起居	李均明、何双全《散见简牍合辑》文物出版社，1990
9	1996年	吴	长沙走马楼古井J22	官府机关	100 000余枚简，内容大致可以分为券书、官府文书、户籍、名刺及账籍五类	谢桂华、沈颂金、邬文玲《二十世纪简帛的发现与研究》历史研究，2003（6）
10	1997年	东晋	江西南昌市新火车站晋墓M3	南昌县令雷陔夫妇	木牍1枚。正面记东晋江州南昌县令雷陔个人简历，背面记随葬衣物清单，另有名刺木牍2枚	江西省文物考古研究所、南昌市博物馆《南昌市火车站东晋墓葬群发掘简报》，文物2001（2）

第七章　魏晋时期的藏书

综合上述 10 起魏晋时期的出土简帛可见，其内容基本上都是以官府文书、名刺、随葬品清单等为主，尤其是长沙走马楼吴简，"总的来说简牍内容包括赋税、户籍、仓库管理、钱粮出入、司法文书、君臣屯田、往来书信及公文等，涉及政治经济社会法律各个方面，是吴国长沙郡府、临湘县及临湘侯国的官方文字。它是反映吴国政治、经济、军事、文化的历史文献，具有重大的历史、学术价值"①。其中，属于"图书"范畴的文献几乎没有。

二、私家藏书的特点

魏晋时期的私家藏书十分丰富，极大地推动了社会典籍事业的发展。今参考陈德弟《魏晋南北朝私家藏书述论》②等文献，总结此一时期的私家藏书特点如下：

（一）赠予现象十分普遍

首先，帝王赐予臣民图书成为一时风尚。

例如，西晋清谈名士、藏书家皇甫谧请求赐书，晋武帝应求赠书一车。东晋太元三年，"诏赐会稽王秘阁书八千卷"，"何无忌在秘阁求赐秘书，诏与一千卷"。刘武帝第七子晋安王子懋，祈求所好书，武帝"赐以杜预所写《左传》及古今善言"。可见，晋时帝王赐书的数量动辄上千卷，有力地充实了受赐者的私人典藏。延及南北朝之际，后魏李顺依靠赐书数千卷成为著名的私人藏书家；而据《陈书·江总传》，南陈江总"家传赐书数千卷"；另据《宋书·自序》，沈亮得"赐书二千卷"；又据《梁书·王暕传》，王暕"居无尘杂，家有赐书"；此外，南朝刘宋时期的沈亮为官清约，为皇帝所嘉，赐书2000卷以资奖励。

其次，祖上所传作为一种广义上的赠予，也是十分常见的现象。

如晋人范平，"家世好学，有书七千余卷"；上引张华《博物志》卷6："蔡邕有书万卷，汉末年，载数车与王粲。粲亡后，相国掾魏讽谋反，粲子与焉。既被诛，邕所与粲书悉入粲族子业，字长绪，即正宗父。正宗即辅嗣兄也。"显见，蔡邕赠与王粲的"数车"图书，至魏晋之际辗转流入到了王业、王辅嗣父子之手。延及南北朝之际，家族式积藏之风犹炽。《宋书·谢弘微传》曰："（弘微）所继丰泰，唯受书数千卷。"《陈书·陆从典传》载："从父（陆）瑜特所赏爱，及瑜将终，家中坟籍皆付从典。"据《南史·张率传》载，"时陆少玄家有父澄书万余卷，率与少玄善，遂通书籍，尽读其书"。

---

① 孙东波. 浅说长沙走马楼吴简牍的文献价值［J］. 新西部，2007（10）：172－173
② 陈德弟. 魏晋南北朝私家藏书述论［J］. 图书与情报，2006（1）：106－110

·269·

再次，私家藏书反哺官府之阙。

例如，《晋书·张华传》曰："（张华）身死之日，家无余财，惟有文史溢于机箧……秘书监挚虞撰定官书，皆资华之本以取正焉。"这种以私藏济官藏之不足的独特景象，一直延续到了南北朝时期。《陈书·张讥传》曰："后主尝敕就其家写入秘阁。"《梁书·任昉传》曰："昉坟籍无所不见，家虽贫，聚书至万余卷，率多异本。昉卒后，高祖使学士贺纵共沈约勘其书目，官所无者，就昉家取之。"而据《北齐书·樊逊传》，樊逊整理官藏时建议秘书省"即欲刊定，必籍众本。太常卿邢子才、太子少傅魏收、吏部尚书辛术、司农少卿穆子容、前黄门郎司马子瑞、故国子祭酒李业兴，并是多书之家，请牒借本参校得失。"结果，"秘书监尉瑾移尚书都坐，凡得别本三千余卷，《五经》诸史，殆无遗阙"。而据《魏书·江式传》，其祖父强"上书三十余法，各有体例，又献经史诸子千余卷，由是擢拜中书博士"。

（二）图书普遍受到重视

事实上，上文所述赠予授受现象的普遍存在正是时人宝爱图书的表现。因为，只有视之为宝，才值得赠予、授受。在当时的许多人眼中，图书的价值远甚于金银财宝。例如，据《晋书·应詹传》载，东晋应詹"与陶侃破杜（涛）于长沙，贼中金宝溢目，詹一无所取，惟收图书"，颇具当年萧何遗风。延及南北朝之际，据《北齐书·辛术传》载，"及定淮南，凡诸资物一毫无犯，唯大收典籍"。据《周书·唐瑾传》载，北魏唐瑾随军南征，"诸将多因房掠，大获财物。瑾一无所取，唯得书两车，载之以归"。据《魏书·平恒传》，平恒暮年"乃别构精庐，并置经籍于其中，一奴自给，妻子莫得而往"，也从一个侧面反映了时人对图书的至爱。张晓芳指出，南北朝时期的史料还大量记载了时人"只爱图书不爱财"的例子①。例如，刘宋时期，谢弘微"所继丰泰，惟受书数千卷……遗产禄秩，一不关豫"（《宋书·谢弘微传》）；王昙首"兄弟分财，昙首惟取图书而已"（《宋书·王昙首传》）；南齐褚渊，其父死时"渊推财与弟，惟取书数千卷"（《南齐书·褚渊传》）。还有一些人，虽身居显列，但却家无余财，惟笃好坟籍。例如，后魏元顺，以全部家财收藏典籍，死后"家徒四壁，无物敛尸，止有书数千卷而已"（《魏书·元顺传》）。宋、齐间的藏书家刘善明死时，"家无遗储，唯有书八千卷"（《南齐书·刘善明传》）；南齐王俭熟谙朝章旧事，平居"车服尘素，家无余财，惟博览公私群书"（《南齐书·王俭传》）；梁任昉"于书无所不窥，家虽贫，聚书至万余卷"（《梁书·任昉传》）。

---

① 张晓芳.浅析魏晋南北朝时期的私家藏书［J］.四川图书馆学报，2006（2）：65－67

（三）图书的流通利用

本章第二节指出，中国古代"秘书"一词的含义，大致经历了从宫禁秘藏之书到曹操以秘书为机要文书的变化过程，这一变化的本质意味着"图书"逐步褪却了笼罩在其上的神秘光环，由此也导致了官府藏书在利用上的扩大。《三国志·魏书·刘劭传》注引《庐江何氏家传》曰："明帝时，有谯人胡康，年十五，以异才见送，又陈损益，求试剧县。诏特引见。众论翕然，号为神童。诏付秘书，使博览典籍。"《晋书·华峤传》曰："会为台郎，典官制事，由是得遍观秘籍。"南北朝时期亦然。《梁书·江子一传》曰："起家王国侍郎，奉朝请。启求观书秘阁，高祖许之。"而据《通典》记载，左思拟作《三都赋》，"自以所见不博，求为秘书郎中"（卷二十六），得以博览群书，最终写出了产生"洛阳纸贵"效应的名赋《三都赋》。

所谓"上有所好，下必甚之"。官府藏书的公开化直接影响到了民间私家藏书的流通和利用。上引《三国志·蜀书·向朗传》载，三国蜀汉人向朗"积聚篇卷，于时最多"，他的藏书还对外阅览，"开门接宾，诱纳后进"。《晋书·儒林传》记载，范平"家世好学，有书七千余卷。远近来读者，恒有百余人。蔚为办衣食"。范蔚不仅热情出借所藏图书，而且还为读者提供衣食住宿，绝对堪称义举。私人藏书家公其所藏、惠泽邻里的风尚一直延续到南北朝时期。据《北史·元晏传》载，晏好集图籍，"诸有假借，咸不逆其意，亦以此见称"；《北齐书·裴讷之传》曰："（裴讷之）尝从常景借书百卷，十许日便返。"《南齐书·崔蔚祖传》曰："（蔚祖）聚书至万卷，邻里年少好事者来从假借，日数十帙，慰祖亲自取与，未尝为辞。"据《北史·刘昼传》，昼"知邺令宋世良家有书五千卷，（刘昼）乃求为其子博士，恣意披览，昼夜不息"。据《魏书·李彪传》载："悦兄闾，博学高才，家富典籍，彪遂于悦家手抄口诵，不暇寝食。"李彪后来成为藏书家，也将自己藏书借与他人阅览。这些史料，都见证了当时的私人藏书家的慷慨情怀。

除了公其所藏，供人借阅之外，藏书家自己也充分利用个人藏书从事校勘典籍和学术研究的工作。上引《三国志·蜀书·向朗传》载，向朗利用私藏"手自校书，刊定谬误"。卢弼《三国志集解》则指出，"王弼年甫弱冠，即为经学大师"，其"早慧若是"直接得益于蔡邕赠予王粲后又辗转为王弼所得的万卷藏书。而据《宋书·刘穆之传》载，南北朝之际的刘穆之"内总朝政，外供军旅……裁有闲暇，自手写书，寻览篇章，校定坟籍"。

（四）出现了私藏目录的雏形

上引《全晋文》，杜预平江南时将所收吴中藏书凡车辆寄送回家时，嘱其子曰："知汝颇欲念学，令同还车到，副书，可案录受之。当别置一宅中，勿复以借人。"葛洪《抱朴子》外篇《自序》曰:"又抄五经、七史、百家之言,兵事、方伎、短杂奇要三百一十卷,别有目录。"说明魏晋时期,在丰富的私人藏书基础上还出现了私藏目录的雏形。明胡应麟《经籍会通》卷四云:"魏晋以还,藏书家至寡,读《南》、《北史》,但数千卷,率载其人传中。"一般认为,中国最早编写私人藏书目录的,当首推萧梁之际的任昉(460~508)。如吕绍虞认为:"私人藏书目录首见于历史记载的是第五世纪记梁朝任昉的家藏目录。"[1] 我们相信,私藏目录的基础是丰富的个人藏书,胡应麟认为"魏晋以还,藏书家至寡","读《南》、《北史》,但数千卷"并不符合史实,杜预"案录受之"、葛洪"别有目录"应该是任昉家藏目录的前驱。

---

[1] 吕绍虞. 中国目录学史稿 [M]. 合肥:安徽教育出版社,1984:79

第八章 简帛文献的传抄

在前面几个章节中,我们主要是按照历史顺序,从藏书主体的身份和藏书机构的历史变迁这一视角分朝代论述中国早期官私藏书的大致情况。如所周知,藏书工作是围绕文献的收集、整理、保存和利用而展开的,文献是藏书理论与实践的直接对象,凝聚着藏书的基本特征。可以说,抓住了文献的本质,也就抓住了藏书的本质。而出土简帛文献都是传抄本,从这一意义上说,抓住了传抄的本质,也就抓住了中国早期文献的本质,从而也就抓住了早期藏书的根本特征。有见于此,本章即拟以"传抄"为视角,分析中国早期藏书的基本特征,并作为全书的总结。

第一节 作为传抄本的简帛文献

诚然,传抄是简帛文献的主要来源,也是简帛文献最为根本的特征,而抄本最大的特点又表现在:抄本与原本之间、同一原本的不同抄本之间,没有完全相同的本子。正是在这一意义上,我们相信,传抄即创造。

一、传抄是简帛文献最根本的特征

尽管,购求、赠送和自己著述都应该是简帛文献来源的合理形式,例如,长台关战国墓出土的"一篇属于儒家记述政治道德的文章,可能是墓主人的著作"[1],但从出土简帛来看,抄写当是主要的文献获得方式,"迄今所见战国到汉初简帛古籍,都是传抄本,还没有能证明是原稿本的"[2]。

这一结论在对简帛文献的认识中具有前提性,其基本预设是:所有出土的简帛文献必有作为传抄对象的原本,因而,对简帛文献的认识,往往被归结为和简化为出土文献(抄本)与原本之间关系的认识。

从版本学的角度说,手稿本是作者亲笔所写;稿本(亦称清稿本)虽然不一定是作者亲笔所写,但经过了作者的校改,一般有作者印鉴。因

---

[1] 郑有国. 中国简牍学综论[M]. 上海:华东师范大学出版社,1989:46
[2] 李学勤. 简帛佚籍与学术史[M]. 南昌:江西教育出版社,2001:5

此，手稿本和稿本都在"原稿本"的范围之内，其基本特征是文本内容和形式都是作者劳动的结晶，与作者的思想认识基本体现为"全等于"的关系。

版本学意义上的传抄本，其表面上的最大特点是抄者自治，即抄者在抄什么或怎么抄等涉及"抄本"最根本特征的问题上具有相对独立性，完全不必与作者相谋。因此，抄本不仅未经作者过目，更无作者印鉴。而深层次上，抄本的本质表现为：传抄者根据自己的认识或目的，在传抄过程中参与了文本的"创造"，从而或多或少地改变了"原稿本"的既有面貌，导致抄本与作者当初构想的原稿本之间并不体现为"全等于"的关系。

二、古代抄手

简帛古籍都是传抄本，而抄本又都是抄手所抄的结果。《汉书·艺文志》说武帝时，"建藏书之策，置写书之官，下及诸子传说，皆充秘府"，说明"写书之官"抄写的书籍是当时皇家秘府的主要藏书来源。据《汉书·河间献王传》记载，献王刘德"从民得善书，必为好写与之，留其真"，也反映了抄书在当时是十分普遍的现象。

简帛文献中已可证明有职业抄手的存在。例如，张家山汉简《引书》第76简第二至三道编绳之间书有"·囗吴"，可能就是抄写者的名字①。尹湾 M6 汉墓，"出宽简二十枚，十八支书写此赋（今按：指《神乌傅》）正文，一支书写标题，另一支上部文字漫漶不清，下部有双行小字，所记疑为此赋作者或传写者的官职（乃少吏）和姓名"②。

不仅如此，出土简帛中还常见"某书"或"某手"等字样，旨在明确标示抄者。标示"某书"者，如《二年律令》第81简第二至三道编绳之间书有"郑［女+尺］书"，当为抄写者的姓名。2002年湖南里耶出土的秦国文书简牍上书有"某手"字样，李学勤考证指出："按'手'训为'亲'，'某手'即某人签署。……现在看到的 J1（8）-158 自系留存的副本，下署'欣手'，欣应是抄录副本的人。"③

"抄手名后缀以'手'字于简文中为定例，也见于湖北江陵张家山汉墓竹

---

① 张家山二四七号汉墓竹简整理小组. 张家山汉墓竹简二四七号墓［M］. 北京：文物出版社，2001：295

② 连云港市博物馆，等. 尹湾汉墓简牍初探［J］. 文物，1996（10）：68-71

③ 李学勤. 初读里耶秦简［J］. 文物，2003（1）：75-76

简"①。邢义田则认为，书有"某手"者，"至少有部分是抄写者"②。循此之例，书有"某书"者，亦当"至少有部分是抄写者"。

不仅如此，张家山汉简中还出现了校雠之人的信息。例如，"《算数书·女织》条下（42号简）写有'王已雠'，《妇织》条下（56号简）写有'杨已雠'，有的简下则仅写'杨'、'王'一字，杨、王就是校对者"③。

而如果说图书多是抄手所为的话，专司文书抄写之人则为书佐、书吏与书史。诚然，"文书简牍的书写者多为各级官吏，特别是'史'和'书史'，都是专职的文书撰写誊缮者"④。我们知道，古有"三尺法"、"三尺律令"之说，如《居延汉简甲编》2551简长67.8厘米，约合汉代三尺，所记为汉代诏书目录。然而，睡虎地秦简《秦律十八种》、《秦律杂抄》、《法律答问》、《封诊式》以及云梦龙岗秦代律简、江陵张家山247号汉墓《二年律令》、江陵王家台15号汉墓律令简的长度都不足三尺，当是传抄的结果，不是律令正本⑤。

由出土简帛可见，有不少书手是受雇于人，代人抄书的。陈梦家指出："在雕版术尚未发明、熹平石经尚未刊刻之前，汉世学者传诵的经典传记，多为传钞本。东汉时洛阳市肆已有卖书的，《后汉书·王充传》曰：'常游洛阳市肆，阅所卖书，一见辄能诵忆'，扬雄《法言·吾子篇》曰：'好书而不要诸仲尼，书肆也'，则当时已有职业钞书的人与专门售书之肆。有受雇代人钞书的，所谓'佣书'、'写书'。"⑥

有意思的是，出土的简帛实物还为我们展示了古籍的具体抄写方式。如在马王堆帛书中，《黄帝书》和《老子》乙本属于同一个抄手；《周易》经传、《五星占》、《相马经》及所谓《刑德》乙等则出自另一个抄手，后者"是马王堆3号墓的墓主专门请来的，为他抄写了不少书籍，以供收藏"⑦。而银雀山1号汉墓简"书体、行款不尽一致，有的规整，有的草率"，说明1号墓所藏文献"非一人所书"⑧。又如，马王堆"帛书大部分用朱丝栏墨书，也有一部分未划行格。字体为篆、隶两种，有的书写十分工整，有的则较了草，看来

---

① 湖南省文物考古研究所，湘西土家族苗族自治州文物处. 湘西里耶秦代简牍选释[J]. 中国历史文物，2003（1）：8-25

② 邢义田. 湖南龙山里耶J1（8）157和J1（9）1-12号秦牍的文书构成、笔迹和原档存放形式[ol]. 武汉大学简帛研究中心"简帛"网站，http://www.bsm.org.cn/show_article.php?id=45，2005.11.14

③ 胡平生，李天虹. 长江流域出土简牍与研究[M]. 武汉：湖北教育出版社，2004：27

④ 胡平生，李天虹. 长江流域出土简牍与研究[M]. 武汉：湖北教育出版社，2004：27

⑤ 张显成. 简帛文献学通论[M]. 北京：中华书局，2004：145-146

⑥ 陈梦家. 汉简缀述[M]. 北京：中华书局，1980：299

⑦ 李学勤. 简帛佚籍与学术史[M]. 南昌：江西教育出版社，2001：5

⑧ 李均明. 古代简牍[M]. 北京：文物出版社，2003：65

不是一人一时的写本"①。

陈梦家还具体分析了武威汉简的抄写情况："在各篇中，有一篇一人一次钞齐的，有由数人数次钞成的（或由数人同时分钞，或由数人先后钞成的）……凡一篇由一人从首钞到底的，则每简行款较一律，只用一个顺序叶数，如《士相见》第一至十六简，每简约为六十字。凡一篇由数人分钞的，其分钞情形有不同的。第一，如《少牢》经一到四十一简为一书手所钞，他钞到第四十一简为止，该简只有四十八字，不足一行。这位书手的每行平均字数都多于六十字。第四十一简以后，易一书手，另起叶数一至六，字体亦稍异。这同一篇的两部分，显然是两个书手分头钞的，同时与否不可知。第二，如《有司》七十八简是分三部分钞而有三个叶数顺序的……"② 当然，古书类简牍以同一书手抄毕而成者居多，如郭店《老子》乙本、丙本，《太一生水》，上博《缁衣》、《曹沫之陈》等。此外，睡虎地秦简《编年记》共53简，发现于墓主头部下，竹简原卷成一卷。该书逐年记载秦昭王元年（前306）到秦始皇三十年（前217）统一战争的攻战大事，及墓主人"喜"的生平和有关事项，类似后世年谱。从竹简字体来看，从昭王元年到秦始皇十一年的大事，大约是一次写成的；这一段内关于喜及其家事的记载和秦始皇十二年以后的简文字迹较粗，可能是后来续补写成③。

三、抄写即创造

如果说，传抄本是简帛文献最为根本的特征的话；那么，抄本最大的特点就在于抄本与原本之间以及同一原本的不同抄本之间没有完全相同的本子。因此，传抄的本质是在作者主体所贡献的原本的基础上，叠加了另一个（或多个）抄者主体，从而导致抄本成为作者与抄者两重（或多重）主体的价值存在。

（一）同墓复本之间没有完全等同的文本

从出土简帛文献来看，同一墓葬中往往有同一文献的不同抄本，而这些堪称"复本"的文献没有完全相同的情况。

例如，放马滩秦简《日书》分甲乙两种，其中甲种"按内容可分八章"，包括《月建》、《建除》、《亡盗》、《人月吉凶》、《男女日》、《生子》、《禹须臾行》、《忌》。乙种"内容有20余章，其中《月建》、《建除》、《亡盗》、《人月吉凶》、《男女日》、《生子》、《禹须臾行》七章与甲种《日书》的内容完全

---

① 晓菡. 长沙马王堆汉墓帛书概述［J］. 文物，1974（9）：40－44
② 陈梦家. 汉简缀述［M］. 北京：中华书局，1980：299
③ 胡平生，李天虹. 长江流域出土简牍与研究［M］. 武汉：湖北教育出版社，2004：240

第八章　简帛文献的传抄

相同。但有关禁忌的条目多于甲种，并有专门名称"，例如，门忌、日忌、月忌、五种忌、入官忌①。

又如，武威磨咀子 6 号汉墓同时出土了《仪礼》甲、乙、丙三个本子。其中，"甲本《仪礼》共有 398 枚木简。原无书题，但有篇题，还有每篇的序号，它们是《士相见之礼第三》、《服传第八》、《特牲第十》、《少牢第十一》、《有司第十二》、《燕礼第十三》、《泰射第十四》七篇，共存 22971 字。乙本存木简 37 枚，较甲本木简短而窄。内容仅为传本《仪礼》中的《服传第八》一篇，篇题写在篇首第一、二简简背。共存 3042 字。丙本存竹简 34 枚，出土时残断严重。其内容为传本《仪礼》中的《丧服》一篇，篇末计字尾题为"凡千四百七十二"字，但实存 1285 字②。事实上，三个本子不仅篇章和字数不等，而且，拿甲本的《服传第八》、乙本的《服传第八》以及丙本的《丧服》这"同一篇"来看，文字和内容也不完全相同。正如陈梦家指出："武威出土的九篇《仪礼》，大约都是钞本或传钞本。甲本和乙本《服传》是内容完全相同的钞本，但甲本属于十七篇之一，与其它六篇是一套书，故木简长短一律。乙本是属于另一套的，较短于甲本，而每行字数几乎倍于甲本③。"

再就马王堆汉墓帛书来说。该墓所出《刑德》有甲、乙两种。两者都是由"刑德九宫图"、"刑德运行干支表"和刑德运行规律等内容组成。甲篇的"刑德九宫图"绘在帛书的右上角，排在干支表的后面，干支表内有"乙巳，今皇帝十一"的记载，由此可以推定该帛书的抄写年代应在汉高祖十一年（前 196 年）或以后。乙篇抄写在长 84 厘米、宽 44 厘米的整幅帛上，图形、色彩都较清晰，文字首尾完整。其内容与甲篇相同，也是由"刑德九宫图"、"刑德运行干支表"和刑德运行规律等内容组成。所不同的是，乙篇的"刑德九宫图"绘在开篇的右上部，用红、黄、黑等颜色绘成，排在干支表的前面④。该墓所出《阴阳五行》也有甲、乙两种，甲本用篆意较浓的早期隶书抄写，其抄写形式除了文字以外，尚有图、表。全书可分为 23 个单元，内容都是关于干支、二十八宿、天一运行的纪录和有关月令、方位等堪舆方面的占验语辞。《阴阳五行》乙本是用汉代隶体字抄写的，其内容记有刑德运行的规律和选择顺逆灾祥的占语，所占对象有出行、嫁娶、选日、攻战、祭祀、禁忌、举事等，此外还记有对"文日"、"武丑"、"阴铁"、"不足"等阴阳五行的特

---

① 何双全. 天水放马滩秦简综述 [J]. 文物，1989（2）：23-31
② 骈宇骞. 出土简帛书籍分类述略（六艺略）[J]. 中国典籍与文化，2005（2）：4-13
③ 陈梦家. 汉简缀述 [M]. 北京：中华书局，1980：299
④ 骈宇骞. 出土简帛书籍分类述略（兵书略）[J]. 中国典籍与文化，2006（1）：4-9

有名称和解释①。该墓所出《阴阳十一脉灸经》也有内容基本相同的甲本和乙本两种。甲本抄录在《足臂十一脉灸经》之后，共三十七行；乙本缺文较甲本为多，但首尾比较完整，共十八行。全部书中除分记十一脉名外，没有篇目。在叙述脉的先后次序上两本略有不同②。而该墓所出著名的帛书《老子》也存在两个本子，"甲、乙两本文字相同的地方很多，但也有许多歧异。由此可见，帛书《老子》乙本不是抄自甲本，两本是根据不同的传本而抄写的"③。我们认为，《老子》甲乙两本之不同，未必是"根据不同的传本而抄写的"，很有可能是不同抄者在同一原本基础上各自"发挥"的不同才导致了两者之间的差异。

（二）非同墓复本之间更没有完全等同的文本

不同墓葬中出土的同一文献的不同抄本之间，更是鲜有完全相同的文本。宁镇疆指出，"以郭店本与今本或汉代的马王堆帛书本《老子》相比较，前者与后二者无论在用字上还是在句序和句子结构上，乃至特定文句的有无上，都有显著而系统的区别，因此似乎也反映了《老子》文本发展过程中的某种阶段性的特征，故也有学者推断，为我们所知的今本《老子》文本的面貌应是在自郭店简本至马王堆帛书本之间的时期内逐渐形成确定的"④。而郭店楚简的《五行》，其"内容与马王堆帛书《老子甲本卷后古佚书》中的《五行》篇之经部大体相同，只是个别文句或段落的先后次序、文句多寡和用字有些不同"⑤。

再就儒家经书来看，裘锡圭指出："马王堆帛书《周易》、双古堆竹书《诗经》、武威汉墓《仪礼》、八角廊竹书《论语》，都是我们所已知的各家之外的本子，可见当时经书传授的情况极为复杂。"⑥ 又如，胡平生、韩自强认为，阜阳汉简《诗经》，"既与《毛诗》有如此之多的异文，可以断定其绝非《毛诗》系统"，同时也"不会属于鲁、齐、韩三家中的任何一家"⑦。

今参骈宇骞之说⑧，专就不同墓葬出土的《日书》之差异问题再作论述：

睡虎地11号秦墓同时出土了两种《日书》，甲种《日书》虽然简数比乙

---

① 骈宇骞. 出土简帛书籍分类述略（数术略）[J]. 中国典籍与文化，2006（2）：7-18
② 中医研究院医史文献研究室. 马王堆帛书四种古医学佚书简介[J]. 文物，1975（6）：16-19
③ 高亨，池曦朝. 试谈马王堆汉墓中的帛书《老子》[J]. 文物，1974（11）：1-7
④ 宁镇疆.《老子》"早期传本"结构及其流变研究[M]. 上海：学林出版社，2006：298
⑤ 李均明. 古代简牍[M]. 北京：文物出版社，2003：33-34
⑥ 裘锡圭. 中国出土简帛古籍在文献学上的重要意义[A]. 中国出土古文献十讲[M]. 上海：复旦大学出版社，2004：90
⑦ 胡平生，韩自强. 阜阳汉简《诗经》简论[J]. 文物，1984（8）：13-21
⑧ 骈宇骞. 出土简帛书籍分类述略（数术略）[J]. 中国典籍与文化，2006（2）：7-18

第八章　简帛文献的传抄

种《日书》少，字数却远远超过乙种，内容也比较复杂一些。

关沮周家台秦简《日书》内容有二十八宿占、五时段占、戎磨日占和五行占等。其中有的内容与睡虎地《日书》基本相同，但有的内容却完全不同。

江陵王家台秦简《日书》多数内容也见于九店楚简《日书》和睡虎地秦简《日书》，但有些与九店、睡虎地相应的内容也不尽相同。

天水放马滩秦简有《日书》甲、乙。乙种除月建、建除、生子、人月吉凶、男女日、亡者、择行日七章与甲种《日书》内容完全相同外，有关"禁忌"的条目也多于甲种《日书》，此外，还有门忌、日忌、月忌、五种忌、人官忌、天官书、五行书、律书、医巫、占卦、牛匕牡月、昼夜长短表、四时音13种，内容较甲种丰富得多。在这两种《日书》中，有些内容也见于睡虎地秦简《日书》，如放马滩甲种的八个章目，睡虎地《日书》中都有，而睡虎地《日书》中还有很多章目则不见于放马滩《日书》。在两地《日书》的相同篇目中，文字上也有繁简的差异；有些语句完全相同，也有义同而语异者，也有内容完全不同者。

随州孔家坡汉简《日书》既有建除、丛辰、星、盗日等已见于睡虎地《日书》的内容，也有一些不见于睡虎地《日书》的篇目。

香港中文大学藏汉简《日书》内容可分为归行、陷日、取妻、人女、禹须臾、翟辰、玄戈、吏等篇，有些内容也见于睡虎地秦简《日书》中，但也有一些简文不见其他《日书》。

江陵张家山汉简《日书》内容与睡虎地秦简《日书》大体相同。

阜阳双古堆汉简《日书》内容近似于睡虎地《日书》乙本的部分内容。

敦煌悬泉置汉简《日书》有些内容与睡虎地、放马堆《日书》有相同之处，但不尽相同。也有些内容或不见以往出土的《日书》，如本《日书》的"建除"是以建除十二辰为目，以地支十二辰为纲，再配以方位和数，这样的章节为过去出土《日书》中所未见。

西安杜陵木牍《日书》内容有始田良日、禾良日及粟、豆、麦、稻良日等，与睡虎地秦简《日书·农事》篇相近。

可见，同为《日书》，但各墓所出的内容又是同中有异，没有完全相同的两本《日书》。《日书》的这种"同中有异"是有代表性的，即不同墓葬中出土的同一文献的不同抄本之间都会或多或少地存在差异，本质上是不同抄者自治的结果。亦即，不同的抄者以不同的方式参与了文本的"创作"。

综上，抄本以反映作者思想的原本为基础，但也反映了抄者（或抄者背后雇主）的认识，作者无法干涉抄者到底会"抄"出一个什么样的文本。而

"简牍所见典籍基本都是已定稿之正本"①,因此,作者无涉的抄本,作为"已定稿之正本",也具有了"自治"的性质。这正像孔子于《诗》有删削之功,孔子虽然不是《诗经》诸篇的作者,但却为我们贡献了一本称之为《诗》或《诗经》的图书一样。在这一意义上,出土简帛文献都具有类似《诗经》的性质,其文献学及文化学意义在于:出土简帛文献作为传抄之本,并不"就是"作者当初构想的文本;相应地,文本内容也不"就是"作者当初的思想,传抄者(或雇主)必须成为考量的重要因子。

第二节 简帛文献的传抄内容和传抄方式

简帛文献之传抄,其最为核心与本质的问题有二,一是传抄什么?二是怎么传抄?所谓抄者自治,主要表现在这两个方面。而"传抄什么"直接关乎藏书的收集对象是什么,它比"怎么传抄"更为根本。

一、传抄什么

总体而言,"传抄什么"既有时代取向的限制,也与墓主个人的学术目标和兴趣爱好有关。

(一)与时代取向有关

《韩非子·五蠹》指出,家藏"商管之法"、"孙吴之书"曾经一度成为时尚。从出土简帛来看,《史记·秦始皇本纪》所载始皇三十四年(前213)"焚《诗》《书》"之举的影响是巨大的。当时,"史官非秦纪皆烧之","所不去者"另有"医药、卜筮、种树之书","若欲有学法令,以吏为师"。所以,出土秦朝简帛中最多的即为法律文献和属于卜筮类的《日书》——它们都在"所不去者"之列。例如,青川木牍发现的一枚秦代木牍"近150字,正面120多字,内容为律文,反面20多字,内容属禁忌内容的《日书》";龙岗秦墓简牍"属秦代律文","内容主要为'禁苑'类律令";周家台秦简内容"分为《历谱》、《日书》、《病方及其它》三类"②。

另外,由于直到汉惠帝四年(前191)才除"挟书之禁",所以,汉初出土简帛的文献范围也是符合"挟书律"规定的。例如,江陵张家山汉墓下葬年代约为西汉吕后二年(前186),其简牍内容主要包括法律、医学、天文和遣策类等"所不去者"的文献。

---

① 李均明. 古代简牍 [M]. 北京:文物出版社,2003:160
② 张显成. 简帛文献学通论 [M]. 北京:中华书局,2004:73-74

从汉惠帝四年到武帝建元六年（前135）窦太后死，整个社会崇尚黄老之学，这一时期出土的简帛也相应地大量出现了黄老类典籍。例如，汉文帝前元十二年（前168）下葬的马王堆汉墓帛书中出现了《老子》（甲乙两种本子）；还出土了《经法》、《经》、《称》、《道原》属于道家的文献，这四篇可能就是《汉书·艺文志》所载的《黄帝四经》。

而武帝建元六年后"罢黜百家，独尊儒术"，自兹厥后的出土简帛中多见儒家经典。例如，下葬年代为宣帝五凤三年（前55）的河北定县汉简出现了《论语》、《文子》、《太公》、《儒家者言》等。

而无论是马王堆道家文献还是定县汉简中的儒家类经典，作为除"挟书之禁"后的藏书，又都属于秦火焚烧之列的"百家语"文献。

（二）与墓主个人的学术取向和兴趣爱好有关

以抄本为主的古代藏书并不要求在"客观上"必然忠实于原本，而只是从主体需要出发，结合个人认识和爱好，"抄出"一个"主观上"应然的文本。李学勤总结说："近年若干批简帛古籍的发现，使人们更清楚地认识到，古书的形成和定型每每经过许多年代，有着分合增删的复杂过程。"又说："古人传流书籍系为实用，并不专为保存古本。"① 因此，从墓葬出土的简帛文献内容往往能够窥睹墓主的学术取向和兴趣爱好。本书第三章第三节曾指出，郭店楚简有针对性的文献集藏，并从定型的文本中摘抄或类附相关文献，从而获得为"我"所需的文本，反映了作为"东宫之师"的藏主的文献利用情况。郭店简帛文献虽然分属儒道两家，但体现了"东宫之师"主张"以道家之学授太子以权谋，以儒家之学教太子以纲常人伦"② 的内在统一性。

又如，武威汉代医简属方剂书，共载方剂30多个，"估计是墓主人长期临床实践经验的总结性记录"③。而就汉初来说，"简帛虽仅几批，难于概括汉初学术文化的整个潮流，而当鼎一脔，也能窥见当时百家复兴的缤纷局面"④。如，马王堆帛书以道家为主，双古堆竹简以儒家为主，这既反映了学派的地域性，也表明了墓主本人的思想倾向。

再如，银雀山汉简主要是先秦军事著作，墓中所出文献是明显经过选择的结果，估计墓主是一位军官或军事学家。如《管子》一书，计86篇，在《汉志》中列为道家著作，银雀山汉墓中也有《管子》，但并非86篇的完帙，而

---

① 李学勤. 简帛佚籍与学术史［M］. 南昌：江西教育出版社，2001：31
② 廖名春. 荆门郭店楚简与先秦儒学［A］. 姜广辉. 中国哲学（第二十辑）［C］. 沈阳：辽宁教育出版社，1999：55
③ 张显成. 简帛文献学通论［M］. 北京：中华书局，2004：81
④ 李学勤. 新发现简帛与汉初学术史的若干问题［J］. 烟台大学学报，1988（1）：9-14

是只有关于谈兵的《七法》一篇；同样，《墨子》71 篇是典型的墨家文献，银雀山汉墓墓主也选择了《墨子》一书中有关谈公输盘九攻、墨子九拒之事，以及与《墨子·号令篇》有关的军事类文篇。此外，阴阳书及风角、灾异、杂占简"与诸书简同出一号墓，文辞多断续不可解，其中虽大多是阴阳术数迷信荒诞之辞，但仍不脱兵家之言，可能即《隋书·经籍志》所载《孙子兵法杂占》四卷中物，其书今虽不传，但今《太平御览》三百卅八卷有引《孙子占》存六条，其文辞与此占卜残简字句有相类似处。今日孙子十三篇仅见兵略，而不论及阴阳术数，疑杜牧所说曹操删其繁剩者，正是风角占卜阴阳家言。则此诸残简可能是《孙子兵法》占，或《孙膑兵法》之附录"。总之，银雀山西汉"一号墓出的竹简多是兵书；还有阴阳书及风候杂占的简，这也是古兵书的附录，由此推知墓主人可能是将军幕府中谋士"①。

从藏书内容往往与墓主个人的学术取向和兴趣爱好有关的角度来看，墓主所藏文献的最大特色是藏、用并举。换言之，为什么传抄这些文献而没有传抄那些文献，固然与文献的可获得性有关，但主要是出于抄者（或藏者）的主体需要来考量的。这也说明，以"重藏轻用"概括中国古代藏书的一般特征并不具有普遍意义，更进一步，以"重藏轻用"断言中国古代藏书不具有图书馆意义也是没有说服力的。

二、怎么传抄

诚然，传抄即创造，由此导致抄本与原本之间以及同一原本的不同抄本之间的版本各异。由传抄这一独特的"创造"方式所导致的版本异趣，涉及多重传抄方式的灵活运用，主要包括：

（一）改换文字

改换文字是建构抄本从而导致抄本与原本不一致的最常见和最主要的方式。首先应该指出，在简帛传抄本中常常出现因抄手责任心不强而导致的文字讹误现象，如马王堆帛书"《周易》经传的'象'字多误为'马'，甚至整章的文字都抄脱了"②。但简帛文献中的改换文字更多地反映了抄者的有意为之，是抄写者根据自己或雇主的需要或理解而在抄录时刻意改换用字。例如，河北定县汉简《论语》"在不到今本一半的文字中，与今本的文字差异达七百多处，几占简本可释文字的十分之一"③。

改换文字的情况，似可从下述几个方面来论述：

---

① 罗福颐. 临沂汉简概述 [J]. 文物, 1974 (2): 32 - 35
② 李学勤. 简帛佚籍与学术史 [M]. 南昌: 江西教育出版社, 2001: 6
③ 张显成. 简帛文献学通论 [M]. 北京: 中华书局, 2004: 82

第八章 简帛文献的传抄

首先，出现了类似司马迁《史记》"以训诂代本字"的情况。

如，银雀山汉墓《尉缭子》出土之前，《尉缭子》之所以被定为伪书，主要是在传抄过程中"文字不古"，使用了大量的白话字所致。又如，马王堆帛书《易经》改"坤"为"巛"，改"於"为"于"，等①。而就银雀山汉简《尉缭子》来说，李学勤指出："对照简本和今本《尉缭子》间互相对应的段落，不难看出简本的语言本来是颇为古奥费解的，今本之所以失掉古雅的色彩，是由于后人进行了一定程度的修改，使之较易理解的缘故。这就像司马迁在《史记》中常用的办法一样，把所征引的古书里费解的词句，用通俗的字样替换了。《群书治要》选收的《尉缭子》几篇文字较接近简本，宋以后的版本改易更多，以致把本来面貌都失掉了。"②

其次，文字使用上与地域有关。

例如，李零在分析郭店竹简及其他楚简文字的书写与使用方面的总体情况后指出，"手抄简体的很多通假字并不仅仅是凭音同或音近就可以任意选择，还与楚地学者文人当时的书写习惯相关。这些通假字的写法有的有两三种选择，有的则相当固定，几乎是同一种用法。有些通假字是早期写法的延续，如'郊'写作'蒿'，这可以从殷商甲骨文和西周金文中找到来源；也有些是当时流行的新写法，如'姓'写作'眚'。还有些似是楚国特殊的写法等。就总体特征而言，它们与秦系文字较为吻合，本质上属于'楚书秦读'。另外还有一些'形近混用'字，即在楚简中反复出现的形讹字或'错'字，其实也是被当时楚国的书写习惯和阅读习惯所认可的，属于'积非成是'，'变非法为合法'的情况。比如，'恒'与'極'、'吏'与'弁'、'危'与'坐'、'來'与'求'等等"③。

总体上，上述两种改换文字的情况基本不影响文意的理解，但通过改变文字的形式改变文意也是普遍存在的现象，值得引起特别关注。

再次，通过改换文字的形式改变文意。

刘笑敢分析和比较了《老子》竹简本、帛书本、通行本（以河上本、王弼本为代表）三个不同版本的有关文字、句式、否定副词的使用情况，他通过统计"无为"概念、"无为而无不为"命题及"生而弗有为而弗恃长而弗宰"等语句在简本、帛本及通行本中出现次数的递增，概括出《老子》乃至

---

① 傅荣贤. 帛书《易经》今古文字考 [J]. 盐城师院学报（哲学社会科学版），2005（1）：109－113
② 李学勤. 简帛佚籍与学术史 [M]. 南昌：江西教育出版社，2001：31－32
③ 李零. 郭店楚简研究中的两个问题 [A]. 武汉大学中国文化研究院. 郭店楚简国际学术研讨会论文集 [C]. 武汉：湖北人民出版社，2000：50－51

一般古文献流传过程中的思想聚焦现象（特指重要哲学概念的同化趋势）①。例如，郭店楚简《老子》甲本开头："绝知弃辩，民利百倍；绝巧弃利，盗贼无有；绝为弃作，民复孝慈。"其中的"绝知弃辩"和"绝为弃作"，在今本的19章和马王堆帛书《老子》63章中均分别为"绝圣弃知"和"绝仁弃义"。可以肯定，郭店楚简的原文反映了道家与儒家的思想相对融洽，而马王堆帛书和今本则反映了两家思想趋于对立。唐明邦也举例指出，竹简本和帛书本《老子》的"长短相形"比王弼通行本的"长短期较"要贴近原意，竹简本和帛书本的"万物作焉而不始"比王弼通行本的"万物作焉而不辞"更贴近原意，王弼通行本的"用之不足既"当为竹简本和帛书本的"用之不可既"，王弼通行本的"俨兮其若容"当为竹简本和帛书本的"俨兮其若客"，等等。并认为郭店简本从《老子》五千言中节录了比较简单易行、贴近生活的内容②。

仍以郭店楚简《老子》为例。黄人二认为，郭店简本《老子》对与儒家学派学说主流相抵触的部分加以改造或删削，对"道"或"道家"有所贬抑，并且其文字带有齐方言特征，因而认为郭店简本《老子》大部分作品属思孟学派之学者所为，有可能全为邹齐儒者之作或经其改编之作③。黄钊则指出，郭店简本从《老子》五千言中节录了比较简单易行、贴近生活的内容。与通行本《老子》相比，郭店简本《老子》中一是没有"一"的概念，将"道"换为"一"，是郭店简本《老子》以后的现象；二是"尚柔"是《老子》的基本思想，但郭店简本《老子》缺乏着眼于"水"的论述，鲜见"老聃贵柔"、"太一生水"方面的内容；三是主动言及"德"的概念不多；四是对"仁"、"义"、"圣"、"智"等儒学内容不极端否定批判。比如，郭店简本《老子》丙组并没有像通行本《老子》那样把"大道"置于高位，而将"仁义"置于与其相反的另一端加以贬低，也见不到否定"智慧"的言辞。这反映了战国时期儒、道两派并无大的分歧而能共存④。

（二）摘抄

所谓"摘抄"，是指抄者往往根据自己或雇主的需要，只从原书中抄录所

---

① 刘笑敢. 从竹简本与帛书本看《老子》的演变：兼论古文献流传中的聚焦与趋同现象［A］. 武汉大学中国文化研究院. 郭店楚简国际学术研讨会论文集［C］. 武汉：湖北人民出版社，2000：466-473

② 唐明邦. 竹简《老子》与通行本《老子》比较研究［A］. 武汉大学中国文化研究院. 郭店楚简国际学术研讨会论文集［C］. 武汉：湖北人民出版社，2000：435

③ 黄人二. 读郭简《老子》并论其为邹齐儒者之版本［A］. 武汉大学中国文化研究院. 郭店楚简国际学术研讨会论文集［C］. 武汉：湖北人民出版社，2000：493-498

④ 黄钊. 竹简《老子》的版本归属及其文献价值探微［A］. 武汉大学中国文化研究院. 郭店楚简国际学术研讨会论文集［C］. 武汉：湖北人民出版社，2000：484-492

第八章 简帛文献的传抄

需的一部分。例如,"目前学界基本认同《二年律令》所载诸律性质,类似于《睡虎地秦墓竹简》所见'秦律十八种',并不是汉律的全部,仅是对汉律有选择的抄录。所以如此,原因有二:一是张家山汉简所见诸律,律篇详略长短不一,《贼律》、《盗律》、《秩律》等篇,篇幅大,律条多;《复律》、《爵律》、《均输律》等篇,仅见几条律文。相差如此悬殊,应与抄录者的主观选取有关。其选取原则,恐以'宜于时者'为着眼点。二是简文所见抄手之名及简文字体等特征,均有助于判定简文是由不同书手抄录而成"[①]。又如,据唐明邦研究,郭店楚简文献主要是以相对定型的文本为基础"抄"出来的。绳以后世标准,这种作为摘抄对象的原本既可能是一本书也可能是一篇文章。例如,《老子》约成书于前 450 年,而公元前 300 年左右的郭店楚简有三个《老子》的抄本,它们都是对既成《老子》一书的摘抄。其中,甲组《老子》含通行本《老子》中的 19 章内容,乙组含通行本中的 8 章内容,丙组含通行本中的 5 章内容。据唐先生统计,郭店简本《老子》甲、乙、丙组共涵盖通行本《老子》中的 31 章内容,其中全录者 23 章,节录者 8 章,共计 1807 字(含缺字空格),相当于通行本《老子》的五分之二弱[②]。

总体上,摘抄的情况主要包括以下几种类型。

第一,只抄一"本"书中的某一"篇",形成"单篇别行"。这是比较典型的抄录形式。如《保傅传》作为一篇收入《大戴礼记》,亦收入贾谊《新书》,而定县八角廊竹简却出现了单篇别行的《保傅传》。

第二,抄集书。金谷治认为,上博楚简《性自命出》是一部"抄集书",是一部未完成的著作[③]。曹峰进一步认为:"'抄集书'在简帛中是相当普遍的现象,郭店楚简、上博楚简的墓主手中的文本有些可能是流传有年,相对定型的作品,有些可能只是文章的草稿、讲课或学习的材料,是墓主为了某一目的收集起来的。"[④] 又如,马王堆《春秋事语》,"是《左传》类史书的选抄节录通俗简编本"[⑤]。事实上,晋人杜预《春秋经传集解·后序》已言及汲冢竹简文献《师春》的作者"师春","似是抄集者人名也"。

第三,抄录具体知识内容的一部分,即以知识为单元的摘抄。上面提到的张家山汉简《复律》、《爵律》、《均输律》即属于这种情况。又如,"武威简

---

① 张忠炜.《二年律令》年代问题研究 [J]. 历史研究,2008 (3):147-163
② 唐明邦. 竹简《老子》与通行本《老子》比较研究 [A]. 武汉大学中国文化研究院. 郭店楚简国际学术研讨会论文集 [C]. 武汉:湖北人民出版社,2000:429
③ 金谷治. 楚简《性自命出》的考察 [A]. 庞朴. 儒林:第二辑 [C]. 济南:山东大学出版社,2006:49-60
④ 曹峰. 出土文献可以改写思想史吗 [J]. 文史哲,2007 (5):38-51
⑤ 张显成. 简帛文献学通论 [M]. 北京:中华书局,2004:87

牍中的针灸内容是比较少的，大约只有九枚简是涉及针灸的。为什么针灸学的内容在全册中占的比重这样少，这可能是当时已有针灸方面的专书，而这册简牍并非专为针灸用的，所以只抄录有限的几条"[1]。再如，马王堆帛书《相马经》的内容，"很多是关于马头部的相法，特别是相眼更为细致，实非今本《相马经》所能及。其次是四肢的大体相法。至于躯干各部分以及耳（只提到一句）、鼻和唇齿等其他重要部位都未见抄录在内。由此可见，它决不是古代《相马经》的全部"[2]，而只是对原书的摘抄。

（三）附录

附录即在原本中随入与该书内容相同或相关但并非原书所固有的内容，从而改变原本面貌的一种抄写形式。一种书籍写本附抄有其他文献，在古代是十分常见的现象。这种情形的实例，在传流至今的传世古书里也颇为常见。如《逸周书》中的《王会》篇，篇末附有《伊尹朝献》一篇，明记篇题："伊尹朝献，商书"。朱右曾《集训校释》说："此篇目也。伊尹制诸侯朝献之贽，本在《商书》中，录于此，以明自古之制也。古者篇题皆大题退在小题下。"凌襄解释说，这是由于《伊尹朝献》和《逸周书》中的《王会》篇内容近似，古人把它连抄在《王会》篇尾，后来的刊本就保留下来了。又如，《管子》中的《问》篇，篇末附有《制地》一篇，也另有篇题，原因也是同样的[3]。出土简帛文献所见附录主要包括以下几种情形：

首先，附录内容性质或作用近同的文献。

以某一文献为主体，附录与之内容性质或作用近同的文献，是附录的重要形式。

例如，睡虎地秦简《为吏之道》内容多为对为官做吏的要求。最后"还附抄了两条魏律，标题是《魏户律》和《魏奔命律》"，"内容是严格限制'假门逆旅，赘婿后父'。按《商君书·垦令》规定'废逆旅'，秦始皇时也有限制赘婿的制度，目的都是使民归一于耕战，促进国家农业生产和增强军事力量。这两条魏律也指出'假门逆旅，赘婿后父，或率民不作，不治室屋'。可能正是由于魏国这两条律文同秦律有相近之处，所以被抄在这里，作为参考"[4]。又如，张家山汉简《奏谳书》，是议罪案例的汇集。"《奏谳书》案例的编排，凡有纪年的，大体上是越早的越列在后面。推算历朔，纪年最早的在

---

[1] 中医研究院医史文献研究室. 武威汉代医药简牍在医学史上的重要意义 [J]. 文物, 1973 (12): 23-29
[2] 谢成侠. 关于长沙马王堆汉墓帛书《相马经》的探讨 [J]. 文物, 1977 (8): 23-26
[3] 凌襄. 试论马王堆汉墓帛书《伊尹·九主》[J]. 文物, 1974 (11): 21-27, 44
[4] 季勋. 云梦睡虎地秦简概述 [J]. 文物, 1976 (5): 1-6

秦始皇（秦王政）即位之初，而最晚的到汉高祖十一年。其间穿插一些没有纪年的，格式较为简略，仅系摘要。另外，还有两条春秋时期的案例，仅系记述，不属文书"①。

如果说，上两例都是文书的话，那么，下面的例子则主要反映了出土简帛中图书的附录情况。

在云梦睡虎地秦简中，"《洁》篇与《日书》抄写在同一简册中，是专论驱鬼避邪的古代文献"②。在马王堆帛书中，"《脉法》、《阴阳脉死候》是同时抄录在《阴阳十一脉灸经》甲本之后的另外两种论述脉法的诊断学著作"③；《五十二病方》"末尾有五行字体明显不同的文字，是利用卷尾空白补加的医方，其标题'口噬'是《五十二病方》目录中所没有的"④。再如，"综观武威医药简牍的全文，似乎是当时医家的一部读书和医疗实践的记录，记载作者个人医疗心得和当时较有实用价值的方剂。从其中的某些条文看，有的简文也可能是从同时代的其他医书抄来的方剂。如同是白水侯所奏的治'七疾'（七伤）方，牍文中就有两种不同的内容和治疗方剂。……同一种病症，所指内容不同，所用治疗药物也不同，这可能是来自不同医家的见解和实践经验所致，简牍作者都抄录了下来"⑤。

当然，附录内容性质或作用近同的文献，最典型的例子还要首推马王堆帛书《老子》甲乙本的附录。其中，乙本前面有《五行》、《九主》、《明君》、《德圣》等四篇合编成卷；甲本也有《经》等四种文献与《老子》合编成卷。帛书《老子》甲本的附录，与本文字体一致，当出于同一写手。

其次，解释发挥性内容的附录。

解释发挥性内容的附录是指在抄录过程中将解释发挥性的内容附抄在目标文本之后，这在出土简帛文献中亦十分常见。文书类简帛中，云梦睡虎地秦简《法律答问》"内容不仅有一部分律文，而且有关于律文的解释，与一些汉律体例相近"⑥。图书类简帛中也存在大量附录解释发挥性内容的情况。例如，"郭店《五行》与长沙马王堆帛书《五行》篇的经文部分大体相同。但帛书有

---

① 李学勤. 《奏谳书》解说（上）[J]. 文物，1993（8）：26-31
② 方旭东. 影响思想史的20世纪出土古书（下）[J]. 哲学动态，2000（10）：40-44
③ 中医研究院医史文献研究室. 马王堆帛书四种古医学佚书简介[J]. 文物，1975（6）：16-19
④ 钟益研，凌襄. 中国现已发现的最古医方：帛书《五十二病方》[J]. 文物，1975（9）：49-56
⑤ 中医研究院医史文献研究室. 武威汉代医药简牍在医学史上的重要意义[J]. 文物，1973（12）：23-29
⑥ 季勋. 云梦睡虎地秦简概述[J]. 文物，1976（5）：1-6

经有传,传对经逐句甚或逐字作解说,体裁与《礼记·大学》类似"①。又如,银雀山汉简《孙子兵法》佚文共存五篇,即《吴问》、《四变》、《黄帝伐赤帝》、《地形二》、《见吴王》,其中除《四变》和《见吴王》篇题为整理者所加外,其余皆为原书篇题,书写在各篇第1简简背。《四变》是解释传世本《九变》篇的某些字句的。《黄帝伐赤帝》的内容与传世本《行军》有关,也有人认为是解释《行军》中四种"处军之利"的内容。《地形二》疑为传世本以外的另一篇论述地形的文字。从内容上看,好像是发挥、解释《行军》、《九世》等篇的内容的。《见吴王》的内容和《史记·孙子吴起列传》中所记孙子见吴王阖庐以兵法试诸妇人之事大致相同。李零认为:"这几篇几乎都是解释发挥十三篇,让人觉得比十三篇晚出。但我们也不能排除,在战国时期,还有早于十三篇或与十三篇同时的孙子书存在,十三篇只是'选萃'。"②

再拿马王堆汉墓帛书来说。李学勤认为,该墓所出"《周易》的经传是互相结合、密不可分的"③。而该墓所出《相马经》现存5200余字,其内容可分为三个部分:第一部分是该书的经文,主要是讲马的眼部的相术;第二部分是该书的传文,是对"经"的大意、精要进行综合归纳、寻绎发挥的文字;第三部分是"故训",也是对经文的训解。

(四) 移易篇章次第及篇章分合

有时,传抄者往往还根据自己或雇主的认识对原著篇章的目次或结构进行调整。主要包括:

首先,改变篇章顺序。

改变篇章顺序,最为人们所熟知的例子是《老子》。张显成指出:"今本《老子》为八十一章,分为《道经》和《德经》两篇,其顺序是《道经》在前《德经》在后。迄今为止共出土了五个简帛《老子》本子,即郭店楚简(1993年出土于湖北荆门)三个本子,马王堆汉墓帛书两个本子。简本无分篇标志,帛书本在两篇末分别有标志:'《德》。三千卅一'和'《道》。二千四百廿六',其顺序是先《德经》后《道经》。简本和帛书本都不分章,而是连续行文的。由此可知,《老子》一书的版本源流应该是:最早是简本的不分篇也不分章,然后是帛书本的分篇(先《德经》后《道经》)和不分章,最后是今本的分篇(先《道经》后《德经》)和分章。"④ 大致来说,《道经》的内容

---

① 邢文.《孟子·万章》与楚简《五行》[A]. 姜广辉. 中国哲学:第二十辑[C]. 沈阳:辽宁教育出版社,1999:228-242
② 李零. 简帛古书与学术源流[M]. 北京:生活读书新知三联书店,2004:364-365
③ 李学勤. 简帛佚籍与学术史[M]. 南昌:江西教育出版社,2001:234
④ 张显成. 论简帛的文献学研究价值[J]. 古籍整理研究学刊,2005 (1):34-40

第八章 简帛文献的传抄

多属于宇宙论和本体论，《德经》的内容则主要是讲政治论和人生观。《道经》、《德经》次序的不同，反映了对宇宙论和本体论与政治论和人生观的不同侧重。道家重视前者，"德"从属于"道"；法家重视后者，故先《德经》后《道经》。总之，根据不同见解和需要而改变篇章顺序的意图十分明显。

又如，针对银雀山汉简《孙子兵法》，李学勤指出："大家知道，今传本《孙子》十三篇的次第是：一、《始计》，二、《作战》，三、《谋攻》，四、《军形》，五、《兵势》，六、《虚实》，七、《军争》，八、《九变》，九、《行军》，十、《地形》，十一、《九地》，十二、《火攻》，十三、《用间》。与木牍对勘，知道竹简本各篇的次序和篇题都有些不同。"[①]

重编的例子在出土简帛中也有很多。例如，马王堆帛书《易经》的64卦卦序是以今本为基础重新编写的，而今本"十翼"中的《序卦》、《说卦》等则又是在帛书《易传》的基础上经过重新编写的。又如，骈宇骞指出，郭店楚简《缁衣》现存47枚简，1156字。首尾完整，共分23章，每章章尾有墨钉■间隔符号，篇尾有计章题记"二十又三"，与正文分章数相合。该书原无篇题，"缁衣"为整理者根据内容所加。简文内容与传世本《礼记·缁衣》大体相合，二者应是同一祖本的不同传本。简本无传世本的第一、十六两章，简本第一章为传世本的第二章，两者章序有所差别，文字也有不少出入。两相比勘，简本较传世本更为原始，章序的排列也较传世本更为合理[②]。张立文认为，"竹简《缁衣》第一章见于今本《礼记·缁衣》第二章。《缁衣》简本的发现，证明《缁衣》篇题是取首章首句中的重要的字的，今本第一章有可能是《缁衣》定名后增入或错乱的"[③]。

其次，篇章分合。

所谓篇章分合既包括同一篇章中的内容分析为两个或多个篇章，也包括两个或多个篇章合为一个篇章。例如，银雀山汉简《王兵》篇，其文字错见于《管子》的《参患》、《七法》、《地图》、《兵法》诸篇。……该篇篇首"王兵"二字，是篇题，单独写在一根简上……《王兵》篇与《管子》中的《参患》、《七法》、《地图》等篇相合。其中《参患》篇与《王兵》相合的文字将近全篇之半，《地图》和《七法·选阵》的文字则几乎全部包括在《王兵》篇之中。……把《王兵》篇与《管子》相关各篇比较一下，可以看出《王兵》是一篇完整的作品，而《管子》各篇则有许多地方显露出经过割裂拼凑的痕

---

① 李学勤. 简帛佚籍与学术史［M］. 南昌：江西教育出版社，2001：335
② 骈宇骞. 出土简帛书籍分类述略（诸子略、诗赋略）［J］. 中国典籍与文化，2005（4）：4-15
③ 张立文.《郭店楚墓竹简》的篇题［A］. 姜广辉. 中国哲学：第二十辑［C］. 沈阳：辽宁教育出版社，1999：332

迹。……《地图》大概是从《王兵》或与之类似的作品中截取下来的一段，不是一篇完整的作品。……《参患》等篇大概是根据《王兵》或与《王兵》同类的作品改编而成的，《王兵》篇的成书年代应该比《管子》相关各篇为早①。

又如，定县40号汉墓出土竹简《保傅传》的内容，"分别见于贾谊《新书》和《大戴礼记》。前者又分见于《保傅》、《傅职》、《胎教》和《容经》四篇之内；后者却合为一篇，名曰《保傅》。简文与两者基本相同，但比《大戴礼记》和《新书》多出'昔禹以夏王'以下的后半部分文字，又比《新书》多出《连语》两节。它出自什么书，当为一篇或几篇，目前都难确定"。"《保傅传》究竟应按《大戴礼记》视为一章，或据贾谊《新书》分为几章，当以什么名篇为当，历史上对它有异说，竹简又复残破，对分章和段落先后也未发现可资依据的材料"。该篇"篇名亦为整理时所拟定，如《保傅传》未按《新书》名为《保傅》、《傅职》……也未取《大戴礼记》中《保傅》的篇名，是因为鉴于简文与两书都不完全相同，不能确定它出自哪一书内。因此定名为《保傅传》"②。

再如，马王堆帛书和张家山汉简皆有《脉书》，是今传《内经·灵枢》中《经脉》的祖本，而《经脉》不仅文字内容增加、也由原11脉增加到了12脉。"以《脉书》作为整体观察，更能看出它是《内经·灵枢·经脉》的一种祖本。书中关于十一脉及死候的部分，都能在《经脉》寻出对应段落。《内经》以及其他很多古书是由若干传流已久的单篇汇集而成的；同时有些古书的篇章又常分开单行"③。

此外，上海博物馆所藏《孔子诗论》以《颂》、《大雅》、《小雅》、《邦风》为次，并以"诗无离志"点题论《诗》，继以《颂》、《大雅》、《小雅》、《邦风》为类，逐一顺序和逆序评说。《颂》是西周王室祭祀的乐歌，《雅》是贵族作品，析言之，《大雅》为朝会乐歌、《小雅》为下层贵族及士吏所作，《邦风》是反映民情风俗的里巷歌谣，反映了比较森严的阶级次第。这与今本以《国风》、《雅》、《颂》为次的序列刚好相反。而郭店《五行》与长沙马王堆帛书《五行》篇的经文部分大体相同，但"章次有别，可能出于帛书作者对简本的改编"④。

---

① 银雀山汉墓竹简整理小组. 临沂银雀山汉墓出土《王兵》篇释文 [J] 文物，1976 (12)：36－43
② 何直刚. 定县40号汉墓出土竹简简介 [J]. 文物，1981 (8)：11－13
③ 张家山汉墓竹简整理小组. 江陵张家山汉墓概述 [J]. 文物，1985 (1)：9－15
④ 邢文. 《孟子·万章》与楚简《五行》[A]. 姜广辉. 中国哲学：第二十辑 [C]. 沈阳：辽宁教育出版社，1999：228－242

(五)知识重组

所谓知识重组,"是对相关知识客体中的知识因子和知识关联进行结构上的重新组合,形成另一种形式的知识产品的过程"①。无疑,知识重组是现代图书馆学概念,其实质是突破以一本、一篇为单元的文献关联局限,直接深入文本的具体知识内容,寻找文献与文献之间的内在联系。知识重组包括知识因子重组和知识关联重组两种形式。

1. 知识因子重组

所谓知识因子重组,"是指将知识客体中的知识因子抽出,并对其进行形式上的归纳、选择、整理或排列,从而形成知识客体的检索指南系统的过程"②。知识因子重组在出土简帛中集中反映在篇题木牍上。在银雀山汉简和阜阳汉简两大考古发现中,都出现了专门用于记录文献篇题的木质板材——篇题木牍。篇题木牍与正文的内容关系是学者们首先关心的问题,指望篇题木牍与正文内容——对应也是人们的基本学术期待。诚然,"许多学者十分关心残存简片与木牍的对应关系"。但总体上,以阜阳所见篇题木牍为例,篇题木牍与同墓所出古籍虽不能说毫无关系,但是,阜阳汉简"清理工作已结束,然而残简同木牍所载章题能够相合者却寥寥无几"③。事实上,篇题木牍并不和正文编联成册以及在材质上与正文刻意区别,似乎也预示了篇题木牍与正文内容不可能完全——对应。这种非——对应大致包括下述三种情况:

一种情况是,木牍上有篇题,但在简中却没有找到正文。例如,"银雀山《守法守令等十三篇》篇题木牍13个篇题中的《委法》、《上篇》、《下篇》都未见对应的文本"④;阜阳汉简3块篇题木牍中的第1块(记录"子曰北方有兽"、"孔子临河而叹"等47个标题)和第3块(记录"乐论"、"智(知)遇"等数个标题)都没有相对应的正文。尽管,阜阳汉简受到过盗掘的干扰,但1号木牍和3号木牍残存的共约40余个篇题竟然没有一篇发现对应的文本,当不是偶然。只有第2块(记录"晋平公使叔虒聘于吴"、"吴人入郢"等37个标题),"简中有若干属于这些篇题的简片"⑤,但也不是严格的——对应。

二是简中有正文,但木牍上没有找到相应的篇题。例如,银雀山汉简《唐勒赋》、《六韬》、《晏子》等以及阜阳汉简《苍颉篇》、《诗经》、《周易》、

---

① 蒋永福,李景正. 论知识组织方法 [J]. 中国图书馆学报,2001 (1):3-7
② 蒋永福,李景正. 论知识组织方法 [J]. 中国图书馆学报,2001 (1):3-7
③ 胡平生. 阜阳双古堆汉简与《孔子家语》[J]. 国学研究,2000 (1):515-546
④ 银雀山汉墓竹简整理小组. 临沂银雀山汉墓出土《王兵》篇释文 [J]. 文物,1976 (12):36-43
⑤ 文物局古文献研究室,安徽省阜阳地区博物馆,阜阳汉简整理组. 阜阳汉简简介 [J]. 文物,1983 (2):21-23

《年表》、《作务员程》等都不见著于篇题木牍。

其三，篇题木牍与正文之间并不严格对应，还表现在往往需要经过变通才能找到两者之间的关联。例如，银雀山汉简《曹氏阴阳》原有篇题，作"槽是阴阳"（见1937号简），而同墓出土的4号篇题木牍则作"曹氏"①。又如，银雀山汉简中有"委积"（见922号简）篇题简，疑即《守法守令等十三篇》篇题木牍之"委法"。此外，《守法守令等十三篇》篇题木牍中的"要言"、"市法"、"守令"、"王法"、"田法"诸篇都没有篇题简。但根据整理小组的意见，简813－830，"内容为格言之汇集，疑当属见于标题木牍之《要言》篇"；简875－890，"从内容看当属标题木牍所记之《市法》"；简898－921，"所论乃王者之道，疑当属于标题木牍所记之《王法》篇"；简923－957，"从内容看当属见于标题木牍之《田法》篇"②。而《王兵》篇"竹简的形制及字体，与篇名见于篇题木牍的其它各篇属于同一类型，篇末又有'王兵者必三具'一段文字，可以确定其为木牍所记之《王兵》篇无疑"③。

因为篇题木牍与本文并不一一对应，所以也不具有检索的功能。唯其如此，同一木牍上的篇题之间的顺序感也不鲜明。例如，"我们从（阜阳汉简）一号木牍章题的编排次序可以看出随意性很明显"④。

总之，银雀山汉简和阜阳汉简所见篇题木牍所记篇章有可能是抄集书的篇章目录，但更可能是加上"附录"内容后的篇章目录——我们称之为资料汇编目录。作为汇编目录，篇题木牍所包含的篇章内容既有可能比一书目录所包含的篇章多一些，也有可能少一些。当然，也包括因"后人修改"等原因而导致的与原书目录的不尽相同。不管怎样，篇题木牍颠覆了一本书的"完成"意识，而只是将可能相关的知识因子以篇题木牍的形成做了一个重组。在重组的过程中，知识因子间的关联并未改变，也没有产生新知识，但改变了原有知识因子的空间结构，便于人们认识或至少知道存在哪些知识信息。

2. 知识关联重组

知识关联重组是指，在相关知识领域提取大量知识因子，对其语义进行分析与综合，以一种融会贯通的形式形成新的知识关联体。编者的按语或评论语，就是编者提供给作者的一种新的知识关联体。与知识因子重组只提供检索

---

① 骈宇骞. 出土简帛书籍分类述略（诸子略、诗赋略）[J]. 中国典籍与文化, 2005 (4): 4－15
② 银雀山汉墓竹简整理小组. 银雀山竹书《守法》、《守令》等十三篇 [J]. 文物, 1985 (4): 27－37
③ 银雀山汉墓竹简整理小组. 临沂银雀山汉墓出土《王兵》篇释文 [J]. 文物, 1976 (12): 36－43
④ 韩自强. 阜阳汉简《周易》研究（附：《儒家者言》章题《秦秋事语》章题及相关竹简）[M]. 上海：上海古籍出版社, 2004: 163

第八章 简帛文献的传抄

线索不同，知识关联重组还将有关联性的知识直接重组在一起。从这一意义上说，知识因子重组只指明可能存在相关性的知识有哪些，但并不具体出具这些知识内容本身；而知识关联重组则直接将可能存在相关性的知识内容本身罗列并出具出来。因此，从文献类型上说，知识因子重组本质上属于具有检索意义的二次文献，而知识关联重组则属于具有参考意义的三次文献。

知识关联重组的例子在出土简帛中也有大量例证，刘笑敢指出："早期文本，如简帛本、传世本《老子》，又如简本、传世本《缁衣》，并非是围绕一个中心议题而写作的系列文章，而是有着共同议题的章节段落的松散结合。"① 因此，可视为典型的知识关联重组。又如，马王堆帛书《春秋事语》，很可能是将一些不同来源的书籍抄在一起而形成的。据统计，《春秋事语》十六章中，除前三章不见传世文献外，其他十三章的内容都可在传世文献中找到踪迹。其中，有七章见于今本《左传》，但今本《左传》无帛书的评论语；有一章同时见于今本《左传》和《史记》；有两章同时见于今本《左传》和《公羊传》，但今本《左传》和《公羊传》没有帛书的评论语；有两章同时见于今本《左传》、《公羊传》和《穀梁传》，但文字与《穀梁传》更为接近，帛书较三《传》又多些评论语言；有一章同时见于今本《左传》和《管子》，内容比《左传》多评论语，文字和《管子》更为接近②。

再拿马王堆帛书《战国纵横家书》来说，据马雍的研究，该书大体上可以分为三个部分，是从三种不同的战国游说故事的册子中辑录而成的③：

（1）从第一到第十四章，是苏秦游说资料。各章体例相同，内容相互有联系，编排也有次序，和以后各章编排杂乱的不同。所用的文字也有它的特点，例如"赵"字多省作"勺"，"韩"字多作"乾"等。应该是从一部有系统的原始苏秦资料辑录出来的。其中除第四到第五的二章有部分和今本《战国策》相同以外，其余十二章都不见于今本《战国策》和《史记》。

（2）从第十五到第十九章，应是从另一种记载战国游说故事的册子中辑录出来的。每章的结尾，都有个字数的统计，第十九章结尾除了有本章的字数"三百"以外，接着有"大凡二千八百七十"八字。"二千八百七十"正是这五章字数的总数。……其中除第十七章以外，都见于今本《战国策》或《史记》。

（3）从第二十到第二十七章，应该是出于又一种辑录战国游说故事的册子。前五章，都见于今本《战国策》或《史记》。其中第二十到第二十二章的

---

① 刘笑敢. 老子之人文自然论纲 [J]. 哲学研究，2004（12）：24-92
② 骈宇骞. 帛书《春秋事语》与《管子》[J]. 文献，1992（2）：153-161
③ 马雍. 帛书《别本战国策》各篇的年代和历史背景 [J]. 文物，1975（4）：27-40，26

三章也属于苏氏游说辞,却没有和开首十四章苏秦资料汇编在一起,应该是出于另一个来源的缘故。这三章所用文字,和开首十四章也不同,例如"赵"都不作"勺","韩"都不作"乾"。

可以认为,帛书《战国纵横家书》是典型的知识关联重组的例证,它将一些具有内在关联性的知识重新组合并集中出具,超越了仅仅具有二次文献检索功能的知识因子重组。马雍曾具体分析该书前十四篇的具体知识关联重组方式,他指出,十四篇中除对话纪录(第五篇)和韩夤献齐王书(第十三篇)外,其余"十二篇的内容集中反映了苏秦替燕昭王到齐国去进行反间活动的经过,反映了齐湣王亡国前夕的局势变化";"第十三篇韩夤献齐王书也与此事有关,其中之齐王即湣王。至于第五篇,也是苏秦同燕昭王的谈话,内容同策划破齐有关,不过年代比那十二篇稍早而已。因此,这十四篇被合抄在一起决非偶然,原来必是有目的收辑成集的"。

再如,郭店楚简《语丛》一、二、三、四种也是知识关联重组的典型例证。《语丛》一存简 112 枚;《语丛》二存简 54 枚;《语丛》三存简 72 枚,分上、下两栏抄写。这三篇简文的体例与《说苑·谈丛》、《淮南子·说林》类似,所以整理者将篇名定为"语丛"。三篇的文句统一采用格言式的论句,《语丛》一讲的是人与仁、义、德、礼、乐的关系;《语丛》二陈述了人的喜、怒、悲、乐、虑、欲等皆源于"性"的观点;《语丛》三内容涉及君、臣、父、子、孝、悌、仁、义等,为儒家的道德著述;《语丛》四内容主要涉及言辞游说之道以及权谋之术①。可以肯定,《语丛》四种也是对内容相关的知识的重组。

谢维扬指出:"由于《语丛》的内容有一些可以明显看出是引《论语》和《礼记·坊记》等传世古书的,所以这组简对于讨论《论语》、《礼记》等古书的成书和流传问题是有说明意义的,而它们在使用性质上的特征就更具有特别的文献学意义,说明了古书在形成和流传过程中可能产生的各种不同用途和性质文本的复杂情况,包括产生一些自用抄本的情况。提出新出土文献文本实物在使用上的不同性质这个问题本身是有意义的,因为古代不同使用性质的文献抄本,包括古人自用的抄本与作为古书在某一时期的传本的抄本,在解释古书形成与流传问题上的意义自然是不同的。但我们目前似乎还很难明确地整理出区分不同使用性质的古书文本的规律,以及由这些情况所反映的古书成书过程中某些尚不为人所知的环节的真相,而这也会影响到我们对有关古书文本形成和流传真实过程的确认,和据此对相关史料的来源、真实性与价值等问题所作

---

① 骈宇骞. 出土简帛书籍分类述略(诸子略、诗赋略)[J]. 中国典籍与文化, 2005 (4): 4 - 15

的判断。"①

我们认为,谢先生提出的"文本实物在使用上的不同性质这个问题",其实质正是基于知识层次(而不是文献层次)的文本生成方式而论的。

当然,知识因子重组与知识关联重组在现实中有时往往并不能够截然分开。例如,银雀山汉简中的一块篇题木牍抄列《守法》、《要言》、《库法》、《王兵》、《市法》、《守令》、《李法》、《王法》、《委法》、《田法》、《兵令》、《上篇》、《下篇》等十三个篇题。除《委法》、《上篇》、《下篇》外,其余十篇均可根据篇题含义在一号墓竹简中分别整理出相应的简文②。大致可以认为,《委法》、《上篇》、《下篇》是知识关联重组,其余十篇则是知识因子重组。

并且,传抄者通过传抄的方式而获得的抄本,其文本建构方式既有知识层次的,也有文献层次的,两者亦往往并不能够截然分开。基本上,"改换文字"是典型的知识层次,而"摘抄"、"附录"等则往往是两者皆有,不可执一概之论。例如,"今本《孔子家语》中的不少内容可见于阜阳双古堆和定县八角廊所出简帛,说明《孔子家语》并非伪书,而只是经过王肃的增广补辑而已"③。宁镇疆在通过比较阜阳双古堆一号木牍相关章题与《孔子家语》之间的关系后指出:《家语》确实存在很多后人(或为王肃)改动的痕迹。而这种改动,既有文献层次的也有知识层次的。例如,章题序号为15的木牍"孔子曰丘死商益",此章对应《家语·六本》,其文为:"孔子曰:'吾死之后,则商也日益,赐也日损……'"此章还见于《说苑·杂言》32章:"孔子曰:丘死之后,商也日益,赐也日损……"显见,孔子之自称,《说苑》与木牍同,俱作"丘",但《家语》却作"吾",显然是出于为尊者讳而作的改动。另外,值得注意的是,从木牍和《说苑》所见来看,该章本来应该是独立的一章,而《家语》则又有合并。《家语》该章之外尚有:"不知其子视其父,不知其人视其友,不知其君视其所使,不知其地视其草木",以及"与善人居,如入芝兰之室,久而不闻其香,即与之化矣"等讨论交友之道的内容。《家语》多出部分内容又见于《说苑·杂言》之46,就是说,《家语》把本来两个独立的章进行了合并④。

综上,基于作者原稿本的传抄几乎都不是"复印件"式的忠实移录,而

---

① 谢维扬. 古书成书和流传情况研究的进展与古史史料学概念:为纪念《古史辨》第一册出版八十周年而作[J]. 文史哲, 2007 (2): 47 – 54
② 银雀山汉墓竹简整理小组. 临沂银雀山汉墓出土《王兵》篇释文[J]. 文物, 1976 (12) 36 – 43
③ 张家山汉墓竹简整理小组. 江陵张家山汉墓概述[J]. 文物, 1985 (1): 9 – 15
④ 宁镇疆.《家语》的"层累"形成考论:阜阳双古堆一号木牍所见章题与今本《家语》之比较[J]. 齐鲁学刊, 2007 (3): 9 – 17

是根据抄者（或藏主）的认识或需要在一定程度上改变了原稿本的原始状态。而这种改变，既有知识层次的也有文本层次的。

第三节 传抄中的简帛文献整理：
兼与孔子、刘向文献整理之比较

从传世文献的相关记载来看，春秋末期孔子的六经整理与西汉成帝时期刘向的图书整理是中国文献学史上的两次重要的文献整理类型。根据传抄即整理的认识，出土简帛所见抄本反映的文献整理的最大特点是：确立定本并不是最终目的。而这无疑是与孔子和刘向的文献整理之最大区别所在。

尽管，出土简帛文献中存在完整抄录（复制）的情况，如郭店《缁衣》是目前所见《礼记·缁衣》的最早抄本，无论是章次还是内容都应当是对原书相对忠实和完整的移录，似不是改变原始资料之原样的再创造。正如廖名春指出，与传世本相较而言，郭店楚简《缁衣》"更接近于故书"，"楚简本的章次较《礼记·缁衣》合理"；"楚简本的分章较《礼记·缁衣》也更合理"；"楚简本的文字与《礼记·缁衣》也有一些出入。楚简本通假字多，其书写不如《礼记·缁衣》规范。但有意义之别的异文，楚简本则往往胜过《礼记·缁衣》"；"楚简本《缁衣》胜过《礼记·缁衣》，应较《礼记·缁衣》更接近故书原貌"①。例如，楚简本无《礼记·缁衣》本首章"子言之曰：为上易事也，为下易知也，则刑不烦矣"。简本首章（今本第二章）为"好贤如缁衣"，而篇名"缁衣"正是拈自于此，是为古书通例。在此意义上，我们认为简本《缁衣》虽是抄本，但较为忠实于原本，抄者"自治"的成分不大。

然而总体上，与孔子、刘向的文献整理相比，出土简帛所见通过传抄而得的文献，其最大的特点是没有定本意识，往往是"古人自用的抄本"②，而不是为了获得具有规范性和标准化的、力争得到社会普遍认可的定本。

一、定本意识和"自用抄本"

孔子整理六经"寓作于述"，具有明确的主体动机。不仅如此，以确立某

---

① 廖名春. 荆门郭店楚简与先秦儒学 [A]. 姜广辉. 中国哲学（第二十辑）[C]. 沈阳：辽宁教育出版社，1999：37-41

② 谢维扬. 古书成书和流传情况研究的进展与古史史料学概念：为纪念《古史辨》第一册出版八十周年而作 [J]. 文史哲，2007（2）：47-54

第八章　简帛文献的传抄

一本书的最终"定本"为归宿也是孔子的根本动机。集中表现在：

首先，孔子在编纂过程中，根据文献的性质，创立了各种体裁，完善了书籍体制，这是中国书籍编纂史上的一件大事。例如，以《诗经》为代表的文献按音乐、国别和地区编纂；以《春秋》、《尚书》为代表的文献主要根据时间安排事件或段落（当然，《春秋》逐年记事、《尚书》按帝王和朝代分篇，两者之间可谓大同之中尚有小异），同时《尚书》又兼按文体；而以《周易》、《周礼》为代表的文献则主要按内容分类编纂。

其次，命定书名。经孔子整理的六经文本，都具有最终的名称。事实上，六经之名在先秦即已出现。《庄子·天运》即云："孔子谓老聃曰：'丘治《诗》、《书》、《礼》、《乐》、《易》、《春秋》六经。'"

再次，《诗》和《书》还有"言其作意"的"序"，以一书目录的形成，为完整的"一本书"确立篇章结构，标志一本书的最终定型。《易经》的《序卦传》也作为一书目录表征《易经》是一个相对完整并定型的结构体系。

总体上，书籍与单篇之不同，既在于书籍是经过编排而具有结构严密、形式完整的特点；还在于书籍在正文内容的基础上，往往附加必要的附属部分，诸如书名、目录、署名、序言等。从这一意义上说，孔子之整理六经，乃是以完善书籍体制为最终目标的。

同样，邓骏捷《刘向校本整理模式探论》一文指出："西汉末年的刘向校书活动基本结束了先秦西汉典籍单篇流传、书无定型的散乱形态，进入勒成一书、编排有序的定本形态。在具体工作中刘向针对所校之书的客观状况，灵活有效地采用了多种不同的整理模式，而最值得注意的是在'定著新书'中所最终形成的三种模式：校定传本、另编新本、勒成新书。细致分析考辨刘向校书时所采用的诸种模式，不仅深化了对校书工作细节的理解，更有助于认识古代图书流传过程中的若干关键问题。"① 这三种模式中，"校定传本"是对相对稳定的传本的校定，可以《易经》、《尚书》等大部分儒家经典，以及《吕氏春秋》、《淮南子》和《史记》等为代表；"另编新本"是针对流传至西汉的先秦典籍其传本非止一个，或在西汉时有不同的传本，刘向在校定"传本"之余，有时还会另外编成一个"新本"，可以《士礼》、《国语》、《荀子》、《晏子》等为代表；"勒成新书"是指，除了编定一批先秦著作的"新本"外，刘向又利用当时散见的先秦和西汉的材料编集成"新书"，即在校书之前虽然已经有了某类文献材料，但刘向对其进行重新编排整理，所编成的"新书"与原有材料之间在体例和性质上有较大的差异，可以《战国策》、《楚辞》为

---

① 邓骏捷. 刘向校本整理模式探论［J］. 文学与文化，2011（1）：109 - 120

代表。

　　当然，孔子和刘向之确立定本，两者之间仍有不同。总体上，孔子以档案为基础，不是要对作为材料对象的档案整理出一个"定本"，而是要"创造出"一个合乎个人识见的另一个定本。换言之，其落脚点在新书而不是材料对象；刘向以图书的零章残篇为对象，要生成一个有机体，其落脚点在材料对象本身。和孔子、刘向以确立定本、整理出"一本书"的动机不同，简帛所见文献都不以此为宗趣。即使像《缁衣》那样完整地抄录，也只反映了对既成且定型的《缁衣》的认可。尤其是出土简帛中的摘抄，只是取其为我所用的某一部分。因此，出土简帛往往只有篇名而鲜见书名，表征一书内部结构的一书目录亦多告缺如。

　　此外，出土简帛文献中以"改换文字"、"附录"、"篇章分合"、"知识重组"等形式从原书中"抄出"为我所需的内容，更多地反映了断章取义的目的。例如，郭店楚简的《老子》，乙本的主旨是修道，丙本的主题是治国，甲本兼及修道和治国。显见，郭店甲乙丙三个《老子》主要是从"东宫之师"教育太子的现实需要出发而"抄"出来的。因而，具有明显的主观意识，其能动性得到了极大地发挥。事实上，出土简帛文献作为"抄本"也主要是为"我"个人所用，并不追求普世价值。

　　从出土简帛的文献类聚现象也可看出其"抄者自用"的性质。在第三章第三节中，我们以郭店楚简为例，讨论了战国时期文献整理中的"类聚"对象既有内容相近的文献，也有内容无关的文献。（1）类聚内容相近的文献。如《太一生水》包括14枚简，其形制为两端齐平，长26.5厘米，与丙组《老子》同，两者合抄在一起。将《太一生水》用相同形制的竹简和字体抄附于丙组《老子》，可见抄者有十分明确的将相近文献类聚在一起的意识。（2）类聚内容无关的文献。如"《鲁穆公问子思》、《穷达以时》为一卷，原都无篇题，竹简形制相仿，两端都修削成梯形，简长26.4厘米，有两道编线，上下契口编位间距9.6厘米左右，书体、行款相同，分属两篇文章，同卷异题"①。同样，在本章第二节"附录"中提及的《五十二病方》，该书原有目录，表示一书的完整结构，然而，"末尾有五行字体明显不同的文字，是利用卷尾空白补加的医方，其标题'口噬'是《五十二病方》目录中所没有的"②。

---

　　① 濮茅左.《孔子诗论》简序解析[A]．朱渊清，廖名春．上博馆藏战国楚竹书研究[C]．上海：上海书店出版社，2002：11

　　② 钟益研，凌襄．中国现已发现的最古医方：帛书《五十二病方》[J]．文物，1975（9）：49－56

二、主体意识和客观原则

诚然，孔子的六经整理和刘向典校中秘，都是以确立"一本书"的最后定本为最终目标的。但是，孔子以原始官方档案为起点，在海量档案的基础上根据"定可为世法者"、"取可施于礼义"的内容标准和"断远取近"的时代标准等为原则删存去取。不仅如此，孔子还"笔则笔，削则削"，对原始材料作修改订正。这种对材料的选取和修正，集中反映了孔子的主观认识。可见，孔子整理六经虽然以确定最终定本为目标，但他的"定本"是以"我"的主观构想为目标的"定本"。同样，在定本的实现路径上，也是以"我"为主甄别筛选相关材料并以"我"为主组织编排选定的材料，集中反映了孔子文献编撰的主观意图。显见，无论是最终文本的确立抑或具体整理步骤，孔子都表现出了明显的主观能动性特征。

总之，孔子的六经整理，主要是在数量庞大的档案文书的基础上整理而成的。整理后形成的六经文献与原始资料相比，具有相当高的原创性。正是在这一意义上，后世学者认为孔子之整理六经，具有"作者之谓圣"意义上的"作者"性质，夫子自道的"述而不作"，其实是"寓作于述"的。

而刘向以始于"广罗众本、相互参校"，继以"校字句、订脱误"、"补缺去重、定著篇章"和"确定书名"的文献整理的一揽子步骤虽然不乏主观见解——如强调以儒家学术为取向——但主要还是要从努力复原作者当初构想的文本的意义上着眼的。换言之，致力于从"客观性"的角度刻意整理出一个力求符合作者当初思想的文本仍是其初衷。因此，与孔子相比，刘向少了一层主观建构的意向。刘向典校中秘，确立定本，虽然具有类似秦始皇"书同文"的文化地位，但却不具有"作者之谓圣"意义上的"作者"性质。总体上，刘向的文献工作也只是被定位在文献整理而不是文献生成的意义之上。

总之，刘向典校中秘，最终确立的"定本"是要努力"客观地"回归当初作者的原貌。在具体整理过程中，刘氏虽然具有力求恢复"仲尼法度"之类的主观诉求，但他"广罗众本、相互参校"等一揽子步骤明显持守了客观性原则。可以认为，无论是最终文本的确立抑或具体整理步骤，"客观性"始终是刘向的根本信条。

出土简帛中的文献传抄，无论是最终目标——"抄出"为我所用的文本；抑或具体路径——通过"改换文字"、断章取义的"摘抄"等步骤，都是要努力建构一个符合主观需要的文本，其主观能动性都得到了淋漓尽致的发挥。因此，出土简帛文献之传抄所反映的文献整理，更多的是孔子意义上的，而与刘向的文献整理发致皆殊。从这一意义上说，出土所见简帛文献，基本都可视为抄者的"兴造",具有明显的主观建构色彩。当然,诚然上文所述,这种"兴造"与孔子整理六经的"兴造"最大的不同在于,简帛文献"兴造"的最终目标只是为"我"个人所需,因而具有当下性、情境性、个人性,而没有孔子六经所具有的社会性、普遍性。

三、文献整理由分到合的大致走向

从传世文献来看,无论是孔子整理六经还是刘向典校中秘,其文献"编撰"工作的第一步都是广泛收集原始材料。所不同的是,孔子整理六经时的原始材料基本都是官府档案;出土简帛文献的传抄对象则既涉及档案也涉及图书且主要以图书为主;到了西汉刘向,其典校中秘的对象主要是单篇零章的图书,而不包括档案。

孔子整理六经的主要方式是在原始档案的基础上删存去取。正是在这一意义上,清人章学诚才提出了"六经皆史"的命题。《文史通义·原道》曰:"六艺非孔氏之书,乃周官之旧典也。《易》掌太卜,《书》藏外史,《礼》在宗伯,《乐》隶司乐,《诗》领于太师,《春秋》存乎国史。"例如,《尚书正义》引《尚书纬》曰:"孔子求书,得黄帝玄孙帝魁之书迄秦穆公,凡三千二百四十篇。断远取近,定可为世法者百二十篇,以百二篇为《尚书》,十八篇为《中候》。"《汉志》亦云:"故《书》之所起远矣,至孔子纂焉,上断于尧,下讫于秦,凡百篇,而为之序,言其作意。"这里,从"凡三千二百四十篇"到"百二十篇",其变化主要表现在:一是数量由多到少,二质量由粗转精,三是从客观记录的原始档案到形成为反映作者(孔子)主观认识(以"为世法"为删取标准)的图书。同样,《史记·孔子世家》曰:"古者《诗》三千余篇,及至孔子,去其重,取可施于礼义。"这里,从"古者《诗》三千余篇"到作为六经之一的《诗经》"三百五篇",也在"可施于礼义"的主观标准下,通过甄别筛选,完成了数量由多到少、质量由粗转精的变化。另如,《史记·十二诸侯年表》:"(孔子)西观周室,论史记旧闻,兴于鲁,而次《春秋》。"《公羊传疏》引闵因序曰:"昔孔子受端门之命,制春秋之义,使子夏求周史记,得百二十国宝书。"这说明,《春秋》是在"百二十国宝书"的基础上所"次"而成。

刘向虽然也"去重复",但主要是求其所不逮,力争完整地保存相关文献材料。刘向以业已完成的单篇零章为基础,以"合"为取向,努力聚合某作者(如韩非)或某主题(如《战国策》)的相关篇章,从而生成某一确定的文本。由此形成的"每一书"具有"条其篇目"的一书目录,并命定书名或在已有书名的基础上重新命名,形成一书的完整体式。基本上,刘向面对的单篇零章或不成于一时或不成于一手,并没有预先确立全书的完整体式。所以,一般只有篇名,没有书名,更鲜有一书目录。刘向"合众篇为一书",体现了从单篇流传到书籍体制的形成。所以,《汉志》总结说,"每一书已,向则条其篇目,撮其旨意,录而奏之"。总之,刘向以最终形成"一本书"为目标,不仅要聚合内容相关的"别行"的单篇残什,还要通过"条其篇目"、"命定书名"等形式强化"一本书"的最终形成的意识。

而出土简帛所反映的文献整理,既有对原始图书有选择地摘抄("分"),又具有类聚同类文献乃至类聚非同类文献("合")的风尚。可以认为,从孔子之"分"到刘向的"合",出土简帛文献简兼具分合二重性的文本传抄模式具有十分明显的承上启下的地位。

后 记

　　从现代学术分科的角度来看,"藏书"属于图书馆学的范畴;而以出土简牍和帛书为研究对象的专门学问则构成了简帛学。在这一意义上,"出土简帛与中国早期藏书研究"的本质在于努力达成图书馆学和简帛学两者之间学科视界的有机融合,因而,需要研究者对这两门学科都要有一定程度的涉猎。

　　我 1988 年 7 月毕业于江苏盐城师范专科学校(现为盐城师范学院)生物系。同年 8 月留校图书馆工作后,即转志于古典文献学和图书馆学方面的学习与研究。2006 年调入黑龙江大学信息管理学院以来,仍主要从事《古典文献学》、《中国书史与图书馆史》等课程的教学与研究工作。20 余年的任职经历使得没有图书馆学学科背景的我,对图书馆学的一般理论、原则和方法也堪称"略知一二"。

　　2002 年 9 月我考入西南师范大学(现为西南大学)汉语言文献研究所,师从蒋宗福教授攻读中国古典文献学硕士学位。学位课程除文献学之外,主要包括文字学、音韵学、训诂学等"小学"课程。此外,还选修过蒋宗福教授主讲的《古汉语词汇研究》、喻遂生教授主讲的《甲骨文金文选读》、毛远明教授主讲的《碑刻文字研究》等课程。尤其是张显成教授主讲的《简帛学概论》课程,因与我从事的古籍工作关系密切而格外究心。结合简帛学的相关知识审视古代文献、古代藏书,也构成了我长期以来的一个学术习惯,而本书正是这一"审视"的阶段性成果。

　　短暂的两年(学制三制,提前一年毕业)硕士生求学生涯构成了我学术生命中的重要链环。我不仅初步掌握了从事古典学术研究所必须具备的小学和文献学方面的基础知识和基本技能,更培养了一板一眼、只字中窾的质实学风,"谬悠荒忽之谭,定为来者所不道"是我当年在硕士毕业论文"后记"中立誓的信条。

　　西南大学张显成教授欣然赐序;台湾师范大学赖贵三教授与澳门大学邓骏捷教授时时有教于我;黑龙江大学马海群教授和蒋永福教授关心本书的出版;知识产权出版社许波编辑为本书的顺利付梓贡献良多,在此一并感谢!此外,还要特别感谢我刚上小学一年级的宝贝女儿傅修予。在我"严肃的"科研工

后　记

作中，她其实更多地扮演了"小捣蛋"的角色，要么恳请我放下手里的活陪她玩；要么小手直接在我工作的键盘上扑楞，不一而足。但无疑，她带给我的天伦之乐，成为我工作和生活中最大的"正能量"，足够抵消对我科研时间的"浪费"。在此，我愿套用一句时语由衷地表达：她健康快乐的成长，就是我的奋斗目标。